国家古籍整理出版
专项资助项目

中国古典文学
读本丛书典藏

史记选

王伯祥 选注

人民文学出版社

图书在版编目（CIP）数据

史记选/王伯祥选注．—2 版．—北京：人民文学出版社，2017（2025.8重印）
（中国古典文学读本丛书典藏）
ISBN 978-7-02-012351-3

Ⅰ.①史… Ⅱ.①王… Ⅲ.①中国历史—古代史—纪传体 Ⅳ.①K204.2

中国版本图书馆 CIP 数据核字（2017）第 026916 号

责任编辑　李　俊
装帧设计　陶　雷
责任印制　王重艺

出版发行　人民文学出版社
社　　址　北京市朝内大街 166 号
邮政编码　100705

印　　刷　大厂回族自治县彩虹印刷有限公司
经　　销　全国新华书店等

字　　数　402 千字
开　　本　880 毫米×1230 毫米　1/32
印　　张　18.125　插页 3
印　　数　76001—79000
版　　次　1957 年 4 月北京第 1 版
　　　　　1982 年 10 月北京第 2 版
印　　次　2025 年 8 月第 21 次印刷

书　　号　978-7-02-012351-3
定　　价　55.00 元

如有印装质量问题，请与本社图书销售中心调换。电话:010-59905336

目 录

史记选序例 1

项羽本纪 1
陈涉世家 69
留侯世家 93
陈丞相世家 120
孙子吴起列传 142
商君列传 161
平原君虞卿列传 185
魏公子列传 206
范睢蔡泽列传 224
廉颇蔺相如列传 278
田单列传 307
刺客列传 317
淮阴侯列传 356
季布栾布列传 394
张释之冯唐列传 406
魏其武安侯列传 423
李将军列传 457
汲郑列传 481
游侠列传 504
滑稽列传 525

后记 560

史记选序例

汉朝司马迁所作的《史记》是中国二千年来最伟大的历史名著,而且其中有许多篇也是文学名篇。因为司马迁具有丰富的社会实践、比较进步的历史观点和高度的文学修养,所以他能够审择史料,创设体例,刻画人物,把先秦以来多方面的史实和他当代社会各阶层的形形色色的动态如实地反映出来,写成这样一部完密丰富的"通史"。更因这部书有完密的体例,可以妥帖地安排多方面的史实,于是就被由汉朝到清朝的许多历史家所接受和取法,无形中便规定了他们写历史的范式。另一方面,又因这书的内容丰富灿烂,生动地塑造了各种类型的人物形象,反映了社会的复杂生活。于是就被后来历代的文学作家奉为典范,在中国文学史上发生了莫大的影响。

司马迁字子长,公元前一四五年(汉景帝刘启中元五年丙申岁)诞生于冯翊夏阳县(今陕西省韩城县)。六七岁的时候,他的父亲司马谈任太史令①,他就随父进京(长安),住在茂陵地方(在今陕西省兴平县东北)开始学习。到十岁时,便能诵读古书。二十岁后开始旅行。他自己说:"二十而南游江、淮(今江苏省、安徽省一带),上会稽,探禹穴(在今浙江省绍兴县)。窥九疑(在今湖南省道县),浮于沅、湘(今湖南省境)。北涉汶、泗(今山东省境),讲业齐、鲁之都,观孔子之遗风;乡射邹峄(今山东省邹县的峄山)。厄困鄱、薛(俱鲁地)、彭城(今江苏省徐州市)。过梁、楚(约当今江苏、安徽、河南三省交界一带地)以归。于是迁仕为郎。"②他的政治生活开始了。以后或因奉使出差,或因

---

① 掌理编写国史的史官。
② 《史记》卷一百三十《太史公自序》。

陪从封禅,或因采访史迹,他依然有旅行的机会,于是他的游踪便愈远愈广。从《史记》的许多篇"论赞"中他自己报道的行踪看,除了今福建、广东一带没有到过外,其它长城以南各省的境界差不多他都涉历过;尤其是江、淮下游一带,他往来经过的次数更多。因此,当时人烟最为稠密、文物最为丰富地区的社会状态,他便得到了仔细的观察,亲切的调查。

公元前一一〇年(汉武帝刘彻元封元年),司马谈死于周南(今河南省洛阳市)。过了三年,司马迁继任太史令,开始搜集史料,准备写作,那时他正三十八岁。他一方面把国家图书馆保藏下来的古籍加以编排和整理①;一方面访问交游朋好,或亲身实地调查来重加订正或补充。这样积累加工,到公元前一〇四年(刘彻太初元年)他四十二岁时,于是酝酿成熟,便着手写作这部前无古人的《史记》②。过了五年(公元前九九年,刘彻天汉二年),他四十七岁,为了李陵败降匈奴的事说了几句直话,触怒了刘彻,以为他有意诽谤李广利③,替李陵开脱,便把他下在牢里,而且处以腐刑(阉割)。他受了这样惨毒的酷刑,在狱中还是继续不断地写作。到公元前九六年(刘彻太始元年),他被赦出狱,刘彻又任命他为中书令。中书令是皇帝亲近的秘书,地位比太史令为高,可是那时大都用宦者来充任,不免受到侮弄,所以他每每自伤,以为"身为闺阁之臣"④,很是痛愤。但为了要完成这部伟大的著作,他只得"隐忍苟活","故且从俗浮湛(沉),与时俯仰"⑤,仍旧继续写作了五

---

① 《自序》:"䌷史记石室金匮之书。"
② 《史记》在当时只叫做《太史公书》或直叫《太史公》。
③ 李广利是刘彻宠姬李夫人的哥哥,当时为贰师将军,是李陵的主帅,后来他也投降了匈奴。
④ 《汉书》卷六十二《司马迁传》引他的《报益州刺史任安书》。
⑤ 《汉书》卷六十二《司马迁传》引他的《报益州刺史任安书》。

六年,直到公元前九一年(刘彻征和二年)他五十五岁上,全书方才完成。凡十二"本纪",十"表",八"书",三十"世家",七十"列传",共一百三十篇,五十二万六千五百字。此后虽略有增修,到明年他五十六岁那年便成绝笔。后来怎样,竟没有确切的事迹可资佐证,所以他的卒年,到今天为止还没有人考定它。

在司马迁之前,中国的历史著作已经很多。除了那些早就散佚的古史不必指数外,到现在还流传通行的,已有以年代为次的"编年史"如《春秋》,以地域为限的"国别史"如《国语》、《国策》,以文告档卷形式保存下来的"政治史"如《尚书》,以记述各派思想流别并加以批判的"学术史"如《庄子》的《天下篇》和《荀子》的《非十二子篇》等等。但在当时,还没有人能够科学地编排整理,产生一部完整的"中国史"。司马迁独能融会贯通,扛起这样的重任,其主要原因在他具有创造义例的识力。他首先掌握了他那时代里所认为历史上的政治中心人物,所以他把黄帝以次一直到他当代的帝王,编成《五帝本纪》等十二篇①。这些"本纪"固然详载帝王的事迹,可是同一时代社会上发生的重大变化也就有计划地编排进去,把纲领贯穿起来,基本上成为有系统的编年大事记。其次把"并时异世,年差不明"②的事迹,仿周代谱牒的体制,编成《三代世表》等十篇。于是历代传递相及的世系,列国间交涉纠纷的关系,主要职官的更迭等等繁复混淆的事项都给这纵横交织的表格排列得头绪分明,眉目清疏了。又次,创立《礼书》、《乐书》、《律书》、《历书》、《天官书》、《封禅书》、《河渠书》、《平准书》等八篇。这些"书",记述的是所谓"朝章国典",其实

---

① 他这样做,当然受的历史上的时代局限性,但他只认识实际上的政治中心人物,并不被"正统"观念所支配。所以十二本纪之中,就包括了当时一般人所忽视的草泽英雄如项羽和临朝称制的女主如吕后。
② 《太史公自序》。

举凡天文、地理、政治、经济、风俗、艺术等等都把它们分门别类,写成了各种类型的专业史。或者这样说,他已为后世的专业史塑造了适当的雏型。再次,创编了《吴太伯世家》等"世家"三十篇。把春秋、战国和汉初主要王侯、外戚的传世本末写成了各个不同的国别史①。最后是《伯夷列传》等人物传记七十篇②,总称"列传"。这些列传,基本上是描写各个人物生活的"专传"。但也有些业绩相连,彼此有关的人物,便写成了叙述多人的"合传"③。还有些人,或者行事的作风相类似,或者品质的气味差不多,只要有一节可记的,不问他们是否同时或者异代,便"以类相从"地作成了若干篇"类传"④。此外对于当时的外国或者国内的少数民族,也适当地安排在有关各篇列传的前后,说明他们同汉民族如何打交道、如何发生关系的始末情由⑤。每篇的末了,又大都附有"论赞"。论赞的作用,多半是引据异闻来补充流传的史实,或者根据实地调查来辟去相传的谬说,绝不像后世人作史论那样的任意翻案或者故作苛论。这样就表现了他自己的立场和看法,显示了负责的精神。

司马迁《史记》的成就,不仅表现在他创设的体例上,尤其表现在他的工作态度上。他有丰富的社会实践和进步的历史观点,自然就认明了自己的写作责任,端正了自己的工作态度。他入手之初,广泛地征求当时流传的史料,加以甄择,先编成基本的记录,随时把他得自交游之间互谈访问的异闻口说来参订这记录的异同。又趁着游历的便利,

---

① 《孔子世家》和《陈涉世家》是特例。
② 七十篇的末了一篇就是《太史公自序》。
③ 如《范雎蔡泽列传》、《廉颇蔺相如列传》、《魏其武安侯列传》等。
④ 如《刺客列传》、《滑稽列传》、《货殖列传》等。
⑤ 如《匈奴列传》、《南越列传》、《东越列传》、《朝鲜列传》、《西南夷列传》、《大宛列传》等。

到处亲自调查,把原来记录的材料互相比对,改正了不少书本上的错误。这样他就切切实实地做到了"考文征献"的工夫,揭露了民生疾苦的根源,提高了著作本身的传信价值。总之,他的《太史公书》务在崇实斥伪,对一切虚伪失真的把戏,始终作无情的斗争。如本纪一类,基本上是记载帝王发号施令的,他因为看到秦亡汉兴的五年之间,实际上领导当时各支起义的力量来推翻暴秦王朝的是项羽,他便在《秦始皇本纪》和《高祖本纪》之间创立了《项羽本纪》。又看到刘邦死后,他的儿子刘盈承继了帝位,但一切实权都由刘邦的妻子吕雉掌握,刘盈只拥有一个虚名,他便干脆立了个《吕太后本纪》,书中竟找不到"孝惠本纪"的名色。他这样做,明明是"不以成败论人",不肯屈辱了为领导起义斗争而失败的英雄①;明明是不偏轻妇女,所以不非难女主临朝,反而说"高后以女主称制,政不出房户,天下晏然,刑罚罕用,罪人是希(稀),民务稼穑,衣食滋殖"②呢!这是何等的识力③!同时他为要分别是非,对于当时统治阶级的丑恶也就秉笔直书,毫无隐饰地尽情揭发。帝王如刘彻的迷信求仙和贪功生事④;将相大臣如公孙弘等人的巧诈逢迎⑤,张汤、杜周等人的贪污残酷⑥,窦婴、田蚡等人的倾轧陷害⑦;王室子孙如燕王定国和齐厉王次景等人的荒淫乱伦⑧:都给它如

---

① 《史记》把陈涉列为世家,也是同样的理由。
② 《史记》卷九《吕太后本纪》后面的论赞。
③ 后世史家,首推班固,他已被"正统"的观念困住了,写作《汉书》的时候,就把项羽次在陈涉之后,同降为列传,而且直斥其名,竟标做《陈胜项籍传》。至于吕后,他虽不敢显加贬损,但在《吕后纪》的前面一定要生硬地插入了短短的一篇《惠帝纪》,粉饰一下"政有所归"。其它的史官更不用说了。
④ 见《史记》卷二十八《封禅书》和卷一百二十三《大宛列传》。
⑤ 见《史记》卷一百十二《平津侯主父偃列传》。
⑥ 见《史记》卷一百二十二《酷吏列传》。
⑦ 见《史记》卷一百七《魏其武安侯列传》。
⑧ 见《史记》卷五十一《荆燕世家》和卷五十二《齐悼惠王世家》。

实地反映了,遗留下深刻的讥讽和谴责。当时因为得罪了统治阶级,就有人说这部著作是"谤书",这正证明了他斗争性的强烈,所以有这样拥护正义的态度,表达了人民的呼声。此外,他对社会各阶层的人物如儒生、游侠、农民、商人以至医、卜、星、相等等各方面的生活状况也同样地看待,利用种种类传的方式,都给以广泛的、比较全面的叙述①。该同情的寄与同情,该批判的予以批判,真是爱憎分明,使后世的读者仿佛亲自接触到这些形形色色的人物而引起"善善恶恶"的共鸣。

　　综观《史记》的各体,"纪"是年代的标准,"传"是人物的动态,"世家"是纪传合体的国别史,"表"和"书"是贯穿事迹演化的总线索。它们之间互相关合着,并不是彼此对立的,而"纪"和"传"更是构成全书的经纬线。正因为经纬关合,所以能够分别安排组织,"罔(网)罗天下放失旧闻","略推三代,录秦、汉,上记轩辕,下至于兹(作者的当代)","拾遗补艺","厥协《六经》异传,整齐百家杂语"②,写成了这样一部空前的大著作,奠定了作史的范式,一直被后来历代史家所尊奉,称做"纪传体"。那些承袭纪传体的作品,不论以朝代的兴亡为限断的如后汉班固的《汉书》一直到清朝张廷玉的《明史》等;或者以某一个时代的特征为限断的如唐朝李延寿的《南史》、《北史》,宋朝薛居正的《五代史》和欧阳修的《五代史记》(世称《新五代史》)等;或者专记同时并立政府的如晋朝陈寿的《三国志》:大都遵循他的成规,跳不出他的范围。虽他们的作品,编次尽有出

---

① 在当时的社会,医、卜、星、相等人号称杂流。尤其是游侠、货殖两类的人物,似乎都不被人家器重的,司马迁独能看出他们在社会发展上的地位,特地写成《游侠列传》和《货殖列传》。有人称赞他这样做是千古卓识,实在不是过情之誉。
② 都是《自序》里的话。

入①，名目尽有改变②，门类尽有短缺③，但"纪"和"传"都绝无例外地沿袭下来的。所以我们对历代逐渐结集拢来的"三史"、"十七史"、"二十一史"乃至"二十四史"、"二十五史"等纪传体的史书，都管它叫"正史"，在从前中国史学界中最占首要的地位，而《史记》乃是这些正史的开山祖师。那些正史以外的"汗牛充栋"的纪传体的"别史"，实在也都是由《史记》派生出来的。

"史记"一词本只是泛指一般史籍的公名④，所以司马迁的书在当时只称《太史公书》，班固把它记录在《汉书·艺文志》里，便直写"《太史公》百三十篇"。就是后汉时应劭的《风俗通义》和荀悦的《汉纪》提到这书也只称它为"太史公记"，并没有把"史记"的名词专门隶属给司马迁。直到唐朝编撰《隋书》，才正式把"《史记》一百三十卷"列为"史部"中的头一部，下注"目录一卷，汉中书令司马迁撰"。而且把刘宋裴骃、徐野民和梁邹诞生三家的释解音训之作也接连并载了"《史记》八十卷"、"《史记音义》十二卷"、"《史记音》三卷"三大项。于是"史记"之名便由公名演化为专名，而"太史公"三字也就跟司马迁的名字结合

---

① 序次先后的位置，各史都略有移动。
② 《汉书》改"书"为"志"，《晋书》改"世家"为"载记"，《新五代史》改"志"为"考"。
③ 《汉书》无"世家"，《后汉书》、《三国志》、《梁书》、《陈书》、《北齐书》、《周书》、《南史》、《北史》都无"表""志"和世家（今本《后汉书》的"志"是梁朝刘昭补上的。编者按：今本《后汉书》的"志"实为晋司马彪所作《续汉书》的"志"，有宋朝刘昭注），《晋书》、《宋书》、《魏书》、《南齐书》、《隋书》、《唐书》、《五代史》都无"表"和"世家"，《新五代史》也无"表"，《宋史》、《辽史》、《金史》、《元史》、《新元史》、《明史》都无"世家"。
④ 《太史公自序》述他父亲司马谈的话有"史记放绝"语，《周本纪》有"太史伯阳读史记"语，《十二诸侯年表序》有"西观周室论史记旧词"语，《陈杞世家》有"孔子读史记至楚复陈"语，《老庄申韩列传》有"史记周太史儋见秦献公"语等，而汉初有些摹仿司马迁而作的书也大多称为"史记"。

起来,三者之间便成为不可分割的专用品了。即此一端,很可想见他在中国史学界起了如何的示范作用。

上面说的是司马迁在中国史学上的不朽伟绩。至于他在中国文学界发生的巨大影响,更因为他的写作方法具有高度的现实主义。他自幼诵读古代的典籍,接受了历史上传统的丰富的知识。后来他游历名山大川,深入社会,又接触到多方面的事物,体验了各阶层的生活。所以他能够抓住社会上各色各样的典型人物,予以尽情的刻画和生动的描写①。同时他能够冲破当时文坛上的陈腐习套,吸收了人民口边的新鲜活泼的语言,充实了自己的写作技巧。所以他把古籍中"佶屈聱牙"的文字大胆地改写为平直易解的词句,跟各地的方言土话并列起来②,同样地供他驱遣。并且有意扬弃了当时流行极盛的辞赋之流的骈偶形式,扩大了长短相错的散文领域,因而创造了干净利落优美独特的风格。凡是经他笔端塑造的人物,都成了有血有肉,充分表现个性的活人。他描写每一个人的说话或者几个人的对话都刻画得那么声口宛然,维妙维肖地恰合其人的身份和性格,而且曲折细致地表达了当时的场面和气氛。如《项羽本纪》写项梁的会稽起义;写项羽的钜鹿大战;写樊哙的鸿门闯宴;写项王的垓下突围。《陈涉世家》写大泽乡的起义;写陈涉旧友的愿朴。《留侯世家》写圯上老人的约会;写汉王席前的借箸划策;写设计搬弄四皓。《陈丞相世家》写陈平的去楚奔汉和还金辞汉;写周勃的被诘受窘和陈平的相机答辩。《孙子吴起列传》写孙

---

① 在司马迁以前,没有专写个人的传记。他独能窥见人的一生是活生生的整体,若把它分系在"以事为纲"的记载上就算了事,那就破坏了这个整体,无异支解了这个人物。所以他每用多种多样的方式来写传记。就这一点看,可以说司马迁在中国文学史上是第一个发现"典型人物"的人。
② 《史记》用方言土话是有一定的成功的。但也增加了后人理解的困难。例如"夥颐"一词,他是用来摹拟土话的声口的,后来读史的人就泥住在字面上,发生了纷歧的解释。

武吴宫教战;写孙膑马陵道破杀庞涓;写吴起的矜名使气和受谗奔楚。《商君列传》写卫鞅入秦游说,与廷臣争辩;写变法之令的推行;写赵良的劝讽。《平原君虞卿列传》写平原君的矫情杀妾;写毛遂自荐,几句话把楚王说服,因而歃血定盟;写公孙龙夜见平原君,阻止他的贪功受封;写虞卿、楼缓的斗计。《魏公子列传》写信陵君夷门执辔,神色愈恭;写侯嬴教公子窃符救赵;写朱亥椎杀晋鄙;写公子在赵与博徒、卖浆者交游,引起平原君的愧悔;写公子终因毛、薛二公的一言,翻然觉悟,立即归魏应付国难。《范雎蔡泽列传》写伪张禄逃死入秦,取得秦王的信任,封侯拜相;写须贾使秦受骗,受到不堪的陵辱,终因赠袍在先,仅免一死;写平原君的留秦被胁和魏齐的投奔无路;写蔡泽公开宣言,竟夺占了范雎的相位。《廉颇蔺相如列传》写蔺相如的完璧归赵;写渑池会上秦王被胁击缻;写廉颇的觉悟谢罪和他晚境的颓唐;写赵奢的用兵和阏与取胜;写李牧的守边却敌。《田单列传》写田单的智略和火牛破燕;写田法章与太史嫩的女儿自由恋爱;写王蠋的守节不屈。《刺客列传》写专诸的刺杀王僚;写豫让的漆身吞炭;写聂政的剥面抉眼和他姊姊的哭尸明志;写荆轲的悲歌慷慨,提匕首入秦,当廷把住秦王的袖子,出匕首揕他;写高渐离的逃难击筑和瞩目行刺。《淮阴侯列传》写韩信的胯下受辱和登坛拜将;写他的拔帜破赵和囊沙破楚;写武涉、蒯通对他的游说;写刘邦伪游云梦,韩信在陈受缚;又写他后来被人出卖,在锺室就戮。《季布栾布列传》写季布的逃难受髡,躲在朱家家里为奴;写曹丘生的面折季布;写栾布的冒死哭祭彭越。《张释之冯唐列传》写释之执法公平,不肯为皇帝的一言而枉杀无辜;写冯唐因皇帝问他边将的人材,伸雪了云中守魏尚的冤屈。《魏其武安侯列传》写窦婴、田蚡的争权倾轧;写灌夫、籍福等人的从中挑拨;写后来为了灌夫骂座,逼到窦、田二人在太后面前互相攻讦,连皇帝也无可奈何。《李将军列传》写李广的善射;写霸陵尉的醉态;写李广的治军,不拘拘于文书条教而士卒爱戴；写他被匈奴擒住，在半途夺马逃回；写他深入敌境酣战，吏士皆无人色，而他意气自如；又写他勇略冠绝一时，终因不得大将军卫青的欢心而被逼自杀。《汲郑列传》写汲黯的憨直，他不畏强御，面折朝臣的虚诈和贪酷，对皇帝、大将军也不为少屈；写郑当时结交好客，唯恐不及，而一朝失势，宾客便骤见冷落。《游侠列传》写朱家、郭解的仗义行侠，都是脱人于厄而不求知，救人于难而不望报，终因包庇了许多被迫害者而遭到统治者的嫉忌，郭解便因此被夷灭。《滑稽列传》写淳于髡"一斗亦醉一石亦醉"的妙喻；写优孟"贱人贵马"的讽谏；写优旃"漆城难得荫室"的讥刺①。凡此种种，他都用多种多样的写法，描画出各各不同的境界。于是许多已经过去的历史竟变成了活泼生动的故事，读起来仿佛看了许多幅动人的图画，或者像看了许多出动人的戏剧。对那些可爱可憎的人物，忽而喜，忽而怒；对那些悲壮激烈的情节，真是可泣可歌。遇到十分紧张的场面和十分热烈的气氛时，更能使读它的人被吸住在字里行间，不但觉到"如闻其声，如见其人"，而且真有"共呼吸、同生死"的感觉呢。

正因为司马迁的《史记》具有这样伟大的感染力量，他的影响便在中国文学史蔚成了一脉相传的散文主流。唐朝的韩愈为要从当时盛行的骈偶文体中求得解放，他便用全力提倡散文②，造成了一时的风气，表现了巨大的成绩。人家称赞他"文起八代之衰"③，其实他和他的同志们所追求的最高目标也就是司马迁的《史记》。后来的宋、元诸大家，明七子和清朝的桐城、阳湖诸派的所谓"古文"，都只是这一股主流中所起的波澜。其它如清初蒲松龄的《聊斋志异》那样类型的所谓"笔

---

① 《滑稽列传》尚有东方朔、东郭先生、王先生、西门豹的故事，都是褚少孙补进去的，并不是司马迁的原文。详见后面《滑稽列传》的校释。
② 那时的古文运动，其实只是排斥骈文，提倡散文。
③ 见宋苏轼《韩文公庙碑》。

记小说",也都是接受了《史记》的影响的。就是外国小说的初期翻译,也还是利用了这传统的散文,尤其是林纾。他们所以要这样追求摹仿,正因为《史记》那样的散文在当时是最适于通行的缘故。

基于同样的理由,《史记》中保留下来的许多生动活泼的故事,都成了人民喜见乐闻的东西。明朝余邵鱼的《列国志传》①和甄伟的《西汉通俗演义》等小说,其中绝大部分是取材于《史记》的。直到现在,南北各地说评话的艺人,在各种场合把它分头开讲,仍旧吸引着不可计数的广大听众。至于戏剧的搬演,尤其是"源远流长",自元、明以来不少的"杂剧"和"传奇"也都采取《史记》的故事做他们编演的蓝本。现在最通行习见的杂剧结集如明朝臧懋循刻印的《元曲选》,传奇结集如明末清初毛氏汲古阁传刻的《六十种曲》,其中已有取材《史记》的作品十一种②,其它刊本流传的还没有一一悉数呢。目前京剧经常演出的节目中,如《鼎盛春秋》中的《文昭关》、《鱼肠剑》、《八义图》中的《闹朝扑犬》、《搜孤救孤》,《将相和》中的《完璧归赵》、《渑池会》、《负荆请罪》,《千金记》中的《鸿门宴》、《霸王别姬》等戏,没有一出不被广大人民所喜爱,而受到绝大多数观众的拥护。像这样上好的剧本,就说是根据司马迁的原著而改编的,也并不过分。其它如《屈原》、《棠棣之花》等话剧,《信陵公子》、《虎符记》等京、越剧,以及各处地方戏和先后编印的童话如《连城璧》、《河伯娶妇》等等,取材于《史记》的还多着呢。这不是它遗留在中国文艺界的莫大影响么!

---

① 现在最流行的是清朝蔡元放的评定本《东周列国志》。
② 《元曲选》中有李寿卿的《伍员吹箫》,郑廷玉的《楚昭王疎者下船》,纪君祥的《赵氏孤儿》,无名氏的《庞涓夜走马陵道》、《冻苏秦衣锦还乡》,高文秀的《须贾诨范叔》,尚仲贤的《汉高皇濯足气英布》,无名氏的《随何赚风魔蒯通》等八种。《六十种曲》中有梁辰鱼的《浣纱记》,徐元的《八义记》,沈采的《千金记》等三种。

公元十世纪四十年代(五代中叶)以来,中国雕版刷印的风气逐渐展开,刻书传布的作坊便成为当时新兴的事业。起初只见于官家和寺院,后来私人也有的经营了。各种图书的传刻,大都看它们本身的质量和社会的需要而决定它们流布的广狭,有些是一度刻印之后,绝未重刻再版的;也有些是辗转传刻,到现在还保留着若干不同的版本的。《史记》这书属于后一类,所以它从钞写以至雕版刷印,流传的本子极多。就内容说,有单刻白文的①,有附刻注文的②,有加刻评点的③;从形式说,有版口大小不一的,有行款疏密不同的。不但数出来不胜其烦,就是数得出的也颇有已经遗佚或者仅存孤本而成为古董的。现在最容易见到而流行最普通的《史记》,还是那些历来为了结集丛书而编刻进去的本子,如明朝嘉靖、万历时代南北监所刻的《廿一史》本,明末毛氏汲古阁所刻的《十七史》本,清朝乾隆时武英殿官刻的《二十四史》本④,光绪时江宁、苏州、扬州、杭州、武昌官书局合刻的《二十四史》本⑤。

对于《史记》的注释和考订,从汉朝起一直到最近,差不多每一朝代都有人在那里做过工夫的,也有未经传刻的稿本,也有单刻别行的专著和附刻在各家文集里边的散篇。最易接触到而且比较完整的注释也只就是那些附刻在《史记》一起的三家注⑥。上面述及的南北监本和殿本都附有三家注,汲古阁本和局本都只有《集解》而没有《索隐》和《正

---

① 只有正文,没有注解的,叫白文。
② 注解的多寡详略并不一律。
③ 评论的见解和点刻的分量也各不相同。
④ 通称"殿本",后来许多翻刻和石印的《二十四史》乃至近年开明书店编印的《二十五史》,都出于此本。
⑤ 通称"五局合刻本",或者简称"局本",其中的《史记》就是江宁书局照汲古阁传本刻印的。
⑥ 这三家是刘宋裴骃的《集解》,唐朝司马贞的《索隐》和张守节的《正义》。许多古注大多包含在《集解》内。

义》。但汲古阁于刻行《十七史》之外却又单刻了《史记索隐》三十卷。清朝同治时,张文虎便根据汲古本的《集解》,单刻本的《索隐》,明王延喆刻本《史记》的《正义》,并罗列了他所及见的旧刻古本、时本和别人的校本十四种,校成一个一百三十卷的新本子,当时便由金陵书局刻版印行。同时又另外刻印了他的《校刊史记集解索隐正义札记》五卷。这《札记》说明了各本字面上的异同及其所以去取的原由,前面并列举了所据各本的目录。后来日本人泷川龟太郎(资言)便用这个校刻本为底,再根据他国内传钞的材料补出了《正义》若干则,又根据中国清朝人的考订成说,偶也采取近人的著作和他国内学人的考订所得,作成《史记会注考证》十册。这一个选本,便从张文虎的校本里采录下来的白文。

　　这个选本的目的,在于试向一般爱好文艺的读者介绍这部祖国文学遗产的名著,同时提供一个便于诵读的本子。因此,只选了描写生动而故事性较强的记叙文二十篇①,凡是"表"、"志"和其它偏重年代、世系或议论的"纪"、"传"概从割舍。为要保持原来的面目,入选的各篇都照录全文,不加删节;篇次的前后也悉照原本的顺序。但移写的形式却照现今的惯例每篇都分段提行,施以标点②。

　　校勘古书是批判接受文化遗产的第一步工作。因为传本中语句的"异""同"固然要引起解释的纠纷,就是字面的"正""讹"也会影响到意义的分歧,所以历来严谨的学者往往对古书的校勘是不惮烦琐,不避迂拙地干着的。这一选本的任务虽没有搞校勘专业的必要,但为了帮助批判接受加一点力,乘便向读者提供几条校勘的例子,想来也不是多馀的。因此,把手头容易得到的覆刻宋蜀大字本(简称蜀本)、覆刻百

---

① 就是前面举例所及的《项羽本纪》以至《滑稽列传》等二十篇。
② 古书的传刻,大多每篇自为起迄,连书不断;很少见分清段落,圈断句读的。

衲宋本(简称百衲本)、影印南宋黄善夫刻本(简称黄本)、原刻汲古阁《十七史》本(简称汲古本)和日本排印的泷川资言的《史记会注考证》本(简称会注本)来跟采定的张校本互相对勘,凡文字的异同正讹,一一随手作成"校记"若干则①,散附在各篇的注释之中。

　　这一选本,为了便于诵读,凡各篇中涉及的音读、字义、语汇、地名、人名、官名、器物名……和彼此牵涉的事件必须互相阐明的地方,都作成简单的注释,跟校记并合起来,总称"校释"。这些校释,用〔1〕、〔2〕、〔3〕……号码分系在白文中每一需要说明的逗号或句号旁边,然后把这些校释的条文顺次总录在每篇的后面,以备读者的参考。

　　校释的条文,当然尽量使用语体,但也有难以表达而不得不采用浅近文言的。音读一般都用直音,但也有难觅恰当的字面而变例用"读某字某声(分别四声)"或偶采切音的。解释字义,大都利用习熟的连语,但有时也不得不仍取旧时的形式而写作"某,某也";"某某,某某貌"。又为了进一步了解古书的异体字,有时也不避生僻,引用一些异文,以资比对。地名的考释,一以今地为归结,凡遇名称疆界有变动的地方,都根据内务部编行的《中华人民共和国行政区划简册》和最近区划变动的情况来改定它;也有彼此关涉必须搞清楚它的沿革的,也就不避烦琐地加以说明。人名只详简历,但关涉较广的人物而并无他的传记入选的,叙述也略为加详,并且注明《史记》本书中有他的传,以便读者需要时的考索。官名只说明它当时的职掌,但有涉及阶位、禄秩等等必须前后参照的,也详予叙述。器物名只能随顺旧注,加以今释,无法跟现制比附的,不敢穿凿。

　　以上所述,可以说是编者着手编写校释工作时自定的凡例。

---

① 从前刻书,往往整篇连写,偶有提行另起,也并不一律。校到的各本,就很多是这样的,在校记中逐一指出,俾读者可以想见原书的面貌。

最后,应该郑重向读者声明:这一选本,虽经本所"中国古代文学组"同人的帮助,使编者及时修正了不少欠妥的地方。但其它生硬难化,甚至还有纰漏之处,都该由编者个人负责,竭诚请求读者的指正!

一九五五年八月王伯祥序于北京大学文学研究所。本年正值司马迁诞生二千一百年纪念。

项羽本纪[1]

项籍者，下相人也，[2]字羽。[3]初起时，年二十四。其季父项梁，[4]梁父即楚将项燕，为秦将王翦所戮者也。[5]项氏世世为楚将，封于项，故姓项氏。[6]项籍少时，学书不成，去学剑，又不成。[7]项梁怒之。籍曰："书，足以记名姓而已。剑，一人敌，不足学。学万人敌。"于是项梁乃教籍兵法，[8]籍大喜；略知其意，又不肯竟学。[9]项梁尝有栎阳逮，[10]乃请蕲狱掾曹咎书，[11]抵栎阳狱掾司马欣，[12]以故事得已。[13]项梁杀人，与籍避仇于吴中。[14]吴中贤士大夫皆出项梁下。[15]每吴中有大繇役及丧，[16]项梁常为主办，[17]阴以兵法部勒宾客及子弟，[18]以是知其能。[19]秦始皇帝游会稽，[20]渡浙江，[21]梁与籍俱观，[22]籍曰："彼可取而代也！"[23]梁掩其口，曰："毋妄言，族矣！"[24]梁以此奇籍。[25]籍长八尺馀，力能扛鼎，[26]才气过人，[27]虽吴中子弟皆已惮籍矣。[28]

秦二世元年七月，[29]陈涉等起大泽中。[30]其九月，会稽守通谓梁曰：[31]"江西皆反，[32]此亦天亡秦之时也。吾闻先即制人，后则为人所制。[33]吾欲发兵，使公及桓楚将。"[34]是时桓楚亡在泽中。[35]梁曰："桓楚亡人，[36]莫知其处,独籍知之耳。"梁乃出,诫籍持剑居外待。[37]梁复入,与守坐,[38]曰:"请召籍,使受命召桓楚。"守曰:"诺。"[39]梁召籍入。须臾,[40]梁眴籍曰:"可行矣!"[41]于是籍遂拔剑斩守头。项梁持守头,佩其印绶。[42]门下大惊,扰乱,籍所击杀数十百人。[43]一府中皆慴伏,[44]莫敢起。梁乃召故所知豪吏,[45]谕以所为起大事,[46]遂举吴中兵。[47]使人收下县,[48]得精兵八千人。梁部署吴中豪杰为校尉、候、司马。[49]有一人不得用,自言于梁。梁曰:"前时某丧,使公主某事,不能办,以此不任用公。"[50]众乃皆伏。[51]于是梁为会稽守,[52]籍为裨将,[53]徇下县。[54]

广陵人召平于是为陈王徇广陵,[55]未能下。[56]闻陈王败走,秦兵又且至,[57]乃渡江矫陈王命,[58]拜梁为楚王上柱国。[59]曰:"江东已定,急引兵西击秦!"项梁乃以八千人渡江而西。[60]闻陈婴已下东阳,[61]使使欲与连和俱西。[62]陈婴者,故东阳令史,[63]居县中,素信谨,称为长者。[64]东阳少年杀其令,[65]相聚数千人,欲置长,无适用,[66]乃请陈婴。[67]婴谢不能,[68]遂彊立婴为长,县中从者得二万人。少年欲立婴便为王,[69]异军苍头特起。[70]陈婴母谓婴曰:"自我为汝家妇,未尝闻汝先古之有贵者。[71]今暴得大名,不祥。[72]不如有所属,[73]事成犹得封侯,事败易以亡,[74]非世所指名也。"[75]婴乃不敢为王。谓其军吏曰:"项氏世世将家,有名于楚,今欲举大事,将非其人不可。我倚名族,亡秦必矣。"于是众从其言,以兵属项梁。[76]项梁渡淮,[77]黥布、蒲将军亦以兵属焉。[78]凡六七万人,[79]军下邳。[80]

当是时,秦嘉已立景驹为楚王,[81]军彭城东,[82]欲距项梁。[83]项梁谓军吏曰:"陈王先首事,[84]战不利,未闻所在。[85]今秦嘉倍陈王而立景驹,逆无道。"[86]乃进兵击秦嘉。秦嘉军败走,追之至胡陵。[87]嘉还战,一日,嘉死,军降。景驹走死梁地。[88]项梁已并秦嘉军,军胡陵,将引军而西。章邯军至栗,[89]项梁使别将朱鸡石、馀樊君与战,[90]馀樊君死,朱鸡石军败,亡走胡陵。[91]项梁乃引兵入薛,[92]诛鸡石。项梁前使项羽别攻襄城,[93]襄城坚守不下。已拔,皆阬之。[94]还报项梁。项梁闻陈王定死,[95]召诸别将会薛计事。[96]此时,沛公亦起沛往焉。[97]

居鄌人范增,[98]年七十,素居家,好奇计。[99]往说项梁曰:[100]"陈胜败固当。[101]夫秦灭六国,楚最无罪。[102]自怀王入秦不反,[103]楚人怜之至今,故楚南公曰:'楚虽三户,亡秦必楚也。'[104]今陈胜首事,不立楚后而自立,其势不长。今君起江东,楚蠭午之将皆争附君者,[105]以君世世楚将,为能复立楚之后也。"于是项梁然其言,[106]乃求楚怀王孙心民间,[107]为人牧羊,[108]立以为楚怀王,从民所望也。[109]陈婴为楚上柱国,封五县,与怀王都盱台。[110]项梁自号为武信君。

居数月,[111]引兵攻亢父,[112]与齐田荣、司马龙且军救东阿。[113]大破秦军于东阿,田荣即引兵归,逐其王假。﹝114﹞假亡走楚。假相田角亡走赵。角弟田间故齐将,居赵不敢归。田荣立田儋子市为齐王。项梁已破东阿下军,遂追秦军。数使使趣齐兵,﹝115﹞欲与俱西。田荣曰:"楚杀田假,赵杀田角、田间,乃发兵。"项梁曰:"田假为与国之王,﹝116﹞穷来从我,不忍杀之。"赵亦不杀田角、田间以市于齐。﹝117﹞齐遂不肯发兵助楚。项梁使沛公及项羽别攻城阳,﹝118﹞屠之。﹝119﹞西破秦军濮阳东,﹝120﹞秦兵收入濮阳。沛公、项羽乃攻定陶。﹝121﹞定陶未下,去,西略地至雍丘,﹝122﹞大破秦军,斩李由。﹝123﹞还攻外黄,﹝124﹞外黄未下。

项梁起东阿,﹝125﹞西,北至定陶,﹝126﹞再破秦军,项羽等又斩李由,益轻秦,﹝127﹞有骄色。宋义乃谏项梁曰:﹝128﹞"战胜而将骄卒惰者败。今卒少惰矣,﹝129﹞秦兵日益,臣为君畏之。"﹝130﹞项梁弗听。乃使宋义使于齐。﹝131﹞道遇齐使者高陵君显,﹝132﹞曰:"公将见武信君乎?"曰:"然。"曰:"臣论武信君军必败。﹝133﹞公徐行即免死,疾行则及祸。"﹝134﹞秦果悉起兵益章邯,﹝135﹞击楚军,大破之定陶,项梁死。沛公、项羽去外黄攻陈留,﹝136﹞陈留坚守不能下。沛公、项羽相与谋曰:"今项梁军破,士卒恐。"﹝137﹞乃与吕臣军俱引兵而东。﹝138﹞吕臣军彭城东,﹝139﹞项羽军彭城西,沛公军砀。﹝140﹞

章邯已破项梁军,则以为楚地兵不足忧,﹝141﹞乃渡河击赵,﹝142﹞大破之。当此时,赵歇为王,陈馀为将,张耳为相,﹝143﹞皆走入钜鹿城。﹝144﹞章邯令王离、涉间围钜鹿,﹝145﹞

章邯军其南，筑甬道而输之粟。〔146〕陈馀为将，将卒数万人而军钜鹿之北，〔147〕此所谓河北之军也。楚兵已破于定陶，怀王恐，从盱台之彭城，〔148〕并项羽、吕臣军自将之。〔149〕以吕臣为司徒；〔150〕以其父吕青为令尹；〔151〕以沛公为砀郡长，〔152〕封为武安侯，将砀郡兵。

初，宋义所遇齐使者高陵君显在楚军，见楚王曰："宋义论武信君之军必败，居数日，军果败。兵未战而先见败徵，〔153〕此可谓知兵矣。"〔154〕王召宋义与计事，而大说之，〔155〕因置以为上将军。〔156〕项羽为鲁公为次将，〔157〕范增为末将，〔158〕救赵。〔159〕诸别将皆属宋义，号为卿子冠军。〔160〕行至安阳，〔161〕留四十六日不进。项羽曰："吾闻秦军围赵王钜鹿，疾引兵渡河，楚击其外，赵应其内，破秦军必矣。"宋义曰："不然。夫搏牛之虻不可以破虮虱，〔162〕今秦攻赵，战胜则兵罢，〔163〕我承其敝；〔164〕不胜则我引兵鼓行而西，〔165〕必举秦矣。〔166〕故不如先斗秦、赵。夫被坚执锐，义不如公；〔167〕坐而运策，公不如义。"〔168〕因下令军中曰："猛如虎，很如羊，贪如狼，彊不可使者，皆斩之！"〔169〕乃遣其子宋襄相齐，〔170〕身送之至无盐，〔171〕饮酒高会。〔172〕天寒大雨，士卒冻饥。项羽曰："将戮力而攻秦，〔173〕久留不行。今岁饥民贫，〔174〕士卒食芋菽，〔175〕军无见粮，〔176〕乃饮酒高会，不引兵渡河因赵食，〔177〕与赵并力攻秦，乃曰'承其敝'。夫以秦之彊，攻新造之赵，其势必举赵。赵举而秦彊，何敝之承！且国兵新破，〔178〕王坐不安席，埽境内而专属于将军,〔179〕国家安危,在此一举。今不恤士卒而徇其私,〔180〕非社稷之臣。"〔181〕项羽晨朝上将军宋义,〔182〕即其帐中斩宋义头。〔183〕出令军中曰:"宋义与齐谋反楚,楚王阴令羽诛之。"〔184〕当是时,诸将皆慴服,莫敢枝梧。〔185〕皆曰:"首立楚者,将军家也。今将军诛乱。"〔186〕乃相与共立羽为假上将军。〔187〕使人追宋义子,及之齐,杀之。使桓楚报命于怀王。〔188〕怀王因使项羽为上将军,〔189〕当阳君、蒲将军皆属项羽。〔190〕

项羽已杀卿子冠军,威震楚国,名闻诸侯,乃遣当阳君、蒲将军将卒二万,渡河救钜鹿。战少利,〔191〕陈馀复请兵。项羽乃悉引兵渡河,皆沈船,破釜甑,烧庐舍,持三日粮,以示士卒必死,无一还心。〔192〕于是至则围王离,与秦军遇,九战,绝其甬道,大破之,杀苏角,〔193〕虏王离。〔194〕涉间不降楚,自烧杀。

当是时,楚兵冠诸侯。〔195〕诸侯军救钜鹿下者十馀壁,〔196〕莫敢纵兵。〔197〕及楚击秦,诸将皆从壁上观。〔198〕楚战士无不一以当十,楚兵呼声动天,诸侯军无不人人惴恐。〔199〕于是已破秦军,项羽召见诸侯将,入辕门,〔200〕无不膝行而前,〔201〕莫敢仰视。〔202〕项羽由是始为诸侯上将军,诸侯皆属焉。

章邯军棘原,〔203〕项羽军漳南,〔204〕相持未战。秦军数却,〔205〕二世使人让章邯。〔206〕章邯恐,使长史欣请事。〔207〕

至咸阳，〔208〕留司马门三日，〔209〕赵高不见，〔210〕有不信之心。长史欣恐，还走其军，不敢出故道。〔211〕赵高果使人追之，不及。欣至军，报曰："赵高用事于中，〔212〕下无可为者。〔213〕今战能胜，高必疾妒吾功；战不能胜，不免于死。愿将军孰计之！"〔214〕陈馀亦遗章邯书曰：〔215〕"白起为秦将，〔216〕南征鄢郢，〔217〕北阬马服，〔218〕攻城略地，〔219〕不可胜计，〔220〕而竟赐死。蒙恬为秦将，〔221〕北逐戎人，〔222〕开榆中地数千里，〔223〕竟斩阳周。〔224〕何者？功多，秦不能尽封，因以法诛之。〔225〕今将军为秦将三岁矣，所亡失以十万数，而诸侯并起滋益多。〔226〕彼赵高素谀日久，〔227〕今事急，亦恐二世诛之，故欲以法诛将军以塞责，〔228〕使人更代将军以脱其祸。〔229〕夫将军居外久，多内郤，〔230〕有功亦诛，无功亦诛。且天之亡秦，无愚智皆知之。〔231〕今将军内不能直谏，〔232〕外为亡国将，孤特独立而欲常存，〔233〕岂不哀哉！将军何不还兵与诸侯为从，〔234〕约共攻秦，分王其地，〔235〕南面称孤；〔236〕此孰与身伏铁质，妻子为戮乎？"〔237〕章邯狐疑，〔238〕阴使候始成使项羽，〔239〕欲约。〔240〕约未成，项羽使蒲将军日夜引兵度三户，〔241〕军漳南，〔242〕与秦战，再破之，项羽悉引兵击秦军汙水上，〔243〕大破之。

　　章邯使人见项羽，欲约。项羽召军吏谋曰："粮少，欲听其约。"军吏皆曰："善。"项羽乃与期洹水南殷虚上。〔244〕已盟，〔245〕章邯见项羽而流涕，为言赵高。〔246〕项羽乃立章邯为雍王，〔247〕置楚军中。〔248〕使长史欣为上将军，将秦军为

前行。〔249〕

到新安。〔250〕诸侯吏卒异时故繇使屯戍过秦中,〔251〕秦中吏卒遇之多无状,〔252〕及秦军降诸侯,诸侯吏卒乘胜多奴虏使之,〔253〕轻折辱秦吏卒。〔254〕秦吏卒多窃言曰:〔255〕"章将军等诈吾属降诸侯,〔256〕今能入关破秦,大善;即不能,〔257〕诸侯虏吾属而东,秦必尽诛吾父母妻子。"诸将微闻其计,〔258〕以告项羽。项羽乃召黥布、蒲将军计曰:"秦吏卒尚众,其心不服,至关中不听,〔259〕事必危;不如击杀之,而独与章邯、长史欣、都尉翳入秦。"〔260〕于是楚军夜击阬秦卒二十馀万人新安城南。〔261〕

行略定秦地。〔262〕函谷关有兵守关,〔263〕不得入。又闻沛公已破咸阳。〔264〕项羽大怒,使当阳君等击关。项羽遂入,至于戏西。〔265〕沛公军霸上,〔266〕未得与项羽相见。沛公左司马曹无伤使人言于项羽曰:〔267〕"沛公欲王关中,〔268〕使子婴为相,珍宝尽有之。"项羽大怒,曰:"旦日飨士卒,〔269〕为击破沛公军!"当是时,项羽兵四十万,在新丰鸿门;〔270〕沛公兵十万,在霸上。范增说项羽曰:"沛公居山东时,〔271〕贪于财货,好美姬;今入关,财物无所取,妇女无所幸,〔272〕此其志不在小。吾令人望其气,皆为龙虎,成五采,此天子气也。〔273〕急击勿失!

楚左尹项伯者,〔274〕项羽季父也,素善留侯张良。〔275〕张良是时从沛公,项伯乃夜驰之沛公军,私见张良,具告以事，〔276〕欲呼张良与俱去。曰："毋从俱死也。"张良曰："臣为韩王送沛公，〔277〕沛公今事有急，亡去不义，不可不语。"〔278〕良乃入，具告沛公。沛公大惊，曰："为之奈何？"张良曰："谁为大王为此计者？"曰："鲰生说我曰：〔279〕'距关毋内诸侯，〔280〕秦地可尽王也。'故听之。"良曰："料大王士卒足以当项王乎？"沛公默然，曰："固不如也，且为之奈何？"张良曰："请往谓项伯，言沛公不敢背项王也。"〔281〕沛公曰："君安与项伯有故？"〔282〕张良曰："秦时与臣游，项伯杀人，臣活之。今事有急，故幸来告良。"〔283〕沛公曰："孰与君少长？"〔284〕良曰："长于臣。"沛公曰："君为我呼入，吾得兄事之。"〔285〕张良出，要项伯。〔286〕项伯即入见沛公。沛公奉卮酒为寿，〔287〕约为婚姻，〔288〕曰："吾入关，秋豪不敢有所近，〔289〕籍吏民，〔290〕封府库，而待将军。〔291〕所以遣将守关者，备他盗之出入与非常也。〔292〕日夜望将军至，岂敢反乎！愿伯具言臣之不敢倍德也。"〔293〕项伯许诺。谓沛公曰："旦日不可不蚤自来谢项王！"〔294〕沛公曰："诺。"于是项伯复夜去，至军中，具以沛公言报项王。因言曰："沛公不先破关中，公岂敢入乎？今人有大功而击之，不义也。不如因善遇之。"〔295〕项王许诺。

　　沛公旦日从百馀骑来见项王，至鸿门，谢曰："臣与将军勠力而攻秦，将军战河北，臣战河南，〔296〕然不自意能先入关破秦，〔297〕得复见将军于此。今者有小人之言，令将军与臣有卻。"项王曰："此沛公左司马曹无伤言之，不然，籍何以至此。"〔298〕项王即日因留沛公与饮。项王、项伯东嚮坐。〔299〕亚父南嚮坐,亚父者,范增也。〔300〕沛公北嚮坐。张良西嚮侍。〔301〕范增数目项王,〔302〕举所佩玉玦以示之者三。〔303〕项王默然不应。范增起,出召项庄,〔304〕谓曰:"君王为人不忍,〔305〕若入前为寿,〔306〕寿毕,请以剑舞,因击沛公于坐杀之。不者,〔307〕若属皆且为所虏。"〔308〕庄则入为寿。寿毕,曰:"君王与沛公饮,军中无以为乐,请以剑舞。"项王曰:"诺。"项庄拔剑起舞,项伯亦拔剑起舞,常以身翼蔽沛公,〔309〕庄不得击。于是张良至军门见樊哙。〔310〕樊哙曰:"今日之事何如?"良曰:"甚急!今者项庄拔剑舞,其意常在沛公也。"哙曰:"此迫矣!臣请入,与之同命!"〔311〕哙即带剑拥盾入军门。〔312〕交戟之卫士欲止不内,〔313〕樊哙侧其盾以撞,〔314〕卫士仆地,〔315〕哙遂入。披帷西嚮立,〔316〕瞋目视项王,〔317〕头发上指,目眦尽裂。〔318〕项王按剑而跽曰:〔319〕"客何为者?"〔320〕张良曰:"沛公之参乘樊哙者也。"〔321〕项王曰:"壮士!赐之卮酒!"则与斗卮酒。〔322〕哙拜谢,起,立而饮之。项王曰:"赐之彘肩!"〔323〕则与一生彘肩。樊哙覆其盾于地,〔324〕加彘肩上,〔325〕拔剑切而啖之。〔326〕项王曰:"壮士!能复饮乎?"樊哙曰:"臣死且不避,卮酒安足辞!〔327〕夫秦王有虎狼之心,杀人如不能举,刑人如恐不胜,〔328〕天下皆叛之。怀王与诸将约曰:'先破秦入咸阳者王之。'今沛公先破秦入咸阳,豪毛不敢有所近,封闭宫室,还军霸上,以待大王来。故遣将守关者,备他盗出入与非常也。劳苦而功高如此，未有封侯之赏，而听细说，[329]欲诛有功之人。此亡秦之续耳，窃为大王不取也！"[330]项王未有以应，曰："坐！"樊哙从良坐。[331]坐须臾，沛公起如厕，[332]因招樊哙出。

沛公已出，项王使都尉陈平召沛公。[333]沛公曰："今者出，未辞也，为之奈何？"樊哙曰："大行不顾细谨，大礼不辞小让，[334]如今人方为刀俎，[335]我为鱼肉，[336]何辞为！"于是遂去。乃令张良留谢。良问曰："大王来何操？"[337]曰："我持白璧一双，欲献项王；玉斗一双，欲与亚父。会其怒，[338]不敢献。公为我献之。"张良曰："谨诺。"当是时，项王军在鸿门下，沛公军在霸上，相去四十里，沛公则置车骑，[339]脱身独骑，与樊哙、夏侯婴、靳彊、纪信等四人持剑盾步走，[340]从郦山下，[341]道芷阳间行。[342]沛公谓张良曰："从此道至吾军，不过二十里耳，度我至军中，[343]公乃入。"沛公已去，间至军中，[344]张良入谢。曰："沛公不胜桮杓，[345]不能辞。谨使臣良奉白璧一双，再拜献大王足下；[346]玉斗一双，再拜奉大将军足下。"项王曰："沛公安在？"良曰："闻大王有意督过之，[347]脱身独去，已至军矣。"项王则受璧，置之坐上。亚父受玉斗，置之地，拔剑撞而破之，曰："唉！竖子不足与谋！[348]夺项王天下者，必沛公也，吾属今为之虏矣！"沛公至军，立诛杀曹无伤。

居数日，项羽引兵西屠咸阳，杀秦降王子婴；烧秦宫室，火三月不灭；收其货宝妇女而东。人或说项王曰：[349]"关中阻山河四塞，[350]地肥饶，可都以霸。"[351]项王见秦宫室皆以烧残破，又心怀思欲东归，[352]曰："富贵不归故乡，如衣绣夜行，[353]谁知之者！"说者曰："人言楚人沐猴而冠耳，果然。"[354]项王闻之，烹说者。[355]

项王使人致命怀王。[356]怀王曰："如约。"[357]乃尊怀王为义帝。[358]项王欲自王，先王诸将相。[359]谓曰："天下初发难时，假立诸侯以后伐秦。[360]然身被坚执锐首事，[361]暴露于野三年，[362]灭秦定天下者，皆将相诸君与籍之力也。义帝虽无功，故当分其地而王之。"[363]诸将皆曰："善。"乃分天下，立诸将为侯王。[364]

项王、范增疑沛公之有天下，[365]业已讲解，又恶负约，恐诸侯叛之。[366]乃阴谋曰："巴、蜀道险，秦之迁人皆居蜀。"[367]乃曰："巴、蜀亦关中地也。"故立沛公为汉王，王巴、蜀、汉中，[368]都南郑。[369]而三分关中，王秦降将以距塞汉王。[370]

项王乃立章邯为雍王，王咸阳以西，都废丘。[371]长史欣者，故为栎阳狱掾，常有德于项梁；都尉董翳者，本劝章邯降楚：故立司马欣为塞王，[372]王咸阳以东至河，都栎阳；立董翳为翟王，[373]王上郡，[374]都高奴。[375]徙魏王豹为西魏王，[376]王河东，[377]都平阳。[378]瑕丘申阳者，[379]张耳嬖臣也，[380]先下河南郡，[381]迎楚河上，[382]故立申阳为河南王，都雒阳。[383]韩王成因故都，都阳翟。[384]赵将司马卬定河内,〔385〕数有功,故立卬为殷王,〔386〕王河内,都朝歌。〔387〕徙赵王歇为代王。〔388〕赵相张耳素贤,又从入关,故立耳为常山王,〔389〕王赵地,都襄国。〔390〕当阳君黥布为楚将,常冠军,故立布为九江王,〔391〕都六。〔392〕鄱君吴芮率百越佐诸侯,〔393〕又从入关,故立芮为衡山王,〔394〕都邾。〔395〕义帝柱国共敖将兵击南郡,〔396〕功多,因立敖为临江王,〔397〕都江陵。〔398〕徙燕王韩广为辽东王。〔399〕燕将臧荼从楚救赵,因从入关,故立荼为燕王,〔400〕都蓟。〔401〕徙齐王田市为胶东王。〔402〕齐将田都从共救赵,因从入关,故立都为齐王,都临菑。〔403〕故秦所灭齐王建孙田安,项羽方渡河救赵,田安下济北数城,〔404〕引其兵降项羽,故立安为济北王,都博阳。〔405〕田荣者,数负项梁,又不肯将兵从楚击秦,以故不封。成安君陈馀弃将印去,〔406〕不从入关,然素闻其贤,有功于赵,闻其在南皮,〔407〕故因环封三县。〔408〕番君将梅鋗功多,故封十万户侯。〔409〕项王自立为西楚霸王,〔410〕王九郡,〔411〕都彭城。

汉之元年四月,〔412〕诸侯罢戏下,〔413〕各就国。项王出之国,使人徙义帝,〔414〕曰:"古之帝者地方千里,必居上游。"〔415〕乃使使徙义帝长沙郴县。〔416〕趣义帝行,〔417〕其群臣稍稍背叛之,〔418〕乃阴令衡山、临江王击杀之江中。〔419〕韩王成无军功,项王不使之国,与俱至彭城,废以为侯,已又杀之。臧荼之国,因逐韩广之辽东,广弗听,荼击杀广无终,[420]并王其地。

田荣闻项羽徙齐王市胶东,而立齐将田都为齐王,乃大怒,不肯遣齐王之胶东,因以齐反,迎击田都。田都走楚。齐王市畏项王,乃亡之胶东就国。田荣怒,追击杀之即墨。[421]荣因自立为齐王,而西击杀济北王田安,并王三齐。[422]荣与彭越将军印,[423]令反梁地。[424]陈馀阴使张同、夏说说齐王田荣曰:"项羽为天下宰,不平,[425]今尽王故王于丑地,而王其群臣诸将善地,逐其故主赵王,乃北居代,馀以为不可。[426]闻大王起兵,且不听不义,[427]愿大王资馀兵,[428]请以击常山,以复赵王。[429]请以国为扞蔽。"[430]齐王许之,因遣兵之赵。陈馀悉发三县兵,与齐并力击常山,大破之。张耳走归汉。陈馀迎故赵王歇于代,反之赵。赵王因立陈馀为代王。

是时,汉还定三秦。[431],项羽闻汉王皆已并关中,且东;[432]齐、赵叛之:[433]大怒。乃以故吴令郑昌为韩王,[434]以距汉;令萧公角等击彭越。[435]彭越败萧公角等。汉使张良徇韩,乃遗项王书曰:"汉王失职,欲得关中,[436]如约即止,不敢东。"又以齐、梁反书遗项王曰:"齐欲与赵并灭楚。"楚以此故,无西意,而北击齐。征兵九江王布。[437]布称疾不往,[438]使将将数千人行。[439]项王由此怨布也。汉之二年冬,项羽遂北至城阳,田荣亦将兵会战。田荣不胜,走至平原,[440]平原民杀之。遂北烧夷齐城郭、室屋,[441]皆阬田荣降卒,係虏其老弱妇女。[442]徇齐至北海,[443]多所残灭。齐人相聚而叛之。于是田荣弟田横收齐亡卒得数万人,反城阳。〔444〕项王因留,连战未能下。

春,〔445〕汉王部五诸侯兵,〔446〕凡五十六万人,东伐楚。项王闻之,即令诸将击齐,而自以精兵三万人南从鲁出胡陵。〔447〕四月,汉皆已入彭城,收其货宝、美人,日置酒高会。项王乃西,〔448〕从萧晨击汉军,而东至彭城。〔449〕日中,〔450〕大破汉军,汉军皆走,相随入谷、泗水,〔451〕杀汉卒十馀万人。汉卒皆南走山,〔452〕楚又追击至灵壁东睢水上。〔453〕汉军卻,为楚所挤,多杀,〔454〕汉卒十馀万人皆入睢水,睢水为之不流。〔455〕围汉王三匝。〔456〕于是大风从西北而起,折木发屋,〔457〕扬沙石,窈冥昼晦,〔458〕逢迎楚军。〔459〕楚军大乱,坏散,〔460〕而汉王乃得与数十骑遁去。〔461〕欲过沛,收家室而西;〔462〕楚亦使人追之沛,取汉王家;家皆亡,〔463〕不与汉王相见。汉王道逢得孝惠、鲁元,〔464〕乃载行。楚骑追汉王,汉王急,推堕孝惠、鲁元车下,〔465〕滕公常下收载之。〔466〕如是者三。曰:"虽急,不可以驱!奈何弃之!"〔467〕于是遂得脱。求太公、吕后不相遇。〔468〕审食其从太公、吕后间行,〔469〕求汉王,反遇楚军。楚军遂与归报项王,〔470〕项王常置军中。〔471〕

是时吕后兄周吕侯为汉将兵居下邑,〔472〕汉王间往从之,稍稍收其士卒。至荥阳,〔473〕诸败军皆会;萧何亦发关中老弱未傅,悉诣荥阳,〔474〕复大振。楚起于彭城,常乘胜逐北,〔475〕与汉战荥阳南京、索间。〔476〕汉败楚,楚以故不能过荥阳而西。

项王之救彭城，追汉王至荥阳，田横亦得收齐，立田荣子广为齐王。汉王之败彭城，诸侯皆复与楚而背汉。〔477〕汉军荥阳，筑甬道属之河，〔478〕以取敖仓粟。〔479〕汉之三年，项王数侵夺汉甬道，汉王食乏，恐，请和，割荥阳以西为汉。〔480〕

项王欲听之。历阳侯范增曰：〔481〕"汉易与耳，〔482〕今释弗取，后必悔之。"项王乃与范增急围荥阳。汉王患之，乃用陈平计，间项王。〔483〕项王使者来，为太牢具，〔484〕举欲进之。〔485〕见使者，详惊愕曰：〔486〕"吾以为亚父使者，乃反项王使者！"〔487〕更持去，以恶食食项王使者。〔488〕使者归报项王，项王乃疑范增与汉有私，稍夺之权。范增大怒，曰："天下事大定矣，君王自为之！愿赐骸骨归卒伍！"〔489〕项王许之。行未至彭城，疽发背而死。〔490〕

汉将纪信说汉王曰："事已急矣，请为王诳楚为王，〔491〕王可以间出。"于是汉王夜出女子荥阳东门，被甲二千人，楚兵四面击之。纪信乘黄屋车，傅左纛，〔492〕曰："城中食尽，汉王降。"楚军皆呼万岁。〔493〕汉王亦与数十骑从城西门出，走成皋。〔494〕项王见纪信，问："汉王安在？"信曰："汉王已出矣！"项王烧杀纪信。

汉王使御史大夫周苛、枞公、魏豹守荥阳。〔495〕周苛、枞公谋曰："反国之王，难与守城。"乃共杀魏豹。楚下荥阳城，生得周苛。〔496〕项王谓周苛曰："为我将，我以公为上将军，封三万户。"周苛骂曰："若不趣降汉，汉今虏若，若非汉敌也!"项王怒,烹周苛,并杀枞公。汉王之出荥阳,南走宛、叶,[497]得九江王布,行收兵,复入保成皋。汉之四年,项王进兵围成皋,汉王逃,独与滕公出成皋北门,渡河走脩武,[498]从张耳、韩信军。[499]诸将稍稍得出成皋,从汉王。楚遂拔成皋,欲西。汉使兵距之巩,[500]令其不得西。

是时,彭越渡河击楚东阿,杀楚将军薛公。项王乃自东击彭越。汉王得淮阴侯兵,[501]欲渡河南。[502]郑忠说汉王,[503]乃止壁河内。[504]使刘贾将兵佐彭越,[505]烧楚积聚。[506]项王东击破之,走彭越。汉王则引兵渡河,复取成皋,军广武,[507]就敖仓食。项王已定东海来,[508]西,[509]与汉俱临广武而军,[510]相守数月。

当此时,彭越数反梁地,绝楚粮食,项王患之。为高俎,[511]置太公其上,告汉王曰:"今不急下,吾烹太公。"汉王曰:"吾与项羽俱北面受命怀王,曰'约为兄弟',吾翁即若翁,必欲烹而翁,[512]则幸分我一桮羹。"[513]项王怒,欲杀之。项伯曰:"天下事未可知,且为天下者不顾家,虽杀之无益,祇益祸耳。"[514]项王从之。

楚、汉久相持未决,丁壮苦军旅,[515]老弱罢转漕。[516]项王谓汉王曰:"天下匈匈数岁者,[517]徒以吾两人耳。愿与汉王挑战决雌雄,毋徒苦天下之民父子为也!"[518]汉王笑谢曰:"吾宁斗智,不能斗力。"[519]项王令壮士出挑战,汉有善骑射者楼烦,[520]楚挑战三合,楼烦辄射杀之。[521]项王大怒,乃自被甲持戟挑战,楼烦欲射之,项王瞋目叱之,〔522〕楼烦目不敢视,手不敢发,遂走还入壁,不敢复出。汉王使人间问之,〔523〕乃项王也。汉王大惊。于是项王乃即汉王相与临广武间而语。〔524〕汉王数之,〔525〕项王怒,欲一战。汉王不听,项王伏弩射中汉王。汉王伤,走入成皋。

项王闻淮阴侯已举河北,破齐、赵,〔526〕且欲击楚,乃使龙且往击之。淮阴侯与战骑将灌婴击之,大破楚军,杀龙且。韩信因自立为齐王。项王闻龙且军破,则恐,使盱台人武涉往说淮阴侯。〔527〕淮阴侯弗听。是时,彭越复反下梁地,绝楚粮。项王乃谓海春侯大司马曹咎等曰:〔528〕"谨守成皋,则汉欲挑战,慎勿与战,毋令得东而已。我十五日必诛彭越,定梁地,复从将军。"〔529〕乃东行,击陈留、外黄。

外黄不下。数日,已降,项王怒,悉令男子年十五以上诣城东,欲阬之。外黄令舍人儿年十三,〔530〕往说项王曰:"彭越彊劫外黄,外黄恐,故且降,待大王。大王至,又皆阬之,百姓岂有归心?从此以东,梁地十馀城皆恐,莫肯下矣。"项王然其言,乃赦外黄当阬者。〔531〕东至睢阳,〔532〕闻之皆争下项王。

汉果数挑楚军战,楚军不出。使人辱之,五六日,大司马怒,渡兵汜水。〔533〕士卒半渡,汉击之,大破楚军,尽得楚国货赂。〔534〕大司马咎、长史翳、塞王欣皆自刭汜水上。〔535〕大司马咎者,故蕲狱掾,长史欣亦故栎阳狱吏,两人尝有德于项梁,是以项王信任之。当是时,项王在睢阳,闻海春侯军败,

则引兵还。汉军方围锺离眛于荥阳东，〔536〕项王至，汉军畏楚，尽走险阻。〔537〕

是时，汉兵盛食多，项王兵罢食绝。汉遣陆贾说项王，〔538〕请太公。项王弗听。汉王复使侯公往说项王，〔539〕项王乃与汉约，中分天下，〔540〕割鸿沟以西者为汉，鸿沟而东者为楚。〔541〕项王许之，即归汉王父母妻子。军皆呼万岁。汉王乃封侯公为平国君，匿弗肯复见，〔542〕曰："此天下辩士，所居倾国，〔543〕故号为平国君。"项王已约，乃引兵解而东归。

汉欲西归，张良、陈平说曰："汉有天下太半，〔544〕而诸侯皆附之。楚兵罢食尽，此天亡楚之时也。不如因其机而遂取之。〔545〕今释弗击，此所谓'养虎自遗患'也。"汉王听之。汉五年，汉王乃追项王至阳夏南，〔546〕止军，〔547〕与淮阴侯韩信、建成侯彭越期会而击楚军。〔548〕至固陵，〔549〕而信、越之兵不会。楚击汉军，大破之。汉王复入壁，深堑而自守。〔550〕谓张子房曰：〔551〕"诸侯不从约，为之奈何？"对曰："楚兵且破，信、越未有分地，〔552〕其不至固宜。君王能与共分天下，今可立致也。即不能，事未可知也。君王能自陈以东傅海，〔553〕尽与韩信；睢阳以北至谷城，〔554〕以与彭越：使各自为战，则楚易败也。"汉王曰："善。"于是乃发使者，告韩信、彭越曰："并力击楚。楚破，自陈以东傅海与齐王；睢阳以北至谷城与彭相国。"使者至，韩信、彭越皆报曰："请今进兵。"韩信乃从齐往，刘贾军从寿春并行，〔555〕屠城父，〔556〕

至垓下;〔557〕大司马周殷叛楚,〔558〕以舒屠六,〔559〕举九江兵,〔560〕随刘贾、彭越皆会垓下;诣项王。〔561〕

项王军壁垓下,兵少食尽,汉军及诸侯兵围之数重。〔562〕夜闻汉军四面皆楚歌,〔563〕项王乃大惊曰:"汉皆已得楚乎?是何楚人之多也!"项王则夜起,饮帐中。有美人名虞,常幸从;骏马名骓,〔564〕常骑之。于是项王乃悲歌忼慨,〔565〕自为诗曰:"力拔山兮气盖世!时不利兮骓不逝!骓不逝兮可奈何!虞兮虞兮奈若何!"〔566〕歌数阕,美人和之。〔567〕项王泣数行下,〔568〕左右皆泣,莫能仰视。〔569〕

于是项王乃上马骑,麾下壮士骑从者八百馀人,〔570〕直夜溃围南出,〔571〕驰走。平明,汉军乃觉之,令骑将灌婴以五千骑追之。项王渡淮,骑能属者百馀人耳。〔572〕项王至阴陵,〔573〕迷失道,问一田父。〔574〕田父绐曰:"左。"〔575〕左,〔576〕乃陷大泽中。以故汉追及之。项王乃复引兵而东,至东城,〔577〕乃有二十八骑。汉骑追者数千人。项王自度不得脱,〔578〕谓其骑曰:"吾起兵至今八岁矣,身七十馀战,〔579〕所当者破,所击者服,未尝败北,遂霸有天下。然今卒困于此,此天之亡我,非战之罪也。今日固决死,愿为诸君快战,〔580〕必三胜之,为诸君溃围,斩将,刈旗,〔581〕令诸君知天亡我,非战之罪也。"乃分其骑以为四队,四向。汉军围之数重。项王谓其骑曰:"吾为公取彼一将。"令四面骑驰下,期山东为三处。〔582〕于是项王大呼驰下,汉军皆披靡，[583]遂斩汉一将。是时赤泉侯为骑将，[584]追项王，项王瞋目而叱之，[585]赤泉侯人马俱惊，辟易数里。[586]与其骑会为三处，汉军不知项王所在。乃分军为三，复围之。项王乃驰，复斩汉一都尉，杀数十百人。复聚其骑，亡其两骑耳。乃谓其骑曰："何如！"骑皆伏曰："如大王言。"[587]

于是项王乃欲东渡乌江。[588]乌江亭长舣船待，[589]谓项王曰："江东虽小，地方千里，众数十万人，亦足王也。愿大王急渡，今独臣有船，汉军至，无以渡。"项王笑曰："天之亡我，我何渡为！且籍与江东子弟八千人渡江而西，今无一人还，纵江东父兄怜而王我，[590]我何面目见之！纵彼不言，籍独不愧于心乎！"乃谓亭长曰："吾知公长者，吾骑此马五岁，所当无敌，常一日行千里，不忍杀之，以赐公。"乃令骑皆下马步行，持短兵接战。[591]独籍所杀汉军数百人，项王身亦被十馀创。[592]顾见汉骑司马吕马童，[593]曰："若非吾故人乎？"[594]马童面之，[595]指王翳曰："此项王也。"[596]项王乃曰："吾闻汉购我头千金，邑万户，吾为若德。"[597]乃自刎而死。[598]王翳取其头，馀骑相蹂践争项王，[599]相杀者数十人。最其后，[600]郎中骑杨喜、骑司马吕马童、郎中吕胜、杨武各得其一体。五人共会其体，皆是。故分其地为五：封吕马童为中水侯，[601]封王翳为杜衍侯，[602]封杨喜为赤泉侯，[603]封杨武为吴防侯，[604]封吕胜为涅阳侯。[605]

项王已死，楚地皆降汉，独鲁不下。汉乃引天下兵欲屠之，为其守礼义，为主死节，乃持项王头视鲁。[606]鲁父兄乃降。始,楚怀王初封项籍为鲁公,及其死,鲁最后下,故以鲁公礼葬项王谷城。汉王为发哀,泣之而去。

诸项氏枝属,〔607〕汉王皆不诛。乃封项伯为射阳侯。〔608〕桃侯、平皋侯、玄武侯皆项氏,赐姓刘。〔609〕

太史公曰:〔610〕吾闻之周生曰:〔611〕"舜目盖重瞳子",〔612〕又闻项羽亦重瞳子,羽岂其苗裔邪!〔613〕何兴之暴也!〔614〕夫秦失其政,陈涉首难,豪杰蠭起,相与并争,不可胜数。然羽非有尺寸,〔615〕乘执起陇亩之中,〔616〕三年,遂将五诸侯灭秦,〔617〕分裂天下,而封王侯,政由羽出,号为霸王,位虽不终,近古以来未尝有也。及羽背关怀楚,〔618〕放逐义帝而自立,怨王侯叛己,难矣。自矜功伐,〔619〕奋其私智而不师古,〔620〕谓霸王之业,欲以力征经营天下,〔621〕五年卒亡其国,身死东城,尚不觉寤,〔622〕而不自责,过矣。乃引"天亡我,非用兵之罪也",岂不谬哉!

〔1〕司马迁《史记》的体例,本纪与书、表、世家、列传并列。本纪专叙帝王当国者的事,乃是帝王的传记。但一般地说,它的作用相当于编年的大事记。《史记》里共有本纪十二篇,按时代先后排列。秦灭汉兴的期间,发号施令的是项羽,所以项羽列在本纪。

〔2〕下相,秦所置县,故治在今江苏省宿迁县西七里。

〔3〕字即表字,一个人有了名,另外再取的名称。如项羽名籍,另外再取个表字叫羽。从前的习惯,成年人交游,彼此不大直呼其名,多用表字相呼。按《太史公自序》,项羽的表字又称子羽。

〔4〕季父,父的弟弟,通称叔父。

〔5〕公元前二二四年(秦始皇二十三年,楚王负刍四年),秦将王翦击破楚,虏楚王。楚将项燕立昌平君为王,在淮南地方反秦。明年,王翦、蒙武攻破楚军,昌平君死,项燕自杀。见《秦始皇本纪》。《楚汉春秋》说是被王翦所杀,与此处"为秦将王翦所戮"同。大概燕为王翦所围,被逼自杀,秦人夸耀战绩,就说杀了他。《史记》有《白起王翦列传》。

〔6〕项本西周姞姓封国,春秋时被鲁所灭。其后楚灭鲁,以其地转封给项燕的先人。今河南省项城县东北即古项国。古代姓、氏有别。姓为原始部落之号,氏为后起氏族之称。(有以国为氏,以官为氏等等复杂的来历。)沿至后代,二者乃混淆不分。项氏即以国为氏的一例。

〔7〕少时,少年时。学书,认字和写字。故下云"书足以记名姓而已"。学剑,习练剑法击刺之术。故下云"一人敌"。

〔8〕兵法,治兵作战的法则,相当于后世的军事学。《汉书·艺文志》(专记古今书籍的专篇)兵家类(志中所分的门类)有兵形势(门类中的子目)十一家(相当于著作人),即载有"项王一篇",是当时也有成书留传,后来才散失的。

〔9〕竟学,学习完成。竟,完毕;成就。

〔10〕栎音药。栎阳,秦所置县,故治在今陕西省临潼县东北七十里。逮音代,及也。有罪相连及,也叫逮。有栎阳逮,项梁为人攀连,被栎阳县捕去。蜀大字本和清武英殿本逮下都有"捕"字。百衲宋本、汲古阁本和会注考证本都与此同,无"捕"字。

〔11〕蕲音机。蕲本楚邑,秦置县,故治在今安徽省宿县南三十六里。掾读如缘去声,古时佐治之吏,统称掾属。狱掾,管狱囚的主吏,犹后世的典狱官。曹咎后仕项氏为大司马海春侯,见后。请……书,请托曹咎写一封说情的书信。

〔12〕抵,到达。抵……司马欣,把说情的书信送给司马欣。欣事迹

详后。

〔13〕故,缘故。已,停息。以故事得已,因此被牵累的事得以了结。

〔14〕吴中即今江苏省吴县。本为春秋时吴都。入楚后,春申君尝治此。秦于此置会稽郡,并置吴县为郡治。

〔15〕贤士大夫,有声望的人。皆出项梁下,都在项梁之下,不及项梁。

〔16〕繇役即徭役。古时地方上有大兴作,如筑城、造桥等,便在当地组织人力来应差,叫做徭役。丧是丧仪。古时统治阶级把丧葬看得极重,比较规模大些的丧仪,也得大量使用人力。大繇役及丧,即指大规模的徭役和大规模的丧仪。

〔17〕主办,主持办理。"办"(编者按:"办"繁体字为"辦"),蜀本、汲古阁本都作"辨"。"办"字古通作"辨",但习惯上"辨"字不能通作"办"。

〔18〕阴,暗中。部勒,组织。宾客,流寓在当地的客民。子弟,当地的土著丁壮。阴以兵法部勒宾客及子弟,暗中用兵法来组织当地的流寓客民和土著丁壮。

〔19〕以是,因此。知其能,知宾客子弟之能。项梁因部勒宾客子弟而知道他们各人的能力。与后面"以此不任用公"相呼应。

〔20〕秦始皇帝名政,秦庄襄王之子。嗣位后二十六年,尽并六国,废除划地封君制,确定郡县制,建成统一的大帝国,自为皇帝。废自古以来的谥法,欲使后代以数计世,故号"始皇帝"。时时出都巡游,刻石纪功。公元前二一〇年,在途中害病,死于沙丘的平台(在今河北省平乡县东北)。在位共三十七年。《史记》有《秦始皇本纪》。游会稽即指末次巡游"上会稽,祭大禹,望于南海,而立石刻颂秦德"事。此会稽是今浙江省绍兴县东南十三里的会稽山,不是当时的会稽郡治吴县。

〔21〕浙江指今浙江省杭县以下的钱塘江。

〔22〕秦始皇过吴上会稽,项梁与籍当在徭役中,故渡浙江时得俱观之。

〔23〕彼可取而代也,那个皇帝可以拿过来代他做啊。语气极为率直,充满着反抗和蔑视的神情。

〔24〕掩其口下,蜀本、汲古阁本俱无"曰"字。族,杀死全族,古来最严重的刑罚。族矣,要被灭族了。

〔25〕奇有重视或赏识之义。以此奇籍,因这"可取而代"一语,项梁遂大大赏识他。与前学书、学剑两俱不成时的"怒之"相应,一变而为另眼相看了。

〔26〕扛,音冈,举起。扛鼎即举鼎。《说文》"扛,横关对举也",有两人或多人共抬之意。此处借对举义为单举义,用来表现项羽的力气大。

〔27〕才气,包括才干、器度、识解而言。过人,超过一般人。

〔28〕惮音但,惧也。此有敬畏义。虽吴中子弟皆已惮籍,言籍才力胜人,虽当地的土著子弟,也不敢以客民待他,而都敬畏他了。

〔29〕秦二世即二世皇帝,名胡亥,始皇少子。始皇在半路上死于沙丘,赵高、李斯阴谋害杀太子扶苏而立胡亥。元年当公元前二○九年。后三年,二世为赵高所杀。事迹附见《始皇本纪》。

〔30〕陈涉,详后《陈涉世家》。大泽,乡名,当时属蕲县,在今安徽省宿县西南故蕲县西。起大泽中,起兵于大泽乡中。

〔31〕守,一郡之长。会稽守,即驻在吴县的会稽郡守。通姓殷。会稽守通,会稽郡守殷通。谓梁,召项梁来跟他议事。那时项梁的声望已足震动一郡的长官了。

〔32〕大江自今安徽省境斜行而北,直达今江苏省的镇江市,形成一道略偏南北流向的水路。这一带地的两岸,自古有江东、江西之名,与现在的江西省(从唐代的江南西道、宋代的江南西路演化而来)并不相干。

《晋书·地理志》把庐江、九江之地自合肥以北至寿春,都称做"江西",那么现在皖北一带并淮河下游都叫江西了。明末学者顾炎武也说:"今所谓江北,昔之所谓江西也。"江西皆反,指陈涉起兵大泽乡时,江北各地到处都起来响应。

〔33〕先即制人,后则为人所制,当时成语,意即先下手为强。即和则,古时通用。

〔34〕使公及桓楚将,令项梁和桓楚共同指挥所发动的兵马。将,率领。桓楚在当时,必是被秦廷所注意的人物,故下云"亡在泽中"。

〔35〕亡,逃亡;避匿。转徙逃死叫"流亡"。避罪逃匿叫"亡命"。泽中,泛指山林薮泽之中,犹云江湖。亡在泽中,亡命流转在江湖上。

〔36〕亡人,亡命之人。诸本旧读,皆于"亡"字断,"人"属下读。未安。下云"莫知其处",项梁自谓不知桓楚逃亡的地方,故紧接"独籍知之耳"。若云"人莫知其处"则大家都不知道,何以项籍独能知之呢?

〔37〕诫,吩咐。待,待命,犹言"候着"。

〔38〕与守坐,还与殷通同坐。

〔39〕诺,应承之辞,犹言"是"或"好吧"。

〔40〕须臾,不多一会儿。

〔41〕眴音舜,动目使人,犹言"丢个眼色"。可行矣,可以动手了。

〔42〕印是印章。绶是穿缚印纽的带子。佩其印绶,把会稽守的官印系在身上。秦、汉时每授一官,必铸一印,故新官、旧官各有一印,不像南北朝以后那样的换官不换印的。项梁当时举动非常,所以夺取旧印来做号召的工具。

〔43〕门下,指郡守的侍从护卫之人。数十百人,不定数之辞,或百人或八九十人。

〔44〕慴音折,恐惧得丧失勇气。字亦作"詟"。慴伏就是骇倒。故下云"莫敢起"。

〔45〕故,旧时;从前。故所知豪吏,早先熟悉的有力量的吏士。

〔46〕谕以所为起大事,把所以要起事反秦的大道理宣告给豪吏们知晓。

〔47〕举,使用。有检查、征集的意义。

〔48〕下县,郡下的属县。收,收取。收下县,收取属县的丁壮。

〔49〕部署,分别安排。吴中豪杰,指梁平时选上的有能力的人。校尉,将级以下的军官。候,军候,军中经理事务的官。司马,军司马,执行审判的军法官。

〔50〕办,蜀本作"辨",说见前〔17〕。主,主管。主某事,管理某一件事。以此不任用公,明白告诉他因不能办事而不用。与前部勒时"知其能"相应。

〔51〕伏古与"服"通。明归有光评点本正作"服"。

〔52〕于是,犹言"当此时"。与作"遂"、"乃"解的"于是乎"有别。梁为会稽守,项梁就自己做了会稽郡守。

〔53〕裨音陴,补助。引申有副手或陪衬的意义。裨将,次于主将的副将或偏将。

〔54〕徇音徇,兼有示威、劫持、抚安等意义。徇下县,镇抚郡下的属县。

〔55〕广陵,在今江苏省扬州市东北。陈王即陈涉。召平为陈王徇广陵,召平奉陈涉之命,回去招降他的乡里官民。

〔56〕下,降服之意,用兵力威服敌人叫"下"。

〔57〕且,将要。且至,即将到来。

〔58〕矫音缴,欺诈;假托。矫陈王命,诈称陈涉的命令。

〔59〕拜,授与。授官叫"拜"。上柱国,上卿官,相当于后世的相国。

〔60〕渡江而西,自吴渡江,向西去迎击秦兵。

27

〔61〕东阳,秦所置县。故治在今安徽省炳辉县(原天长)西北七十里。

〔62〕使使,派遣使者。上"使"动词。下"使"名词。连和俱西,约同联合兵力,共向西进。

〔63〕令史,县令属下的书吏。故东阳令史,原是东阳县的书吏。

〔64〕信谨,老实;谨慎。长者,忠厚老成之人。

〔65〕令,一县之长。杀其令,杀死东阳县的县令。

〔66〕置长,推举首领。无适用,没有恰当的人可以顶事。

〔67〕请,拥戴。

〔68〕谢不能,以己无能而谢绝。

〔69〕立婴便为王,使陈婴即时称王。着一"便"字,草率可见。

〔70〕异军苍头特起,独树一帜之意,言令士卒皆裹皂巾(玄青色的头巾),跟其他各军有分别,显示他们是特殊的,而不愿隶属于他人。

〔71〕先古,上世,犹言祖先。贵者,显贵之人,指高官尊爵而言。

〔72〕暴,骤然;忽而。暴得大名,忽然阔起来,声名很大。不祥,反常,不是好兆头。

〔73〕属,托附;从属。有所属,从属于人,得所依托。

〔74〕易以亡,便于亡命逃匿。

〔75〕指名,犹言注目,言指得出名色。指数罪状,行文通缉,叫做"名捕"。

〔76〕以兵属项梁,陈婴以所属兵卒附于项梁。与前"连和俱西"和"不如有所属"都应合。

〔77〕淮即今淮河。渡淮,言自东阳西行,渡淮北进。

〔78〕黥布,本姓英,以罪被黥面之刑,乃改姓黥。初起于江湖之间,称当阳君,项羽封他为九江王。后反楚降汉,封淮南王,卒为汉所杀。《史记》有《黥布列传》。蒲将军,史失其姓名。那时与黥布各以所将的

兵卒归附于项梁,故云亦以兵属焉。

〔79〕凡,概括之辞。引申有"总共"义。凡六七万人,总计约六七万人。与八千人对照,是渡江以来兵力已增加好多倍了。

〔80〕下邳,秦所置县。故治在今江苏省邳县东。军下邳,兵扎下邳。此军字为动词,作驻屯解。

〔81〕秦嘉,裴骃《集解》引《陈涉世家》作广陵人。今本《陈涉世家》作陵人,《汉书·陈胜传》则作凌人。"陵"当作"凌"。凌为秦所置县。故治在今江苏省宿迁县东南。景驹,楚国的后代子孙,故秦嘉立以为楚王。

〔82〕彭城,古大彭氏之国,春秋时为宋邑。秦置彭城县。即今江苏省徐州市。军彭城东,驻兵彭城以东,正与下邳相近。

〔83〕距与拒通。欲距项梁,意图抗拒项梁。

〔84〕先首事,首先领头起事。

〔85〕未闻所在,犹言未知下落。时陈涉已为章邯所败,生死不明。与前"闻陈王败走"相应。

〔86〕倍与背通。倍陈王,背叛陈涉。此于抗秦阵营大为不顺,故云逆无道。"逆"上会注本有"大"字。

〔87〕追之,追秦嘉。胡陵,本宋邑,秦置胡陵县。故治在今山东省鱼台县东南六十里。

〔88〕梁地,泛指旧六国时魏境。魏都大梁(今河南省开封市),故魏也称梁。走死梁地,景驹向大梁一带败走,但知他已死,未知他究竟死在哪里,故泛言梁地。

〔89〕章邯,秦将,事迹详后。栗,秦所置县。即今河南省夏邑县。

〔90〕别将,分统一支军队的将领。朱鸡石,据《陈涉世家》为符离人。余樊君,史失其姓名。与战,与章邯军会战。

〔91〕亡走,逃往。时项梁大军在胡陵,故朱鸡石逃奔那边。

〔92〕薛,西周任姓封国,奚仲之后。战国时,为齐田婴、田文(孟尝君)父子封邑。秦置薛县。故治在今山东省滕县东南四十四里。

〔93〕别攻,分路攻打。襄城本战国时魏邑,秦于此置县。即今河南省襄城县。

〔94〕已拔,既经拔取之后。皆阬之,把襄城守城的军民全部残杀丛埋。

〔95〕闻陈王定死,听到陈涉败死的确信。与"闻陈王败走"和"未闻所在"相应。

〔96〕会薛计事,在薛地召集拢来商议大事。

〔97〕沛公即汉高祖刘邦,时初起兵于沛,称沛公。《史记》有《高祖本纪》。沛,秦所置县。汉时属沛郡,亦称小沛。故治在今江苏省沛县东。往焉,应项梁之召,往薛参加会议。

〔98〕居鄛(音剿)亦作居巢,即夏桀所奔之南巢。楚为居巢邑,秦置县。故治在今安徽省巢县东北五里。《寰宇记》说:"古居巢城陷为巢湖。"范增事迹详后。

〔99〕素居家,一向在家居住,未尝出外任事。好奇计,喜欢策划弄手段。故下紧接"往说项梁"。

〔100〕说音税,用言辞说动人家叫"游说"。往说,前往项梁那里进言游说。

〔101〕固,本然之辞。当,应该。败固当,他的失败本来是应该的。

〔102〕夫音扶,提示用的语助词,有指点作用。此处即用以提示"秦灭六国,楚最无罪"等语。

〔103〕反与返同。归有光评本径作"返"。怀王,楚威王子,名槐,在位三十六年,为秦昭襄王所诱,扣留不放,竟死于秦。故云入秦不反。

〔104〕楚南公,楚南方老人,善言阴阳。《汉书·艺文志》阴阳家流有南公十三篇,注云六国时人。楚虽三户,亡秦必楚,当时流行的谶语

30

（含有迷信的谣言），言楚人怨秦最深，虽人口极大部分灭亡，只要尚存三户人家，犹足以亡秦。三户，言其少，乃虚设之辞，后人有把项羽渡三户津破秦来附会这谶语，则"虽"字竟不可通。

〔105〕纵横相犯为午。蠭即蜂。蠭午，言纵横交错如蜂阵。诸本午都作"起"，此从单索隐本，义较长。争附君，争取归附你。

〔106〕然，赞同之辞。然其言，以为他的说话很对。

〔107〕求，访察。求怀王孙心民间，在民间寻访到楚怀王的孙儿叫心的人。

〔108〕为人牧羊，插句，形容心的沦落，正与"王孙"对照。

〔109〕立心为王，仍称楚怀王，使孙袭祖号，以便号召。从民所望，依楚人的愿望，与上"怜之至今"相应。

〔110〕盱台音煦怡，即盱眙，本春秋时吴善道邑，秦置县。故治在今安徽省盱眙县东北。

〔111〕居，停留。居数月，耽搁了几个月。

〔112〕亢父（音刚甫）本齐地，秦置县。故治在今山东省济宁市南五十里。

〔113〕田荣，故齐王族。龙且（音苴），楚之骁将，时为司马，故称司马龙且。东阿，本春秋时齐之柯邑，战国时称阿邑，秦时称东阿。汉置东阿县。即今山东省阳谷县东北五十里的阿城镇。

〔114〕陈涉起兵后，故齐王族田儋（音担）起兵于狄（齐邑，汉置狄县，后汉改临济，故城即今山东省旧高青县，原名田镇），略定齐地，自立为齐王，都临淄（今山东省的县）。后引兵救魏，为秦将章邯所杀。他的从弟田荣收集馀兵，走保东阿。齐人乃立故齐王建之弟田假为王，以田角为相，田间为将。章邯追围田荣于东阿，项梁发兵，与龙且共救荣，荣为内应，故上云"与齐田荣、司马龙且军救东阿"。东阿围解，田荣即引兵归，逐其王假，立儋子市为齐王，自为齐相。《史记》有《田儋列传》，田

荣事附见。

〔115〕数音朔,频频;屡屡。趣读如促,催督。数使使趣齐兵,项梁屡次派人催促田荣发兵。

〔116〕与国,相与交好之国。与读如预,党与。

〔117〕市,买收。市于齐,买交情于齐,即不肯杀田角、田间以见好于田荣。

〔118〕城阳,本西周郕国。汉置成阳县,晋为城阳县。齐时废。故治在今山东省菏泽县东北六十里。

〔119〕屠音途,杀戮。屠之,屠杀城阳城中军民。

〔120〕濮阳古帝丘,汉置濮阳县,故治在今河南省濮阳县南。西破秦军濮阳东,项羽、刘邦从城阳向西追秦军,破之于濮阳的东首。

〔121〕定陶,秦所置县。故治在今山东省定陶县西北四里。那时秦兵收入濮阳坚守,羽、邦乃南攻定陶。

〔122〕略,攻取。雝丘即雍丘,本春秋时杞国。汉置雍丘县。五代时,晋改杞县,汉复称雍丘。金时又改杞县。即今河南省杞县治。西略地至雝丘,离定陶而西,沿路攻取城邑,直达雍丘。

〔123〕李由,秦丞相李斯之子,那时为三川郡的郡守。

〔124〕外黄,春秋时宋黄邑。汉置外黄县。故治在今河南省杞县东北六十里。

〔125〕起东阿,自东阿出发。

〔126〕西,应读断。自东阿向西进发。北至定陶,《汉书》作"比至定陶",该是对的。比,及也。定陶在东阿西南,何得云西北至定陶!

〔127〕轻,重之反。轻秦,不重视秦军,即所谓轻敌。

〔128〕宋义,故楚令尹。谏,劝诫。习惯上多用于对尊长时。

〔129〕宋义谏项梁,不便直说"将骄",故云"卒少惰矣"。少作稍稍解。

〔130〕臣,古时对人自谦的称呼,犹后世的对人称"仆",不一定有君臣之分。为君畏之,犹言替你害怕。之字即指"将骄卒惰"和"秦兵日益"。

〔131〕使于齐,受命出使于齐,当仍为促使发兵之事。此"使"字虽亦动词,但含有传达使命之意,与上面作单纯派遣解的"使"不同。

〔132〕道遇,在路上碰见。高陵君显,封于高陵之贵臣,名显。高陵,汉琅邪郡属县,后汉省。其地不详,当在今山东省境。

〔133〕论,推断。论武信君军必败,推断项梁之兵必败。

〔134〕徐,缓慢。疾,快速。徐行即免死,慢慢地去便可免死。疾行则及祸,赶快前去则连累遭祸。

〔135〕果,必然;一定。推断而确叫"果然"。悉,尽都。总括拢来叫"悉数"。益,增加。益章邯,增援章邯。

〔136〕陈留本春秋郑之留邑,后为陈所并,故曰陈留。秦置陈留县。即今河南省陈留县治。

〔137〕今项梁军破,士卒恐,乃项羽与刘邦密谋之语。当时主帅新丧,兵心动摇,不能不作善后的准备。

〔138〕吕臣时为将军,《高祖本纪》即作吕将军。俱引兵而东,项、刘、吕三支军队合兵暂向东方退却。此即项、刘密谋的善后计划,暂时退向后方整顿。

〔139〕军彭城东,兵扎彭城以东。与下"军彭城西"、"军砀"对举,互相呼应,以图再起。

〔140〕砀音唐,本春秋宋之砀邑。秦置砀县,并为砀郡郡治。故治即今江苏省砀山县南的保安镇。

〔141〕楚地兵不足忧,楚地的军事已不须担心。

〔142〕渡河击赵,渡黄河而北,一意攻赵。

〔143〕赵歇,赵之后裔。陈馀、张耳俱大梁人。陈涉初起,令陈人武

臣徇赵地,下赵数十城,至邯郸,(今河北省邯郸市)自立为赵王。武臣遣李良略太原,良听信秦军的离间,袭破邯郸,臣遂为当地人所杀。张耳、陈馀时为武臣校尉,以得信早,脱祸,乃求得赵歇,立以为王,陈馀为将,张耳为相。《史记》有《张耳陈馀列传》。

〔144〕钜鹿本赵邑,秦置钜鹿县,并为钜鹿郡治。即今河北省平乡县旧治(今治移东北之乞村),非今之钜鹿县。其地在邯郸东北,章邯移兵北向,赵歇等乃退走入钜鹿城。

〔145〕王离、涉间皆秦将。离,名将王翦之孙。围,以兵包围。

〔146〕筑甬道,筑墙垣如街巷,犹今之运送壕,以防敌人的劫夺。输,运送。输之粟,以给养运送给王离、涉间。

〔147〕将卒数万人,带兵数万人。陈馀先与赵歇、张耳俱退入钜鹿城,秦兵合围前,馀又带兵出外,故得军钜鹿之北,遥为声援。

〔148〕之,往也。之彭城,前往彭城。

〔149〕并项羽、吕臣军自将,怀王心已有疑忌项氏之意,所以如此。

〔150〕司徒本为掌教之官,此处疑系掌管财政的军需官。

〔151〕令尹,楚执政首相。吕青为令尹,就是用的楚制。

〔152〕砀郡长,犹砀郡郡守。下云"将砀郡兵",所有砀郡的兵都归刘邦率领。

〔153〕徵,朕兆;象征。未战而先见败徵,事前已见到失败的征象。

〔154〕知兵,懂得兵事。

〔155〕说读如悦。大说之,楚王心很以宋义之言为是而乐于接受。

〔156〕因,因而。因置以为上将军,因而特用宋义为上将军。上将军,诸将军的首领,意即主帅。后面项羽"为诸侯上将军,诸侯皆属焉",也就是说项羽做了诸侯的首领。

〔157〕次将,副帅。《高祖本纪》云"封项羽为长安侯,号曰鲁公"。是刘邦封武安侯时,羽亦同时称为鲁公了。

〔158〕末将,位次于次将,也是在军中参与谋画的。与下举诸别将的"别将"不同,与后世偏裨将校自己谦称的"末将"更不同。

〔159〕救赵,与章邯围钜鹿相应。

〔160〕卿子,当时人相尊之辞,犹言"公子"。宋义为上将,本是军中的领袖,故合称卿子冠军。

〔161〕安阳即隋楚丘西北之安阳故城,在今山东省曹县东南五十里。与今河南省的安阳并非一地。

〔162〕搏音博,拍击。虻音盲,即牛虻。虮,虱卵。虮虱,虱子的统称。搏牛之虻不可以破虮虱,言牛虻虽能啮牛,然而不能破虱子,以喻钜鹿城小而坚,秦兵不能马上攻破它。

〔163〕罢与疲同。

〔164〕承其敝,趁秦兵疲惫之时。承,承受,引申有"利用"义。

〔165〕鼓行而西,结成堂堂之阵,西向攻打秦兵。

〔166〕举秦,取得秦国。举,取也;胜也。

〔167〕被读如披。锐音瑞,锋利。被坚执锐,披坚甲而执持锐利的武器。义不如公,宋义自谓临阵作战不如你项羽。

〔168〕坐而运策,居中筹画。公不如义,宋义直言调度机宜你项羽不如我。

〔169〕猛如虎……皆斩之,句句暗指项羽。彊不可使,倔强不听差遣。很如羊的很字,蜀本讹作"狠"。

〔170〕田荣与项梁有隙,梁死楚弱,宋义想跟田荣拉交情,故遣其子宋襄相齐。

〔171〕身送之,亲自送宋襄。身是亲身。无盐,春秋宿国,战国时为齐邑。汉置无盐县。故治在今山东省东平县东二十里。

〔172〕饮酒高会,置备酒筵,大会宾客。

〔173〕戮力犹言勉力或并力,戮本作勠,亦作僇,音禄。戮力而攻

秦,与下文"与赵并力攻秦"同义。

〔174〕岁饑犹言年荒。岁不熟叫"饑"。不得饱叫"饥"。二者有别(编者按:饑、饥今皆简化作饥)。

〔175〕芋,俗名芋艿。菽,豆也;藿也。食芋菽,《汉书》作"食半菽",臣瓒注:"士卒食蔬菜,以菽半杂之。"该是对的。士卒之"卒"蜀本作"率",意即大概,亦通。

〔176〕见读如现。见粮,现存的粮食。

〔177〕因,依傍;假借。因赵食,就食于赵。(移向赵地,依靠那边的粮食。)

〔178〕时项梁死于定陶,楚王心迁避于彭城,故云国兵新破。

〔179〕埽同扫,尽括之义。埽境内而专属于将军,一股脑儿搜括了国境以内的兵马、钱粮都交给宋义管辖。

〔180〕恤音戌,体恤。不恤士卒,不体恤士卒的冻饥。徇其私,言以子宋襄为齐相,光打算如他的私愿。徇私的"徇"有图谋或迁就的意义,与前"徇下县"、"徇广陵"的"徇"意义不同。

〔181〕社稷本为古代天子、诸侯所祭的土神与谷神,实为当时国家的象征。非社稷之臣,不是与国家同休共戚的大臣。自前"将戮力而攻秦"至此句,皆项羽默数宋义罪状之辞,未必在斩宋义之前便显露在众人面前的,不当以上冠"项羽曰"三字而遽认为事前公开的说话。

〔182〕晨朝,清晨参见。

〔183〕即,就也。即其帐中斩宋义头,便在上将军的大帐中斩却宋义。

〔184〕宋义与项羽不协,遣子相齐,羽已疑他欲图项氏,故先事杀义,而以反楚为名,诈言楚王阴令诛之也。阴令犹密令。

〔185〕枝梧本为架屋之小柱与斜柱,有支撑、抵拒诸义。莫敢枝梧,言宋义所属的诸别将都已慴服,不敢抗拒项羽了。

〔186〕今将军诛乱,奉承之辞,以为项氏首先立楚,便说羽杀宋义是诛乱了。

〔187〕假上将军,暂署上将军。因尚未得怀王之命,故暂摄此职以代宋义。

〔188〕报命于怀王,以诛杀宋义并拥立项羽的经过报告楚王心。

〔189〕因使,因其请求而任命之。正显出楚王心的无可奈何。

〔190〕当阳君即黥布,与蒲将军并已见前〔78〕。

〔191〕战少利,战事胜利不多。故陈馀复请增兵。

〔192〕无一还心,只有前进,绝不后退之谓。与上破釜沈(沉)舟等语紧接,正所以示士卒必死,决心挺进。

〔193〕苏角,秦将。

〔194〕虏,俘获。虏王离,生擒王离。

〔195〕楚兵冠诸侯,楚兵强盛,声势足以压倒诸侯之兵。

〔196〕十馀壁,十多座营垒。言其多。

〔197〕莫敢纵兵,不敢放兵出战。

〔198〕从壁上观,凭营垒逼望。正说明他们未曾出战。

〔199〕惴音赘,忧惧。人人惴恐,个个惊惶失措。

〔200〕军行以车为阵,把车辕竖起,对立为门,故称辕门。辕,车前的直木,所以套驾牛或马的。"入辕门"之上汲古本重出"诸侯将"三字。

〔201〕膝行而前,跪在地上,用两膝行进。

〔202〕莫敢仰视,不敢抬头往上看。

〔203〕棘原,在钜鹿南,今无考,其地当在今河北省平乡县南。

〔204〕漳南,漳水之南。其地当北距棘原不远,故下云"相持未战"。

〔205〕数郤,屡次退却。蜀本、百衲本都讹"卻"为"却"。此本作"邰",亦误。会注本与此本同。

〔206〕让,谴责。

〔207〕长史欣即司马欣,时为章邯部下的长史。长史,诸史之长,相当于近世的秘书长。请事,犹请示,此处有回话解释等意。

〔208〕咸阳,当时的秦都,即今陕西省西安市东面的渭城故城,并不是今西安市西北的咸阳县。

〔209〕司马门,宫廷的外门。宫垣之内,兵卫所在,四面皆有司马之官(掌军政)把守,故总言宫廷外门为司马门。

〔210〕赵高,秦宦者。秦始皇死于沙丘,高与李斯通谋,矫诏杀太子扶苏,立胡亥为二世皇帝。后来陷杀李斯,自为丞相,事无大小,都决于他一人。最后杀二世,立子婴,卒被子婴所杀。这时他正专权,司马欣从军前还都请事,他竟不接见。

〔211〕故道,原路。

〔212〕用事于中,犹言居中用事,就是盘据中央,发号施令。

〔213〕下无可为者,在权臣操纵之下,竟无一件正事可以办得通的。

〔214〕孰,熟之本字。孰计之,深思熟虑地研究这个问题。

〔215〕遗章邯书,送信给章邯。遗,送也。

〔216〕白起,郿人。(郿本周邑,故城在今陕西省郿县东北。)善用兵,秦昭王时封武安君,战胜攻取凡七十馀城。后与范睢有隙,称病不起,免为士伍。(当时的降罚处分,即退归卒伍,犹后世的削职为民。)迁于阴密,(在今甘肃省灵台县西五十里,)赐死。《史记》有《白起王翦列传》。

〔217〕鄢郢音焉颖,战国时楚都,即郢,故城在今湖北省宜城县西南。秦既攻拔鄢郢,楚迁避于陈,后竟屡迁,末了都于寿春。南征鄢郢,指此。

〔218〕白起北破赵括,阬赵降卒四十万人,事详《廉颇蔺相如列传》。赵括封马服君,故云北阬马服。

〔219〕略地,夺取土地。略,强取。

〔220〕胜读平声,能够;可以。不可胜计,言其多得不能计数。

〔221〕蒙恬(音甜)世为秦将,祖骜,父武,皆著战功。始皇时,恬为内史。并六国后,使恬将三十万众北逐匈奴,筑长城,西起临洮(今甘肃省岷县),东至辽东(辽河以东),长万馀里。二世即位,为赵高所陷,矫诏赐死。《史记》有《蒙恬列传》。

〔222〕戎人即指当时的匈奴。

〔223〕榆中亦名榆溪,即榆林塞。蒙恬北逐匈奴,树榆为塞,开地数千里,即此。其地当在今内蒙古自治区旧鄂尔多斯黄河北岸一带。

〔224〕阳周,秦所置县。故治在今陕西省子长县(原安定县)北。按《蒙恬传》,胡亥先囚恬于阳周,后又遣使逼他,他便吞药自杀。此云竟斩阳周,信中强调之辞。

〔225〕因以法诛之,找借口依据法律杀了他。

〔226〕滋益多,犹言越来越多。滋,增长。益,加甚。

〔227〕谀,谄媚;欺谩。兼有奉承、蒙蔽意。素谀日久,一向蒙蔽,日久恐怕败露,故下接"今事急"。

〔228〕塞责,搪塞自己的责任。有委过他人之意。

〔229〕更代,派人接替。脱其祸,脱卸自己的祸患。径与"塞责"相应。

〔230〕郤与衅隙之隙通,裂痕。引申有怨仇义。多内隙即指与赵高破裂,难以相容的事实。蜀本、百衲本都作"郄"。

〔231〕无愚智皆知之,无论愚蠢或智巧都懂得这道理的。

〔232〕直谏,直言相劝。此处有揭破奸谋的意义。

〔233〕孤、特、独都有"单"义。叠用它们,是要显出单弱可危。

〔234〕从读如纵。与诸侯为从,与东方起兵之人联合起来。当时习惯于战国合纵连横之说,故用合纵来耸动章邯。

〔235〕王,动词。分王其地,分割秦地,各立为王。

〔236〕古代天子、诸侯皆南面听政,故以南面喻君主。称孤,即俗所谓"称孤道寡"。

〔237〕铁同斧。质,斩人之砧。身伏铁质,亲受刑诛;妻子为戮,家属连带被杀。孰,何也;谁也。孰与身伏铁质,妻子为戮乎,与上文"南面称孤"比较立说,犹言"南面称王与遭受刑戮,哪一样上算呢?"

〔238〕狐性善疑,喻人委决不下叫狐疑。

〔239〕阴使,秘密派遣。候始成,军候(军中管事务供应的官)名始成者。使项羽,派到项羽那边去接洽。

〔240〕欲约,意图取得约降的条件。

〔241〕三户,漳水上津渡名。在今河北省临漳县西。度,会注本作"渡"。

〔242〕前已云"项羽军漳南",此紧接"日夜度三户"之后又云军漳南,疑"南"为"北"之讹。

〔243〕汙音于。汙水源出河北省武安县西太行山,东南流,在临漳县西折东入漳水。今已湮。

〔244〕与期,相与约期会晤。洹音桓,洹水即今河南省安阳市北之安阳河,东流入卫河。殷虚即殷墟,本是殷朝之故都,今安阳市西五里之小屯便是。

〔245〕盟,誓约。已盟,已经签订协定条款。

〔246〕流涕犹言垂泣,极意形容他的羞惭之情。为言赵高,即司马欣还报之言与陈馀书中所述之事,犹云为赵高所陷,一至于此。

〔247〕雍,春秋秦都,汉置雍县,在今陕西省凤翔县南。雍王意为秦地之王。

〔248〕置楚军中,留置在项羽的军中。

〔249〕前行即先锋,司马欣与项氏有旧恩,故较为信任而令其先发。

〔250〕新安故城在今河南省渑池县东。汉于此置新安县,隋时废。

〔251〕诸侯吏卒,指起兵反秦的各路将士。异时,从前。故,曾经。繇使,被派徭役。屯,驻扎。戍读输去声,执戈守边。秦中,秦地之泛称,即关中。诸侯吏卒……过秦中,犹言各路反秦的将士,从前曾因被派徭役,发往边疆驻守,而路过关中。

〔252〕遇,接待。无状,没有礼貌。

〔253〕奴虏使之,像奴隶或俘虏那样使唤秦吏卒。

〔254〕轻,随便;轻忽。折辱,挫折侮辱。轻折辱,可作"无状"注脚,因出于报复,竟然肆行蹧蹋。

〔255〕窃言,私下相谈。

〔256〕吾属即吾辈。诈吾属降诸侯,诱骗吾辈投降起兵反秦的人。

〔257〕即,假使。即不能,假使不能破秦。

〔258〕微,察访。微闻其计,访知秦吏卒的私语。

〔259〕至关中不听,到了秦地而不听命令。

〔260〕都尉翳即董翳,时在章邯军中,与邯、欣同降项羽。后封塞王。尉本为辅佐郡守管兵的官,都尉当系军中的参谋官。

〔261〕夜击阬……城南,趁黑夜里把秦卒二十馀万人击杀阬埋于新安城的南方。

〔262〕行,将要。行略定秦地,将自新安引兵西向,直取关中。

〔263〕函谷关,秦时故关,在今河南省灵宝县西南。会注本"函"上有"至"字。时刘邦先已入关破秦,派兵东守函谷关,故云有兵守关。

〔264〕刘邦于宋义为上将军北救赵时,受怀王心之命,西略地入关。项羽既杀宋义,与章邯酣战,刘邦即趁这当儿专力西进,恰巧赵高正在那时杀二世,立子婴(公子扶苏之子),纷乱之际,刘邦便带兵入关。子婴立仅四十六日,出降于刘邦。及项羽进至函谷关,才得沛公已破咸阳的消息。

〔265〕戏西,戏水之西。戏水源出骊山,下流入渭,在今陕西省临潼县东三十里。其地有古戏亭,一名幽王城。

〔266〕霸上亦作灞上,即灞水西白鹿原,在今陕西省长安县东,接蓝田县界。

〔267〕司马,掌军政之官。此称左司马,当时沛公的属官应尚有右司马。曹无伤欲媚项求封,故使人进谗言于项羽。

〔268〕沛公西略时,怀王与诸将约:"先入定关中者王之。"故言欲王关中。

〔269〕旦,汲古本作"且"。日飨士卒,每日大宴战士。若云旦日,有即日发动意;作且比较缓和些。项羽性急,以作"旦"为近似。

〔270〕新丰即秦骊邑,汉始置新丰县,在今陕西省临潼县东。鸿门,阪名,在新丰东十七里,今名项王营。

〔271〕战国时泛称六国之地为山东,以在崤函之东,故名。此云居山东时,即指未入关前,仍旧沿用当时的惯语。

〔272〕幸,亲近。

〔273〕望其气……天子气也,当时军中觇候者(观测气象的人)之言。秦、汉方士多托言有望气之术,谓觇望云气即可测知吉凶的征兆也。

〔274〕项伯名缠,字伯。左尹,楚官,令尹之佐。

〔275〕素善,向来熟识。留侯张良,详后《留侯世家》。

〔276〕具,齐备。具告以事,即以项羽欲击沛公之事备细告知张良。下面"毋从俱死"的"毋"字,汲古本讹作"母"。

〔277〕张良前说项梁立韩公子成为韩王,良为韩申徒(即司徒,相当于国相)。沛公从洛阳南出,良引兵从之。沛公乃令韩王成留守,与良俱西入武关。故良云臣为韩王送沛公。

〔278〕亡去犹言溜走。不可不语,不可不告知一声。

〔279〕鲰音浅,亦读如奏,杂小鱼也。鲰生,小生,有贱视意。《楚

汉春秋》:"解先生说沛公遣将守函谷关,无入项王(不要让他进来)"。那么鲰生便指的解先生。

〔280〕距通拒。内,纳之本字。距关毋内诸侯,抵守函谷关勿令项羽等人入关往西来也。

〔281〕背读如倍,违背;放弃。

〔282〕安,何也。有故,有旧谊。

〔283〕幸来告,犹言亏他肯来告知。

〔284〕孰与君少长,问项伯与张良年岁,谁小,谁大。

〔285〕兄事之,当老大哥那样待他。

〔286〕要,坚约。此有强邀之意。

〔287〕卮音支,酒器。古时进酒爵于尊者之前而致词祝颂叫上寿。为寿即上寿。

〔288〕约为婚姻,彼此联姻,攀做儿女亲家。

〔289〕秋豪,兽类新秋更生之毛,喻微细。豪是毫之本字,细毛也。秋豪不敢有所近,言些微也不敢沾染。

〔290〕籍,记录。籍吏民,登记官吏人民,即造报户籍。

〔291〕将军指项羽。观下文自明。

〔292〕非常,变故。

〔293〕倍德犹言忘恩负义。

〔294〕旦日,明日。蚤同"早"。此处"旦日"二字与上"项伯夜驰之沛公军"及下"项伯复夜去"语前后照应。

〔295〕善遇之,犹言客客气气待他。

〔296〕河北、河南皆泛称。战河北,与前"渡河"及"河北之军"相应。战河南则补出刘邦一边,西行略地入秦之事。

〔297〕不自意,自己没有料到。

〔298〕何以至此一语,状项羽之直率。"至"字蜀本、百衲本、汲古

本并作"生"。会注本与此本同。生此,生此心也。亦通。

〔299〕东嚮坐,面向东坐。表示自尊大。嚮,向之本字。

〔300〕亚父者范增也,插叙语,说明上举之"亚父"是何等人。亚,次也。尊敬他仅次于父,故称亚父,犹齐桓公尊管仲为仲父。

〔301〕张良其时从沛公出席,位同陪臣,身份略次,故云西向侍。

〔302〕目,动词,视也。数目,屡视。数目项王,即频频向项王丢眼色。

〔303〕玉玦(音决),半璧也。璧,圆形,中有孔,略如环。剖璧为两,便叫玦,亦称璜。古人佩玉,故范增得以玉玦三次示项王,希望他能够会意(玦决同音)决策。

〔304〕项庄,项羽从弟。

〔305〕不忍,不能狠心硬肠地干。

〔306〕若,尔;汝。若入前为寿,你进内上寿(献礼致敬)。

〔307〕不读如否。不者犹"否则"。

〔308〕若属皆且为所虏,你等都将被刘邦所虏辱。且汲古本讹作"具"。

〔309〕翼蔽沛公,如鸟那样的张翅掩护沛公。

〔310〕樊哙(音快),沛人,以屠狗为事,与刘邦俱隐于芒砀山泽间。陈涉初起,萧何、曹参使哙迎邦,立为沛公。从攻秦,屡有功。沛公入咸阳,欲居秦宫室。哙与张良谏,乃还军霸上。鸿门之会,哙又面折项羽,使邦得脱祸。《史记》有《樊郦滕灌列传》,与郦商、滕公(夏侯婴)、灌婴同载一篇。

〔311〕同命,犹并命。与之同命,和沛公共生死。

〔312〕盾,盾牌。带剑拥盾入军门,持武器闯入辕门。

〔313〕戟音棘,古兵器戈之属。交戟之卫士,持戟交叉着把守军门的警卫。欲止不内,意欲拦止,不让他进去。内同纳。

〔314〕撞音壮,横击。

〔315〕仆音赴,俯倒。

〔316〕帷音围,围帐。披帷西向立,揭开围帐向西立,正在张良背后,面对着项王。

〔317〕瞋音真,张目。瞋目视项王,张大了眼睛看项王。

〔318〕眦音恣,眼眶。目眦尽裂,眼眶都要裂开了,极意形容他的怒目而视。与上言"头发上指"都是夸张语。

〔319〕跽音忌,半跪。按剑,参看后《平原君虞卿列传》校释〔41〕。

〔320〕客何为者,你是干什么来的。呵问来客,极尽紧张之态。

〔321〕参乘,即骖乘,亦称陪乘,古之车右。犹后世的近侍警卫。沛公之参乘樊哙者也,张良紧答项王之问,便说"这是沛公的近侍叫做樊哙的便是"。

〔322〕斗,酒器之大者。就是《诗·行苇》"酌以大斗"的斗。今俗犹管大酒杯叫"酒斗"。斗卮酒,一大斗酒。卮音支,酒器。已见前〔287〕。

〔323〕彘音滞,豕也。彘肩,猪蹄带肩胛者,就是一条整腿。下云"生彘肩"那么竟是一条没有煮熟的生猪腿。

〔324〕覆音副,仰之反,犹言反扣。覆其盾于地,把盾牌反扣在地上。

〔325〕加彘肩上,把生猪腿安放在反扣的盾牌上面。

〔326〕啗音淡,食也。拔剑切而啗之,形容他的生吞大嚼。啗,百衲本讹作"啮"。

〔327〕卮酒安足辞,犹言喝杯酒值得推辞么!

〔328〕杀人如不能举,刑人如恐不胜,就是说杀人多得不能悉数,加刑于人唯恐不及。此借秦来骂项羽。

〔329〕听细说,听信小人之言。

〔330〕此亡秦之续耳,窃为大王不取也,这是继续亡秦的道路,我的私衷却不愿你大王采取这条道路啊。

〔331〕从良坐,即在张良身旁坐下。

〔332〕起如厕,托言出恭。如,往也。厕音菑,大小便的地方。此厕字与作侧字解之"厕"音测者有别。

〔333〕都尉陈平,时陈平为项羽帐下都尉之官。明年即去楚归汉。详后《陈丞相世家》。

〔334〕大行不顾细谨,大礼不辞小让,当时成语,言把握大体,不当拘守小节。大行、大礼,喻大关节目;细谨、小让,喻琐屑末务。

〔335〕刀俎,刀和砧板,宰割的家具。指项羽方面。刀,黄本讹作"刃"。

〔336〕鱼肉,被割待烹之物。指沛公方面。

〔337〕操,执持。来何操,来的时候带些什么。

〔338〕会,遭逢;巧合。会其怒,适逢其怒,犹言碰在他们气恼的当儿。

〔339〕置,抛弃;留放。车骑即指前文"从百馀骑"。置车骑,让随从的车骑丢在那里。

〔340〕步走,徒步逃走。上面靳彊的"彊",蜀本、百衲本、汲古本都作"强"。

〔341〕郦山在鸿门西,即骊山。

〔342〕道,经过。芷阳,秦所置县,汉改为霸陵,故治在今陕西省长安县东面白鹿原霸川上的西阪。间,空隙。间行,抄小路走。

〔343〕度音铎,估计。度我至军中,约计我还到霸上的时候。

〔344〕间至军中,间行抵达霸上。这是张良心意中的话,故下接云"入谢"。

〔345〕桮同"杯"。杓音勺,取酒之器。桮杓,酒之代称。不胜桮

杓,禁不起酒力,犹言已醉。

〔346〕足下,对人之敬称,犹言"左右",避免径呼"尔"、"汝"也。战国时一般人对君王也有称"足下"的。

〔347〕督过,责罪。有意督过之,存心找他的岔子。

〔348〕唉,叹恨辞。竖子,此处用为骂人之辞,相当于口语的"小子"。竖子不足与谋,犹言这小子不配跟他商量。范增明骂项庄,实在是暗恨项羽的寡断。

〔349〕人或说项王,从人中间有一人向项王游说。不能确指何人进言,故云"或"。

〔350〕关中之地,东函谷,南武关(在今陕西省商县东一百八十五里),西散关(在今陕西省宝鸡市西南,即大散关),北萧关(在今甘肃省环县西北),四面有险可守,故云阻山河四塞。

〔351〕饶,富足。可都以霸,承上"四塞""肥饶"而言,谓有此凭借,可建都于此以定霸业。

〔352〕怀思欲东归,因楚之根据地在东方,而又放心不下怀王心也。"富贵不归故乡"等语,显系托辞。观下致命怀王,及徙义帝自都彭城事可知。

〔353〕衣,动词,穿着。衣绣夜行,着了锦绣之衣在黑夜中出行,虽漂亮没有人看见。故下云"谁知之者"。

〔354〕沐猴,猕猴。沐猴而冠耳,犹言好像大猴子戴了人的帽子罢了,讥笑他徒具人形。果然与上人言相照,谓果如人言。

〔355〕烹,投在鼎镬里煮死。

〔356〕致命犹报命。使人致命怀王,使人将入关破秦经过报告怀王,并且向他请示。有试探意。

〔357〕如约,照前与诸将所言"先入关中者王之"之约。

〔358〕不称楚帝而称义帝,意味着仅得名义耳。此义字犹义父、义

子、义发、义齿的义字。

〔359〕"先王"之"王"与以下许多"王之"、"王某地"等之"王",俱动词。先王诸将相,先封诸将相为王。

〔360〕立诸侯后,指立六国之后。而云"假立",显然有否认之意。故引出下面一篇大道理来。

〔361〕被坚执锐首事,犹言起兵首举大事。与前"初发难时"相应。

〔362〕暴音仆,显露。暴露于野,犹言军中辛苦,风餐露宿。自二世元年起兵,至此适得三年。

〔363〕故通固,故当分其地而王之,犹言本该分地封他为王的。上云义帝虽无功,已说他无功而白白享受,下云故当,无可奈何之情可见。"虽"字含有轻之之意;"故当"二字不免蕴怒含怨了。

〔364〕侯王即诸侯王,分封诸王,相当于上世之诸侯。

〔365〕沛公先入关破秦,地居形胜,故项羽、范增疑其发展而有天下也。古以统一中国为"有天下"。

〔366〕以上四句,包四层意义,疑沛公有天下一层,业已讲解二层,又恶负约三层,恐诸侯叛之四层,曲达项王、范增二人的心事。业,既经。讲解即和解,谓鸿门之会杀刘的机会已经消失。恶音污,嫌忌。负约,背先入关者王之约。恶负约,嫌忌背约之名。

〔367〕巴本周姬姓封国,秦置巴郡,地当今四川省东半部。蜀,古蜀国,秦置蜀郡,地当今四川省西半部及旧西康迤东的一部分。四川在当时,北阻山险,东扼三峡,交通偏塞,竟视为流放罪人之地。故云巴、蜀道险,秦之迁人皆居蜀。

〔368〕汉中,秦所置郡,地居汉水上游,约当今陕西省秦岭以南一带及湖北省西北部。王巴、蜀、汉中,以三郡封刘邦为汉王。

〔369〕南郑,今陕西省南郑市。明、清时俱为汉中府治。

〔370〕距塞犹言遮断。距塞汉王,遮断刘邦的东出之路。

〔371〕废丘本周之犬丘，周懿王自镐徙都于此。秦改名废丘。汉置槐里县。故城在今陕西省兴平县东南十里。

〔372〕塞王，境内有大河、华山之固为阨塞，故取以为号。

〔373〕翟王，因本是春秋白翟之地，故名。

〔374〕上郡，秦置。当今陕西省北部及内蒙古自治区旧鄂尔多斯左翼之地。

〔375〕高奴，秦所置县。故治在今陕西省肤施县东，俗讹为高楼城。

〔376〕陈胜起兵，下魏地，立魏诸公子宁陵君咎为魏王。秦将章邯击败之，咎约降。约定，咎自杀。其弟魏豹奔楚，楚怀王心予以兵，使复徇魏地，下魏二十馀城，立为魏王。引兵从项羽入关，欲有梁地。项羽自欲王梁、楚，遂徙魏王豹为西魏王。《史记》有《魏豹彭越列传》。

〔377〕河东，秦所置郡。当今山西省西南部黄河以东之地。

〔378〕平阳故城在今山西省临汾县南，故尧都。

〔379〕瑕丘本春秋鲁地，即负瑕。汉置瑕丘县。故治在今山东省滋阳县西二十五里。申阳，人姓名。徐广说，一云瑕丘公，是申阳曾为瑕丘令。文颖说，姓瑕丘，字申阳，恐怕不是的。

〔380〕嬖音闭，亲狎。嬖臣，宠幸之臣。

〔381〕河南郡即秦三川郡。当今河南省西北大部。先下河南郡，申阳先已略下三川郡（汉始改河南郡）。

〔382〕迎楚河上，迎降项羽于郡境的河上。

〔383〕雒阳即洛阳，本周之成周。战国时更名洛阳。秦灭东周，置三川郡。汉改河南郡，又置洛阳县为郡治。故城在今河南省洛阳市东北二十里。其后光武帝迁都于此，改为雒阳。曹魏时，又复为洛阳。

〔384〕因故都，仍居旧都。阳翟（音泽），相传为夏禹始封邑。周为郑栎邑。战国时为韩之国都。秦于此置阳翟县。清并入禹州，即今河南省禹县。

〔385〕司马,姓氏;卬,名。卬乃"昂"之本字。河内本为大河以北的总称。古代帝王都城,多在河东、河北一带,故当时呼河北为河内,河南为河外。汉置河内郡,约有今河北省南端一部,山西省东南部及河南省黄河以北地。

〔386〕殷王,因封于殷商故地,故名。

〔387〕朝歌本殷都,汉置朝歌县。故治在今河南省淇县东北。

〔388〕代本古国,战国时属赵,置代郡。秦仍之。汉初为代国,后亦改代郡。地跨今山西、河北两省的北部,西北大部在山西,东南小部在河北。项羽分封时,以代本赵地,故徙赵王歇为代王。都代,故治在今河北省旧蔚(音育)县东。

〔389〕常山当今河北省中部,兼有山西省东中一部地。汉置恒山郡,文帝改为常山。本为赵故地,故云耳为常山王,而下云"王赵地"。

〔390〕襄国,古邢国。春秋属晋。战国属赵。秦于此置信都县。项羽改称襄国。故城在今河北省邢台县西南。

〔391〕九江,秦所置郡,今江苏、安徽两省江以北、淮以南一带,及江西省全部都是它的境地。封黥布为九江王时,江苏境内之地已划入西楚了。

〔392〕六,春秋时六国。秦置六县。后汉改六安县。晋复旧名,不久又裁去。故治在今安徽省六安县北十三里。

〔393〕吴芮为鄱阳令,故称鄱君。鄱音婆,本为楚之番邑,秦置县于此,名曰鄱阳。亦作番阳。即今江西省鄱阳县。明、清皆为饶州府治。百越,春秋越国的遗族。楚灭越,越族退守于五岭一带山地中,随地立君,号称"百越"。战国末年,犹有浙江南部的瓯越,福建的闽越及广东的扬越,都著称于一时。

〔394〕衡山王王衡山国,包有今湖北省东部,湖南省全部及广东省北境偏西的一部。以境有衡山,故名。

〔395〕邾,衡山王所都。汉置邾县。故治在今湖北省黄冈县西北二十里。

〔396〕柱国,战国楚始置之官,位极尊崇。后世便以为勋官(各级官吏的荣衔)。共(音恭),姓氏;敖,名。南郡,秦灭楚置。其地包有今湖北省襄阳以南全境。

〔397〕临江国略当于其时的南郡,惟北有襄阳,东削武,汉以东分给衡山国了。项羽以共敖击南郡功多,便立敖为临江王。

〔398〕江陵,本春秋楚郢都。汉于此置江陵县。即今湖北省江陵县。明、清时皆为荆州府治。

〔399〕韩广本故赵王武臣之将,领兵北略燕地,便自立为燕王。详后《陈涉世家》。项羽徙封广为辽东王,都无终。辽东,秦所置郡,约当今辽宁省及原热河东南部与河北省东北部之地。无终,春秋时无终子国。秦置无终县。隋改渔阳县。即今河北省蓟(音计)县治。

〔400〕臧荼(音屠)从项羽救赵入关,故羽把燕土分为二,徙故燕王东王辽东,而以燕、蓟之地封荼为燕王。

〔401〕蓟,周初封尧后于此。秦置蓟县。辽改为析津。金改为大兴。故城在今北京市西南。与前举无终沿改的蓟县不是一地。

〔402〕项羽分齐地为三:中部仍为齐,东部为胶东,西北部为济北。徙故齐王田市为胶东王,都即墨。即墨本齐邑,汉置即墨县。故治在今山东省平度县东南。

〔403〕临菑即临淄,古营丘地,周封太公望为齐国。自献公徙此,世为齐都。秦灭齐,因置齐郡。汉置临淄县。后汉改临菑,为青州治。即今山东省临淄县。明、清时皆为青州府治。

〔404〕济北数城,济水以北的若干城池。济水古为四渎之一。春秋时,济水经曹、卫、鲁、齐之界。在齐界为齐济;在鲁界为鲁济,亦称沇水(即兖水)。其源出于今河南省济源县西之王屋山。其故道本过今黄河

51

而南,东流至山东,与黄河平行入海。今济水下游为黄河所占,惟黄河北发源处尚存。

〔405〕博阳,从来多以山东省泰安县东南三十里之博县故城当之。按博县故城本为春秋时齐之博邑,汉置博县,属泰山郡。北魏改博平。隋改博城。唐、五代皆曰乾封。宋徙治奉高,城遂废。地在济渎之南,且与临淄相近,恐非楚、汉时济北王所都。疑博阳为齐之博陵邑。汉置博平县,属东郡,故城即今山东省博平县西北三十里之博平镇。按以地位和方向(在河之北)似当以此为济北国都。

〔406〕陈馀本与张耳为至交好友。章邯急围钜鹿,陈馀收常山兵屯扎河北。张耳与赵歇在围城中,兵少食尽,屡使人促陈馀进救。馀以众寡不敌,未即应。耳又使张黡、陈泽往责馀,馀不得已,乃以五千人给二人,令他们先试秦军。临阵皆没。及钜鹿围解,耳、馀相见。耳责馀不肯救赵,且问张、陈二人的下落。馀已怒,便径以实况告诉他。耳不信,以为馀杀了张、陈二人,屡问馀。馀大怒,乃解下将印推给张耳,便趋出。耳亦遂收其兵。陈馀乃独与麾下所亲善的数百人往河上泽中渔猎。故此处云弃将印去。"弃",百衲本、汲古本并作"棄"。

〔407〕南皮,秦所置县,故治在今河北省南皮县东北八里。

〔408〕环封三县,以环绕南皮的三县封给陈馀。

〔409〕梅鋗(音捐),故秦番阳令吴芮之将,故云番君将。从吴芮作战,又从刘邦攻降析、郦,故云功多。项羽既封吴芮为衡山王,遂封鋗为列侯,食十万户,故云十万户侯。

〔410〕旧以江陵为南楚,吴为东楚,彭城为西楚。项羽兼王梁、楚,而都彭城,故以西楚为号,并不是仅仅王于西楚一带地方。霸王,诸王之盟主,这就隐以号令天下自任了。此云自立为西楚霸王,与前文"欲自王,先王诸将相"相应。

〔411〕王九郡,王梁、楚九郡之地。九郡《史》、《汉》皆不详其目,注

家亦略。近世学者又各以意说：明陈仁锡以为泗川、砀、薛、东海、临淮、彭城、广陵、会稽、郯九郡；清全祖望以为东海、泗水、薛、会稽、南阳、黔中、砀、东、楚九郡；钱大昕以为泗水、东阳、东海（即郯郡）、砀、薛、郯、吴、会稽、东九郡，梁玉绳从之；而近人张茂炯以为颍川、泗水（即沛）、郯（即东海）、会稽、郯（即丹阳）、淮南（即庐江）、东阳（即广陵）、砀（即梁国）、薛（即鲁国）九郡。彼此互有异同，难以断定。清姚鼐则谓项羽所王之地，"大抵西界故韩；东至海；北界上则距河，下则距泰山；南界上则距淮，下则包逾江东。"近是。

〔412〕汉之元年，乙未岁，当公元前二〇六年。是年二月，刘邦称汉王。当时各国各自纪元，沿至汉初，诸王侯虽奉汉元，在国中犹自为纪元如故。此云"汉元年"，以司马迁为汉臣，于义当如此，并不是说那时各封国都用汉元的。

〔413〕戏读如麾，戏下即麾下，犹言在主帅的旌麾之下。后世对将帅称麾下（亦作戏下），本此。诸侯罢戏下，诸侯受封已毕，各就旌麾之下罢兵各归（犹言撤回或复员）。故下云"各就国"。一说，"戏下"之"戏"即前"至于戏西"之"戏"，谓戏下与"洛下"、"许下"同例，即指戏水而言。其实不然。按鸿门会后，明言"项羽引兵西屠咸阳"，并无还军戏西之文，那么项羽分封诸侯不必定在戏下了。且洛下、许下都指城言，犹云洛城之下、许城之下；若指水言，当云戏上，不得云戏下。看前文"汙水上"、"霸上"和后文"睢水上"、"氾水上"等自明。

〔414〕徙义帝，逼楚王心迁离彭城。

〔415〕地方千里，必居上游，乃项羽设辞。千里，明言封地有限。上游，河川上流，言当在内地山僻之区。

〔416〕长沙，秦所置郡，约当今湖南省资水以东全部及广东省北部西偏一部之地。以当地有万里沙祠，故名。郴（音琛）乃当时长沙郡属县，即今湖南省郴县。

〔417〕趣义帝行,催迫楚王心起行。

〔418〕楚王心被迫远行,其左右从官必多托故规避的,故云群臣稍稍背叛之。左右既多离去,项羽乃得暗中令人加害他。

〔419〕阴令衡山、临江王击杀之江中,项羽密使吴芮、共敖拦杀义帝于江中。按《黥布传》:"项氏立怀王为义帝,徙都长沙,迺(乃)阴令九江王布等行击之。其八月,布使将击义帝,追杀之郴县。"故郴县有义帝冢。当时义帝徙长沙,必经九江、衡山、临江三国,故羽阴令二王及九江王拦杀他。二王未即奉行,布独遣将追杀之。此处记羽当初的命令,《布传》则从事后实书之。

〔420〕无终已见前〔399〕。击杀广无终,击逐韩广,杀之于辽东的国都。

〔421〕即墨已见前〔402〕。杀之即墨,杀田都于胶东的国都。

〔422〕三齐即齐、胶东、济北。

〔423〕彭越字仲,昌邑(秦县,故治在今山东省金乡县西北四十里)人。时在钜野(即大野泽,在今山东省钜野县北五里),有众万馀,无所属。故田荣招诱之,与以将军印。《史记》有《魏豹彭越列传》。

〔424〕令反梁地,令彭越就故梁之地来反叛项羽。

〔425〕宰,主宰。为天下宰,不平,言主持天下的事不公道。

〔426〕今尽王故王于丑地……馀以为不可,都是陈馀申说不平之辞。逐其故主赵王乃北居代,指徙封赵歇事。赵歇为陈馀故主,"其"字当系衍文。其实陈馀欲借复赵为由,打击张耳,故意侧重其事,以示理直气壮罢了。

〔427〕不听不义,犹言不受乱命。

〔428〕资,资助。资馀兵,以兵济助我陈馀。

〔429〕以击常山,以复赵王,乃陈馀的真意,与前"以为不可"呼应。

〔430〕扞音旱,抵御。蔽音臂,遮盖。请以国为扞蔽,愿举国以为齐

的外卫。

〔431〕三秦,雍、塞、翟三国。汉元年八月,汉王用韩信计,自汉中从故道还,袭破雍王章邯。塞王欣、翟王翳鉴于雍王之败,都望风而降。故云还定三秦。

〔432〕且东,将引兵东向。

〔433〕田荣击杀田都、田市、田安,并王三齐,是齐叛。陈馀破常山王,迎还赵王,是赵叛。

〔434〕韩王成既被杀,韩地没有可以抵挡汉兵的人,乃以故吴令郑昌为韩王,仍是分封三秦距汉的故智。

〔435〕萧公角,萧令名角者。萧本春秋宋萧邑,秦置萧县。故治在今江苏省萧县西北。楚、汉之际,多沿楚制,县令皆称公。此云萧公,明为楚官,与前"故番令"、"故吴令"之为秦官者不同。

〔436〕失职,谓未得如约。欲得关中,即为还定三秦解释。故下面便以"如约即止不敢东"来诓骗项羽。其下"又以齐、梁反书遗项王",汲古本"项王"作"项羽"。

〔437〕征兵九江王布,调黥布带兵北击田荣。

〔438〕称疾不往,推托有病,不曾亲往。

〔439〕上将字,名词,将官;下将字,动词,率领。使将将数千人行,派将校带领数千人前往,以应项王之命。

〔440〕平原,古邑名。汉置平原县。故治在今山东省平原县南二十五里。

〔441〕夷,平毁。遂北烧夷齐城郭室屋,项羽趁平原民杀田荣的当儿,北向进展,焚烧齐境的房屋,平毁齐境的城池。

〔442〕係同繫(编者按:係、繫,今皆简化作"系"),繫缚。係虏犹言掠取。

〔443〕北海,今山东省临淄以东、掖县以西一带地,汉置北海郡。

〔444〕田横反城阳,田横在城阳地方反叛项羽。田横乘项、刘交争的当儿,收取齐地,立田荣子田广为齐王,自为齐相。后田广为韩信所虏,田横自立为王。刘邦为汉帝,横偕同他的徒属五百馀人入居海岛中。(今山东省即墨县东丁字港口外有田横岛,即其地。)汉帝召之,横与二客乘传(按照驿站的路径,挨次递送)往洛阳,未至三十里,横自杀。既葬,二客亦自刭。其馀在海岛的五百馀人闻横死,也都自杀,没有一个降汉的。事迹附见《田儋列传》。

〔445〕春,汉二年之春,是时沿用秦历,以十月为岁首,故上文先书"汉之二年冬",这里乃以"春"继其后。

〔446〕部,徐广云一作"劫",按《史记·高祖纪》及《汉书·高祖纪》、《项籍传》俱作劫,该是对的。部是部勒,劫是强制,其为率领则同。其实"劫"乃事实,"部"则体面话。五诸侯亦诸说纷纭,很难确指。惟颜师古说是常山、河南、韩、魏、殷五国,较为可信。盖汉王还定三秦,引兵东出之后,常山王张耳、河南王申阳、韩王郑昌、魏王豹俱降汉,而汉又虏得殷王卬也。

〔447〕鲁是今山东省曲阜县。胡陵已见前〔87〕。南从鲁出胡陵,南向从曲阜之西绕出鱼台之东南。

〔448〕乃西,从胡陵引兵西出,向彭城作大包抄。与上"出胡陵"和下"从萧""而东"互应。

〔449〕项羽引兵西到萧县后,包抄之势已成,一日早晨,遂东向攻击,故云从萧晨击汉军。东至彭城,楚军速战而东,到达彭城。

〔450〕日中,当天正午。此与上"晨"字紧接,形容他的兵势竟疾如风雨也。

〔451〕谷、泗二水名,皆在彭城东北。楚军自萧来攻彭城,故汉军向东北退却,相随挤入谷、泗水。相随,极写前后推逐之状。

〔452〕汉军为楚所破,截成两橛。北半既被迫入水;其南半欲据山

地自固,故皆南走山。走音奏,趋向。

〔453〕灵壁故城在今安徽省宿县西北,非即今之灵壁县治。壁,蜀本作"壁"。睢音虽,睢水亦作濉河,故蒗荡渠支津,旧自河南杞县流经睢县北,东向,经宁陵、商丘、夏邑、永城及江苏之萧县,又经安徽之宿县、灵壁,再入江苏境,经睢宁,至宿迁县南入泗。今上流仅陈留、睢县间有一支入惠济河,馀俱湮;下游西自萧县历宿县、灵壁,东自宿迁历泗县入于淮,亦多淤断。此云睢水上,指在灵壁故城以东的一段。

〔454〕多杀,多遭杀伤。上面汉军卻之"卻",蜀本、百衲本、汲古本都讹作"却"。

〔455〕为,因为。为之不流,因尸首填塞,水受壅阻不得畅流。看"多"字及"水不流"字,可见创伤之大。

〔456〕帀音浃,周遍。围三帀,环绕三周,即三重包围。帀,蜀本、百衲本、汲古本都作"匝"。

〔457〕折木,吹折林木。发屋,掀去屋顶。

〔458〕窈音杳,形容深远。冥音茗,形容昏黑不可见。月尽为晦,音悔,引申为黑夜义。窈冥昼晦,就是说茫茫昏昏,虽在白昼,竟如黑夜了。

〔459〕逢迎,犹言扑面相遇,即迎头打击。

〔460〕坏散,崩溃。

〔461〕乃得与数十骑遁去,与前"五十六万人"对照,可见劫取五诸侯之兵已消耗殆尽了。

〔462〕收家室而西,接取家眷向西逃走。与前"东伐楚"相应。

〔463〕刘邦家眷,闻乱逃难,都已走散,故云家皆亡。

〔464〕道逢得孝惠、鲁元,在途中遇见他的子女。孝惠名盈,后嗣位为帝,死谥孝惠。孝惠事迹,《史记》附入《吕太后本纪》。鲁元,盈之姊,后嫁张耳之子张敖,生子张偃,为鲁王,遂为鲁太后,死谥元,故云鲁元。此皆从后追书之辞,当时不应有此称谓的。

〔465〕推堕孝惠、鲁元车下，恐车重，行不快，为追兵所及，故把子女推落于车下。

〔466〕滕公即夏侯婴，时为太仆，为汉王御车，故得下车收取刘盈姊弟还载车上。因他曾为滕令，故也称滕公。

〔467〕虽急……奈何弃之，事虽紧急，不可以赶得快些么！怎么把他们扔掉呢！

〔468〕求，寻访。太公，刘邦之父。吕后，刘邦之妻吕雉。《史记》有《吕太后本纪》。

〔469〕审，姓；食其（音异基），名。沛人，以舍人侍吕后。后封辟阳侯（辟阳故城在今河北省冀县东南三十里），为左丞相，百官决事，都得请他的示。文帝立，免相。淮南王长入朝，自袖铁椎击杀之。

〔470〕遂与归报项王，勒回转去，送至项王帐下。

〔471〕常置军中，留在营中，作人质（音致）。

〔472〕周吕侯名泽。周吕，封号，是时尚未封侯，也是史家追书之辞。下邑，秦所置县，故治在今江苏省砀山县东。

〔473〕荥阳本战国韩邑，故城在今河南省旧荥泽县西南十七里。汉于此置荥阳县。后魏徙于今治，参看下〔476〕。

〔474〕萧何，沛人。从刘邦入关，先收图籍，因此知天下阨塞所在和户口多少。经常在后方筹饷、调兵，佐刘邦成帝业，为汉开国名相，封酂侯（酂音嵯，字本作鄌，秦所置县，故治在今河南省永城县西南）。《史记》有《萧相国世家》。这时，他坐镇关中。傅，附着；符合。老弱未傅，不合服役年龄的老弱，尚未列入名册的人。合上下文观之，乃括取关中老小人丁，尽送荥阳供兵役也。诣音艺，前往；到达。

〔475〕北，败走。逐北，追逐败逃的敌人。

〔476〕京本春秋郑邑，故城在今河南省荥阳县东南，汉置京县于此。境有索亭，亦称大索城（俗呼大栅城），即今荥阳县治。京、索间，京邑、

索亭之间。

〔477〕与楚背汉,就是联项反刘。这时陈馀知张耳不死,即背汉;塞王欣、翟王翳都亡汉降楚;齐、魏也反汉与楚和。故这样说。

〔478〕属音烛,连缀。属之河,自荥阳连接于黄河的南岸边。

〔479〕敖,荥泽县西北之山。上有城,秦置仓其中,故名敖仓。

〔480〕荥阳以西为汉,以荥阳为界,东归楚,西归汉。上冠割字,明示割取楚地益汉,与前文"如约即止不敢东"语对看,更伸张不少了。

〔481〕历阳,秦所置县。项羽封范增为侯邑。汉仍为历阳县。其城即今安徽省和县治。

〔482〕易与耳,犹言容易对付的。与,打交道。

〔483〕间项王,用计离间范增与项羽的关系。

〔484〕古代祭飨(兼祭祀宴飨言),牛、羊、豕具备叫做太牢,但具羊、豕而无牛,叫做少牢。此云为太牢具,犹言特备的丰盛筵席。

〔485〕举,高捧。举欲进之,将太牢具捧着进献于宾客。

〔486〕详同佯。惊愕,仓皇失措之貌。

〔487〕乃反项王使者,没料到反而是项王的使者。

〔488〕更持去,把原来陈设的筵席撤去。以恶食食项王使者,把粗恶的食物给项王使者吃。上食字,名词,食品。下食字,音寺,动词,与"饲"同。

〔489〕愿赐骸骨,即乞身引退。(古时事君,看作以身许人,进退不能自主,故辞官叫乞身。赐骸骨便是乞身的另一说法。)归卒伍,即免职为士伍,言虽辞去侯封,军籍仍在也。

〔490〕疽音苴,附骨之痈。发背而死,毒痈透背,以致死亡。

〔491〕诳同诓,欺诈。诳楚为王,假充汉王去诓骗楚兵。

〔492〕黄屋车,以黄缯为盖裏之车,天子所乘。纛音督,毛羽组成之幢,竖立在乘舆车衡左方之上,故云左纛。乘黄屋车,傅左纛,言纪信盛

陈天子威仪,引诱楚军注目,便是所谓诳楚。

〔493〕万岁本古人庆贺之辞,犹万福、万幸之类。其始上下通用。后因朝贺时对君主常用"万岁"作颂祷的口号,于是变为帝王的专称,而民间口语,仍相沿未改。此处楚军皆呼万岁,乃楚军见汉王之降而自相称庆,并不是呼汉王为万岁。

〔494〕成皋,古之东虢国,春秋时为郑之制邑,又名虎牢。汉置成皋县。隋改汜水,沿至明、清皆为汜水县。解放后复置成皋县,属河南省郑州专区。今已撤销,将原辖区并入荥阳县。

〔495〕御史大夫,位上卿,掌副丞相,本为秦官。时周苛在汉任此职。枞音纵,姓也。枞公失其名。魏豹时又降汉,故与周苛、枞公同受汉王之命,留守荥阳。

〔496〕生得,活捉。

〔497〕宛,古申伯国,秦置县,为南阳郡治。隋改南阳县,即今河南省南阳市。叶音摄,本楚叶邑。汉置叶县。故治在今河南省叶县南三十里。

〔498〕脩武本古宁邑,汉置脩武县于此。即今河南省获嘉县之小脩武。脩,汲古本作"修"。

〔499〕张耳时与韩信(事详后《淮阴侯列传》)扎营在小脩武,汉王渡河驰宿脩武,自称使者,明晨驰入兵营,收夺他们的军权。乃使张耳北收兵赵地,使韩信东击齐。故云从张耳、韩信军。

〔500〕巩,秦所置县,故治在今河南省巩县西南三十里。

〔501〕淮阴侯即韩信,时尚未有此称,是史家追书之辞。

〔502〕欲渡河南,意欲渡河而南,争取成皋、荥阳。

〔503〕郑忠时为汉郎中,劝汉王高垒深堑,暂勿与楚战。故云说汉王。忠,蜀本作"公"。

〔504〕止壁河内,顿兵于河北岸扎营。壁,动词。此河内为河以北

之泛称,参看前〔385〕。

〔505〕刘贾,刘邦的从兄。汉封为荆王。后为黥布所杀。那时他和卢绾奉汉王命,将卒二万人,骑数百,渡白马津入楚地,与彭越共击破楚军。故云将兵佐彭越。

〔506〕积同秶,读去声,名词,刍米禾薪的总称。积聚,指粮食辎重。

〔507〕广武,山名,在河南省荥阳县东北,东连旧荥泽,西接成皋。

〔508〕定东海来,与前"自东击彭越"、"东击破之"呼应,言项王击定梁地,回兵来与汉王决斗。东海,东方的泛称,今沪语犹呼四方为东海、南海、西海、北海。

〔509〕西,应读断。言项王从东来,引兵向西去。

〔510〕广武山上有二城,西城汉所筑,东城楚所筑。故云俱临广武而军。

〔511〕高俎,盛放牲肉的大机。置在俎上,表示即将烹杀。

〔512〕而与若、汝、尔同。而翁就是若翁,犹言你的老子。

〔513〕幸分我一桮羹,请分给我一杯羹汁。以上诸语,极写刘邦的无赖。桮,汲古本作"杯"。

〔514〕祇音支,适也;仅也。祇益祸耳,适增祸患而已。祇,蜀本作"秖",百衲本作"祗",汲古本、会注本俱作"祇",都不是的。

〔515〕丁壮,成年可服兵役之人。苦军旅,苦于作战屯戍之事。上面相持未决之"决",汲古本讹作"决"。

〔516〕陆运叫做转,水运叫做漕。罢转漕,疲于水陆运输军食的苦役。

〔517〕匈匈犹汹汹,水波推涌之貌,极意形容劳扰不宁。

〔518〕毋徒苦天下之民父子为也,犹言不要使天下的老小百姓空受痛苦啊!

〔519〕宁,愿也。汲古本作"能"。

〔520〕楼烦,当时北族之一。其人善于骑射,故士卒之善骑射者取以为号,不一定都是楼烦人。

〔521〕三合,三个回合。辄音辙,常是;总是。辄射杀之,往往射杀这挑战的人。

〔522〕瞋音真,张目。叱音七(字从七,不从匕),诃斥。瞋目叱之,瞪着眼睛诃斥那射手。

〔523〕间问犹打听。

〔524〕间当作"涧"。东西广武二城之间,相去百馀步,有绝涧断山,汴水从中东南流,名曰广武涧。即汉王相与临广武间而语,就汉王所在,约同共临广武涧上对话。

〔525〕数之,面数项王罪状。《高祖纪》详载十罪,无非责其负约及杀义帝等事。

〔526〕破赵,指上年袭赵壁,斩陈馀。破齐,指当时定临菑,追田广。齐、赵皆破,是尽举河北之地了。

〔527〕武涉说淮阴侯,劝韩信与楚背汉,三分中国。说辞详《淮阴侯列传》。

〔528〕时曹咎为大司马,封海春侯,与司马欣、董翳守成皋,故云曹咎等。

〔529〕谨守成皋……复从将军,乃项王敦嘱曹咎的战略。则汉欲挑战之"则",《高祖纪》作"若",《汉书·项籍传》作"即"。"则"、"即"本可通用。此处便作即使解。毋令得东而已,勿让汉军得以东行即可。汲古本毋讹作"母"。复从将军,言回兵复与咎等会合。

〔530〕外黄令舍人儿,外黄县令的门客之子。年十三,与上"年十五以上"相应,明其不在当阬之内。

〔531〕赦音舍,饶恕;释放。

〔532〕睢阳,春秋宋地,秦置睢阳县。唐改宋城县,并置睢阳郡。金

复旧名。明改商丘。即今河南省商丘县。

〔533〕氾音祀。氾水在河南省荥阳县境,北流入黄河。

〔534〕赂音路。货赂,财货资物。

〔535〕刭音径,以刀割颈。汲古本长史下脱"翳"字。

〔536〕锺离,姓;眛(音末),名。楚之勇将。素与韩信相善。项王死,眛亡归信。汉令信捕之,眛卒自刭。详见后《淮阴侯列传》。眛各本多讹作"昧"。

〔537〕尽走险阻,悉数逃往山地,凭恃山险以自保。

〔538〕陆贾,楚人,辩士也。以客从汉王,拜太中大夫。著有《新语》十二篇。《史记》有《郦生陆贾列传》。

〔539〕侯公姓侯,失名。

〔540〕中分,平分。

〔541〕鸿沟在河南省中牟县,古汴水之分流,即今贾鲁河。

〔542〕匿音聂,隐藏。匿弗肯复见,安置侯公,不使他再见。

〔543〕所居倾国,言所到之处可以倾覆人的家国。与上"匿弗肯复见"呼应。

〔544〕太半,过半。时巴、蜀、三秦、燕、赵、韩、魏、齐、梁都已属汉,故云太半。

〔545〕因其机而遂取之,趁这机会马上攻取他。蜀本、会注本作"饑"(饥荒),汲古本作"飢"(饥饿)都可通。下云养虎自遗患乃当时成语,喻姑息必遗后患。

〔546〕阳夏(音贾),汉所置县。隋改太康。即今河南省太康县。

〔547〕止军,顿兵暂驻,与下"期会"相应。

〔548〕期会而击楚军,约期会合,共击项王。彭越时为魏相国,未闻封侯。建成侯,大概是所赐的名号。

〔549〕固陵故城即固陵聚,在今河南省淮阳县西北四十三里。

〔550〕堑音椠，壕沟。深堑而自守，掘深沟堑，坚守自卫。

〔551〕张子房即张良。子房，良之表字。

〔552〕未有分地，没有明确划定的封地。

〔553〕傅，到着。陈，今河南省淮阳县。自陈以东傅海，从淮阳县以东到海滨一带地，包有今安徽、江苏两省淮北诸地。

〔554〕谷城，春秋齐之谷邑。秦曰谷城。后汉置谷城县。故治在今山东省东阿县南十二里。睢阳以北至谷城，从今商丘以北连于东阿一带地，包有今河南省东部及山东省西部诸地。

〔555〕寿春本楚邑，考烈王自陈徙都于此，亦命之曰郢。秦灭楚，置寿春县。即今安徽省寿县治。从寿春并行，从寿春出发，与韩信之军并行南下。上面"韩信从齐往"为一路，此刘贾与彭越兵为又一路，两路齐下，故云并行。

〔556〕城父（音甫），春秋陈之夷邑，汉置城父县。故治即今安徽省亳县东南的城父村。

〔557〕垓音该。垓下，聚落名，在今安徽省灵璧县东南。

〔558〕周殷叛楚，又添一路。

〔559〕舒，今安徽省舒城县，时为周殷所据。六，今安徽省六安县。以舒屠六，用舒地的兵众，进兵屠杀六地的军民。

〔560〕举九江兵，发动黥布出兵，更添一路。

〔561〕诣项王，诸路之兵皆集中向项王。上云"皆会垓下"，是四路军马齐到了。

〔562〕四路军马齐到，故能围之数重。

〔563〕楚歌，楚人之歌，犹吴讴、越吟之类。四面皆楚歌，围项王的汉军都作楚声之歌，是楚人多已降汉了。故引起下文项王的惊疑。

〔564〕骏马，好马。骓（音锥），苍白杂色的马。

〔565〕忼慨，愤激悲叹之貌。亦作慷慨。

〔566〕虞兮虞兮奈若何,犹云"虞啊!虞啊!将你怎么安排呢!"兮音奚,语助辞,《说文》所谓"语有所稽(稽留)也"。

〔567〕曲终曰阕(音缺)。数阕,几遍。和之,应和着一同歌唱。按《楚汉春秋》载美人和歌,歌曰"汉兵已略地,四方楚歌声。大王意气尽,贱妾何聊生!"疑出于假托。

〔568〕行音杭,行列。泣数行下,眼泪几道淌下来。

〔569〕莫能仰视与前"莫敢起"、"莫敢枝梧"、"莫敢仰视"对看,差别仅在"敢"字与"能"字。"莫敢"谓慑于威,"莫能"则动于情,于是勇壮之状与苍凉之感便活画出两个截然不同的境界来。

〔570〕单乘曰骑。麾下,参看前〔413〕。

〔571〕直,当也。溃,决也。直夜溃围南出,当夜突破重围,向南冲出。

〔572〕属,随从。读如烛。能属者百馀人耳,能跟随项王同驰的骑士仅有百馀人了。与上"骑从者八百馀人"对照,显然受到追骑的打击,沿途已大有损失。

〔573〕阴陵,秦所置县。故治在今安徽省定远县西北。

〔574〕田父(音甫),耕田的人。

〔575〕绐音殆,欺骗。绐曰左,骗他向左去。

〔576〕左,应读断,项王等百馀人听信田父的话,向左行去。下云"陷大泽",骑士误入低洼之地,耽搁了赶路的时间。今安徽省全椒县东南三十里有地名迷沟,(去阴陵五里)相传就是项王所陷入的大泽。

〔577〕东城,秦所置县。故治在今安徽省定远县东南五十里。

〔578〕自度不得脱,自料不能逃脱了。

〔579〕身,亲身。身七十馀战,亲身参加战役七十多次。

〔580〕愿为诸君快战,蜀本、宋黄善夫本、百衲宋本、会注本俱与此本同,作"快战"。明凌稚隆评林本、孙月峰(矿)评本、徐孚远测议本、汲

古阁本、清武英殿本俱作"决战"。按"决战"有胜负难分,决一雌雄的想法;犹存幸胜的希望。"快战"则但求取快一时,痛痛快快打一个出手而已。项王既"自度不得脱",而且上有"固决死"之言,前后又迭作"天亡我"之欺,其为不求幸胜,昭然明白。自当以"快战"为合适。

〔581〕溃围,冲破包围,一也。斩将,斩杀敌军之将,二也。刈(音义,割也;砍也)旗,砍倒敌将之旗,三也。与上"必三胜之"相应。

〔582〕期山东为三处,约定冲过山的东面,分做三处集合。此山相传即今安徽省和县北七十里之四溃山。

〔583〕披靡本草木随风偃仆之貌,此喻汉军惊溃,像草那样随风而倒。

〔584〕赤泉侯即杨喜,那时尚未封侯,也是史家追书之辞。

〔585〕瞋目而叱之,蜀本无"而"字。

〔586〕辟易,犹言吓退。《正义》所谓"人马俱惊,开张易旧处(控制不了,离开原地),乃至数里"也。

〔587〕如大王言,与上"何如"对答,声口隐约如见。

〔588〕乌江即今安徽省和县东北四十里江岸的乌江浦。

〔589〕亭长,犹里正,当时的乡官。舣音仪,拢船着岸。舣船待,停船等待项王。

〔590〕纵,即使。江东父兄与上"江东子弟"相照。怜而王我,可怜我的困顿而奉我为王。

〔591〕短兵,短小轻便的武器,匕首、刀、剑之属。

〔592〕创,伤也。被十馀创,受伤十馀处。

〔593〕顾见,回头看见。骑司马,骑将衔名。吕马童当系项王旧部反楚投汉者,故下以"故人"呼之。

〔594〕故人,旧识之人,引申为老友。若非吾故人乎,你不是我的老友么!

〔595〕面之,面向项王。马童为汉追逼项王,正以故人之故,不好意思劈面相看。及为项王顾见相呼,只得面对着项王,不免显出忸怩之态。

〔596〕指王翳,指项王给王翳看。曰此项王也,正见吕马童的难以为情。

〔597〕吾为若德,我就送你个人情罢！若,黄善夫本作"汝"。

〔598〕刎音吻,割也。与刭同意。

〔599〕相蹂践争项王,为争夺项王的尸体,互相纵马践踏。

〔600〕最其后,犹言末了,即争夺的结果。

〔601〕中水侯,中水县侯,封地在今河北省献县西北三十里。

〔602〕杜衍侯亦县侯（下三侯同）,封地在今河南省南阳县西南二十三里。

〔603〕赤泉侯的封地疑即秦故丹水县所改。其故城在今河南省淅川县西。时杨喜为郎中骑,属郎中令。郎中有车、户、骑三将,喜当系郎中骑将。

〔604〕吴防侯的封地即今河南省遂平县,亦名吴房。

〔605〕涅阳侯封地在今河南省镇平县南。涅音捏。

〔606〕视同"示",视鲁,即把项王的头号令给鲁人看。汲古本"视"正作"示"。

〔607〕枝属,宗族。

〔608〕射阳侯亦县侯,封地在今江苏省淮安县东南。

〔609〕桃侯名襄,封地在今山东省汶上县东北四十里。平皋侯名佗,封地在今河南省温县东二十里。玄武侯不见于《诸侯表》中,也许是封了不久就废了的。赐姓刘下,汲古本有"氏"字。

〔610〕太史公曰以下皆司马迁论赞之辞。论赞自是史中的一体。史家撰述,本主叙事,不须议论,其所以在篇末另缀论赞者,大抵为总结语,或特地阐明立篇之意,或补充篇中所未及之事,很像《离骚》篇末的

"乱曰"云云。自太史公创立此体,后世史家,都沿用不改。与后世一般的史论不可同等看待。

〔611〕周生,汉时的儒者。

〔612〕传说舜目有两眸子,故云重瞳。盖,或然之辞,古语于未能十分确定的事情每用"盖"字冠之。

〔613〕苗是草木之芽。裔音曳,衣裾,引申有"末"、"后"义。苗裔即后代子孙。邪通作"耶",用于反诘、疑讶或嗟叹口气的语助词,与"乎"、"哉"等字相当。

〔614〕暴,猝然。有忽然兴起之意(参看上〔72〕)。何兴之暴也,正叹美项羽的崛起于陇亩。此与暴发、暴富、暴死之"暴"同意,非一般所指斥的暴虐或残暴。

〔615〕非有尺寸,言无尺寸之柄(些微的权柄)可以凭借。

〔616〕乘埶,趁秦末大乱之势。埶,势之本字。汲古本正作"势"。起陇亩之中,崛起于草野之间,犹言起自民间。

〔617〕五诸侯指故齐、赵、韩、魏、燕五国之众。东方六国,灭秦乃以楚为首,故云遂将五诸侯。

〔618〕背关谓放弃关中。怀楚谓思乡东归。

〔619〕矜,诩夸。伐,功勋。自矜功伐,以功勋自诩,指前"身七十馀战,所当者破,所击者服,未尝败北"诸语。

〔620〕不师古,不肯师法往古。

〔621〕力征,以武力相征伐,就是专尚武力。

〔622〕寤,醒也。通作"悟"。觉寤即觉醒。

陈涉世家[1]

　　陈胜者,阳城人也,[2]字涉。吴广者,阳夏人也,[3]字叔。陈涉少时,尝与人佣耕,[4]辍耕之垄上,[5]怅恨久之,[6]曰:"苟富贵,[7]无相忘!"庸者笑而应曰:"若为庸耕,何富贵也!"陈涉太息曰:[8]"嗟乎!燕雀安知鸿鹄之志哉!"[9]

　　二世元年七月,[10]发闾左適戍渔阳九百人,[11]屯大泽乡。[12]陈胜、吴广皆次当行,[13]为屯长。[14]会天大雨,道不通,度已失期。失期,法皆斩。陈胜、吴广乃谋曰:"今亡亦死,举大计亦死;等死,死国可乎!"[15]陈胜曰:"天下苦秦久矣,吾闻二世少子也,不当立,当立者乃公子扶苏。扶苏以数谏故,上使外将兵。今或闻无罪,二世杀之。百姓多闻其贤,未知其死也。项燕为楚将,数有功,爱士卒,楚人怜之。或以为死,或以为亡。[16]今诚以吾众诈自称公子扶苏、项燕,[17]为天下唱,[18]宜多应者。"吴广以为然。乃行卜。[19]卜者知其指意,[20]曰:"足下事皆成,有功。然足下卜之鬼乎?"[21]陈胜、吴广喜,念鬼,[22]曰:"此教我先威众耳。"乃丹书帛曰"陈胜王",[23]置人所罾鱼腹中。[24]卒买鱼烹食,得鱼腹中书,固以怪之矣。[25]又间令吴广之次所旁丛祠中,[26]夜篝

火,〔27〕狐鸣呼曰:〔28〕"大楚兴,陈胜王。"卒皆夜惊恐。旦日,卒中往往语,皆指目陈胜。〔29〕

吴广素爱人,士卒多为用者。将尉醉,〔30〕广故数言欲亡,〔31〕忿恚尉,〔32〕令辱之以激怒其众。〔33〕尉果笞广。〔34〕尉剑挺,〔35〕广起夺而杀尉。陈胜佐之,并杀两尉。召令徒属曰:"公等遇雨,皆已失期。失期,当斩。藉弟令毋斩,而戍死者固十六七。〔36〕且壮士不死即已,死即举大名耳,〔37〕王侯将相宁有种乎!"徒属皆曰:"敬受命。"乃诈称公子扶苏、项燕,从民欲也。袒右,〔38〕称大楚。为坛而盟,〔39〕祭以尉首。〔40〕陈胜自立为将军,吴广为都尉。〔41〕攻大泽乡,收而攻蕲。〔42〕蕲下,乃令符离人葛婴将兵徇蕲以东,〔43〕攻铚、酂、苦、柘、谯皆下之。〔44〕行收兵。〔45〕比至陈,〔46〕车六七百乘,骑千余,卒数万人。攻陈,陈守令皆不在,〔47〕独守丞与战谯门中。〔48〕弗胜,守丞死。乃入据陈。数日,号令召三老、豪杰与皆来会计事。〔49〕三老、豪杰皆曰:"将军身被坚执锐,伐无道,诛暴秦,复立楚国之社稷,功宜为王。"陈涉乃立为王,号为张楚。〔50〕

当此时,诸郡县苦秦吏者,皆刑其长吏,〔51〕杀之以应陈涉。乃以吴叔为假王,〔52〕监诸将以西击荥阳。〔53〕令陈人武臣、张耳、陈馀徇赵地,令汝阴人邓宗徇九江郡。〔54〕当此时,楚兵数千人为聚者,〔55〕不可胜数。

葛婴至东城,〔56〕立襄彊为楚王。婴后闻陈王已立,因杀襄彊,还报。至陈,陈王诛杀葛婴。陈王令魏人周市北徇魏地。[57]吴广围荥阳。李由为三川守,[58]守荥阳,吴叔弗能下。陈王征国之豪杰与计,[59]以上蔡人房君蔡赐为上柱国。[60]周文,[61],陈之贤人也,尝为项燕军视日;[62]事春申君。[63]自言习兵,[64]陈王与之将军印,西击秦。行收兵至关,[65]车千乘,卒数十万,至戏,[66]军焉。秦令少府章邯免郦山徒人、奴产子生,[67]悉发以击楚大军,尽败之。周文败,走出关,止次曹阳二三月。[68]章邯追败之,复走次渑池十馀日。[69]章邯击,大破之。周文自刭。军遂不战。

武臣到邯郸,[70]自立为赵王,陈馀为大将军,张耳、召骚为左、右丞相。陈王怒,捕系武臣等家室,欲诛之。柱国曰:[71]"秦未亡而诛赵王将相家属,此生一秦也。不如因而立之。"陈王乃遣使者贺赵,而徙系武臣等家属宫中,而封耳子张敖为成都君,[72]趣赵兵亟入关。[73]赵王将相相与谋曰:[74]"王王赵,[75]非楚意也。楚已诛秦,必加兵于赵。计莫如毋西兵,使使北徇燕地以自广也。赵南据大河,北有燕、代,[76]楚虽胜秦,不敢制赵。若楚不胜秦,必重赵。赵乘秦之弊,可以得志于天下。"赵王以为然。因不西兵,而遣故上谷卒史韩广将兵北徇燕地。[77]燕故贵人、豪杰谓韩广曰:[78]"楚已立王。赵又已立王。燕虽小,亦万乘之国也。[79]愿将军立为燕王。"韩广曰:"广母在赵,不可。"燕人曰:"赵方西忧秦,南忧楚,其力不能禁我。且以楚之彊,不敢害赵王将相之家,赵独安敢害将军之家!"韩广以为然,乃自立为燕王。居数月,赵奉燕王母及家属归之燕。当此之时,诸将之徇地者，不可胜数。

周市北徇地至狄，[80]狄人田儋杀狄令，[81]自立为齐王，以齐反，击周市。[82]市军散，还至魏地，欲立魏后故宁陵君咎为魏王。[83]时咎在陈王所，不得之魏。[84]魏地已定，欲相与立周市为魏王。周市不肯。使者五反，[85]陈王乃立宁陵君咎为魏王，遣之国。周市卒为相。将军田臧等相与谋曰："周章军已破矣，秦兵旦暮至，我围荥阳城弗能下，秦军至，必大败。不如少遗兵，[86]足以守荥阳，[87]悉精兵迎秦军。今假王骄，不知兵权，不可与计，非诛之，事恐败。"因相与矫王令以诛吴叔，[88]献其首于陈王。陈王使使赐田臧楚令尹印，使为上将。田臧乃使诸将李归等守荥阳城，自以精兵西迎秦军于敖仓。[89]与战，田臧死，军破。章邯进兵击李归等荥阳下，破之。李归等死。

阳城人邓说将兵居郯，[90]章邯别将击破之，邓说军散走陈。铚人伍徐将兵居许，[91]章邯击破之，伍徐军皆散走陈。陈王诛邓说。陈王初立时，陵人秦嘉、[92]铚人董𦠅、[93]符离人朱鸡石、取虑人郑布、[94]徐人丁疾等皆特起，[95]将兵围东海守庆于郯。[96]陈王闻，乃使武平君畔为将军，监郯下军。[97]秦嘉不受命，嘉自立为大司马，恶属武平君。[98]告军吏曰："武平君年少，不知兵事，勿听！"因矫以王命，杀武平君畔。章邯已破伍徐，击陈，柱国房君死。章邯又进兵击陈西张贺军。[99]陈王出监战，[100]军破，张贺死。

腊月，[101]陈王之汝阴，[102]还至下城父，[103]其御庄贾杀以降秦。[104]陈胜葬砀,[105],谥曰隐王。[106]

陈王故涓人将军吕臣为苍头军,[107]起新阳,[108]攻陈下之,杀庄贾,复以陈为楚。[109]初,陈王至陈,令铚人宋留将兵定南阳,[110]入武关。[111]留已徇南阳,闻陈王死,南阳复为秦。宋留不能入武关,乃东至新蔡,[112]遇秦军,宋留以军降秦。秦传留至咸阳,[113]车裂留以徇。[114]秦嘉等闻陈王军破出走,乃立景驹为楚王,引兵之方与,[115]欲击秦军定陶下。[116]使公孙庆使齐王,[117]欲与并力俱进。齐王曰:"闻陈王战败,不知其死生,楚安得不请而立王!"公孙庆曰:"齐不请楚而立王,楚何故请齐而立王!且楚首事,当令于天下。"田儋诛杀公孙庆。秦左、右校复攻陈,[118]下之。吕将军走,收兵复聚。鄱盗当阳君黥布之兵相收,[119]复击秦左、右校,破之青波,[120]复以陈为楚。会项梁立怀王孙心为楚王。

陈胜王凡六月。已为王,王陈。[121]其故人尝与庸耕者闻之,之陈,扣宫门曰:"吾欲见涉。"[122]宫门令欲缚之。[123]自辩数,[124]乃置,[125]不肯为通。陈王出,遮道而呼涉。[126]陈王闻之,乃召见,载与俱归。[127]入宫,见殿屋帷帐,[128]客曰:"夥颐!涉之为王沈沈者!"[129]楚人谓多为夥,故天下传之,夥涉为王,由陈涉始。[130]客出入愈益发舒,[131]言陈王故情。[132]或说陈王曰:"客愚无知,颛妄言，[133]轻威。"[134]陈王斩之。诸陈王故人皆自引去。由是无亲陈王者。陈王以朱房为中正，[135]胡武为司过，[136]主司群臣。[137]诸将徇地，至。[138]令之不是者，[139]系而罪之，以苛察为忠，[140]其所不善者，[141]弗下吏，辄自治之。[142]陈王信用之。诸将以其故不亲附，此其所以败也。

陈胜虽已死，其所置遣侯王将相竟亡秦，由涉首事也。高祖时，为陈涉置守冢三十家砀，[143]至今血食。[144]

褚先生曰：[145]地形险阻，所以为固也；兵革刑法，所以为治也：犹未足恃也。夫先王以仁义为本，而以固塞文法为枝叶，[146]岂不然哉！吾闻贾生之称曰：[147]

"秦孝公据殽、函之固，拥雍州之地，[148]君臣固守，以窥周室。[149]有席卷天下，包举宇内，囊括四海之意，并吞八荒之心。[150]当是时也，商君佐之，[151]内立法度，[152]务耕织，[153]修守战之备；[154]外连衡而斗诸侯。[155]于是秦人拱手而取西河之外。[156]孝公既没，惠文王、武王、昭王蒙故业，因遗策，[157]南取汉中，西举巴、蜀，[158]东割膏腴之地，[159]收要害之郡。[160]诸侯恐惧，会盟而谋弱秦。[161]不爱珍器重宝肥饶之地，以致天下之士。[162]合从缔交，[163]相与为一。[164]当此之时，齐有孟尝，赵有平原，楚有春申，魏有信陵，[165]此四君者，皆明知而忠信，[166]宽厚而爱人，尊贤而重士。约从连衡，[167]兼韩、魏、燕、赵、宋、卫、中山之众。[168]于是六国之士：有甯越、徐尚、苏秦、杜赫之属为之谋；〔169〕齐明、周最、陈轸、邵滑、楼缓、翟景、苏厉、乐毅之徒通其意；〔170〕吴起、孙膑、带他、兒良、王廖、田忌、廉颇、赵奢之伦制其兵。〔171〕尝以什倍之地，百万之师，仰关而攻秦。〔172〕秦人开关而延敌，〔173〕九国之师遁逃而不敢进。秦无亡矢遗镞之费，〔174〕而天下固已困矣。于是从散约败，争割地而赂秦。〔175〕秦有馀力而制其弊，追亡逐北，〔176〕伏尸百万，流血漂橹，〔177〕因利乘便，〔178〕宰割天下，分裂山河，彊国请服，弱国入朝。施及孝文王、庄襄王，享国之日浅，国家无事。〔179〕及至始皇，〔180〕奋六世之馀烈，〔181〕振长策而御宇内，〔182〕吞二周而亡诸侯，〔183〕履至尊而制六合，〔184〕执敲朴以鞭笞天下，〔185〕威振四海。南取百越之地，以为桂林、象郡。〔186〕百越之君俛首係颈，〔187〕委命下吏。〔188〕乃使蒙恬北筑长城而守藩篱，〔189〕却匈奴七百馀里，〔190〕胡人不敢南下而牧马，士亦不敢贯弓而报怨。〔191〕于是废先王之道，燔百家之言，〔192〕以愚黔首。〔193〕堕名城，〔194〕杀豪俊，收天下之兵聚之咸阳，销锋镝铸以为金人十二，〔195〕以弱天下之民。然后践华为城，〔196〕因河为池，〔197〕据亿丈之城，临不测之溪以为固。〔198〕良将劲弩，守要害之处，信臣精卒，陈利兵而谁何。〔199〕天下已定，始皇之心，自以为关中之固，金城千里，〔200〕子孙帝王万世之业也。始皇既没，馀威振于殊俗。〔201〕然而陈涉瓮牖绳枢之子，甿隶之人,而迁徙之徒也。[202]材能不及中人,非有仲尼、墨翟之贤,陶朱、猗顿之富也。[203]蹑足行伍之间,俛仰仟佰之中,[204]率罢散之卒,将数百之众,[205]转而攻秦。[206]斩木为兵,揭竿为旗,[207]天下云会响应,赢粮而景从,[208]山东豪俊遂并起而亡秦族矣。[209]且天下非小弱也;雍州之地,殽、函之固自若也。[210]陈涉之位,非尊于齐、楚、燕、赵、韩、魏、宋、卫、中山之君也;鉏耰棘矜,非铦于句戟长铩也;[211]適戍之众,非俦于九国之师也;[212]深谋远虑,行军用兵之道,非及乡时之士也;[213]然而成败异变,[214]功业相反也。尝试使山东之国与陈涉度长絜大,比权量力,[215]则不可同年而语矣。[216]然而秦以区区之地,致万乘之权,抑八州而朝同列,[217]百有余年矣。[218]然后以六合为家,殽、函为宫。[219]一夫作难而七庙堕,[220]身死人手,[221]为天下笑者,何也?仁义不施而攻守之势异也。"[222]

〔1〕世家与"本纪"、"列传"并称,也是司马迁所创史目的一体,用来记叙诸侯传世事迹的。陈涉首举义旗,虽功烈未及项羽,而他所置的侯王将相,终于把秦室推翻,实比古昔的管、蔡、陈、杞诸国要强得多。所以《史记》把他列为世家,排在汉初诸世家的前面。与前《项羽本纪》同为史公有意褒扬的特例。

〔2〕阳城,古阳城邑,汉置县。故治即今河南省登封县东南三十五里之告成镇。

〔3〕阳夏,今河南省太康县。已见《项羽本纪》校释〔546〕。

〔4〕佣耕,即雇农。与人佣耕,做人家的雇农。佣(编者按:繁体作"傭")通作庸,役也;故下"庸者"、"庸耕"皆作"庸"。会注本与此同,作"佣"。蜀本、百衲本、汲古本并作"庸"。

〔5〕辍音绰,停罢。垄,田中高起的地方。辍耕之垄上,把耕田的事停歇了,走往田中高处暂作休息。

〔6〕怅音畅,失望。怅恨久之,因失望而叹恨了好久。

〔7〕苟富贵之"苟",蜀本、百衲本并作"可"。苟义为"倘使",较为合适。

〔8〕太息,长叹。

〔9〕燕雀喻小,鸿鹄喻大。言庸俗之人怎知英雄的胸怀呢!

〔10〕二世元年当公元前二○九年。

〔11〕闾左,居于闾里左侧的平民。適同"谪",调发。戍,持戈守边。已见《项纪》校释〔251〕。渔阳,秦所置县,故治在今河北省密云县西南。发闾左谪戍渔阳九百人,征发乡里平民九百人调往渔阳屯守。

〔12〕屯,停驻。大泽乡在今安徽省宿县西南,已见《项羽本纪》校释〔30〕。

〔13〕次,编次。当行,当在征发之列。次当行,被编入適戍的队伍。

〔14〕屯长,戍守汛地的首领,犹后世的小队长。

〔15〕等,相等,即彼此一样。等死,同是一死。死国可乎,意即为国事而死好不好。

〔16〕亡,逃亡,与上"今亡亦死"之"亡"同,并非死亡。

〔17〕诚作果真解。今诚以吾众……,果真现在把我们聚义的人众自称是扶苏、项燕领导起来的。

〔18〕唱同倡,首先。为天下唱,首先号召。故下云"宜多应者"。

〔19〕行,往也。行卜,往卜者那里占卜吉凶,以便决定可行与否。

〔20〕指意,犹言意图。

77

〔21〕足下,对人敬称,已见《项羽本纪》校释〔346〕。卜之鬼乎,暗示之辞,意欲他假托鬼神来取得威信。

〔22〕念鬼,考虑卜鬼之事。

〔23〕丹书帛曰陈胜王,用丹砂在帛上写"陈胜王"三字。

〔24〕罾音曾,捞鱼的网。此用作动词,人所罾鱼,他人所网得的鲜鱼。

〔25〕以通"已"。固以怪之矣,本已诧怪这事了。

〔26〕间令,暗使。之,往也。行军时所停留的地方叫"次",次所,屯扎处所。丛祠,树木荫翳的神祠,犹古庙。"次"下诸本皆有"近"字,误衍。"次近所",不成辞,单索隐本及《汉书·陈胜传》均无"近"字,可证。

〔27〕篝音沟,笼也。篝火就是灯笼。此处当动词用,应作执着灯笼解。

〔28〕狐鸣,故作凄厉之声,像狐狸那样叫嗥。

〔29〕指目,不敢明言,彼此用目相看,互喻不宣。

〔30〕将尉,押解戍徒的官长。

〔31〕数言欲亡,屡屡说要逃走了。故,故意。

〔32〕忿(音愤)恚(音患),恼怒。忿恚尉,使尉恼怒。

〔33〕令辱之以激怒其众,使尉责辱吴广,以便激动众怒。

〔34〕笞音痴,竹板。此作动词用,就是用竹板子责打。

〔35〕剑挺,剑已拔出了鞘。

〔36〕藉,假使。弟通作"第",仅也。黄善夫本径作"第"。藉弟令毋斩,假使仅能做到免于斩刑。戍死者固十六七,为了久戍在外而死去的,本来也占到十之六七呢。

〔37〕举大名即图大事,与上"举大计"同义。

〔38〕袒音但,卸衣露体。袒右,令参加起义的人露出右臂以为

标记。

〔39〕为坛而盟,培土筑坛,登在上面宣布誓约。

〔40〕祭以尉首,把所斩两尉的首级,当作盟时的祭品。

〔41〕都尉,位次于将军。

〔42〕收而攻蕲,收取大泽乡的众义兵,用来攻打蕲县。蕲即今安徽省宿县南的故蕲县,详见《项羽本纪》校释〔11〕。

〔43〕符离本楚邑,秦置县。即今安徽省宿县治。徇蕲以东,东出蕲县略地,并不仅限于蕲的东方。观下铚县等诸地自明。

〔44〕铚(音窒)本春秋宋邑,秦置县。故治在今安徽省宿县西南四十六里。酂本作鄼,音嵯,秦所置县。汉封萧何为侯国,即此。故治在今河南省永城县西南。苦本楚县,故治在今河南省鹿邑县东十里。柘(音蔗),秦所置县。故治在今河南省柘城县北。谯本春秋陈之焦邑,秦置谯县。即今安徽省亳县治。皆下之,五县都投降。与前"攻蕲下之"同义。

〔45〕行收兵,沿路收取兵众。

〔46〕陈,周初舜后封国,战国时曾为楚都。汉置陈县。后汉为陈郡。清为陈州府治。即今河南省淮阳县。

〔47〕守令皆不在,郡守与县令都不在城。秦三十六郡无陈郡。王先谦说,陈是秦、楚郡治。

〔48〕守丞,守城之县佐。谯门,城楼下面的门。在城上筑楼望敌叫做谯,故城上之楼为谯楼,楼下之门为谯门。

〔49〕三老,乡官,掌教化。秦制:十里一亭,亭有长;十亭一乡,乡有三老。非有三个老人也。豪杰,当地的有声望之人,参看《项羽本纪》校释〔15〕。号令召……计事,言号召乡官与地方人士都来集会议事。《汉书·陈胜传》无"令"字,该是对的。

〔50〕张楚,国号,取张大楚国之义。

〔51〕刑，罪罚。刑其长吏，宣露当地郡县长官的罪状，故下云"杀之"。

〔52〕吴叔即吴广。假王，暂时以便宜行事而称王，以示尊宠。

〔53〕荥阳在今河南省旧荥泽县西南十七里，不是今荥阳县。参看《项羽本纪》校释〔473〕、〔476〕。

〔54〕汝阴，秦所置县。即今安徽省阜阳县治。九江郡详《项羽本纪》校释〔391〕。

〔55〕聚，屯聚。数千人为聚，是说楚兵所在起义，每数千人为一部，彼此各不相下。故下云"不可胜数"。

〔56〕葛婴即上云"数千人为聚"之一支。东城已见《项羽本纪》校释〔577〕。

〔57〕北徇魏地，自陈北向大梁等处略地。

〔58〕李由，秦相李斯子。三川守，三川郡守。秦灭周，置三川郡，地当今河南省中部自潼关迤东至开封一带地，并包有河以北安阳以南大部地。以境有河、洛、伊三水，故以为名。

〔59〕征，召请。国之豪杰，即指下文蔡赐、周文辈。

〔60〕上蔡，周初蔡国。后徙新蔡，遂以此为上蔡邑。汉为侯国，旋置为县。故治在今河南省上蔡县西。房君，封邑爵号。上柱国，已见《项羽本纪》校释〔59〕。

〔61〕周文即后文之周章。

〔62〕视日，占时日吉凶之官。

〔63〕事春申君，周文亦曾事楚相春申君为官。春申君，战国四公子黄歇的封号。《史记》有《春申君列传》。

〔64〕自言习兵，周文自荐于陈涉，说他自己熟习兵法。

〔65〕至关，至函谷关。在今河南省灵宝县西南。参看《项纪》校释〔263〕。

〔66〕至戏,至戏水之上。在今陕西省临潼县东。参看《项纪》校释〔265〕。

〔67〕少府,秦九卿之一,掌山海地泽之税,以给供养,为最高财务官。章邯详见《项羽本纪》。郦山即骊山,蜀本、百衲本、汲古本并作"骊山"。郦山徒人,发配在郦山服营建劳作的夫役。奴产子,奴婢所生之子。当时的社会,徒人和奴产子是限制充当战士的,二世因见事急,乃令章邯免除此项限制,尽括以赴军前听用,故下云"悉发……"也。"子"下蜀本、黄本、百衲本、汲古本并无"生"字,《汉书·陈胜传》亦无,当系衍文。

〔68〕曹阳故亭名,在今河南省灵宝县东十三里。后曹操改称好阳。

〔69〕渑池,战国韩邑,亦作黾池。后属秦。汉置渑池县于此。故治在今河南省渑池县西十三里。渑音泯。

〔70〕邯郸(音寒丹),六国时赵都,故城在今河北省邯郸市西南十里,俗呼赵王城。

〔71〕柱国,指房君蔡赐。

〔72〕成都,当时蜀郡的属县,即今四川省成都市。陈涉遥封张敖为成都君,与下文"趣赵兵入关"相应。

〔73〕趣读如促。催促。亟,疾忙;火速。

〔74〕赵王将相相与谋,武臣、赵歇、张耳、召骚等相聚议事。

〔75〕王王赵,谓武臣王于赵地。上"王"名词,下"王"动词。

〔76〕南据大河,南面可以扼守黄河。北有燕、代,北面有燕、代二国可为声援也。燕,西周召公奭封国。战国时拥有今河北省中部及东北的东方大部,旧热河省的南部,辽宁省的南方大部,南临渤海、黄海,列为七雄之一。代本赵地,已见《项纪》校释〔388〕。此处所称燕、代,均指战国末年燕、代的旧壤。

〔77〕上谷(音欲),秦灭代后所置郡,当今河北省内长城以北地并

81

中部迤东,天津以南沿海一带地。卒史,郡守的掾属,分曹治事,亦称曹史。韩广本秦上谷郡卒史,故以"故"字冠其上。

〔78〕故贵人,燕之遗族及旧官吏。

〔79〕古之大国,境内的财赋兵力,可以出戎马四万匹,兵车一万乘者,谓之万乘之国。

〔80〕狄,齐邑。故城即今山东省高青县(今又并入齐东县),旧名田镇。(参看《项纪》校释〔114〕)

〔81〕田儋杀狄令,详《项纪》校释〔114〕。

〔82〕击(编者按:繁体作"擊"),百衲本讹作"系"(编者按:繁体作"繫")。

〔83〕咎,魏诸公子之一,原封宁陵君。宁陵,古葛国,战国时属魏为宁邑。汉置宁陵县于此。故治在今河南省宁陵县南。

〔84〕所,处所。在陈王所,留在陈涉那边。不得之魏,不得还到故国。

〔85〕使者五反,周市向陈涉请立魏咎的使者往返五次。

〔86〕不如,蜀本讹作"不知"。少遗兵,少许留下一些兵力。遗,蜀本、黄本、百衲本、汲古本并作"遣"。按遣谓增派,遗谓留下,时方急于迎击秦军,自无增派围城之力,观于下文"悉精兵迎秦军""自以精兵西迎秦军于敖仓"自明。遗义较长,当从。

〔87〕荥,蜀本、黄本、汲古本、会注本俱作"荥"。此本乃作"荧"。字当作荥。足以守荥阳,承"少遗兵"言,谓少留兵卒,只要围守得住荥阳就够了。

〔88〕矫王令以诛吴叔,假传陈王的命令,擅杀吴广。

〔89〕自以二字,蜀本误倒。敖仓已见《项纪》校释〔479〕。

〔90〕邓说之"说"音悦。郯音谈,秦郡,在今江苏、山东两省之交。时章邯军力所未及,何得紧接"别将击破之"?《索隐》、《正义》俱云"当

作郏"。郏即今河南省郏县,与当时阳城相近,该是对的。

〔91〕伍徐,《汉书·陈胜传》作伍逢。许,春秋许国。秦置许县。三国魏改为许昌。故治在今河南省许昌县西南。

〔92〕陵人秦嘉,详《项纪》校释〔81〕。陵当作"凌"。

〔93〕董缉之"缉"与绁同,通作绁,音薛,系犬之绳。

〔94〕取虑(音秋闾),秦所置县。故治在今江苏省睢宁县西南。

〔95〕徐,古国,为周穆王所灭,后复封为子国。故城在今安徽省泗县南。皆特起,指秦嘉、董缉、朱鸡石、郑布、丁疾等人都独树一帜,起兵反秦。

〔96〕汉改秦郯郡为东海郡,治郯县,故治在今山东省郯城县西南三十里。此云东海守庆,盖史家追书取便之辞。庆是那时的郡守之名,姓氏已佚。将兵围……于郯,秦嘉等各路特起之兵共围庆于郯郡郡治。

〔97〕武平君,封号。畔其名,史佚其姓氏。监郯下军,统摄秦嘉等各路围郯的军队。

〔98〕恶音污,嫌忌;怨恨。恶属武平君,不甘愿听从陈王所派的监军。

〔99〕张贺当亦秦嘉之流的特起之人,时驻在陈城的西面,故云陈西张贺军。

〔100〕出监战,亲出督战。

〔101〕腊月,十二月。腊为祭名,用建丑之月(旧历用十二支来配十二个月,十二月恰配到丑,故称建丑之月)为之,故十二月为腊月。蜀本、黄本俱作"臈月"。

〔102〕汝阴,秦所置县。即今安徽省阜阳县治。

〔103〕下城父即今安徽省蒙城县西北八十里之下城父聚。

〔104〕御,驾车之人。其御庄贾,为陈王驾车的庄贾。

〔105〕砀已见《项纪》校释〔140〕。

〔106〕谥音示。古代有名位的人，死后都有称号，叫做"谥"。这种称号是代表其生前的行迹的。相传《谥法》是西周的周公旦制定的。按《谥法》："不显尸国曰隐。"是当国而功业不彰之义。又曰："隐，哀也。"陈涉首事而功业不终，时人哀之，故谥曰隐王。

〔107〕涓人即中涓（音捐，洁也），主宫中清洁扫除之人。吕臣本陈王的中涓，时为将军，故称故涓人。所部皆戴青帽为号，故云为苍头军。

〔108〕新阳故城在今安徽省太和县西北。汉置新阳县于此。

〔109〕复以陈为楚，谓又把陈地复为楚国。与前称"大楚兴"及后"怀王孙心为楚王"互应。

〔110〕南阳，秦郡，当今河南省西南部及湖北省北部襄河一带地。治宛县，即今河南省南阳市。参看《项纪》校释〔497〕。

〔111〕武关在今陕西省商县东一百八十五里。

〔112〕新蔡，秦所置县，即今河南省新蔡县治。

〔113〕传，递解。咸阳，秦都，已见《项纪》校释〔208〕。

〔114〕车裂，当时酷刑。详后《商君列传》校释〔226〕。徇，示众。

〔115〕方与（音房预），春秋宋邑。秦置方与县。唐改名鱼台。故治在今山东省鱼台县北。

〔116〕欲击之"欲"，蜀本无。定陶已见《项纪》校释〔121〕。

〔117〕齐王，指田儋。

〔118〕左、右校，左、右校尉之军。复攻陈之"陈"，蜀本讹作"秦"。

〔119〕黥布居江中为群盗，陈涉起，布归鄱君吴芮，故称之为鄱盗。相收，与吕臣互相联合。

〔120〕青波即青陂，在今河南省新蔡县西南，接息县界。

〔121〕王陈，王于陈地。

〔122〕吾欲见涉，直呼陈王的表字，与下"遮道而呼涉"相同。凡此皆表现故人的直率。

〔123〕宫门令,守卫宫门之长。欲缚之,将捆绑这故人。

〔124〕辩,诉也。通作"辨"。蜀本、百衲本、汲古本并作"辨"。数音朔,近也;引申有雅故义。自辩数,自己声诉与陈涉是有旧谊的。

〔125〕置,放下。乃置,于是搁起不理。故下云"不肯为通"。

〔126〕遮道,拦路。呼涉,大呼陈王的表字。

〔127〕载与俱归,与故人共乘一车,同归府中。

〔128〕见殿屋帷帐,看到宫殿房屋的高大和帐幔的密遮。

〔129〕夥颐,惊叹之辞。摹拟声音,犹今语之"啊哟"(双声之转)。沈沈(读沉沉),厚重繁多之貌,犹言"阔气"。夥颐!涉之为王沈沈者,便是"啊哟!陈涉做大王真阔气啊!"

〔130〕楚人谓多……由陈涉始,作者插语,是解说"客曰……"的。

〔131〕发舒,放纵。

〔132〕故情,从前一切不必告人的轶事。

〔133〕颛同专。颛妄言,专为胡说。

〔134〕轻威,减削威信。轻,减也。

〔135〕中正,掌人事之官,一切考绩升迁都归管领。

〔136〕司过,掌纠察过失,犹后世的监察御史。

〔137〕司同伺。主司群臣,令朱房、胡武专管伺察同僚的过失。

〔138〕至,徇地后还到陈地来复命。

〔139〕是有从义。令之不是者,徇地诸将中有不从他命令的。

〔140〕苛察,苛刻地毛举细故。

〔141〕其所不善者,朱房、胡武所认为不对的人。

〔142〕弗下吏,不送往法官处审理。辄自治之,朱房、胡武擅自处置也。辄,音辙,专擅。

〔143〕置守冢三十家砀,在砀设立保管坟墓的丁役三十户于陈王的葬地。

〔144〕祭祀用牲,故云血食。至今,指作者撰写此文的时候,当在汉武帝末年。

〔145〕褚先生即汉时沛人褚少孙。少孙事经师王式,通《鲁诗》,元帝、成帝之间为博士。因司马迁书有残缺,曾为补《武帝纪》、《三王世家》、《日者》、《龟策列传》等数篇。故传本《史记》中有褚氏附益之文。此处"褚先生曰"惟黄本与此本及会注本提行书;蜀本、百衲本并与上连书,不提行;汲古本则仅空一格:明系附益。裴骃《集解》引徐广所见别本及《班固奏事》有"太史迁取贾谊《过秦》上、下篇以为《秦始皇本纪》、《陈涉世家》下赞文"之语,遂谓当作"太史公曰"。司马贞《索隐》则云:"此是褚先生述《史记》,加此赞首地形险阻数句,然后始称贾生之言,因即改太史公之目而自题己位号也。"兹从《索隐》之说,统低一格,以示区别。

〔146〕固塞承"地形险阻"言。文法承"兵革刑法"言。枝叶对"为本"言。

〔147〕贾生之称,犹云贾谊之言。以下所引为贾谊的《过秦论》上篇。贾谊洛阳人,文帝时为博士。后为长沙王太傅及梁王太傅。所著有《新书》。死时年仅三十三。《史记》有《屈原贾生列传》。过秦之"过"为谴责过失的意义,并非路过或过访的意思。

〔148〕秦孝公名渠梁,为秦国第三十君,在位二十四年(公元前三六一——前三三八)。据与拥意义相同,字面变异,都是说的"把持"。殽亦作崤,即今河南省洛宁县西北六十里之崤山,东西绵延三十五里,跨接渑池、陕县两县界。函即函谷关,已见《项纪》校释〔263〕。雍州之地包有今陕西、甘肃、青海等处,当时的秦国,仅限于陕、甘迤南一带而已。

〔149〕窥音魁,窥伺;暗算。窥周室,伺便图谋周家的天下。

〔150〕席卷、包举、囊括都与并吞同意。天下、宇内、四海、八荒意义也相同,都指包有广大境界的"大一统"的局面。

〔151〕 商君即商鞅,详后《商君列传》。

〔152〕 内立法度,在国内改革制度,史称"商鞅变法"。

〔153〕 务耕织,尽力于耕织。意在增加生产力量。

〔154〕 修守战之备,整顿军备。

〔155〕 外连衡而斗诸侯,外使诸侯都来事秦而让他们自相攻伐。衡同横。当时局势,秦国常居于主动地位,东出则韩、魏、赵、楚、齐、燕六国都受其害。于是六国南北相结,联盟以拒秦,形成南北关系的纵线,所以叫做"合从(纵)"。秦感不便,乃设法使六国各自相离,一一与秦联结,形成东西关系的横线,所以叫做"连衡(横)"。当时的外交政策,不出从(纵)衡(横)两途。

〔156〕 商君用事后,亲自伐破魏,魏献河西之地以求和。故云拱手而取西河之外。

〔157〕 惠文王名驷,孝公子。武王名荡,惠文王子。昭王即昭襄王,名则,武王弟。三君在位共八十七年(公元前三三七—二五一)。蒙,承受。因,仍旧。蒙故业,承受孝公之旧业。因遗策,仍用连衡之政策。这是说三君相继,积累国力。

〔158〕 汉中、巴、蜀已见《项纪》校释〔367〕、〔368〕。

〔159〕 割,割取。膏腴之地,肥沃的土壤,与下"肥饶之地"同。

〔160〕 要害,冲要险阻之处。收上据贾谊《新书》有"北"字。

〔161〕 会盟指缔结从约。谋弱秦,希图削弱秦国。

〔162〕 致,招引。

〔163〕 合从缔交,缔结从约,加强亲善。

〔164〕 相与为一,六国合从为一个集团。

〔165〕 孟尝、平原、春申、信陵四君,《史记》都有他们的"列传"。

〔166〕 知同智。

〔167〕 连衡,《新书》作"离衡",是说四君都为了他们的国家,相约

为合"从",来离散秦国的连"衡"。若作连衡,意恰相反了。

〔168〕燕下宜有楚、齐二字,当系脱误。

〔169〕之属的"属"与下之徒的"徒"及之伦的"伦"都是意义相同的,犹言等辈。为之谋,言甯越……等人为他们定下弱秦的计划。

〔170〕通其意,言齐明……等人为他们沟通弱秦的盟约。冣音聚,蜀本、百衲本、汲古本并作"最",误。翟音泽。

〔171〕制其兵,言吴起……等人为他们训练弱秦的兵队。他读如佗。兒通倪。廖音留。

〔172〕秦地形高,故东方之兵须仰向关门而攻秦。仰本作卬,有的本子写作"叩",当系形近而致误的。

〔173〕延敌,迎战。

〔174〕镞音簇,箭端的利刃。无亡矢遗镞之费,言不必妄耗兵费。

〔175〕争割地而赂秦,六国从约既败,不得不割地献媚于秦以求和解。

〔176〕有余力以制其弊,谓连衡之局已成,秦对六国得以追亡(逃)逐北(败),各个击破。

〔177〕橹,大盾。漂橹,极意形容流血之多,可以浮起大盾了。

〔178〕因利,因从散约败之利。乘便,乘各个击破之便。

〔179〕施读如容易之易,延也。施及孝文王、庄襄王,传延及于此二王也。孝文王名柱,昭襄王子,在位一年(公元前二五〇)。庄襄王名异人,后改名子楚,孝文王子,在位三年(公元前二四九—前二四七)。故云享国之日浅,国家无事。

〔180〕始皇已见《项纪》校释〔20〕。

〔181〕馀烈犹遗业。奋六世之馀烈,凭借孝公以至庄襄王六世的基业。

〔182〕策,马鞭。振长策而御宇内,言其控制宇内,好像摇动长鞭来

驾御马群。

〔183〕吞二周，指灭东西周，置三川郡，事在庄襄王时。亡诸侯则指始皇并六国。此连言之。

〔184〕履，践也；登也。履至尊，登皇帝之位。六合，谓上下四方，犹言宇内。

〔185〕敲、朴都是击人的器具，名词，短的叫敲，长的叫朴。故云执敲朴。蜀本、百衲本、汲古本并作"扑"，是动词，当误。下云鞭笞天下，鞭笞乃用作动词了。

〔186〕百越已见《项纪》校释〔393〕。桂林郡约当今广西省大部。象郡约当今广西省南部、广东省西南部及越南地。其时百越之地并置四郡，尚有南海、闽中。此概言之。

〔187〕俛同俯。係同繫。俛首係颈，形容他们的屈服。

〔188〕委命下吏，把性命委托给狱官。

〔189〕北筑长城，参看《项纪》校释〔221〕。藩篱喻边界。藩，通作"蕃"，蜀本、百衲本并作"蕃"。

〔190〕却，推后；拒退。却匈奴七百餘里，把当时侵入中国的匈奴逐出七百多里。同时树榆为塞，开广地面数千里。参看《项纪》校释〔223〕。

〔191〕贯通弯，《新书》此论正作"弯"。士不敢贯弓而报怨，与上"威振四海"相应，言六国之士忍气吞声，竟不敢作复仇的行动。

〔192〕燔音烦，焚烧。李斯"请史官非《秦记》皆烧之。非博士官所职，天下敢有藏《诗》、《书》、百家语者，悉诣守、尉杂烧之。有敢偶语《诗》、《书》，弃市。以古非今者族。"始皇从之。见《秦始皇本纪》。此处所言废先王之道，燔百家之言，即指此事。

〔193〕黔音箝，黧黑。《秦始皇本纪》："更名民曰黔首。"犹周之称黎民。愚黔首，愚弄人民。

〔194〕堕音huī,毁坏;坠落。

〔195〕镝音的,同镝。锋镝,兵刃的总称。熔金范造叫铸,音注。销锋镝铸以为金人十二,销毁所收的兵器,镕造成为十二个巨大的人像(即重各千石,坐高二丈的翁仲。)

〔196〕践,踞也。践华为城,据守华山的险峻以为城垣。

〔197〕因,凭也。因河为池,凭借大河的深广以为池隍。

〔198〕据亿丈之城,与"践华"应;临不测之溪,与"因河"应。极意形容它们的险固,故云以为固。

〔199〕谁通谯,何通诃。谁何即谯诃,盘诘喝问。陈利兵而谁何,承上"守要害之处"言,是说露列兵械于要隘,盘查往来的行人。

〔200〕金城千里,喻险固之至,好像有金城环守在千里之外那样的。

〔201〕殊俗犹异邦。

〔202〕甕,蜀本、百衲本并作"瓮"。甕牖(音有),截取破甕的颈口来做窗牖。绳枢,用绳绷缚户枢。氓同甿,甿隶犹农奴。迁徙之徒,离乡背井的兵丁、徒役。之子、之人与"之徒"也都是意义相同的。甕牖……之徒,说明陈涉当时的生活与身份。

〔203〕仲尼、墨翟即孔子、墨子,先秦两大学派的首领。故称其贤。陶朱即范蠡改称的陶朱公;猗顿,春秋鲁人,用煮盐及畜牧起家;两人都是著名的富人。故称其富。非有仲尼、墨翟之贤,陶朱、猗顿之富,言陈涉没有贤德可以服人,没有财力可以聚众。

〔204〕蹑音聂,蹈也;登也。蹑足行伍,插足在军队里。俛仰即俯仰,形容他的屈抑。仟佰即千百。俛仰仟佰,就是说屈居千夫长、百夫长。之间、之中也是意义相同的变换用法。仟佰,蜀本、百衲本、汲古本并作"阡陌",则释为屈抑在陇亩之中,亦通。总之,说陈涉没有凭借来图举大事。

〔205〕率罢散之卒,将数百之众,言陈涉没有精锐众多之兵可以应

敌。罢同疲。

〔206〕转而攻秦,言陈涉无所凭借,反而敢于起义攻秦。转而,蜀本、百衲本、汲古本并互倒作"而转"。

〔207〕斩木为兵,削树木以为兵器。揭竿为旗,扬竹竿以为旗帜也,言陈涉初起,绝无利器可以攻战。

〔208〕云会响应,像云那样的会合,声响那样的应答。赢粮,携带粮食,景,影的本字。景从,像影子那样跟从实物。

〔209〕山东,关山之东,即崤、函以东地,泛指六国。山东豪俊遂并起而亡秦族矣,极意形容陈涉号召亡秦之易,与前写诸侯攻秦之难对照,益见事势转变的剧烈。

〔210〕且,推论之辞。天下非小弱也,言秦的力量并不是骤然见到缩小与削弱,雍州之地,崤、函之固自若也,明言孝公旧业依然如故,尽可自守的。

〔211〕鉏即锄。櫌音忧,鉏柄。矜音槿,矛柄。鉏櫌棘矜,言用鉏柄和棘树做的矛柄来当兵器。与上"斩木为兵"相应。铦音纤,锋利。句(音钩)戟,戈之属,长铩(音杀),长刃矛。

〔212〕俦,比也。非俦于九国之师,言適戍之众不能比齐、楚、燕、赵、韩、魏、宋、卫、中山九国之兵。与上"百万之师"相应。

〔213〕乡时即曩时,犹言早先。乡时之士,指从前甯越、徐尚等人。与上"六国之士"相应。

〔214〕成败异变,局势转移。

〔215〕度、絜、比、量都是比较。长、大、权、力都是比较的对象。

〔216〕不可同年而语,犹言不能相提并论。

〔217〕抑八州,言以雍州之地压抑其他八州(即指山东诸侯)。秦本诸侯,而终于使诸侯来朝他,是朝同列了。

〔218〕秦自孝公至始皇统一,其间历百有馀年。

〔219〕以六合为家,殽、函为宫,言始皇的图成帝业。六合喻其广大(上下四方叫六合),殽、函喻其巩固(殽、函本是险要的关山)。

〔220〕一夫作难,指陈涉。七庙堕,言秦的宗社就此倾覆。古者天子七庙,(《礼记·王制》:"天子七庙,三昭三穆与大祖之庙而七。")所以这样说。

〔221〕身死人手,指二世为赵高所杀,子婴为项羽所杀。

〔222〕仁义不施而攻守之势异也,总结全篇意旨,归过于秦的但恃地险而不务仁义。

留侯世家

留侯张良者，[1]其先韩人也。[2]大父开地，[3]相韩昭侯、宣惠王、襄哀王。[4]父平，相釐王、悼惠王。[5]悼惠王二十三年，[6]平卒。卒二十岁，[7]秦灭韩。良年少，未宦事韩。[8]韩破，良家僮三百人，[9]弟死不葬，悉以家财求客刺秦王，[10]为韩报仇。以大父、父五世相韩故。[11]良尝学礼淮阳，[12]东见仓海君，[13]得力士，[14]为铁椎重百二十斤。[15]秦皇帝东游，[16]良与客狙击秦皇帝博浪沙中，[17]误中副车。[18]秦皇帝大怒，大索天下，[19]求贼甚急，[20]为张良故也。良乃更名姓，亡匿下邳。[21]

良尝闲从容步游下邳圯上，[22]有一老父，[23]衣褐，[24]至良所，直堕其履圯下，[25]顾谓良曰：[26]"孺子！下取履！"[27]良鄂然，[28]欲殴之。[29]为其老，彊忍，下取履。父曰："履我！"[30]良业为取履，因长跪履之。[31]父以足受，[32]笑而去。良殊大惊，随目之。[33]父去里所，[34]复还，曰："孺子可教矣！后五日平明，[35]与我会此！"良因怪之，跪曰："诺。"五日平明，良往。父已先在，怒曰："与老人期，后，何也？"[36]去，[37]曰："后五日早会！"五日鸡鸣，良往。父又先在，复怒曰："后，何也？"去，曰："后五日复早来！"五

93

日,良夜未半往。有顷,[38]父亦来,喜曰:"当如是。"出一编书,[39]曰:"读此则为王者师矣。[40]后十年,兴。[41]十三年,[42]孺子见我,济北谷城山下黄石即我矣。"[43]遂去,无他言。不复见。旦日,视其书,乃《太公兵法》也。[44]良因异之,常习诵读之。[45]居下邳,为任侠。[46]项伯常杀人,从良匿。[47]

后十年,[48]陈涉等起兵,良亦聚少年百馀人。景驹自立为楚假王,[49]在留。良欲往从之,道遇沛公。沛公将数千人,略地下邳西,遂属焉。沛公拜良为厩将。[50]良数以《太公兵法》说沛公,沛公善之,常用其策。良为他人言,皆不省。[51]良曰:"沛公殆天授。"[52]故遂从之,不去见景驹。

及沛公之薛,[53]见项梁。项梁立楚怀王。良乃说项梁曰:"君已立楚后,而韩诸公子横阳君成贤,[54]可立为王,益树党。"[55]项梁使良求韩成,立以为韩王。以良为韩申徒,[56]与韩王将千馀人西略韩地。得数城,秦辄复取之,往来为游兵颍川。[57]沛公之从雒阳南出轘辕,[58]良引兵从沛公,下韩十馀城,击破杨熊军。[59]沛公乃令韩王成留守阳翟,[60]与良俱南,攻下宛,[61]西入武关。[62]沛公欲以兵二万人击秦峣下军,[63]良说曰:"秦兵尚彊,未可轻。臣闻其将屠者子,[64]贾竖易动以利,[65]愿沛公且留壁,[66]使人先行,为五万人具食,[67]益为张旗帜诸山上,为疑兵,[68]令郦食其持重宝啖秦将。"[69]秦将果畔,[70]欲连和俱西袭咸阳。[71]沛公欲听之，良曰："此独其将欲叛耳，恐士卒不从。不从必危，不如因其解击之。"[72]沛公乃引兵击秦军，大破之，遂北至蓝田。[73]再战，秦兵竟败。遂至咸阳，秦王子婴降沛公。

沛公入秦宫，宫室、帷帐、狗马、重宝、妇女以千数，意欲留居之。樊哙谏沛公出舍，[74]沛公不听。良曰："夫秦为无道，故沛公得至此。夫为天下除残贼，宜缟素为资。[75]今始入秦，即安其乐，此所谓'助桀为虐'。[76]且'忠言逆耳利于行，毒药苦口利于病'，[77]愿沛公听樊哙言！"沛公乃还军霸上。[78]

项羽至鸿门下，欲击沛公，项伯乃夜驰入沛公军，私见张良，欲与俱去。良曰："臣为韩王送沛公，今事有急，亡去不义。"乃具以语沛公。沛公大惊，曰："为将奈何？"良曰："沛公诚欲倍项羽邪？"沛公曰："鲰生教我距关无内诸侯，秦地可尽王，故听之。"良曰："沛公自度能却项羽乎？"沛公默然良久，曰："固不能也。今为奈何？"良乃固要项伯。项伯见沛公。沛公与饮为寿，结宾婚。令项伯具言沛公不敢倍项羽，所以距关者，备他盗也。及见项羽后解，语在项羽事中。[79]

汉元年正月，[80]沛公为汉王，王巴、蜀。[81]汉王赐良金百溢，[82]珠二斗，良具以献项伯。汉王亦因令良厚遗项伯，[83]使请汉中地。[84]项王乃许之，遂得汉中地。汉王之国，良送至褒中，[85]遣良归韩。良因说汉王曰："王何不烧绝所过栈道,[86]示天下无还心,以固项王意!"[87]乃使良还。行,烧绝栈道。[88]

良至韩,韩王成以良从汉王故,项王不遣成之国,从与俱东。良说项王曰:"汉王烧绝栈道,无还心矣。"乃以齐王田荣反书告项王。[89]项王以此无西忧汉心,[90]而发兵北击齐。项王竟不肯遣韩王,乃以为侯,又杀之彭城。[91]良亡,间行归汉王,汉王亦已还定三秦矣。[92]复以良为成信侯,[93]从东击楚。

至彭城,汉败而还。至下邑,[94]汉王下马踞鞍而问曰:[95]"吾欲捐关以东等弃之,[96]谁可与共功者?"[97]良进曰:"九江王黥布,楚枭将,[98]与项王有郤;[99]彭越与齐王田荣反梁地:[100]此两人可急使。而汉王之将独韩信可属大事,当一面。[101]即欲捐之,捐之此三人,则楚可破也。"汉王乃遣随何说九江王布,[102]而使人连彭越。[103]及魏王豹反,[104]使韩信将兵击之,因举燕、代、齐、赵。[105]然卒破楚者,此三人力也。[106]张良多病,未尝特将也,[107]常为画策臣,[108]时时从汉王。[109]

汉三年,[110]项羽急围汉王荥阳,[111]汉王恐忧,与郦食其谋桡楚权。[112]食其曰:"昔汤伐桀,封其后于杞。[113]武王伐纣,封其后于宋。[114]今秦失德弃义,侵伐诸侯社稷,灭六国之后,使无立锥之地。[115]陛下诚能复立六国后世,[116]毕已受印,[117]此其君臣百姓必皆戴陛下之德,莫不乡风慕义,[118]愿为臣妾。[119]德义已行,陛下南乡称霸，〔120〕楚必敛衽而朝。"〔121〕汉王曰："善。趣刻印，先生因行佩之矣。"〔122〕食其未行，张良从外来谒。〔123〕汉王方食，〔124〕曰："子房前！〔125〕客有为我计桡楚权者。"具以郦生语告，曰："于子房何如？"〔126〕良曰："谁为陛下画此计者，陛下事去矣！"汉王曰："何哉？"张良对曰："臣请藉前箸为大王筹之！"〔127〕曰："昔者汤伐桀而封其后于杞者，度能制桀之死命也。今陛下能制项籍之死命乎？"曰："未能也。"〔128〕"其不可一也。〔129〕武王伐纣封其后于宋者，度能得纣之头也。今陛下能得项籍之头乎？"曰："未能也。""其不可二也。武王入殷，表商容之闾，释箕子之拘，封比干之墓。〔130〕今陛下能封圣人之墓，表贤者之闾，式智者之门乎？"〔131〕曰："未能也。""其不可三也。发钜桥之粟，散鹿台之钱，〔132〕以赐贫穷。今陛下能散府库以赐贫穷乎？"曰："未能也。""其不可四矣。殷事已毕，偃革为轩，〔133〕倒置干戈，覆以虎皮，〔134〕以示天下不复用兵。今陛下能偃武行文，不复用兵乎？"曰："未能也。""其不可五矣。休马华山之阳，〔135〕示以无所为。今陛下能休马无所用乎？"曰："未能也。""其不可六矣。放牛桃林之阴，〔136〕以示不复输积。〔137〕今陛下能放牛不复输积乎？"曰："未能也。""其不可七矣。且天下游士离其亲戚，弃坟墓，去故旧，从陛下游者，徒欲日夜望咫尺之地。〔138〕今复六国，立韩、魏、燕、赵、齐、楚之后，天下游士各归事其主，从其亲戚，反其故旧、坟墓，陛下与谁取天下乎？其不可八矣。且夫楚唯无彊，六国立者复桡而从之，〔139〕陛下焉得而臣之？[140]诚用客之谋，陛下事去矣！"汉王辍食吐哺，[141]骂曰："竖儒几败而公事！"[142]令趣销印。

汉四年，[143]韩信破齐而欲自立为齐王，汉王怒。张良说汉王，汉王使良授齐王信印，语在淮阴事中。[144]其秋，汉王追楚至阳夏南，战不利而壁固陵，[145]诸侯期不至。[146]良说汉王，汉王用其计，诸侯皆至，语在项籍事中。[147]

汉六年正月，[148]封功臣。良未尝有战斗功，高帝曰："运筹策帷帐中，决胜千里外，[149]子房功也。自择齐三万户。"[150]良曰："始臣起下邳，与上会留，此天以臣授陛下。陛下用臣计，幸而时中，[151]臣愿封留足矣，不敢当三万户。"乃封张良为留侯，与萧何等俱封。六年，上已封大功臣二十馀人，其馀日夜争功不决，未得行封。上在雒阳南宫，从复道望见诸将，[152]往往相与坐沙中语。[153]上曰："此何语？"留侯曰："陛下不知乎？此谋反耳。"上曰："天下属安定，[154]何故反乎！"留侯曰："陛下起布衣，以此属取天下，[155]今陛下为天子，而所封皆萧、曹故人所亲爱，[156]而所诛者皆生平所仇怨。今军吏计功，以天下不足遍封，此属畏陛下不能尽封，恐又见疑平生过失及诛，[157]故即相聚谋反耳。"上乃忧曰："为之奈何！"留侯曰："上平生所憎，群臣所共知，谁最甚者？"上曰："雍齿与我故，数尝窘辱我。[158]我欲杀之，为其功多，故不忍。"留侯曰："今急先封雍齿，以示群臣，群臣见雍齿封，则人人自坚矣。"[159]于是上乃置酒，[160]封雍齿为什方侯，[161]而急趣丞相、御史定功行封。

群臣罢酒,皆喜曰:"雍齿尚为侯,我属无患矣。"

刘敬说高帝曰:"都关中。"〔162〕上疑之。左右大臣皆山东人,〔163〕多劝上都雒阳:"雒阳东有成皋,西有崤、黾,倍河,向伊、雒,其固亦足恃。"〔164〕留侯曰:"雒阳虽有此固,其中小,不过数百里,田地薄,四面受敌,此非用武之国也。夫关中左崤、函,〔165〕右陇、蜀,〔166〕沃野千里,〔167〕南有巴、蜀之饶,〔168〕北有胡苑之利,〔169〕阻三面而守,独以一面东制诸侯。诸侯安定,河、渭漕挽天下,〔170〕西给京师。〔171〕诸侯有变,顺流而下,足以委输。〔172〕此所谓金城千里,天府之国也。〔173〕刘敬说是也。"于是高帝即日驾,〔174〕西都关中。留侯从入关。留侯性多病,即道引不食谷,〔175〕杜门不出岁余。〔176〕

上欲废太子,〔177〕立戚夫人子赵王如意。〔178〕大臣多谏争,未能得坚决者也。〔179〕吕后恐,不知所为。〔180〕人或谓吕后曰:"留侯善画计筴,〔181〕上信用之。"吕后乃使建成侯吕泽劫留侯,〔182〕曰:"君常为上谋臣,今上欲易太子,君安得高枕而卧乎?"〔183〕留侯曰:"始上数在困急之中,幸用臣筴。今天下安定,以爱欲易太子,〔184〕骨肉之间,虽臣等百馀人何益!"〔185〕吕泽彊要曰:〔186〕"为我画计。"留侯曰:"此难以口舌争也。顾上有不能致者,〔187〕天下有四人。四人者年老矣,皆以为上慢侮人,〔188〕故逃匿山中,义不为汉臣。〔189〕然上高此四人。〔190〕今公诚能无爱金玉璧帛,〔191〕令太子为书，[192]卑辞安车，[193]因使辩士固请，[194]宜来。[195]来，以为客，[196]时时从入朝，令上见之，则必异而问之。[197]问之，上知此四人贤，则一助也。"[198]于是吕后令吕泽使人奉太子书，卑辞厚礼，迎此四人。四人至，客建成侯所。[199]

汉十一年，[200]黥布反，上病，欲使太子将，[201]往击之。四人相谓曰："凡来者，将以存太子。[202]太子将兵，事危矣。"乃说建成侯曰："太子将兵，有功则位不益太子；无功还，则从此受祸矣。且太子所与俱诸将，[203]皆尝与上定天下枭将也，今使太子将之，此无异使羊将狼也，皆不肯为尽力，其无功必矣。臣闻'母爱者子抱'，[204]今戚夫人日夜侍御，[205]赵王如意常抱居前，上曰'终不使不肖子居爱子之上'，[206]明乎其代太子位必矣。君何不急请吕后承间为上泣言：[207]'黥布，天下猛将也，善用兵，今诸将皆陛下故等夷，[208]乃令太子将此属，无异使羊将狼，莫肯为用，且使布闻之，则鼓行而西耳。[209]上虽病，彊载辎车，[210]卧而护之，[211]诸将不敢不尽力。上虽苦，为妻子自彊。'"[212]于是吕泽立夜见吕后，[213]吕后承间为上泣涕而言，如四人意。上曰："吾惟竖子固不足遣，而公自行耳！"[214]于是上自将兵而东，群臣居守，皆送至灞上。[215]留侯病，自彊起，至曲邮，[216]见上曰："臣宜从，病甚。[217]楚人剽疾，愿上无与楚人争锋。"[218]因说上曰："令太子为将军，监关中兵。"[219]上曰："子房虽病，彊卧而傅太子。"[220]是时叔孙通为太傅，[221]留侯行少傅事。[222]

汉十二年，[223]上从击破布军归，疾益甚，愈欲易太子。留侯谏，不听。因疾不视事。[224]叔孙太傅称说引古今，[225]以死争太子。[226]上详许之，[227]犹欲易之。及燕，[228]置酒，太子侍。四人从太子，年皆八十有馀，须眉皓白，[229]衣冠甚伟。[230]上怪之，问曰："彼何为者？"四人前对，各言名姓，曰："东园公、角里先生、绮里季、夏黄公。"[231]上乃大惊，曰："吾求公数岁，公辟逃我，[232]今公何自从吾儿游乎？"四人皆曰："陛下轻士善骂，臣等义不受辱，故恐而亡匿。窃闻太子为人仁孝，恭敬爱士，天下莫不延颈欲为太子死者，[233]故臣等来耳。"上曰："烦公幸卒调护太子。"[234]

四人为寿已毕，[235]起去。[236]上目送之，召戚夫人指示四人者曰：[237]"我欲易之，彼四人辅之，羽翼已成，难动矣。[238]吕后真而主矣。"[239]戚夫人泣，上曰："为我楚舞，吾为若楚歌。"[240]歌曰："鸿鹄高飞，一举千里。羽翮已就，横绝四海。[241]横绝四海，当可奈何！虽有矰缴，尚安所施！"[242]歌数阕，[243]戚夫人嘘唏流涕，[244]上起去，罢酒。竟不易太子者，留侯本招此四人之力也。[245]

留侯从上击代，[246]出奇计马邑下，[247]及立萧何相国，[248]所与上从容言天下事甚众，非天下所以存亡，故不著。[249]留侯乃称曰：[250]"家世相韩，及韩灭，不爱万金之资，为韩报仇彊秦，天下振动。今以三寸舌为帝者师，封万户,位列侯,此布衣之极,于良足矣。愿弃人间事,欲从赤松子游耳。"[251]乃学辟谷,道引轻身。[252]会高帝崩,[253]吕后德留侯,[254]乃彊食之,[255]曰:"人生一世间,如白驹过隙,[256]何至自苦如此乎!"留侯不得已,彊听而食。

后八年卒,[257]谥为文成侯。[258]子不疑代侯。[259]子房始所见下邳圯上老父与《太公书》者,后十三年从高帝过济北,果见谷城山下黄石,取而葆祠之。[260]留侯死,并葬黄石冢。[261]每上冢伏腊,祠黄石。[262]留侯不疑,孝文帝五年坐不敬,[263]国除。

太史公曰:[264]学者多言无鬼神,然言有物。[265]至如留侯所见老父予书,[266]亦可怪矣。高祖离困者数矣,[267]而留侯常有功力焉,[268]岂可谓非天乎!上曰:"夫运筹策帷帐之中,决胜千里外,吾不如子房。"余以为其人计魁梧奇伟,[269]至见其图,状貌如妇人好女。[270]盖孔子曰:"以貌取人,失之子羽。"[271]留侯亦云。[272]

〔1〕张良封于留,故称留侯。留本春秋宋邑,秦置留县。故治在今江苏省沛县东南。
〔2〕韩,战国七雄之一。春秋时,晋封韩武子于韩原,其后世为晋卿。至韩虔,与赵籍、魏斯分晋立国,是为韩景侯。都阳翟(今河南省禹县),得晋之南部和中部一带,有今河南省西部、中部和山西省西南一部之地,《史记》有《韩世家》。

〔3〕大父,祖父。

〔4〕韩昭侯,韩国第六君,在位二十六年(公元前三五八—前三三三)。宣惠王,昭侯子,始称王,在位二十一年(公元前三三二—前三一二)。襄哀王亦作襄王,名仓,宣惠王子,在位十六年(公元前三一一—前二九六)。

〔5〕釐王亦作僖王,名咎,襄王子,在位二十三年(公元前二九五—前二七三)。悼惠王亦作桓惠王,釐王子,在位三十四年(公元前二七二—前二三九)。

〔6〕悼惠王二十三年当公元前二五○年。百衲本不重出"悼惠王"三字。

〔7〕张平卒后二十年,当韩王安九年,公元前二三○年,韩为秦所灭。

〔8〕未宦事韩,不曾仕韩为官。

〔9〕张开地、张平累世为韩相,家极富有,到韩亡时,良家尚有僮奴三百人。

〔10〕求客,觅取刺客。秦王即秦始皇政。秦王政二十六年(公元前二二一)方改号称皇帝,韩灭时为王政十八年,故尚称秦王。

〔11〕五世相韩,谓历相韩昭侯至悼惠王五世,并不是说张氏五世都作韩相。以……故,犹言正为……的缘故。

〔12〕尝学礼淮阳,曾东往淮阳游学,学习当世通行的典章制度。淮阳故陈地,今河南省淮阳县。

〔13〕仓海君,当时的隐士。想系仗义之人,故良得在他那里求得力士。

〔14〕力士,勇力之士。即上云求客刺秦王之刺客。

〔15〕椎通锤,铁椎即铁锤,状如瓜,用来奋击的武器。

〔16〕始皇二十九年(公元前二一八)东游至阳武(今河南省原阳

县),时已称皇帝,故曰秦皇帝。

〔17〕狙音迎。狙击犹袭击。博浪沙在今河南省原阳县东南。

〔18〕中读去声,着也。副车,随从的车辆。《汉官仪》:"天子属车三十六乘。"汉承秦制,那么属车便是副车。

〔19〕大索,大举搜索,犹后世的通缉。

〔20〕贼指刺客。

〔21〕亡匿,逃亡躲藏。下邳已见《项纪》校释〔80〕。

〔22〕从容,闲暇之状。从音葱。圯,桥梁,音怡。东楚谓桥为"圯"。圯上,指下邳地方跨沂水之上的桥梁。

〔23〕老父(音甫),年老的男子,犹老丈。

〔24〕褐音曷,短袍,古时为贱者之服,衣褐,穿短袍,表示他是贫贱之人。

〔25〕直,恰当。直堕其履圯下,言老父走到张良所立的地方,恰把自己的鞋子掉在桥塊下。

〔26〕顾谓良曰,回头对张良说。

〔27〕孺子犹孩子,直呼孺子,表示他傲而无礼。

〔28〕鄂通愕。愕然,惊讶之状。

〔29〕殴音呕,打击。黄善夫本作"欧"。

〔30〕履用作动词,穿着。履我,犹言给我穿上。

〔31〕履之,为老父穿上鞋子。

〔32〕以足受,伸着脚让他穿上。

〔33〕随目之,随着老父的去路,注视着他。目,用作动词,就是注视。蜀本作"因",误。

〔34〕里所,里许。犹言约摸一里路。

〔35〕平明,刚天亮的时候。

〔36〕与老人期,与老辈相约。后,后到。

〔37〕去,老父扬长自去。

〔38〕有顷,犹言不久。与"顷之"、"少顷"、"俄顷"、"顷刻"等略同。

〔39〕在没有写成卷子的书和刻板印成的书以前,书册都用竹简。集合相联的竹简,用皮革的条子或绳子编结起来,成为书册。故云一编书。犹后世所谓一卷书或一本书。

〔40〕王者师,帝王之师。

〔41〕后十年,谓今后十年。兴,发作。犹言应验。

〔42〕十三年,谓今后十三年。

〔43〕济北,济水之北。参看《项纪》校释〔404〕。谷城山一名黄山,在山东省东阿县东北五里。

〔44〕梁阮孝绪《七录》载有《太公兵法》一袠,三卷。

〔45〕异之,珍贵此书。常习诵读之,经常熟读此书,反复学习。辨析句逗,了解意义,叫"读"。熟读而背得出来,叫"诵"。经常温理,叫"习"。

〔46〕互相信赖为任,同情援助为侠。任侠就是重然诺,轻死生,为人打抱不平。

〔47〕项伯已见《项纪》。常当作"尝"字解。蜀本、黄本、百衲本、汲古本正作尝。从良匿,依赖张良帮助,躲过仇家。

〔48〕后十年,后于博浪沙狙击的十年,恰为二世元年(公元前二〇九年)。

〔49〕景驹,楚国的后裔,为秦嘉所立。已见《项纪》及《陈涉世家》。此云自立为假王,盖暂假楚名以资号召。

〔50〕厩将,司军马之官。厩音救,马房。

〔51〕不省(音惛),不能领会。省,觉悟。

〔52〕殆,近也,疑辞,犹"岂"。天授,言其天资高,好像早有所传

授的。

〔53〕薛已见《项纪》校释〔92〕。

〔54〕横阳君成即韩成。横阳,封邑,今地不详。

〔55〕树,建立。党,党援。益树党,言封韩之后更可以增加楚的与国。

〔56〕申徒即司徒,本为掌教之官。此则相当于楚之令尹,盖执政之官。

〔57〕颖川,本韩地,秦置颖川郡,治阳翟(即韩都)。约当今河南省东南大部地。往来为游兵颖川,在颖川郡境以内往来打游击。

〔58〕雒阳即洛阳,已见《项纪》校释〔383〕,轘辕,(轘音还)山名,在河南省偃师县东南,接巩县、登封界。山路险阻,凡十二曲,将去复还,故曰"轘辕"。今其地犹称轘辕关。

〔59〕杨熊,秦将。杨,汲古本作"扬"。

〔60〕阳翟已见《项纪》校释〔384〕。

〔61〕宛即今河南省南阳市。已见《项纪》校释〔497〕。

〔62〕武关,秦之南关,在今陕西省丹凤县(龙驹寨)东南。

〔63〕峣音尧。峣下军,峣关之下的秦军。峣关在陕西省蓝田县东南,一名蓝田关,简称蓝关。

〔64〕其将,守峣关之将。屠者子,屠户的儿子。

〔65〕贾(音估)竖,孳孳为利的商人,即指屠者子。惟其贪得非分,故易动以利。

〔66〕且留壁,姑且留下,坚守自己的壁垒。此先严整自己的阵势。

〔67〕为五万人具食,预备五万人的食粮。此预储着非常奋击时所用的军饷。

〔68〕张旗帜为疑兵,乱敌人的耳目。此欲分散对方的兵力,所谓备多力分。

〔69〕郦食其(音力异基)，辩士，从沛公，号广野君。后说齐王田广，为所烹。《史记》有《郦生陆贾列传》。啗音淡，食也。此当作"喂"解。啗秦将，犹用饵以钓秦将。此为饵敌使懈之计。

〔70〕畔同"叛"。

〔71〕咸阳，秦都，已见《项纪》校释〔208〕。袭咸阳，乘秦无备，夺取咸阳。

〔72〕解读如"懈"。因其解击之，乘敌懈怠之际击败他。

〔73〕蓝田，秦所置县。故城在今陕西省蓝田县西三十里。

〔74〕樊哙已见《项纪》，谏沛公出舍，劝沛公出居于秦宫之外。舍，止宿；居住。

〔75〕宜缟素为资，言当一反秦之所为，享用朴素以为号召。资，假借；借口。

〔76〕助桀为虐，当时成语，喻以恶济恶。

〔77〕忠言逆耳利于行，毒药苦口利于病，见《孔子家语》。行是行为，病是疾病。

〔78〕霸上已见《项纪》校释〔266〕。

〔79〕自项羽至鸿门下至及见项羽后解，撮叙"鸿门宴"经过大略，具详《项羽本纪》。故下云"语在项羽事中"。按《史记》一书，把各篇汇成一个整体，所以一事详于彼即略于此。如果我们对于纪事的纪传都理解为一个单篇，是有缺陷的。

〔80〕汉元年，乙未岁，当公元前二○六年。参看《项纪》校释〔412〕。

〔81〕巴、蜀已详《项纪》校释〔367〕。

〔82〕溢通镒。金属重二十两为镒，百镒，二千两也。黄善夫本及百衲本并作"镒"。

〔83〕厚遗，厚赠。此处当作"行贿"解。

107

〔84〕沛公之封汉王,本来但给他巴、蜀,故厚赂项伯以请汉中地。必欲取得汉中,正为可以由此窥取三秦。汉中已见《项纪》校释〔368〕。

〔85〕褒中,古褒国。汉置褒中县于此。故治在今陕西省褒城县东南十里。

〔86〕山路奇险之处,傍凿山岩,施架板木以通行人的道路,叫做栈道,亦称阁道。

〔87〕示天下无还心,表示给大家看,没有东还的意图。以固项王意,稳住项王的心,使他不再疑虑汉王有东下之意。

〔88〕行,读断。行,烧绝栈道,且行且烧,把所过的栈道都烧断。

〔89〕以齐王反书告项王,详见《项羽本纪》。

〔90〕无西忧汉心,与上"固项王意"相应,使他没有西顾防汉之心。

〔91〕彭城已见《项纪》校释〔82〕。

〔92〕还定三秦,在当年八月。参看《项纪》校释〔431〕。

〔93〕成信,封号,非封邑,嘉其去楚归汉,能守信义。

〔94〕下邑,秦所置县。故治在今江苏省砀山县东。已见《项纪》校释〔472〕。

〔95〕古时行军,常用解下来的马鞍代床榻,故汉王下马踞鞍而问张良。不及就舍细谈,形容他的匆忙。

〔96〕捐,弃也。弃,即棄字,汲古本径作"棄"。捐关以东等弃之,把函谷以东等地方捐弃掉。

〔97〕谁可与共功者,谁可以与我共图大业呢?连上看,意即谁可与我共功,就把函谷以东等地给他。

〔98〕枭音骁。枭将,犹猛将或骁将。

〔99〕郄同郤,间隙。有郄,事详《项羽本纪》。

〔100〕彭越与田荣同反项羽,亦详《项纪》。

〔101〕属音烛,托付。可属大事,可以大事相托。当一面,可以独力

担当一方面的重任。

〔102〕随何，辩士。汉王使他游说九江王归汉。名与陆贾齐称。

〔103〕使人连彭越，另派人往彭越那边约结图楚。

〔104〕魏王豹反，参看《项纪》校释〔477〕。

〔105〕举燕、代、齐、赵，尽得四国故地。事详后《淮阴侯列传》。

〔106〕然卒破楚者，此三人力也，系史公插语，言张良所举之人，终于都能照他的说话实现。

〔107〕特将，独自将兵当一面。

〔108〕画读如划。画策臣，规画策略之人，犹近代的参谋官。

〔109〕时时从汉王，经常随从汉王。

〔110〕汉三年丁酉岁，当公元前二〇四年。

〔111〕荥阳已见《项纪》校释〔473〕、〔476〕。

〔112〕桡音闹，曲木。引申有歪曲、屈折、摇动等意义。通作挠，汲古本正作"挠"。下同。谋桡楚权，打算怎样去削弱楚国的力量。

〔113〕杞即今河南省杞县，参看《项纪》校释〔122〕。周武王克商，求夏后，得东楼公，封于杞，以奉禹祀。《史记》有《陈杞世家》。此云汤伐桀封其后于杞，盖策士随口凑说，不一定尽符史实。

〔114〕周武王既灭纣，封纣子武庚奉汤祀。武庚后以三监畔，周公旦灭之，成王乃更封纣庶兄微子启为宋公，承商祀。《史记》有《宋世家》。其故都在今河南省商丘县南。此云武王伐纣封其后于宋，其失与上则所举同。

〔115〕无立锥之地，没有可以插一个铁锥尖端那么大的地方。其上"侵伐诸侯社稷"之"伐"，汲古本作"我"。

〔116〕对天子称陛下自秦始。此时汉王尚未称帝，而郦食其、张良都对他称"陛下"，恐非实情，当系史臣追书之辞。

〔117〕毕已受印，言六国之后都已受封佩印。毕，皆也。

〔118〕乡风慕义,言面对这复立六国的风声,大家都会倾慕汉王的德义。乡通"向"。

〔119〕愿为臣妾,愿服属于汉为臣下。析言之,男为臣,女为妾;统言之,等是臣属也。

〔120〕南乡称霸,犹言南面称尊。

〔121〕敛,束也。衽音任,衣襟。敛衽而朝,言整肃衣裳,必恭必敬地朝谒汉王。

〔122〕趣刻印,赶快催促刻六国王印。先生因行佩之矣,先生出发分封时可以带印前往了。

〔123〕从外来谒,从外边来谒见汉王。

〔124〕方食,正在进餐。

〔125〕子房前,呼张良之字而使他走近前来。

〔126〕于子房何如,犹云,子房!你看怎样,百衲本、汲古本并作"具以郦生语告于子房曰:何如",则语气较直,当从蜀本、黄本及此本为是。

〔127〕藉,借也。百衲本、汲古本并作"籍",误。箸,夹取食物之具,即今之筷子。请藉前箸为大王筹之,请借汉王面前所用的筷子,为汉王指画形势。此处犹呼"大王",更可证前后所呼的"陛下"乃是史臣的追书之辞了。

〔128〕未能也,汉王答语。

〔129〕其不可一也,张良接语。此下为汉王与张良的对话,直至"八不可",乃毕其辞。彼此紧接,故略去汉王、张良字样,正所以见对话的紧张。

〔130〕商容,纣时贤人,欲化纣而不能,遂去而伏于太行山。箕子名胥馀,纣之诸父,谏纣不听,乃佯狂为奴,纣囚之。比干亦纣之诸父,谏纣三日不去,纣曰,吾闻圣人心有七窍,乃剖视其心。周武王克纣,标榜

(表)商容的里门(闾),释放箕子的拘囚,修封比干的坟墓,以示与纣的行为恰相反。

〔131〕圣人指比干,贤者指商容,智者指箕子。此借以喻当世所称道的圣、贤、智者。式,敬也。与"表闾"相应。

〔132〕钜桥,纣积粟之仓,故址在今河北省曲周县东北,蜀本、百衲本、汲古本"钜"并作"巨"。鹿台亦名南单台,为纣储财之所,故址在今河南省淇县。

〔133〕偃读烟上声,息也。革,兵车。轩,乘用之车。偃革为轩,停罢军用的车辆,改作乘人之用。

〔134〕覆,覆盖;蒙罩。

〔135〕休马华山之阳,承上"殷事已毕"言,把军马散放在华山之阳。华山即今陕西省华阴县南的西岳华山,亦称太华山。山南曰阳。

〔136〕放牛桃林之阴,亦承"殷事已毕"言,把运输军需用的牛只都放牧在桃林之野。桃林塞在今河南省阌乡县西,接陕西省潼关县界。山北曰阴。此盖顺口言之,故与"阳"对举,不一定在山之南或山之北。

〔137〕输积,运输与积聚。

〔138〕游士,战国时代遗下的游说之士。故旧,有交谊的老友。咫音只,八寸。咫尺之地,方不盈尺的土地,喻其狭小。

〔139〕楚唯无彊,六国立者复桡而从之,言唯当使楚不彊,彊则六国且屈而从楚了。

〔140〕焉,何也。焉得与"何得"、"安得"同义。焉得而臣之,犹言怎么能够压服他们。

〔141〕辍食,停止进食。吐哺,把已经在口中嚼食的东西吐出。

〔142〕竖儒,谓此儒生乃竖子耳。犹直言"这小子"。而公亦作"乃公",犹俚语"你老子"。竖儒几败而公事,犹言这小子几乎把你老子的事情弄糟了。

〔143〕汉四年戊戌岁,当公元前二〇三年。

〔144〕语在淮阴事中,谓良所说之辞与授印等行动,具详于《淮阴侯列传》。

〔145〕壁固陵,留营于固陵坚守。固陵已见《项纪》校释〔549〕。

〔146〕诸侯期不至,约韩信、彭越等共击项羽,而信等皆按兵不来会师。

〔147〕语在项籍事中,谓良的说辞与韩信等引兵来会等事,具详于《项羽本纪》。

〔148〕汉六年,庚子岁,汉王即帝位之第二年,当公元前二〇一年。

〔149〕运筹策帷帐中,决胜千里外,言坐在屋内运谋定计,可以取得胜算于千里之外。

〔150〕自择齐三万户,令张良自己择取齐地三万户为封邑。

〔151〕幸而时中,谦辞,言侥幸偶得料着耳。中读去声。

〔152〕雒阳南宫上下有道,故称复道,也叫做阁道。

〔153〕相与坐沙中语,聚坐在旷野沙地之上,互相交头接耳讲话。

〔154〕属音烛,近也。天下属安定,言天下近已安定。

〔155〕此属犹此辈。与上"属安定"之属不同。

〔156〕萧、曹故人所亲爱,言萧何、曹参等旧人,都是汉帝向所亲近爱护的人。

〔157〕见疑平生过失及诛,被疑到平常时候的过失,因而牵连到遭受诛杀。

〔158〕雍齿,沛人,从刘邦起兵,旋叛去,为魏守丰不下。已而复归,从战有功。故云与我故(有旧谊),又云数尝窘辱我(每以勇力困辱我)。

〔159〕人人自坚,人人自以为有功可封,不复自疑见罪被杀了。

〔160〕置酒,设筵大宴群臣。与下"罢酒"相应。

〔161〕什方一作汁方,亦作汁防,又作汁邡,汉所置县,即以封雍齿

为侯国。故城在今四川省什邡县南,俗名雍齿城。

〔162〕刘敬本姓娄,齐人。因献西都关中之策,汉高祖赐姓刘氏,号奉春君。旋封关内侯,号建信侯。《史记》有《刘敬叔孙通列传》。都关中之上《汉书》无"曰"字,张文虎以为衍文,是。

〔163〕时汉帝左右大臣多丰、沛故旧及齐、楚之人,故云皆山东人。

〔164〕雒阳东有……固亦足恃,劝都雒阳的说辞(亦即其理由)。成皋即虎牢,已见《项纪》校释〔494〕。殽、黾,崤山与渑池水。殽已见《陈涉世家》校释〔148〕。渑池水出河南省熊耳山,流至宜阳县西,叫西度水,东南流,入于洛。倍同"背",倍河,北背大河。向伊、雒,南面正对着伊水、洛水。四面都有山河之阻,故云其固亦足恃。

〔165〕左殽、函,东有殽、函之固。殽、函已详《陈涉世家》校释〔148〕。

〔166〕右陇、蜀,西有陇、蜀之险。陇指陕西省陇县以西的陇山。陇山延接甘肃省清水,镇原、静宁诸县之境,随地异名,有陇坻、陇坂、陇首诸称,向为关中西面的险要,又南连蜀中,相为掎扼,故并称陇、蜀。

〔167〕沃野千里与上"其中小,不过数百里"对举,喻其宽广。

〔168〕巴、蜀之饶,巴、蜀两郡的富力。巴、蜀已见《项纪》校释〔367〕。

〔169〕苑,马牧,犹今牧场。关中北与胡接,依着边塞可以牧养禽兽,又可多致胡马,故云胡苑之利。

〔170〕水运曰漕。挽同挽,引也。河、渭漕挽天下,言大河及渭水之利,可以供给漕运天下之粟。

〔171〕西给京师,运东方之粟,西来供给京师的需要。京师即首都。京,大也。师,范也。首都规模宏大,是四方观瞻的模范,故称京师。

〔172〕委输,输送军队和军需品。

〔173〕金城千里,天府之国,皆当时流行的古语,言四塞之国像金城

一样的坚固,而富饶便于取给,又像天然的府库。

〔174〕驾,预备车马待发。

〔175〕道引亦作导引,道家养生之法,谓静居行气,动摇筋骨支节也,犹今作深呼吸及柔软体操。不食谷即辟(音璧)谷,亦道家语,谓屏除谷食也,犹言不吃烟火食。

〔176〕杜,绝也。杜门不出,言闭门不通宾客,亦不出外访友。

〔177〕上指汉高祖。太子即刘盈,后嗣位为惠帝。

〔178〕戚夫人,定陶人,高祖宠姬。高祖死,吕后杀之。赵王如意,高祖九年(公元前一九八)封。王四年(公元前一九五),亦为吕后所药死。

〔179〕未能得坚决,没有得到明确的决定。

〔180〕不知所为,徬徨不定,无计可施。

〔181〕筴同策,汲古本正作"策"。

〔182〕建成侯吕泽当作建成侯吕释之。按吕泽、吕释之都是吕后之兄,俱于高祖六年(公元前二〇一)封。泽封周吕侯,释之封建成侯。然则以下所述及之吕泽皆当作释之。劫,强制。劫留侯,强迫张良为吕后画策。

〔183〕高枕而卧,形容他的安闲。安得高枕而卧乎,犹言哪得自图安闲,置身事外呢?

〔184〕以爱欲易太子,因宠爱之故而想要换立太子。

〔185〕骨肉之间,向来难处,张良虽受汉帝信任,然涉及骨肉之情,良言未必能动听,故云虽百馀人何益。言外有"我一人更不足道"的意思存在着。

〔186〕彊要即劫持。彊,蜀本、百衲本、汲古本并作"强"。按彊为弓有力,有健义,坚义,引申为勉彊。强为米谷中的小黑虫。二字本有区别,但通用已久。

〔187〕顾,但也。不能致者,不能邀请得到的人。

〔188〕慢,怠也。侮,辱也,慢侮人,轻易凌辱他人。

〔189〕义不为汉臣,因为汉帝慢侮人,所以不愿为汉廷之臣。

〔190〕高,尊也。高此四人,看重这四个人。

〔191〕爱,惜也;吝也。无爱即不吝。

〔192〕令太子为书,使刘盈自己写成延请四人的书信。

〔193〕卑辞,谦逊自抑的语辞。其下"卑辞厚礼"之"卑",蜀本讹作"早"。安车,舒服安稳的车辆。

〔194〕使辩士固请,令能言善辩的人坚决邀请。

〔195〕宜来,在这样的礼数之下,应当肯来的。

〔196〕来,读断,谓四人如果肯来的话。以为客,因以为上客。

〔197〕异而问之,惊怪而动问此四人。

〔198〕则一助也,言如能这样做到,那么对于太子的地位是有帮助的。

〔199〕客建成侯所,客居于建成侯府中。

〔200〕汉十一年,乙巳岁,当公元前一九六年。

〔201〕欲使太子将,意欲命太子为将。

〔202〕凡来者将以存太子,言所以来到这里的用意,无非要保全太子的地位。

〔203〕俱,偕同。与俱诸将,同行偕往击布的诸将领。

〔204〕母爱者子抱,当时成语,言爱其母必时抱其子。《韩非子·备内篇》引语曰"其母好者其子抱",语盖本此。

〔205〕侍御,奉侍在侧,意即常在身边。

〔206〕不肖子指太子,爱子指赵王。

〔207〕承间,犹伺隙。承间为上泣言,抓住一个机会向汉帝哭诉。

〔208〕故等夷,旧时行辈相等的人。

〔209〕布闻之,黥布闻太子将。则鼓行而西耳,言无所畏忌而公然西来犯关中了。此语真能动汉帝之心。

〔210〕彊读上声,勉也。蜀本、百衲本并作"强"。辎车,有帷帐蔽护的车辆。百衲本作"轀车"。

〔211〕护之,监诸将。

〔212〕自彊,自己挣扎一下。

〔213〕立夜见吕后,立即于当夜进见吕后,以四人所教之言告诉她。

〔214〕惟,思也。竖子固不足遣,这小子(指太子)本不够当此差使。而公自行耳,老子自己走一趟罢。

〔215〕灞上即霸上,已见《项纪》校释〔266〕。

〔216〕曲邮是一处行路歇脚的地方,在今陕西省临潼县东七里。

〔217〕臣宜从,病甚,言本当从帝东征,因病得厉害,只能不去了。

〔218〕楚人指黥布所部。剽(读漂去声)疾,轻捷。无与争锋,不必与楚人争一日之利。是役,汉帝竟为流矢所中。

〔219〕令太子为将军,监关中兵,这是张良乘机保全太子的谋略。时以三万人军霸上,一以固关中根本之地;一以安太子,为不击黥布之事找一解释。

〔220〕傅,辅导。傅太子,翼护太子治事。

〔221〕叔孙通,薛人,为博士,号稷嗣君。汉王为皇帝,通为制朝仪,拜奉常,徙太子太傅。《史记》有《刘敬叔孙通列传》。为太傅,即指为太子太傅之官。

〔222〕行少傅事,兼代太子少傅之职。太傅不领官属,少傅却是主领东宫官属的。

〔223〕汉十二年,丙午岁,当公元前一九五年。

〔224〕因疾不视事,称病请假。

〔225〕称说引古今,称引古今得失之迹以为劝说之辞。

〔226〕以死争太子,抵死苦争,以期保全太子。

〔227〕详许之,佯为应允不废太子。详通佯。

〔228〕及燕,俟有宴会之时。燕通宴。

〔229〕晧音昊,日出貌,引申为光明洁白之义。俗遂改"日"从"白"作皓。晧白,白得发亮。

〔230〕伟有盛、大、美、奇、异诸义。此云甚伟,则专用奇古义。

〔231〕东园公、甪(音禄,汲古本作"角")里先生、绮里季、夏黄公四人,避秦乱,隐于商山(在陕西省商县东),称"商山四皓"。

〔232〕辟同避。辟逃我,避藏不见,逃避我的征召。

〔233〕延颈,伸长了脖子,喻企望。欲为太子死者,是情愿为太子出死力的。

〔234〕幸卒调护太子,好好地、始终其事地调护太子。

〔235〕为寿已毕,侍宴称寿既了。

〔236〕起去,起身辞去。蜀本、汲古本作"趋去"。

〔237〕目送之,眼看此四人起去。召戚夫人指示四人者,呼戚夫人来前,指此四人给她看。

〔238〕难动矣,正与前"一助也"相应。

〔239〕吕后真而主矣,吕后真是你的主人了。补足"难动"之意。

〔240〕戚姬,定陶人,故楚地,故令她作楚舞,而已作楚歌以和之。

〔241〕羽翮已就即羽翼已成。横绝四海,喻往来飞越,无所阻碍。绝,径渡。

〔242〕矰音曾,短箭。缴音灼,系短箭的绳。矰缴,弋射的工具,用来仰射飞鸟而可以引绳自收的。尚安所施,犹言还有什么地方可以下手呢!

〔243〕阕音缺,曲终。歌数阕,唱了几遍。参看《项纪》校释〔567〕。

〔244〕嘘唏通歔欷(音虚希),叹声。

〔245〕竟不易……此四人之力也,司马迁插语,总结留侯计存太子的经过。

〔246〕从击代,指汉十年代相陈豨反,从高帝亲征事。

〔247〕马邑下,《汉书》作"下马邑"。马邑本秦之马邑城,汉置马邑县于此。故治在今山西省朔县东北四十里桑干河北岸。

〔248〕时萧何未为相国,张良劝高帝立之,故云立萧何相国。

〔249〕著,录也;书也。不著,不曾书写在史册上。

〔250〕称,宣言。

〔251〕赤松子,相传是仙人(有人说是神农氏的雨师)。"称曰"以下都是留侯委婉避祸之辞。时韩信、彭越、黥布、陈豨诸人都已被诛,故良处处表示知足,并假托求仙以期自脱。

〔252〕辟谷道引轻身,即假托求仙之事。

〔253〕会,适逢。天子死曰崩。

〔254〕德留侯,感留侯的德惠。与计存太子事相应。

〔255〕彊食之,坚劝留侯令进食也。与上"辟谷"相应。食读如饲。

〔256〕白驹过隙,喻光阴迅速,如快马那样地驰过墙隙。

〔257〕据《高祖功臣侯者年表》,良以高帝六年封,卒于吕后二年,距高帝之崩恰九年。此云后八年卒,岂彊而后食也费了一年的工夫么?当存疑。

〔258〕按《谥法》,施德为文,立政安民曰成。留侯之谥文成,意盖取此。

〔259〕子不疑代侯,良子张不疑袭封为留侯。

〔260〕葆同宝。葆祠之,宝爱这块黄石而祠享它。

〔261〕黄石下"冢"字当衍。《汉书》作"并葬黄石",是。今江苏省沛县东六十里微山之侧有张良墓。

〔262〕每上冢伏腊祠黄石,每逢上冢(扫墓)及伏、腊(伏日、腊日之

祭)之时,并祠黄石。

〔263〕孝文帝名恒,高帝中子,初封代王。吕后死,大臣迎立之。元年壬戌,在位二十三年。(公元前一七九—前一五七年。)《史记》有《孝文帝本纪》。其五年丙寅岁,当公元前一七五年。坐不敬,因犯不敬之罪。按《年表》,不疑代立十年,坐与门大夫吉谋杀楚内史,当死,赎为城旦(一种刑罚名,就是罚作筑城等苦役),国除。

〔264〕太史公曰,蜀本连书不提行,当误。

〔265〕物,物怪。有物犹言有精怪。

〔266〕予,授与。予书,即指授《太公兵法》。

〔267〕离同罹,遭遇。离困者数矣,遭到的困难不止一次了。如鸿门会,韩、彭期而不至等等,都是的。

〔268〕常有功力焉,言于此等困难处,常有力量帮助解决的。

〔269〕以为其人计魁梧奇伟,想来此人大概是高大雄伟足以惊人的。计是猜测之辞,近于"大概"。

〔270〕见其图,见到留侯的画像。如妇人好女,谓模样娇弱,像个妇女。恰与想象相反。

〔271〕子羽,孔子弟子澹台灭明之字,状貌甚恶,而有贤德。以貌取人,失之子羽,言若以貌论人,则子羽必且见恶于人了。语出《韩非子·显学篇》,太史公引来证明"以貌取人"的不是。

〔272〕留侯亦云,太史公自谓于留侯也当作"失之子羽"之叹了。

陈丞相世家

陈丞相平者,阳武户牖乡人也。[1]少时家贫,好读书,有田三十亩,独与兄伯居。[2]伯常耕田,纵平使游学。[3]平为人长,美色。[4]人或谓陈平曰:"贫何食而肥若是?"[5]其嫂嫉平之不视家生产,[6]曰:"亦食穅覈耳。有叔如此,不如无有。"[7]伯闻之,逐其妇而弃之。[8]及平长,可娶妻,富人莫肯与者;贫者平亦耻之。久之,户牖富人有张负,[9]张负女孙五嫁而夫辄死,人莫敢娶。平欲得之。邑中有丧,平贫侍丧,[10]以先往后罢为助。[11]张负既见之丧所,独视伟平,[12]平亦以故后去。[13]负随平至其家,家乃负郭穷巷,[14]以弊席为门,然门外多有长者车辙。[15]张负归谓其子仲曰:[16]"吾欲以女孙予陈平。"[17]张仲曰:"平贫不事事,[18]一县中尽笑其所为,独奈何予女乎?"负曰:"人固有好美如陈平而长贫贱者乎?"[19]卒与女。为平贫,乃假贷币以聘,[20]予酒肉之资以内妇。[21]负诫其孙曰:"毋以贫故,事人不谨。事兄伯如事父,事嫂如母。"平既娶张氏女,赍用益饶,[22]游道日广。[23]

里中社,[24]平为宰,[25]分肉食甚均。父老曰:"善,陈孺子之为宰!"[26]平曰:"嗟乎!使平得宰天下,亦如是肉矣!"陈涉起而王陈,使周市略定魏地,立魏咎为魏王,与秦军相攻于临济。[27]陈平固已前谢其兄伯,[28]从少年往事魏王咎于临济。魏王以为太仆。[29]说魏王不听,人或谗之,[30]陈平亡去。久之,项羽略地至河上,陈平往归之,从入破秦,赐平爵卿。[31]项羽之东王彭城也,汉王还定三秦而东,殷王反楚。[32]项羽乃以平为信武君,[33]将魏王咎客在楚者以往,[34]击降殷王而还。项王使项悍拜平为都尉,[35]赐金二十溢。[36]居无何,[37]汉王攻下殷王。[38]项王怒,将诛定殷者将吏。[39]陈平惧诛,乃封其金与印,使使归项王,[40]而平身间行杖剑亡。[41]渡河,船人见其美丈夫,独行,疑其亡将,要中当有金玉宝器;[42]目之,欲杀平。[43]平恐,乃解衣裸而佐刺船。[44]船人知其无有,乃止。平遂至脩武降汉。[45]因魏无知求见汉王。[46]汉王召入。

是时万石君奋为汉王中涓,[47]受平谒,[48]入见平。[49]平等七人俱进,赐食。王曰:"罢,就舍矣!"[50]平曰:"臣为事来,所言不可以过今日。"[51]于是汉王与语,而说之。[52]问曰:"子之居楚何官?"曰:"为都尉。"是日乃拜平为都尉,使为参乘,典护军。[53]诸将尽讙,[54]曰:"大王一日得楚之亡卒,未知其高下,而即与同载,[55]反使监护军长者!"[56]汉王闻之,愈益幸平,[57]遂与东伐项王。至彭城,为楚所败。引而还,收散兵至荥阳,以平为亚将,属于韩王信,军广武。[58]绛侯、灌婴等咸谗陈平曰:[59]"平虽美丈夫,如冠玉耳,其中未必有也。[60]臣闻平居家时,盗其嫂;事魏不容,亡归楚;归楚不中,[61]又亡归汉。今日大王尊官之,令护军。臣闻平受诸将金,金多者得善处,金少者得恶处。平,反覆乱臣也,愿王察之!"汉王疑之,召让魏无知。[62]无知曰:"臣所言者,能也;陛下所问者,行也。[63]今有尾生、孝己之行而无益于胜负之数,[64]陛下何暇用之乎?楚、汉相距,臣进奇谋之士,顾其计诚足以利国家不耳。[65]且盗嫂、受金又何足疑乎?"汉王召让平曰:"先生事魏不中,遂事楚而去,今又从吾游,信者固多心乎?"[66]平曰:"臣事魏王,魏王不能用臣说,故去事项王。项王不能信人,其所任爱,非诸项即妻之昆弟,[67]虽有奇士不能用,平乃去楚。闻汉王之能用人,故归大王。臣躶身来,不受金,无以为资。诚臣计画有可采者,顾大王用之;[68]使无可用者,金具在,[69]请封输官,[70]得请骸骨。"[71]汉王乃谢,厚赐,拜为护军中尉,[72]尽护诸将。诸将乃不敢复言。

其后,楚急攻,绝汉甬道,围汉王于荥阳城。久之,汉王患之,请割荥阳以西以和。项王不听。汉王谓陈平曰:"天下纷纷,何时定乎?"陈平曰:"项王为人,恭敬爱人,士之廉节好礼者多归之。[73]至于行功爵邑,[74]重之,[75]士亦以此不附。今大王慢而少礼,士廉节者不来;然大王能饶人以爵邑,[76]士之顽钝嗜利无耻者亦多归汉。[77]诚各去其两短,袭其两长,[78]天下指麾则定矣。[79]然大王恣侮人,[80]不能得廉节之士。顾楚有可乱者,[81]彼项王骨鲠之臣亚夫、锺离眛、龙且、周殷之属,[82]不过数人耳。大王诚能出捐数万斤金,行反间,间其君臣,以疑其心,项王为人意忌信谗,[83]必内相诛。[84]汉因举兵而攻之,破楚必矣。"汉王以为然,乃出黄金四万斤,与陈平,恣所为,不问其出入。

陈平既多以金纵反间于楚军,宣言诸将锺离眛等为项王将,[85]功多矣,然而终不得裂地而王,欲与汉为一,以灭项氏而分王其地。项羽果意不信锺离眛等。项王既疑之,使使至汉。汉王为太牢具,举进。见楚使,即详惊曰:"吾以为亚父使,乃项王使!"复持去,更以恶草具进楚使。[86]楚使归,具以报项王。项王果大疑亚父。亚父欲急攻下荥阳城,项王不信,不肯听。亚父闻项王疑之,乃怒曰:"天下事大定矣,君王自为之!愿请骸骨归!"归,未至彭城,疽发背而死。陈平乃夜出女子二千人荥阳城东门,楚因击之,陈平乃与汉王从城西门夜出去。遂入关,收散兵复东。

其明年,淮阴侯破齐,自立为齐王,使使言之汉王。汉王大怒而骂,陈平蹑汉王,[87]汉王亦悟,乃厚遇齐使,使张子房卒立信为齐王。封平以户牖乡。用其奇计策,卒灭楚。常以护军中尉从定燕王臧荼。[88]

汉六年,[89]人有上书告楚王韩信反。[90]高帝问诸将。诸将曰:"亟发兵阬竖子耳。"[91]高帝默然。问陈平。平固辞谢,曰:"诸将云何?"上具告之。陈平曰:"人之上书言信反,有知之者乎?"曰:"未有。"曰:"信知之乎?"曰:"不知。"陈平曰:"陛下精兵孰与楚?"[92]上曰:"不能过。"平曰:"陛下将用兵有能过韩信者乎?"[93]上曰:"莫及也。"平曰:"今兵不如楚精,而将不能及,而举兵攻之,是趣之战也,[94]窃为陛下危之!"上曰:"为之奈何?"平曰:"古者天子巡狩,会诸侯。[95]南方有云梦,[96]陛下弟出伪游云梦,会诸侯于陈。[97]陈,楚之西界,信闻天子以好出游,[98]其势必无事而郊迎谒。[99]谒而陛下因禽之,[100]此特一力士之事耳。"高帝以为然,乃发使告诸侯会陈,"吾将南游云梦"。上因随以行。[101]行未至陈,楚王信果郊迎道中。高帝豫具武士,[102]见信至,即执缚之,[103]载后车。[104]信呼曰:"天下已定,我固当烹!"[105]高帝顾谓信曰:"若毋声!而反明矣!"[106]武士反接之,[107]遂会诸侯于陈,尽定楚地。还至雒阳,[108]赦信以为淮阴侯,[109]而与功臣剖符定封。[110]

于是与平剖符,世世勿绝,为户牖侯。平辞曰:"此非臣之功也。"上曰:"吾用先生谋计,战胜克敌,非功而何?"平曰:"非魏无知臣安得进?"上曰:"若子可谓不背本矣!"乃复赏魏无知。

其明年,以护军中尉从攻反者韩王信于代。[111]卒至平城,[112]为匈奴所围,[113]七日不得食。高帝用陈平奇计,使单于阏氏,[114]围以得开。高帝既出,其计秘,世莫得闻。[115]高帝南过曲逆,[116]上其城,望见其屋室甚大,曰:"壮哉县![117]吾行天下,独见洛阳与是耳!"顾问御史曰:[118]"曲逆户口几何?"对曰:"始秦时三万馀户,间者兵数起,多亡匿,今见五千户。"[119]于是乃诏御史,更以陈平为曲逆侯,尽食之,[120]除前所食户牖。其后常以护军中尉从攻陈豨及黥布。[121]凡六出奇计,辄益邑,凡六益封。[122]奇计或颇秘,世莫能闻也。[123]

高帝从破布军还,病创,[124]徐行至长安。[125]燕王卢绾反,[126]上使樊哙以相国将兵攻之。[127]既行,人有短恶哙者。[128]高帝怒曰:"哙见吾病,乃冀我死也!"[129]用陈平谋而召绛侯周勃受诏床下,[130]曰:"陈平亟驰传载勃代哙将,[131]平至军中,即斩哙头!"二人既受诏,驰传未至军,行计之曰:[132]"樊哙,帝之故人也,功多,且又乃吕后弟吕媭之夫,[133]有亲且贵,帝以忿怒,故欲斩之,则恐后悔。宁囚而致上,上自诛之。"[134]未至军,为坛,以节召樊哙。[135]哙受诏,即反接载槛车,[136]传诣长安,[137]而令绛侯勃代将,将兵定燕反县。[138]

平行闻高帝崩,[139]平恐吕太后及吕媭谗怒,[140]乃驰传先去。逢使者诏平与灌婴屯于荥阳。[141]平受诏,立复驰至宫,哭甚哀,因奏事丧前。[142]吕太后哀之,曰:"君劳,出休矣!"平畏谗之就,因固请得宿卫中。[143]太后乃以为郎中令,[144]曰:"傅教孝惠。"[145]是后吕媭谗乃不得行。樊哙至,则赦复爵邑。

孝惠帝六年,[146]相国曹参卒,[147]以安国侯王陵为右丞相,[148]陈平为左丞相。王陵者,故沛人,始为县豪,[149]高祖微时,兄事陵。[150]陵少文,任气,[151]好直言。及高祖起沛,入至咸阳,陵亦自聚党数千人,居南阳,[152]不肯从沛公。及汉王之还攻项籍,陵乃以兵属汉。项羽取陵母置军中，陵使至，则东乡坐陵母，[153]欲以招陵。陵母既私送使者，泣曰："为老妾语陵，谨事汉王。汉王，长者也，无以老妾故，持二心。妾以死送使者。"[154]遂伏剑而死。[155]项王怒，烹陵母。陵卒从汉王定天下。[156]以善雍齿，[157]雍齿，高帝之仇，而陵本无意从高帝，以故晚封，[158]为安国侯。安国侯既为右丞相，二岁，孝惠帝崩。高后欲立诸吕为王，问王陵，王陵曰："不可。"问陈平，陈平曰："可。"吕太后怒，乃详迁陵为帝太傅，[159]实不用陵。陵怒，谢疾免，[160]杜门竟不朝请，[161]七年而卒。

陵之免丞相，吕太后乃徙平为右丞相，以辟阳侯审食其为左丞相。[162]左丞相不治，常给事于中。[163]食其亦沛人，汉王之败彭城西，楚取太上皇、吕后为质，[164]食其以舍人侍吕后。其后从破项籍为侯，幸于吕太后。[165]及为相，居中，百官皆因决事。[166]吕媭常以前陈平为高帝谋执樊哙，数谗曰："陈平为相非治事，日饮醇酒，戏妇女。"陈平闻，日益甚。吕太后闻之，私独喜。[167]面质吕媭于陈平曰：[168]"鄙语曰，'儿妇人口不可用'，[169]顾君与我何如耳。[170]无畏吕妻之谗也。"吕太后立诸吕为王，陈平伪听之。及吕太后崩，平与太尉勃合谋，卒诛诸吕，立孝文皇帝，[171]陈平本谋也。[172]审食其免相。

孝文帝立，以为太尉勃亲以兵诛吕氏，功多；陈平欲让勃尊位，乃谢病。孝文帝初立，怪平病，问之。平曰："高祖时，勃功不如臣平。及诛诸吕，臣功亦不如勃。愿以右丞相让勃。"于是孝文帝乃以绛侯勃为右丞相,位次第一;平徙为左丞相,位次第二。赐平金千斤,益封三千户。居顷之,孝文皇帝既益明习国家事,朝而问右丞相勃曰:[173]"天下一岁决狱几何?"[174]勃谢曰:"不知。"问:"天下一岁钱谷出入几何?"[175]勃又谢:"不知。"汗出沾背,[176]愧不能对。于是上亦问左丞相平。平曰:"有主者。"[177]上曰:"主者谓谁?"平曰:"陛下即问决狱,责廷尉;[178]问钱谷,责治粟内史。"[179]上曰:"苟各有主者,而君所主者何事也?"[180]平谢曰:"主臣![181]陛下不知其驽下,[182]使待罪宰相。[183]宰相者,上佐天子理阴阳,顺四时,下育万物之宜,外镇抚四夷诸侯,内亲附百姓,使卿大夫各得任其职焉。"[184]孝文帝乃称善。右丞相大惭,出而让陈平曰:[185]"君独不素教我对![186]陈平笑曰:"君居其位,不知其任邪?且陛下即问长安中盗贼数,君欲彊对邪?"[187]于是绛侯自知其能不如平远矣。[188]居顷之,[189]绛侯谢病请免相,陈平专为一丞相。[190]

孝文帝二年,[191]丞相陈平卒,谥为献侯。[192]子共侯买代侯。[193]二年卒,子简侯恢代侯。[194]二十三年卒,子何代侯。[195]二十三年,[196]何坐略人妻,弃市,[197]国除。

始陈平曰:"我多阴谋,是道家之所禁。[198]吾世即废,亦已矣,终不能复起,以吾多阴祸也!"[199]然其后曾孙陈掌以卫氏亲贵戚,[200]愿得续封陈氏,然终不得。[201]

太史公曰：陈丞相平少时，本好黄帝、老子之术。[202]方其割肉俎上之时，其意固已远矣！[203]倾侧扰攘楚、魏之间，[204]卒归高帝。常出奇计，救纷纠之难，振国家之患。及吕后时，事多故矣，[205]然平竟自脱，[206]定宗庙，[207]以荣名终，称贤相，岂不善始善终哉！非知谋孰能当此者乎！[208]

〔1〕阳武，秦所置县，故治在今河南省原阳县东南二十八里。参看《留侯世家》校释〔16〕、〔17〕。户牖乡，汉置东昏县。王莽时改曰东明。晋裁去。故治在今河南省兰封县东北二十里。

〔2〕古人每以排行为表字，伯犹称"老大"。

〔3〕纵，听任。纵平使游学，让他出外游学读书。

〔4〕为人长，体格高大。美色，生得漂亮。

〔5〕贫何食而肥若是，打趣话，问他穷得这样，吃些什么竟会那么肥胖呢？

〔6〕嫂，蜀本、百衲本、汲古本并作"娰"，下同。嫉，妒忌；嫌恨。视，照顾。嫉平之不视家生产，恨他不顾家，不事生产。

〔7〕糠，黄善夫本、百衲本、汲古本都作"糠"，米的皮。覈音核，糠中的粗屑。亦食……无有，都是其嫂的骂詈之辞。

〔8〕逐而弃之，赶走她，与她断绝关系。弃，蜀本、百衲本、汲古本都作"棄"，下同。

〔9〕负，当时对妇女年长者的通称。张负犹今称张老大娘。

〔10〕侍丧，在丧家伴灵和料理杂事。参看《项纪》校释〔16〕。

〔11〕以先往后罢为助，早到迟退，希望多得些报酬以资补助。

〔12〕视伟平，看重陈平。

〔13〕以故，与上"欲得之"相应，因要见好于张负之故。后去，

迟退。

〔14〕负郭穷巷,贴近城根的冷僻小巷。

〔15〕辙,车辆辗过的轨迹。多长者车辙,形容他多与长者往来。

〔16〕仲,老二,参看前〔2〕。

〔17〕予,给与。予陈平,许给陈平为妻。

〔18〕贫不事事,穷而不肯做活计。上事动词,指所作所为。下事名词,指一切事情或事件。

〔19〕人固有……长贫贱者乎,张负自信之辞,犹言哪有漂亮像陈平这样的人,会一辈子穷困么?

〔20〕假贷即借与。假贷币以聘,借币帛给陈平,好让他备礼行聘。

〔21〕内同纳。内妇,娶妻。

〔22〕赍读如资。饶,富厚;殷实。赍用益饶,资用更见宽裕。

〔23〕游道日广,交游的方面一天广似一天。

〔24〕社,动词,谓报赛(酬祭)社神。里中社,指陈平所居的库上里酬祭社神。

〔25〕宰,主持分配胙肉(祭馀的牲肉)的人。

〔26〕孺子,参看《留侯世家》校释〔27〕。

〔27〕临济故城在今河南省陈留县西北五十里。与今山东省旧高青县之为故临济县者不是一地,参看《项纪》校释〔114〕。

〔28〕前谢,先已辞别。谢,辞去。

〔29〕太仆,掌车马之官。

〔30〕谗音缠,诋毁别人。谗之,说陈平的坏话。

〔31〕赐平爵卿,以卿礼待陈平。

〔32〕殷王,司马卬。已见《项羽本纪》。

〔33〕信武君,封号。

〔34〕将……以往,带领魏王在楚的旧部前往。

〔35〕项悍,项羽的族人。悍,蜀本讹作"得"。都尉已见《项纪》校释〔260〕。

〔36〕溢,蜀本、百衲本并作"镒"。参看《留侯世家》校释〔82〕。

〔37〕居无何,待了不多久。

〔38〕汉二年三月,汉王渡河,魏王豹降,虏殷王卬。故云攻下殷王。

〔39〕诛定殷者将吏,疑从前击定殷地的将吏有私,将要追究他们的责任。

〔40〕归,归还。

〔41〕身间行杖剑亡,只身带剑从小路逃走。

〔42〕要,腰的本字。要中,指缠缚在腰间的东西。

〔43〕目之,注视陈平。欲杀平,意图杀害陈平而夺取他腰中的宝物。

〔44〕解衣裸,解去衣服,露出身体。佐刺船,帮同撑船。刺,撑拨。

〔45〕脩武已见《项纪》校释〔498〕。

〔46〕因,依傍。魏无知,汉王的近臣。因魏无知求见汉王,通过魏无知的关系而求见到汉王。

〔47〕万石君奋即石奋。奋,温(本周畿内邑,汉置温县,故治在今河南省温县西南三十里)人。汉王过河内,奋为小吏,旋为中涓(即涓人,已见《陈涉世家》校释〔107〕)。文帝时,积功至太中大夫。景帝时为九卿。其子石建、石庆等四人皆官至二千石(汉时官俸等级的名称。按《汉书·百官公卿表》注,二千石月俸百二十斛),故时号为万石君。《史记》有《万石张叔列传》。

〔48〕谒音揖,登门请见。引申为通报求见的名刺(犹今名片)。受平谒,接受陈平的名片,为他通报于汉王。

〔49〕入见平,引陈平入见于汉王。

〔50〕罢,就舍矣,好,你到客舍去歇歇罢!

〔51〕为事来,为有要事而来。陈平大概挟有楚的机密事件来告汉王,故下言不可以过今日。

〔52〕说之,高兴地接受他的话。说读如悦。

〔53〕参乘已见《项纪》校释〔321〕。典,掌管。护,监临。典护军,谓使掌管监临诸将。

〔54〕谨音欢,亦读如喧,哗闹。

〔55〕即与同载,与上"使为参乘"相应。

〔56〕长者,诸将自谓,他们自以为行辈都在陈平之上。《汉书》、《汉纪》述此事"监护"下都无"军"字,该是对的。反使监护长者,反教陈平监护吾等前辈之人么!

〔57〕愈益幸平,更加亲近陈平。

〔58〕彭城、荥阳、广武已见《项纪》校释〔82〕、〔473〕、〔507〕。韩王信故韩襄王之孙,张良徇韩地,得信,以为韩将。从沛公入武关,拜为韩太尉,将兵略得韩地十馀城,遂立为韩王。后从破项羽,汉高帝乃封之于颍川。后徙太原,为匈奴所围,屡使使求和。帝疑而责之,信遂亡走匈奴。汉遣柴武等击杀之。《史记》有《韩王信卢绾列传》。与先为齐王,后为楚王,更为淮阴侯的韩信同时,但并非一人。

〔59〕绛侯即周勃,《史记》有《绛侯世家》。灌婴,睢阳人,以中涓从汉高帝,封颍阴侯。吕后死,婴与周勃、陈平共诛诸吕,立文帝,进太尉,旋代勃为丞相。《史记》有《樊郦滕灌列传》。咸,皆也。

〔60〕冠玉,饰冠之玉。如冠玉耳,有空好看之意,故下云其中未必有也。

〔61〕不中,不合。中读去声。

〔62〕让,责问。召让魏无知,召魏无知来责问他。

〔63〕能,能力;才能。行,行为;品行。

〔64〕尾生,古之守信人。孝己,殷王武丁之子,有孝行。胜负之数,

决定胜败的计算。今有……之数,言虽有守信行孝的行为,而于决胜之计无益的人。

〔65〕不读如"否"。顾其计……利国家不耳,犹言但问他的计谋是否确与国家有利罢了。不,蜀本作"事",该是差的。

〔66〕信者固多心乎,与上"反覆乱臣"相应,犹言有信用的人原来这样多心(不安心专一)么?固通"故"。

〔67〕昆,兄也。昆弟,泛指兄弟行。

〔68〕顾,《汉书·陈平传》作"愿"(编者按:繁体作"願"),较顺,当依。

〔69〕具在,犹言原封未动。

〔70〕封输官,原封上缴给公家。

〔71〕请骸骨,乞退辞职之意。参看《项纪》校释〔489〕。

〔72〕中尉本掌徼循京师之官,后改执金吾,为九卿之一。此护军中尉,当系临时特设者,以卿秩专任监军,故下云尽护诸将。与前以参乘典护军对看,地位更为隆重了。

〔73〕廉是廉隅。节是风节。廉节好礼,言为人狷介而有棱角,并且爱好礼貌。

〔74〕行功,论功行赏。爵邑,授官爵,封食邑。

〔75〕重,爱惜。此有吝啬意。重之,即吝于"行功爵邑"。

〔76〕饶,宽裕。此有舍得意。饶人以爵邑,舍得把爵邑给人家。

〔77〕顽钝嗜利,廉节之反。无耻,好礼之反。归,百衲本作"过"。

〔78〕袭,采取。

〔79〕指麾则定矣,与上"纷纷何时定乎"相应,言顾盼之间即可安定的。麾通作挥。

〔80〕恣音恃,逞情;放肆。恣侮人,任意侮辱他人。

〔81〕有可乱者,有动摇的因素而可以乘机扰乱它。

〔82〕骨鲠之臣，犹直臣，肯直言极谏，如骨鲠在喉，不能不倾吐而出也。亚夫即范增，与锺离眜（当作眛，说见《项纪》校释〔536〕）、龙且、周殷皆已见《项纪》。

〔83〕意，疑也。意忌，疑虑而多猜忌。下"意不信"之"意"亦同。

〔84〕内相诛，内部倾轧而致互相残杀。

〔85〕宣言，公开传播。

〔86〕恶草具，粗劣的食物。

〔87〕蹑音聂，踹也。蹑汉王，暗中踹汉王的脚，示意给他不要让齐使惊疑。

〔88〕常通尝。臧荼已见《项纪》校释〔400〕。汉五年（公元前二〇二）秋，荼反汉，高帝自将击虏之，立卢绾为燕王。是役，陈平与焉，故云常（尝）以护军中尉从定燕王臧荼。

〔89〕汉六年庚子岁，当公元前二〇一年。

〔90〕汉灭楚后，徙封齐王韩信为楚王，都下邳。时楚王舍人栾赫告变，故云人有上书告楚王韩信反。

〔91〕亟，急也。阬，蜀本、黄本、百衲本、汲古本都作"坑"。亟发兵阬竖子耳，赶快发兵活埋这小子罢了。极意形容诸将举措的轻忽。

〔92〕精兵孰与楚，犹言就兵力的精锐说，你跟楚比谁强呢？

〔93〕将，指高帝手下现有的将领。

〔94〕趣读如促。趣之战，促使韩信用兵反抗。

〔95〕天子亲往诸侯境内巡问职守叫做巡狩，亦作巡守。天子所至，近旁诸侯皆来朝见述职，故下云会诸侯。

〔96〕云梦，古泽薮名。本为二泽，分跨在大江中游的南北，江南叫梦，江北叫云，开广八九百里。今湖北省京山县以南，枝江县以东，蕲春县以西，及湖南省华容县以北都是它的区域。后世逐渐淤成陆地，遂并称云梦。战国楚时为行围纵猎之地，故汉初尚如此。今曹湖、梁子湖、斧

头湖等若断若续的数十个大小湖泊,便是云梦泽的遗迹。此处所云云梦,即指此等地区,并不是专指令湖北省孝感专区的云梦县。

〔97〕弟,但也。与第通。黄本、汲古本、会注本并作"第"。陈,今河南省淮阳县,已见《陈涉世家》校释〔46〕。

〔98〕既以游云梦为名,当然不像征伐那样的多带兵马,故云以好出游,就是说出巡时与诸侯为好会(和平的会见)。

〔99〕郊迎谒,出郊迎接请见。简称"郊迎",后世遂为出境远接之礼。

〔100〕因禽之,趁韩信来迎谒时擒拿他。禽与擒通。

〔101〕随以行,发出使者后随即动身。

〔102〕豫具武士,预先准备打手。

〔103〕执缚之,抓住韩信后就捆绑他。

〔104〕载后车,装入随从的车辆。

〔105〕时有"鸟尽弓藏,兔死狗烹"之谚,故云我固当烹,实有无限悔恨之意。

〔106〕若、而皆"尔"、"汝"之称。若毋声,而反明矣,犹言你勿叫,你的反情已明白了! 毋,蜀本讹作"母"。

〔107〕反接即面缚,把两手反捆在背后。

〔108〕雒阳即洛阳,详参《项纪》校释〔383〕。

〔109〕赦音舍,恕罪曰赦。信本无罪,夺其楚封,而降为淮阴侯,故意说得好听,叫做赦罢了。淮阴,秦所置县。故治在今江苏省清江市东南。

〔110〕封功臣时,把功状写在符券(或竹符或铁券)之上,剖为两半,半藏宗庙,半给功臣,以为取信。故云剖符定封。

〔111〕代已见《项纪》校释〔388〕。

〔112〕卒读如猝,有匆忙、突然之意。其时高帝自将追韩王信,遂与

陈平等卒至平城。平城,汉所置县。南北朝东魏时废。故治在今山西省大同市东。

〔113〕匈奴,北方民族,原来散居在山西、陕西、甘肃诸省境,后渐北徙于蒙古之地。其族随世易名,因地殊号,战国时始称匈奴,亦称胡。楚、汉之际,其统治者冒顿单于(冒读墨,顿读毒,单读禅。冒顿,其名;单于,犹中土的帝王)乘机南侵燕、代,边将不能敌,往往私与通款曲。高帝之追韩王信,遂为冒顿所围。《史记》有《匈奴列传》。

〔114〕单于,蜀本讹作"单干"。阏氏读焉支,犹中土的皇后。使单于阏氏,派人到冒顿的皇后那边去有所进说。

〔115〕据《集解》引桓谭《新论》:"陈平必言汉有好丽美女,为道其容貌天下无有,今困急,已驰使归迎取,欲进于单于。单于见此人,必大好爱之;爱之则阏氏日以远疏。不如及其未到,令汉得脱去;去亦不持女来矣。"《匈奴列传》云:"阏氏乃谓单于曰:'两主不相困,今得汉地,而单于终非能居之也。……'冒顿与韩王信之将王黄、赵利期(约期叛降),而黄、利兵又不来,疑其与汉有谋,亦取阏氏之言,乃解围之一角。于是帝令力士皆持满傅矢外乡(拉弓搭箭向外),从解角直出,竟与大军合。而冒顿遂引兵而去,汉亦引兵而罢,使刘敬结和亲之约。"《新论》以为"此策薄陋拙恶,故隐而不泄"。所谓其计秘,世莫得闻,大概指此。

〔116〕曲逆(音丘遇)本春秋晋之逆畤。战国时称曲逆,秦因置县。故治在今河北省安国县西北四十里。

〔117〕壮哉县,叹美之辞。犹言好雄壮啊!这座县城!

〔118〕御史掌图籍秘书,故问以户口之数。每有封爵,御史与丞相同受诏,亦因此故。

〔119〕见读如现。今见五千户,今日现存五千户。

〔120〕汉制:封县侯,所食户数多少不同。一县之中,除侯所食之户外,馀户仍归有司(公家)。尽食之,则一县之户都归给封侯了。汉高功

臣尽食一县的,仅有陈平一人。

〔121〕汉十年,代相陈豨反,十一年,淮南王黥布反,帝均自将击之。两役,陈平皆以护军中尉在军中,故云从攻。豨音希,南楚呼猪为豨,字当从豕。蜀本、百衲本、汲古本都作"狶",误。陈豨详后《淮阴侯列传》校释〔341〕。

〔122〕凡,概括之辞。凡六出奇计,凡六益封,谓共出六次奇计,共增加六次食邑的户数。

〔123〕莫能闻也之"能",蜀本、百衲本、汲古本都作"得"。

〔124〕创,伤也。高帝扶病击黥布,为流矢所中,故还军而病创。

〔125〕徐行,慢慢地行。为病创故。长安,汉都,故城在今陕西省西安市西北十三里。

〔126〕卢绾(音畹),丰人,与汉高帝同里,且同日生。及壮,又相爱。高帝起沛,绾以客从。汉五年,为将军,从破臧荼,得代立为燕王。后以陈豨事见疑,亡入匈奴。匈奴以为东胡卢王。居岁馀,死胡中。《史记》有《韩王信卢绾列传》。

〔127〕樊哙已见《项纪》校释〔310〕。以相国将兵攻之,特加相国之号,领兵攻击卢绾。

〔128〕短恶(音污)即谗毁,借端找到短处,乘便说坏话。

〔129〕冀,希望。乃冀我死也(读如耶),犹言竟望我死么!

〔130〕受诏床下,在病榻之前接受密诏。

〔131〕传,传舍,即后世的驿站。驰传,依驿赶往,不容逗留。

〔132〕行计之,且行且互相商量这件事。

〔133〕媭音须。吕媭为吕后之妹,妹古称女弟,故云吕后弟。

〔134〕宁囚而致上,宁可生囚起来送给汉帝。上自诛之,听汉帝自己来杀他。

〔135〕节,符节,状如曲竿,悬绳以缀节旄,为当时受命传宣的凭信。

〔136〕槛车,施栅栏的车,即囚车。

〔137〕诣音刈,到达。

〔138〕定燕反县,平定燕国胁从反汉的各县。

〔139〕行闻,途中听到。

〔140〕谗,吕媭之谗。怒,吕后受谗而发怒。

〔141〕时高帝新死,吕后恐东方刘氏诸侯王危害诸吕,故先用遗诏令平与灌婴屯兵于荥阳以观变。荥阳已见《项纪》校释〔473〕。

〔142〕奏事丧前,在高帝的柩前向吕后奏报出差之事。

〔143〕值宿宫庭,当警卫之任叫宿卫。固请得宿卫中,坚求得到宿卫的差使。

〔144〕郎中令,九卿之一,掌宫殿掖门户(主管宫廷的守卫)。武帝时更名光禄勋。

〔145〕傅教,帮助他,教导他。孝惠系史官追称之辞,其时当作"皇帝"。

〔146〕孝惠帝六年壬子岁,当公元前一八九年。

〔147〕曹参,沛人,秦时为狱掾。与萧何同起,佐汉高定天下,封平阳侯。何死,参代为相国,遵何约束,世称"萧规曹随"。《史记》有《曹相国世家》。

〔148〕安国,汉为侯国,后为县。故治在今河北省安国县南。曹参死后,罢相国,分置左、右丞相。古时尚右,(以右为尊)故先书王陵为右丞相,后书"陈平为左丞相"。

〔149〕县豪,县中有势力的豪强。

〔150〕微时,没有发迹之前。兄事陵,事王陵如兄。

〔151〕少文,不讲究仪节。任气,感情用事。

〔152〕南阳已见《陈涉世家》校释〔110〕。

〔153〕古以东乡(同向)之位为尊,项羽欲招王陵,故使其母东

向坐。

〔154〕以死送使者,言拼一死送使者,使王陵断绝恋母之心。

〔155〕伏剑,引剑自刎。

〔156〕卒从……定天下,终于从汉王定天下,与上"无以老妾故持二心"相应。

〔157〕雍齿已见《留侯世家》校释〔158〕。善雍齿,与雍齿交好。

〔158〕按表,王陵封安国侯在高帝六年八月,上距曹参等封已后九个月,故云晚封。

〔159〕详迁,假意升迁。会注本作"佯迁"。帝太傅,位在三公之上,而无实权。详迁帝太傅,就是所谓明升暗降。

〔160〕谢疾免,称病辞职。

〔161〕不朝请,不以时入朝参谒。

〔162〕审食其和辟阳,都已见《项纪》校释〔469〕。

〔163〕不治,不立治事的处所(没有办公的衙门),使常止宫中,故云常给事于中。

〔164〕质音制,抵押品。

〔165〕幸,宠幸。

〔166〕百官皆因决事,朝中大小官吏都得通过审食其乃能决定政事。因,依也。有倚靠、通过之意。

〔167〕吕后专倚审食其办事,听到陈平"非治事"(不管事),正中心怀,故云私独喜。

〔168〕面质吕媭于陈平曰,当着吕媭的面对陈平说。

〔169〕儿妇人口不可用,当时有此谚语,故上冠以鄙语曰。

〔170〕顾君与我何如耳,犹言只要你自问对我怎样罢了。

〔171〕孝文皇帝即孝文帝,已见《留侯世家》校释〔263〕。

〔172〕本谋也就是真正的主意。与上"伪听之"相应。此为司马迁

插叙的话。

〔173〕朝而问,因正式朝会而询问。

〔174〕决狱,审理和判决的刑狱事件。

〔175〕钱谷出入,指全国赋税的收入和国用的支出。

〔176〕汗,会注本作"汙",误。沾背,湿透背脊。

〔177〕有主者,言自有主管的人。

〔178〕责,考询,犹言责成。廷尉,九卿之一,掌刑辟(执刑以治罪)。有正,有左、右监。景帝时曾改名大理,武帝时又复为廷尉。犹后世的刑部或司法部。

〔179〕治粟内史亦九卿之一,掌谷货(粟帛货币之政)。有两丞。景帝时更名大农令,武帝时又改称大司农。犹后世的户部或财政部。

〔180〕君所主者何事也,问得精明逼人,与上"益明习国家事"相应。也亦读如"耶"。

〔181〕主臣犹惶恐。后世书牍中每以"主臣"代"惶恐"。

〔182〕驽,劣马。驽下,谦辞,犹言愚陋卑下。

〔183〕待罪亦谦辞,谓在职恐惧,时时警惕自己有罪责也。宰相谓佐相天子宰治天下,为君主时代行政首领的荣称。待罪宰相,犹言忝居行政首领。

〔184〕宰相者……使卿大夫各得任其职焉,陈平解释之语。虽是强辞,实在是为了神化和尊高宰相的职能和地位。任其职,蜀本作"住其职",误。

〔185〕让犹埋怨。

〔186〕独不素教我对,犹言单单不肯早点把答对的话教给我。

〔187〕盗贼数,指盗贼发生的起数。彊对,硬凑数字来回答。彊,蜀本、百衲本、汲古本并作"强"。

〔188〕自知其能,自己知道自己的能力。

〔189〕居顷之,与"居无何"略同,参看前〔37〕和《留侯世家》校释〔38〕。

〔190〕一丞相,无分左、右,复萧、曹时相国之旧了。

〔191〕孝文帝二年癸亥岁,当公元前一七八年。

〔192〕《谥法》:聪明睿哲曰献。谥为献侯,意盖取此。

〔193〕共同"恭"。《谥法》:敬事供上曰恭。陈买之谥盖取此。

〔194〕二年卒,陈买在位二年死。《谥法》:平易不訾曰简。陈恢之谥盖取此。

〔195〕二十三年卒,陈恢在位二十三年死。蜀本讹作三十六年。陈何以罪被诛,故无谥。

〔196〕按《高祖功臣侯者年表》,曲逆侯陈何在位二十三年国除。百衲本作"三十一年",汲古本作"二十一年",其他本子尚有作"三十三年"者,均误。

〔197〕坐,因为。略,强取。弃市,在市街上当众处死。古时刑人于市,取与众共弃之意,故曰弃市。汲古本"弃"作"棄"。

〔198〕禁,忌也。谓道家是禁忌阴谋的。

〔199〕吾世即废亦已矣,犹言吾及身便废(失败)也就罢了。终不能复起,终于不能再兴。阴祸,暗中积下的祸因。

〔200〕陈掌为武帝卫皇后弟大将军卫青之女壻,故云亲贵戚。

〔201〕陈掌请续封没有成功,故云终不得。

〔202〕黄帝、老子之术,即黄老之学。道家出于黄、老,故世每称道家为黄、老。道家主清静,法自然,守静以制动,因物以为用。此等手段,即所谓黄、老之术。

〔203〕方其割肉……固已远矣,与前"使平得宰天下亦如是肉矣"遥应,言其黄老之术的开始。以下"倾侧……称贤相"诸语,皆言其黄老之术的施展。

〔204〕倾侧扰攘,徬徨不定之貌。

〔205〕事多故矣,犹言多事之秋。

〔206〕自脱,自免于祸。

〔207〕定宗庙,指计诛诸吕,迎立文帝,安定汉室。

〔208〕陈平之能善始善终,全凭黄、老之术,一言以蔽之,智谋而已。故司马迁作此赞,以"非知谋孰能当此者乎"总结之。知通智。孰,谁也。

孙子吴起列传[1]

孙子武者,[2]齐人也。[3]以兵法见于吴王阖庐。[4]阖庐曰:"子之十三篇,吾尽观之矣,[5]可以小试勒兵乎?"[6]对曰:"可。"阖庐曰:"可试以妇人乎?"曰:"可。"于是许之,出宫中美女,得百八十人。孙子分为二队,以王之宠姬二人各为队长,皆令持戟。[7]令之曰:"汝知而心与左右手、背乎?"[8]妇人曰:"知之。"孙子曰:"前,则视心;左,视左手;右,视右手;后,即视背。"妇人曰:"诺。"约束既布,[9]乃设鈇钺,[10]即三令五申之。[11]于是鼓之右,[12]妇人大笑。孙子曰:"约束不明,申令不熟,将之罪也。"复三令五申而鼓之左,妇人复大笑。孙子曰:"约束不明,申令不熟,将之罪也;既已明而不如法者,吏士之罪也。"[13]乃欲斩左、右队长。吴王从台上观,见且斩爱姬,[14]大骇。趣使使下令曰:[15]"寡人已知将军能用兵矣。寡人非此二姬,食不甘味,愿勿斩也!"孙子曰:"臣既已受命为将,将在军,君命有所不受。"[16]遂斩队长二人以徇。[17]用其次为队长,[18]于是复鼓之。妇人左右、前后、跪起皆中规矩绳墨,[19]无敢出声。[20]于是孙子使使报王曰:"兵既整齐,王可试下观之,唯王所欲用之,[21]虽赴水火犹可也。"吴王曰:"将军罢休就舍,[22]寡人不愿下观。"孙子曰:"王徒好其言,不能用其实。"于是阖庐知孙子能用兵,卒以为将。西破彊楚,入郢;[23]北威齐、晋,[24]显名诸侯;孙子与有力焉。[25]

　　孙武既死,后百馀岁有孙膑。[26]膑生阿、鄄之间。[27]膑亦孙武之后世子孙也。孙膑尝与庞涓俱学兵法。[28]庞涓既事魏,得为惠王将军,[29]而自以为能不及孙膑,乃阴使召孙膑。[30]膑至,庞涓恐其贤于己,疾之,[31]则以法刑断其两足而黥之,欲隐勿见。[32]齐使者如梁,[33]孙膑以刑徒阴见,[34]说齐使。[35]齐使以为奇,窃载与之齐。[36]齐将田忌善而客待之。[37]

　　忌数与齐诸公子驰逐重射。[38]孙子见其马足不甚相远,马有上、中、下辈。[39]于是孙子谓田忌曰:"君弟重射,[40]臣能令君胜。"田忌信然之,与王及诸公子逐射千金。及临质,[41]孙子曰:"今以君之下驷与彼上驷,取君上驷与彼中驷,取君中驷与彼下驷。"既驰三辈毕,而田忌一不胜而再胜,卒得王千金。于是忌进孙子于威王。[42]威王问兵法,遂以为师。[43]

　　其后魏伐赵,[44]赵急,请救于齐。齐威王欲将孙膑,[45]膑辞谢曰:"刑馀之人不可。"[46]于是乃以田忌为将,而孙子为师,[47]居辎车中,[48]坐为计谋。[49]田忌欲引兵之赵,孙子曰:"夫解杂乱纷纠者不控捲,救斗者不搏撠。[50]批亢擣虚,形格势禁,[51]则自为解耳。今梁、赵相攻,轻兵锐卒必竭于外，[52]老弱罢于内；[53]君不若引兵疾走大梁，[54]据其街路，[55]冲其方虚，[56]彼必释赵而自救。是我一举解赵之围而收弊于魏也。"[57]田忌从之，魏果去邯郸，[58]与齐战于桂陵，[59]大破梁军。

后十三岁，[60]魏与赵攻韩，[61]韩告急于齐。齐使田忌将而往，直走大梁。魏将庞涓闻之，去韩而归，齐军既已过而西矣。[62]孙子谓田忌曰："彼三晋之兵，[63]素悍勇而轻齐，齐号为怯；善战者因其势而利导之。[64]兵法，百里而趣利者蹶上将，五十里而趣利者军半至。[65]使齐军入魏地为十万灶，明日为五万灶，又明日为三万灶。"[66]庞涓行三日，大喜，曰："我固知齐军怯，入吾地三日，士卒亡者过半矣。"[67]乃弃其步军，[68]与其轻锐倍日并行逐之。[69]孙子度其行，[70]暮当至马陵。[71]马陵道陕，[72]而旁多阻隘，[73]可伏兵，乃斫大树白而书之曰"庞涓死于此树之下"。[74]于是令齐军善射者万弩，[75]夹道而伏，[76]期曰：[77]"暮见火举而俱发。"庞涓果夜至斫木下，见白书，乃钻火烛之。[78]读其书未毕，[79]齐军万弩俱发；魏军大乱相失。[80]庞涓自知智穷兵败，乃自刭，[81]曰："遂成竖子之名！"[82]齐因乘胜尽破其军，虏太子申以归。[83]孙膑以此名显天下，世传其兵法。[84]

吴起者，卫人也，[85]好用兵。尝学于曾子，[86]事鲁君。[87]齐人攻鲁，鲁欲将吴起，吴起取齐女为妻，而鲁疑之。

吴起于是欲就名，[88]遂杀其妻，以明不与齐也。[89]鲁卒以为将。将而攻齐，大破之。鲁人或恶吴起曰：[90]"起之为人，猜忍人也。[91]其少时，家累千金，游仕不遂，[92]遂破其家。乡党笑之，[93]吴起杀其谤己者三十馀人，[94]而东出卫郭门。[95]与其母诀，[96]啮臂而盟曰：[97]'起不为卿相，[98]不复入卫。'遂事曾子。居顷之，其母死，起终不归。曾子薄之，[99]而与起绝。[100]起乃之鲁，学兵法以事鲁君。鲁君疑之，起杀妻以求将。夫鲁小国，而有战胜之名，则诸侯图鲁矣。[101]且鲁、卫，兄弟之国也，[102]而君用起，则是弃卫。"鲁君疑之，谢吴起。[103]

吴起于是闻魏文侯贤，[104]欲事之。文侯问李克曰：[105]"吴起何如人哉？"李克曰："起贪而好色，[106]然用兵，司马穰苴不能过也。"[107]于是魏文侯以为将，击秦，[108]拔五城。[109]

起之为将，与士卒最下者同衣食。卧不设席，[110]行不骑乘，[111]亲裹赢粮，[112]与士卒分劳苦。卒有病疽者，[113]起为吮之。[114]卒母闻而哭之。人曰："子，卒也，而将军自吮其疽，何哭为？"母曰："非然也。[115]往年吴公吮其父，其父战不旋踵，[116]遂死于敌。吴公今又吮其子，[117]妾不知其死所矣。[118]是以哭之。"

文侯以吴起善用兵，廉平尽能得士心，[119]乃以为西河守，[120]以拒秦、韩。

魏文侯既卒，起事其子武侯。[121]武侯浮西河而下，[122]中流，[123]顾而谓吴起曰："美哉乎，山河之固！此魏国之宝也。"起对曰："在德不在险。昔三苗氏左洞庭，右彭蠡，德义不修，禹灭之。[124]夏桀之居，左河、济，右泰、华，伊阙在其南，羊肠在其北，修政不仁，汤放之。[125]殷纣之国，左孟门，右太行，常山在其北，大河经其南，修政不德，武王杀之。[126]由此观之，在德不在险。若君不修德，舟中之人尽为敌国也。"武侯曰："善。"即封吴起为西河守，[127]甚有声名。

魏置相，相田文。[128]吴起不悦，谓田文曰："请与子论功，可乎？"田文曰："可。"起曰："将三军使士卒乐死，敌国不敢谋，子孰与起？"[129]文曰："不如子。"起曰："治百官，亲万民，实府库，[130]子孰与起？"文曰："不如子。"起曰："守西河而秦兵不敢东乡，[131]韩、赵宾从，[132]子孰与起？"文曰："不如子。"起曰："此三者，子皆出吾下，而位加吾上，何也？"文曰："主少国疑，[133]大臣未附，百姓不信，方是之时，属之于子乎？属之于我乎？"起默然良久，曰："属之子矣。"[134]文曰："此乃吾所以居子之上也。"吴起乃自知弗如田文。

田文既死，公叔为相，[135]尚魏公主而害吴起。[136]公叔之仆曰："起易去也。"公叔曰："奈何？"其仆曰："吴起为人节廉而自喜名也。[137]君因先与武侯言，[138]曰：'夫吴起，贤人也，而侯之国小，又与彊秦壤界，[139]臣窃恐起之无留心也。'[140]武侯即曰：'奈何？'君因谓武侯曰：'试延以公主，[141]起有留心则必受之，无留心则必辞矣。以此卜之。'[142]君因召吴起而与归，即令公主怒而轻君。[143]吴起见公主之贱君也，则必辞。"于是吴起见公主之贱魏相，果辞魏武侯。武侯疑之而弗信也。[144]吴起惧得罪，遂去。即之楚。[145]

楚悼王素闻起贤，[146]至则相楚。明法审令，[147]捐不急之官，[148]废公族疏远者，[149]以抚养战斗之士。[150]要在彊兵，破驰说之言从横者。[151]于是南平百越；[152]北并陈、蔡，[153]卻三晋；[154]西伐秦。

诸侯患楚之彊，故楚之贵戚尽欲害吴起。[155]及悼王死，宗室大臣作乱而攻吴起。吴起走之王尸而伏之。[156]击起之徒因射刺吴起，并中悼王。[157]悼王既葬，太子立，[158]乃使令尹尽诛射吴起而并中王尸者。[159]坐射起而夷宗死者七十馀家。[160]

太史公曰：世俗所称师旅，[161]皆道《孙子》十三篇，吴起《兵法》，[162]世多有，故弗论，论其行事所施设者。[163]语曰："能行之者未必能言；能言之者未必能行。"[164]孙子筹策庞涓，[165]明矣；然不能蚤救患于被刑。[166]吴起说武侯以形势不如德；然行之于楚，以刻暴少恩亡其躯。[167]悲夫！[168]

〔1〕古书中凡记事、立论和解释经典的文字都叫做"传"，并不限于专记一人的事迹。专记人物为一传的，便是司马迁作《史记》所创始的列传。列传有记一人的专传，有记数人的合传，也有"以类相从"（把行事相类的或性质相同的归在一起）的类传。这篇便是合传。

〔2〕子为古代对钦敬人物的尊称,孔子、墨子、庄子、孟子等都是适当的例子。孙武的称孙子,其例同。并其名称之,故曰孙子武。

〔3〕齐,西周姜姓封国,为太公吕望之后。有今山东省泰山以北全部和河北省天津南,卫河东,沿渤海一带地。《史记》有《齐太公世家》。

〔4〕吴,西周姬姓封国,相传为太伯之后。传至寿梦,始称王,见于《春秋》。吴王阖庐郎寿梦之孙,初名光。吴全盛时,有今江苏省全部、安徽省南部和山东省南部、安徽省北部的一小部。《史记》有《吴太伯世家》。

〔5〕今本《孙子》,曹操(魏武帝)作注的一本最著名。有《始计》、《作战》、《谋攻》、《军形》、《兵势》、《虚实》、《军事》、《九变》、《行军》、《地形》、《九地》、《火攻》、《用间》十三篇。

〔6〕勒兵,用兵法部勒军队。小试,小规模地试验,意指操演阵势。

〔7〕戟音棘,古兵器,戈之属,当时战争中常用武器。

〔8〕而,与汝同。汝知而……乎,犹言你知道你的心口,你的左、右手和你的背心么?

〔9〕约束,期约节制之意,就是纪律。既布即指上文"前,视心;……后视背"的期约已宣布明白。

〔10〕铁钺音夫越。铁是斫刀,钺是大斧,军中行刑之具。

〔11〕"三"、"五"虚用数字,反复再三之意。三令五申之,把前面已经宣布明白的约束,重复交代清楚。

〔12〕鼓之右,击鼓传令使向右行进。

〔13〕不如法,不依照约束,犹言不听令。吏士,什伍之长,当时即指两个队长。

〔14〕且,将要。

〔15〕趣使使下令,急派使者传下命令。趣读如促。

〔16〕《孙子·九变篇》:"将受命于君,君命有所不受。"曹操注:"苟

便于事,不拘君命。"此语实本于司马穰苴对齐景公所说的"将在军,君令有所不受"。

〔17〕徇音旬,巡行示众。

〔18〕用其次,挨次拔用第二人。

〔19〕中读去声,合适。规矩绳墨本为匠人求圆、作方、取直所用的工具,此借喻约束律令。中规矩绳墨即一切合式。

〔20〕无敢出声即寂静无哗,正与上面两番大笑对照。

〔21〕唯,尽管;任便;如意。唯王所欲用之,随大王的意怎么使用他们都成。与上面"中规矩绳墨"和下面"虽赴水火犹可"相应。

〔22〕罢休就舍,犹言你且到客舍去歇息罢。表示无可奈何的口气。

〔23〕楚,西周芈(音米)姓封国,最初受封的是鬻熊之后熊绎。传至熊通,称武王,初见于《春秋》。渐次兼并江、汉间诸国,至春秋末年,占有今湖北省全部、湖南省北部、河南省南部、安徽省北部(到战国时已兼包吴、越,疆域尤大)。中原诸国都惧怕它,故称疆楚。《史记》有《楚世家》。郢(音颖),楚都,即今湖北省江陵县北十里的纪南城。熊通的子孙平王居迁都于江陵县东南,仍称郢。入郢,指公元前五〇六年(周敬王十四年,楚昭王十年,吴王阖庐九年)伍子胥导吴伐楚,五战入郢事。此郢即江陵县东南的故郢城。

〔24〕晋,西周姬姓封国,武王子叔虞之后。春秋时为北方强国,迭与秦、楚争霸。全盛时,有今山西省中南大部、河北省西南大部、陕西省泾水以东大部、河南省西部和北部一小部。《史记》有《晋世家》。北威齐、晋,指公元前四八四年(周敬王三十六年、吴王夫差十二年、齐简公元年)吴救鲁伐齐,战于艾陵,齐师败绩事,和公元前四八二年(周敬王三十八年、吴王夫差十四年、晋定公三十年)吴、晋相会于黄池争长事。

〔25〕伐楚入郢在阖庐时,北威齐、晋在夫差时,《春秋》俱不见孙武为将。此处以"与有力焉"虚点一笔,大概是说吴势之强,实在是无形中

受到孙武兵法的赐与。

〔26〕孙膑不传其名。因为他被庞涓截去两脚而后成就显名的,世便以刑徒的称呼相传以为绰号。膑,刖也,断足之刑。

〔27〕阿(音窝),齐邑,即今山东省阳谷县东北五十里的阿城镇。(参看《项纪》校释〔113〕)鄄(音绢),卫邑,后入齐,即今山东省鄄城县。生阿、鄄之间,言自幼生长于两邑之间。

〔28〕庞涓,魏人。

〔29〕魏,战国七雄之一。毕万之后,世为晋卿。传至魏斯,与韩、赵分晋立国,是为魏文侯。都安邑(今山西省的县),得晋之东南和西部地,其孙魏罃始称王,徙都大梁,(今河南省开封市)是为魏惠王。惠王徙都后,改国为梁,故其后"梁"、"魏"杂称。下文"梁、赵相攻"和"大破梁军"的梁,都指魏;孟子见梁惠王,即魏惠王。《史记》有《魏世家》。

〔30〕阴使召膑,暗地派人招孙膑,做他自己的辅佐。

〔31〕贤于己,才能胜过自己。疾之,妒忌孙膑。疾,嫌恶;忌恨。

〔32〕以法刑断其两足,假借罪名,处孙膑以刖刑。黥,刺面,即墨刑。这样地刖其足而刺其面,是要他不能行动,不得见人,即所谓欲隐勿见。见读如现。

〔33〕这时派使者到大梁去的齐,已非春秋时的姜齐了。姜齐传至康公,被田和所篡,仍号齐国(后人亦称田齐,以区别于姜齐)。田和的孙儿田因齐始称王,是为齐威王,齐遂列为战国七雄之一。占有今山东省全部和河北省的东南一小部地。他在位四十六年(公元前三七八—前三三三)。《史记》有《田敬仲完世家》。

〔34〕以刑徒阴见,以罪犯的身分暗地里见到齐使。

〔35〕说齐使,以兵法或技能向齐使游说。

〔36〕窃载与之齐,偷偷地同载车中,带往齐国。

〔37〕田忌,齐之宗族。善而客待之,信服孙膑之能,而以客礼款

待他。

〔38〕数与齐诸公子驰逐重射,屡次与诸公子赛马打赌。重射即很丰的赌注。数读入声。

〔39〕辈,等也。上、中、下辈,上、中、下三等,即下文的上驷、中驷、下驷,上文的"马足"就是指马的足力。

〔40〕弟,但也,亦作"第",引申有尽义。弟重射,言尽可下重注,与下文"千金"相应。

〔41〕质,对也。临质,临场比赛。

〔42〕进,荐进。

〔43〕以为师,尊以为师,即师事之。与后文"孙子为师"的师不同,详见〔47〕。

〔44〕赵,战国七雄之一。赵夙之后,世为晋卿。传至赵籍,与韩、魏分晋立国,是为赵烈侯。都邯郸,得晋北部之地。《史记》有《赵世家》。

〔45〕欲将孙膑,欲以孙膑为将。

〔46〕刑馀之人谓遭受过刑戮的人。不可,谦辞。实亦不欲显居其名,好瞒过庞涓的耳目罢了。

〔47〕孙子为师,以孙膑为参谋,虽居田忌之次,实即所谓军师。

〔48〕辎(音滋)车,有邸(车篷)之车。所以别于无邸之軿。居辎车中,仍不欲使敌方知道罢了。

〔49〕坐为计谋,暗中策画。

〔50〕杂乱纷纠谓乱丝。控是抓紧。捲与拳通。解杂乱纷纠者不控捲,言理乱丝只能用手徐徐解开,不能抓紧了拳头使劲的。撠与击同。救斗者不搏撠,言劝解斗殴,只能善为分解,不能插手帮打的。

〔51〕批,抛撇。亢,充满。擣音捣,冲击。批亢擣虚谓撇开敌人充实的处所,冲击敌人空虚的地方,即所谓避实击虚。格,扞格。禁,顾忌。形格势禁,言敌人实际上发生了矛盾,在运用上必然有所顾忌的。

〔52〕轻兵,行动迅疾的战士。锐卒,精锐的战士。互文同义。

〔53〕罢与疲同。与上"竭"字合看,即所谓内外交疲。

〔54〕疾,快速。走音奏,趋向。疾走大梁,赶快冲向大梁。

〔55〕据其街路,截断他的交通线。

〔56〕方虚,正当空虚的地区。

〔57〕收弊于魏,坐收魏军自弊之效。

〔58〕去邯郸,解围离去赵都。

〔59〕桂陵,魏地,在今山东省菏泽县东北二十里。

〔60〕十三岁,蜀本、百衲宋本、黄善夫本、汲古本都作"十五年"。此本从单索隐本。会注本与此同。按桂陵之役在公元前三五三年(周显王十六年、齐威王二十六年、魏惠王十八年),马陵之役在公元前三四一年(周显王二十八年、齐威王三十八年、魏惠王三十年)。其间相去恰十三年,当从。

〔61〕韩,战国七雄之一。春秋时,晋封韩武子于韩原,其后世为晋卿。至韩虔,与赵、魏分晋立国,是为韩景侯。都阳翟(今河南省禹县),得晋之南部和中部一带地。《史记》有《韩世家》。

〔62〕既已过而西,言齐国趋向大梁的兵,已过齐界,西入魏境了。

〔63〕三晋本泛指赵、魏、韩。此处却侧重魏兵。

〔64〕因魏兵以齐兵为怯,齐兵遂伪装胆怯逃亡,诱令魏兵上当。此即因其势而利导之。

〔65〕趣同趋。蹶,挫跌。百里而趣利者蹶上将,五十里而趣利者军半至,言一日夜追逐胜利于百里之外,则赶到的疲乏不堪,掉队的很多,给养供应不及,虽上将必有挫折之虞;即使追逐五十里,尚恐前后不相接,军队一半能到,一半便不能到呢。此引《孙子·军争篇》语而少变其文。

〔66〕逐日减灶,伪示胆怯而撤退。三万灶,蜀本、百衲本、汲古本都

作"二万灶"。黄本、会注本都与此本同。

〔67〕亡者过半,逃亡的士兵已超过半数。

〔68〕弃,蜀本、百衲本、黄本、汲古本都作"棄",下面都同。会注本则与此本同。步军即步兵。

〔69〕轻锐,轻兵锐卒。倍日并行逐之,两日的路程并一日赶,穷追奔逃的敌人。

〔70〕度其行,估计庞涓追兵的行程。度读入声,估量。

〔71〕暮当至马陵,当晚可以赶到马陵。马陵,魏地,在今河北省大名县东南十里。

〔72〕陕,黄本、汲古本、会注本都作"狭"(编者按:繁体作"狹")。蜀本、百衲本则与此本同。按陕,山间隘道也,为峡之本字,亦通作狭,与陕西的陕字从两"入"者不同。

〔73〕阻隘,险阻峻隘的地方。

〔74〕斫大树白而书之,削去大树的外皮,即在露出的白木上写字。书,写也,动词。于,汲古本作"於",蜀本、百衲本、黄本、会注本都与此本同。

〔75〕善射者万弩,选能射的弩手一万人。

〔76〕夹道而伏,分头埋伏在近旁的阻隘之处。

〔77〕期曰,汲古本作"期日"。按期,约也。期日即刻日,仅为约期;期曰则约期之中兼带说话了。自以期曰之义为长。

〔78〕钻火烛之,取火来照这树上的字。古人钻木取火,后虽有刀燧之利,仍沿旧称曰钻火。烛,照亮。

〔79〕读其书,读白木上所写的字。书,名词,指写的字。未毕,尚未读完。

〔80〕相失,溃散乱窜,彼此失去联系。

〔81〕刭,割颈自杀。参看《项纪》校释〔535〕。

〔82〕遂成竖子之名,犹言成就了这小子的声名了。参看《项纪》校释〔348〕。

〔83〕太子申,魏惠王之太子。申既被虏死于齐,惠王乃立公子赫为太子,后继位为魏襄王(亦作梁襄王)。

〔84〕杜佑《通典·兵典二》:孙膑曰:"用骑有十利……"《太平御览》二百八十二引《战国策》:齐孙膑谓王曰:"凡伐国之道,攻心为上,务先伏其心……"世传其兵法,今仅存此而已。(编者按:1972年山东临沂银雀山一号汉墓出土了大量竹简,其中有《孙膑兵法》,经整理,竹简书虽非全本,但有十五篇可以确定为《孙膑兵法》的文章。)

〔85〕卫,西周姬姓封国,为武王弟康叔之后。有今河南省北部、山东省西部、河北省南部的各一部和山西省东南的一小角之地。战国时沦为魏之附庸,疆土日蹙。但它在春秋诸国中,最为后灭,直到秦二世时始绝。《史记》有《卫康叔世家》。

〔86〕曾子名参,鲁人,孔子弟子。尝学于曾子,曾经从曾子求学。

〔87〕鲁,西周姬姓封国,周公子伯禽之后。有今山东省南部和江苏省北部一小部之地。战国末年,被楚所灭。《史记》有《鲁周公世家》。吴起所事之鲁君,史不著谁某,以年推之,当为穆公显。

〔88〕就名,犹徇名,只要自己成名立业,便不择手段来求它实现。

〔89〕不与齐,不党附于齐国。

〔90〕恶读去声,憎恨;谮毁。此为谮毁义,就是借端说坏话。参看《陈丞相世家》校释〔128〕。

〔91〕为人,做人之道。猜忍,疑忌残刻。起之为人猜忍人也,犹言吴起这人真是个忍心残酷的人啊!

〔92〕遂,顺从。游仕不遂,游历求官,不曾如他的心愿。当时游说的风气已逐渐展开,非贵族的知识分子到处找门路,碰机会,当然要费用的。所求不遂,等于白费,故下接云遂破其家。

〔93〕乡党,邻里亲戚。

〔94〕谤己者,指讥笑吴起的人。

〔95〕郭门,外城的城门。古时城之外有郭,即套城。今之瓮城或月城便是郭的遗迹。

〔96〕诀音决,话别。

〔97〕啮音孽,噬也。啮臂而盟,在胳膊上咬一口,狠狠地发誓,就是血淋淋地赌咒。

〔98〕卿相,泛指高官尊爵。

〔99〕薄犹轻。因吴起母丧不归,曾子看轻他,故云薄之。

〔100〕绝,断绝。此言断绝关系。

〔101〕图,图谋。图鲁矣,犹言要对鲁国打主意了。

〔102〕鲁、卫两国俱出姬姓,故云兄弟之国。

〔103〕谢,辞谢。较"绝"字略轻,有疏远不信任之意。

〔104〕魏文侯即魏开国之君魏斯。在同时的诸侯中是有贤名的。

〔105〕李克即李悝(音恢),魏之贤臣。教民尽地力,又创平粜法,魏国因以富强。

〔106〕贪指贪慕荣名,就是说吴起破产求仕,杀妻求将。应与前"就名"和后"自喜名"对看。

〔107〕司马穰苴,春秋齐人,本姓田。精通兵法。景公时,因晏婴荐,将兵拒退燕、晋之师。尊为大司马,遂称司马穰苴。其后田齐威王时,使大夫追论古者司马兵法,而附穰苴于其中,因号曰"司马穰苴兵法"。《史记》有《司马穰苴列传》。

〔108〕秦,西周嬴姓封国,秦嬴之后。初在陇西,为附庸邑。至襄公时,因逐去犬戎功,周平王赐以岐、丰之地,始列为诸侯。其后世代相延,逐渐发展,占有今陕西省中部和甘肃省东南部之地,竟成西方的霸主。入战国后,扩地益大,兼并巴、蜀。下及始皇,统一中国。《史记》于《秦

始皇本纪》外,另作《秦本纪》来记述它。

〔109〕拔五城不详。按《史记·六国表》,魏文侯十六年伐秦,筑临晋、元里;十七年伐秦,至郑还,筑洛阴、郃阳。当与此有关。

〔110〕席,茵褥。不设席,不用茵褥而卧草具。

〔111〕骑乘,跨马或乘舆,汲古本作"乘骑",则专指骑马。

〔112〕亲裹,亲自捆扎。赢粮,馀粮。连起来说,把爨馀的粮食,与士兵各自捆扎了一同带走。

〔113〕疽音苴,痈疮。

〔114〕以口就吸叫吮,音隽。

〔115〕非然也,犹云不是这么说。言非为其子受宠而哭,此哭乃别有原故的。

〔116〕旋,旋转。踵,脚跟。不旋踵,喻其速,言快得不待转动脚跟。战不旋踵,战了不多时便死,故下接遂死于敌。或释为"奋勇不向后转",也通。

〔117〕又吮其子,会注本无"其"字。

〔118〕妾,古时妇女自称的谦辞,犹男子对人自谦称"仆"。死所,死的地方或死的时候。不知其死所,不晓得他在什么地方死或什么时候死。

〔119〕廉平,自奉刻苦而待人公平。故尽能得士心。

〔120〕西河相当于今陕西省渭南专区一带地方,在黄河之西。这一段黄河即《禹贡》雍州之西河,地因此名。子夏居西河设教,吴起为西河守,都指这一带地。守为当时守土治民的职名,后来郡县制度确立,便为一郡长官的专称。

〔121〕武侯名击,惠文王之父。

〔122〕浮西河而下,泛舟于黄河而顺流南下。此西河指今山西、陕西两省之间那段纵流南下的黄河,与西河守所管领的西河是指地区说的

不同。

〔123〕中有半义。中流当作半途解。

〔124〕三苗氏即有苗氏,舜时南方的部落。洞庭即今湖南省北部的洞庭湖。彭蠡即今江西省北部的鄱阳湖。三苗不修德,虽左恃洞庭、右恃彭蠡之险,禹卒能灭之。修,蜀本、百衲本、黄本、汲古本都作"脩",下面都是这样。会注本则与此本同。

〔125〕夏桀,夏代末了的王。河、济,黄河、济水。泰、华,泰山、华山。伊阙,山名,在今河南省洛阳市西南三十里。羊肠,坂名,在今河南省沁阳县北,坂道长凡四十里,阔仅三步。夏桀不仁,虽拥有此等险要,商汤卒能放逐之。

〔126〕殷纣,商代最后之王。孟门,山名,在今山西省吉县西七十里。太行,山名,在今河南省沁阳县北二十里。常山即恒山。大河即黄河。殷纣不德,虽恃诸险,周武王卒能杀之。

〔127〕封,署置。即封,就是立刻重署以为当地之官,应作"再任"解。即封西河守,就是复任西河守。有人泥看了"封"字,认"即封"二字为衍文,并不恰当。

〔128〕相田文,以田文为魏国之相。此下,《史记》采《吕氏春秋·执一篇》文,但田文《吕氏》作商文。就下面的对话来推测,田文当是魏国的贵戚重臣。

〔129〕子孰与起,犹言你我比起来谁强?

〔130〕府库,储藏之地。实府库,理财节用,使府库充实。

〔131〕乡同向。不敢东乡,不敢向东来侵犯。秦在魏西,故云然。

〔132〕宾,主之对。从,属也;附也。宾从有归附义。此为夸大之辞,其实只能争取到两个与国罢了。

〔133〕国家新遭大故,而继位的君主又年幼无知,这叫做主少国疑。

〔134〕属之即"属之于"。不过上面的两个"属之于",语气较缓和,

饶有磋商的神态；此则决定口气，出语自急。古代文字中每有急读、缓读的地方，此等处体会一下便能明白。

〔135〕公叔，韩之公族。

〔136〕尚，娶也。公主，君主的女儿。古时臣娶君女叫"尚"，君女出嫁叫"下嫁"。害，畏忌。公叔自恃魏婿，而才不及田文，怕吴起不能安心处在他的下面，所以忌他。

〔137〕节廉而自喜名，言其喜欢摆架子而且好名，即所谓自高自大。参看《陈丞相世家》校释〔73〕。

〔138〕君因先与武侯言，公叔之仆的教唆语，犹言你可趁机先向武侯说。以下便是挑唆的诡计。

〔139〕壤界，接壤连界。与彊秦壤界，谓与秦国靠近。彊，蜀本、百衲本、汲古本都作"强"。

〔140〕无留心，没有久留仕魏之心，而说他意向彊秦。

〔141〕延，逗引。试延以公主，把欲令吴起尚公主的意图试探他。

〔142〕以此卜之，即以吴起肯不肯尚公主一事来决定他究竟有没有留魏之心。卜，占卜。此有推断义。

〔143〕令公主怒而轻君，故意激怒公主，使她诃责你。轻有鄙薄诮责义。这是要把公叔之妻做例子，使吴起害怕尚公主这件事。

〔144〕魏武侯受了谗人的坏话，便怀疑吴起而不再信任了。

〔145〕即之楚，离魏后立即南往楚国。

〔146〕楚悼王名疑，声王之子。素闻起贤，平日即知道吴起的贤名。

〔147〕审，察也；信也。审令，令出必行，就是信赏必罚。汲古本审作"横"，该是错的。

〔148〕捐不急之官，裁汰无关紧要的冗员。捐，弃置。

〔149〕废公族疏远者，省去公家疏属的供养例分。

〔150〕抚养战斗之士，厚待战士并抚慰军属。

〔151〕从横即从衡,亦作纵横,为当时外交上的政策,详参《陈涉世家》校释〔155〕。一般游谈之士,每多假借从横之说,四出投机。吴起治楚,循名核实,所以要破驰说之言从横者。驰说,空腾口说。

〔152〕百越已见《项纪》校释〔393〕。

〔153〕陈,西周妫姓封国,舜裔胡满之后。有今河南省东部和安徽省西北一小部地。《史记》有《陈杞世家》,与杞国合记。蔡亦西周封国,姬姓,武王弟叔度之后。有今河南省中部一带地。《史记》有《管蔡世家》,兼及管叔事。

〔154〕卻,拒绝;排除。从卩,从谷(音豁,口上绉纹,与"谷"别),不从去(谷之变去,因隶书转写篆书而误)。蜀本讹作"却",百衲本、黄本、汲古本都讹作"却"。惟会注本与此本同,不误。三晋泛指韩、魏、赵,此则仅指韩、魏。参看前〔63〕。

〔155〕故楚之贵戚,旧时被废的疏远公族。尽欲害吴起,都要加害于他,害是谋害,与前面作忌害解的不同。汲古本无"欲"字,则尽害吴起当作都忌他解,意反松缓。自以有"欲"字的为长。

〔156〕走之王尸而伏之,逃往悼王停尸的地方躲藏起来。因下有并中王尸事,亦可解作"伏在王尸之上"。

〔157〕并中悼王,连悼王的尸体一起射着。中读去声。

〔158〕太子名臧,即楚肃王。

〔159〕令尹,楚执政大臣,犹首相。

〔160〕坐,因也。夷,平也。夷宗,灭族,参看《项纪》校释〔24〕。

〔161〕师旅,军旅之事。称师旅,盛道军事的得失。

〔162〕《汉书·艺文志》记有吴起四十八篇,在兵权谋家。即《吴起兵法》。《隋书·经籍志》有《吴起兵法》一卷,贾诩注。按今存者,《图国》、《料敌》、《治兵》、《论将》、《变化》、《励士》六卷而已。

〔163〕论其行事所施设者,只论他们行为设施的事实。

〔164〕引当时流行的成语。

〔165〕筹策,揣度料量,相当于"料敌如神"的"料"。

〔166〕蚤同早。不能蚤救患于被刑,不能早早自免于刖足的苦刑。

〔167〕刻暴少恩,指得罪故楚贵戚(其实该另作看法)。亡其躯,丧失身躯,犹言送命。

〔168〕悲夫,叹二人的能言不能行。夫音扶,句末语助辞,相当于口语的"呵"或"啊"。

商君列传

　　商君者,卫之诸庶孽公子也,[1]名鞅,姓公孙氏,[2]其祖本姬姓也。鞅少好刑名之学,[3]事魏相公叔痤为中庶子。[4]公叔痤知其贤,未及进。会痤病,魏惠王亲往问病,曰:"公叔病有如不可讳,[5]将奈社稷何?"[6]公叔曰:"痤之中庶子公孙鞅,年虽少,有奇才,愿王举国而听之!"王嘿然。[7]王且去,痤屏人言曰:[8]"王即不听用鞅,必杀之,无令出境。"王许诺而去。公叔痤召鞅谢曰:"今者王问可以为相者,我言若,[9]王色不许我。[10]我方先君后臣,[11]因谓王即弗用鞅,当杀之。王许我。汝可疾去矣,[12]且见禽。"[13]鞅曰:"彼王不能用君之言任臣,又安能用君之言杀臣乎?"卒不去。惠王既去,而谓左右曰:"公叔病甚,悲乎,欲令寡人以国听公孙鞅也,岂不悖哉!"[14]

　　公叔既死,公孙鞅闻秦孝公下令国中求贤者,[15]将修缪公之业,[16]东复侵地。[17]迺遂西入秦,[18]因孝公宠臣景监以求见孝公。[19]孝公既见卫鞅,语事良久,孝公时时睡,弗听。罢而孝公怒景监曰:[20]"子之客妄人耳,[21]安足用邪!"景监以让卫鞅。[22]卫鞅曰:"吾说公以帝道,[23]其志不开悟矣。"[24]后五日,复求见鞅。[25]鞅复见孝公,益愈,[26]然而未中旨。[27]罢而孝公复让景监,景监亦让鞅。鞅曰:"吾语公以王道而未入也,[28]请复见鞅。"鞅复见孝公,孝公善之而未用也。罢而去,孝公谓景监曰:"汝客善,可与语矣。"鞅曰:"吾说公以霸道,[29]其意欲用之矣。诚复见我。我知之矣。"[30]卫鞅复见孝公,公与语,不自知厀之前于席也。[31]语数日不厌。景监曰:"子何以中吾君?吾君之驩甚也。"[32]鞅曰:"吾说君以帝王之道比三代,[33]而君曰'久远,吾不能待,且贤君者,各及其身显名天下,安能邑邑待数十百年以成帝王乎?'[34]故吾以彊国之术说君,君大说之耳。[35]然亦难以比德于殷、周矣。"[36]

孝公既用卫鞅,鞅欲变法,[37]恐天下议己。卫鞅曰:"疑行无名,疑事无功。[38]且夫有高人之行者,固见非于世;[39]有独知之虑者,必见敖于民。[40]愚者闇于成事,[41]知者见于未萌。[42]民不可与虑始而可与乐成。[43]论至德者不和于俗,[44]成大功者不谋于众。[45]是以圣人苟可以彊国,不法其故;[46]苟可以利民,不循其礼。"[47]孝公曰:"善。"甘龙曰:[48]"不然。圣人不易民而教,知者不变法而治。[49]因民而教,不劳而成功。[50]缘法而治者,吏习而民安之。"[51]卫鞅曰:"龙之所言,世俗之言也。常人安于故俗,学者溺于所闻,[52]以此两者居官守法可也,[53]非所与论于法之外也。[54]三代不同礼而王,[55]五伯不同法而霸。[56]智者作法,愚者制焉;贤者更礼,不肖者拘焉。"[57]杜挚曰:[58]

"利不百,不变法;功不十,不易器。[59]法古无过,循礼无邪。"[60]卫鞅曰:"治世不一道,便国不法古。故汤、武不循古而王,夏、殷不易礼而亡。[61]反古者不可非,而循礼者不足多。"[62]孝公曰:"善。"以卫鞅为左庶长,[63]卒定变法之令。[64]

令民为什伍,[65]而相收司连坐。[66]不告奸者腰斩,[67]告奸者与斩敌首同赏,[68]匿奸者与降敌同罚。[69]民有二男以上不分异者,倍其赋。[70]有军功者,[71]各以率受上爵。[72]为私斗者,各以轻重被刑大小。[73]僇力本业耕织,[74]致粟帛多者,[75]复其身。[76]事末利及怠而贫者,[77]举以为收孥。[78]宗室非有军功论,[79]不得为属籍。[80]明尊卑爵秩等级,各以差次;名田宅臣妾衣服以家次。[81]有功者显荣,无功者虽富无所芬华。[82]

令既具,[83]未布,[84]恐民之不信己,乃立三丈之木于国都市南门,[85]募民有能徙置北门者予十金。[86]民怪之,[87]莫敢徙。复曰:"能徙者予五十金。"有一人徙之,辄予五十金,[88]以明不欺。卒下令。

令行于民朞年,[89]秦民之国都言初令之不便者以千数。[90]于是太子犯法。[91]卫鞅曰:"法之不行,自上犯之。"[92]将法太子。[93]太子,君嗣也,不可施刑;刑其傅公子虔,黥其师公孙贾。[94]明日,秦人皆趋令。[95]行之十年,秦民大说,[96]道不拾遗,[97]山无盗贼,家给人足。[98]民勇于公战,怯于私斗,乡邑大治。[99]秦民初言令不便者有来言令

便者,〔100〕卫鞅曰:"此皆乱化之民也。"〔101〕尽迁之于边城。〔102〕其后民莫敢议令。〔103〕

于是以鞅为大良造,〔104〕将兵围魏安邑,降之。〔105〕居三年,作为筑冀阙宫庭于咸阳,〔106〕秦自雍徙都之。〔107〕而令民父子兄弟同室内息者为禁,〔108〕而集小都乡邑聚为县,〔109〕置令、丞。〔110〕凡三十一县。为田开阡陌封疆,而赋税平。〔111〕平斗桶权衡丈尺。〔112〕行之四年,公子虔复犯约,劓之。〔113〕居五年秦人富彊,天子致胙于孝公,〔114〕诸侯毕贺。〔115〕其明年,齐败魏兵于马陵,虏其太子申,杀将军庞涓。〔116〕

其明年,卫鞅说孝公曰:"秦之与魏,譬若人之有腹心疾,非魏并秦,秦即并魏。何者?魏居领阨之西,〔117〕都安邑,〔118〕与秦界河而独擅山东之利。〔119〕利则西侵秦,病则东收地。〔120〕今以君之贤圣,国赖以盛。而魏往年大破于齐,诸侯畔之,可因此时伐魏。魏不支秦,必东徙。〔121〕东徙,秦据河山之固,东乡以制诸侯,〔122〕此帝王之业也。"〔123〕孝公以为然。使卫鞅将而伐魏。魏使公子卬将而击之。〔124〕军既相距,〔125〕卫鞅遗魏将公子卬书曰:"吾始与公子驩,〔126〕今俱为两国将,不忍相攻。可与公子面相见,盟,乐饮而罢兵,〔127〕以安秦、魏。"魏公子卬以为然。会盟已,饮,而卫鞅伏甲士而袭虏魏公子卬,因攻其军,尽破之以归秦。〔128〕魏惠王兵数破于齐、秦,〔129〕国内空,〔130〕日以削,〔131〕恐。〔132〕乃使使割河西之地献于秦以和。〔133〕而魏遂去安邑,〔134〕徙都大梁。〔135〕梁惠王曰:"寡人恨不用公叔痤之言也。"〔136〕卫鞅既破魏还,秦封之於、商十五邑,〔137〕号为商君。

商君相秦十年,宗室贵戚多怨望者。〔138〕赵良见商君。〔139〕商君曰:"鞅之得见也,从孟兰皋,〔140〕今鞅请得交可乎?"〔141〕赵良曰:"仆弗敢愿也。孔丘有言曰:'推贤而戴者进,聚不肖而王者退。'〔142〕仆不肖,〔143〕故不敢受命。仆闻之,曰:'非其位而居之曰贪位,非其名而有之曰贪名。'仆听君之义,〔144〕则恐仆贪位、贪名也。故不敢闻命。"〔145〕商君曰:"子不说吾治秦与?"〔146〕赵良曰:"反听之谓聪,内视之谓明,自胜之谓彊。〔147〕虞舜有言曰:'自卑也尚矣。'〔148〕君不若道虞舜之道,〔149〕无为问仆矣。"〔150〕商君曰:"始秦,戎、翟之教,〔151〕父子无别,同室而居。今我更制其教,而为其男女之别,大筑冀阙,营如鲁、卫矣。〔152〕子观我治秦也,孰与五羖大夫贤?"〔153〕赵良曰:"千羊之皮,不如一狐之掖;〔154〕千人之诺诺,不如一士之谔谔。〔155〕武王谔谔以昌,殷纣墨墨以亡。〔156〕君若不非武王乎,〔157〕则仆请终日正言而无诛,〔158〕可乎?"商君曰:"语有之矣:〔159〕'貌言,华也;至言,实也;苦言,药也;甘言,疾也。'〔160〕夫子果肯终日正言,〔161〕鞅之药也。鞅将事子,子又何辞焉!"〔162〕赵良曰:"夫五羖大夫,荆之鄙人也。〔163〕闻秦缪公之贤而愿望见,行而无资,自粥于秦客,〔164〕被褐食牛。〔165〕期年,〔166〕缪公知之,举之牛口之下,而加之百姓之上,〔167〕秦国莫敢望焉。[168]相秦六七年,而东伐郑,三置晋国之君,一救荆国之祸。[169]发教封内,而巴人致贡。[170]施德诸侯,而八戎来服。[171]由馀闻之,款关请见。[172]五羖大夫之相秦也,劳不坐乘,暑不张盖,[173]行于国中,不从车乘,不操干戈,[174]功名藏于府库,[175]德行施于后世。五羖大夫死,秦国男女流涕,童子不歌谣,[176]舂者不相杵。[177]此五羖大夫之德也。今君之见秦王也,因嬖人景监以为主,[178]非所以为名也。[179]相秦不以百姓为事,而大筑冀阙,非所以为功也。[180]刑黥太子之师傅,残伤民以骏刑,[181]是积怨畜祸也。[182]教之化民也深于命,民之效上也捷于令。[183]今君又左建外易,[184]非所以为教也。[185]君又南面而称寡人,[186]日绳秦之贵公子。[187]《诗》曰:'相鼠有体,人而无礼;人而无礼,何不遄死。'[188]以《诗》观之,非所以为寿也。[189]公子虔杜门不出已八年矣,君又杀祝懽而黥公孙贾。[190]《诗》曰:'得人者兴,失人者崩。'[191]此数事者,非所以得人也。君之出也,后车十数,[192]从车载甲,[193]多力而骈胁者为骖乘,[194]持矛而操阘戟者旁车而趋。[195]此一物不具,君固不出。[196]《书》曰:'恃德者昌,恃力者亡。'[197]君之危若朝露,[198]尚将欲延年益寿乎?则何不归十五都,[199]灌园于鄙,[200]劝秦王显岩穴之士,[201]养老存孤,[202]敬父兄,序有功,尊有德,[203]可以少安。[204]君尚将贪商、於之富,宠秦国之教,[205]畜百姓之怨,秦王一旦捐宾客而不立朝,[206]秦国之所以收君者,[207]岂其微哉?〔208〕亡可翘足而待!"〔209〕商君弗从。

后五月而秦孝公卒,太子立。〔210〕公子虔之徒告商君欲反,〔211〕发吏捕商君。商君亡,至关下,〔212〕欲舍客舍。〔213〕客人不知其是商君也,〔214〕曰:"商君之法,舍人无验者坐之。"〔215〕商君喟然叹曰:〔216〕"嗟乎!为法之敝,一至此哉!"〔217〕去之魏。〔218〕魏人怨其欺公子卬而破魏师,弗受。商君欲之他国。〔219〕魏人曰:"商君,秦之贼。〔220〕秦彊,而贼入魏,弗归,〔221〕不可。"遂内秦。〔222〕商君既复入秦,走商邑,〔223〕与其徒属发邑兵北出击郑。〔224〕秦发兵攻商君,杀之于郑黾池。〔225〕秦惠王车裂商君以徇,〔226〕曰:"莫如商鞅反者!"〔227〕遂灭商君之家。

太史公曰:〔228〕商君其天资刻薄人也。〔229〕迹其欲干孝公以帝王术,〔230〕挟持浮说,〔231〕非其质矣。〔232〕且所因由嬖臣,及得用,刑公子虔,欺魏将卬,不师赵良之言,亦足发明商君之少恩矣。〔233〕余尝读商君开塞耕战书,〔234〕与其人行事相类。卒受恶名于秦,〔235〕有以也夫!〔236〕

〔1〕卫,已见《孙子吴起列传》校释〔85〕,商君时,卫已沦为魏国的附庸了。诸庶孽公子,旁支侧出之子,在公室讲,已为疏属。会注本无"公"字。

〔2〕春秋之世,国君之孙皆谓之公孙,故鞅为公孙氏(古代姓、氏有别,详《项纪》校释〔6〕)。以出于卫,故下云其祖本姬姓也。公孙鞅亦称

卫鞅,以此。后封于商,号商君,故又称商鞅。

〔3〕刑名之学,犹法律学。以名责实,执法相绳,谓之刑名。

〔4〕公叔,氏;痤(音磋),名。蜀本、百衲宋本、黄善夫本、汲古阁本"痤"皆作"座"。中庶子本为掌公族之官。战国时,大夫之家有中庶子,有舍人,是中庶子稍高于舍人。

〔5〕讳,忌讳。有如不可讳,犹言倘有不测。世俗忌言死,后竟以"不讳"代死去。

〔6〕将奈社稷何,犹言国家前途将怎么样,有付托何人之意。

〔7〕嘿同默。

〔8〕屏读去声。屏人言,遣退左右从人,彼此作密谈。

〔9〕我言若,犹言我举荐了你。

〔10〕色不许我,与上"嘿然"相应,言察其神色并不应许。

〔11〕我方先君后臣,言在我的立场,当先尽君上,后及臣下。

〔12〕疾去矣,犹言赶快走罢。

〔13〕且见禽,言不去即将被捉。见,受也;被也。禽同擒。

〔14〕悖音佩,惑乱;荒谬。岂不悖哉,叹公叔痤的老悖糊涂。

〔15〕秦孝公已见《陈涉世家》校释〔148〕。下令求贤详下〔17〕。

〔16〕缪公即穆公任好(缪读如穆),秦国第十三君,在位三十九年(公元前六五九—前六二一)。其十五年,始见于《春秋》,为当时五霸之一。修,蜀本、百衲本并作"脩"。业,霸业。

〔17〕孝公即位,下令国中曰:"昔我穆公,自岐、雍之间,修德行武,东平晋乱,以河为界,西霸戎、翟,广地千里。天子致约,诸侯毕贺,为后世开业甚光美。会……国家内忧,未遑外事,三晋攻夺我先君河西地,诸侯卑秦,丑莫大焉。……寡人思念先君之意,常痛于心。宾客群臣有能出奇计彊秦者,吾且尊官与之分土。"东复侵地,欲复取河西。

〔18〕迺同乃。

〔19〕景,姓,楚族。监,阉人。景监,姓景的太监。

〔20〕罢,会见退出之后,怒景监,心恼景监的错举。

〔21〕妄人,大言欺人之辈。

〔22〕以让卫鞅,因孝公之怒而埋怨公孙鞅。让是口责,与心恼之"怒"相应。

〔23〕说音税。帝道,五帝之道,即当时尊信相传的尧、舜之道。

〔24〕开悟犹领会。

〔25〕复求见鞅,景监再向孝公求请进见公孙鞅。

〔26〕益愈,反复前日之论,略加修正些。即由帝道渐入王道。

〔27〕未中旨,未能合孝公的意旨。

〔28〕王道,三王之道,即当时盛传的夏禹、商汤、周文王、武王之道。未入,未能投契动听。

〔29〕霸道,五霸之道,即以尊王攘夷为号召的齐桓、晋文之道。

〔30〕诚复见我,我知之矣,犹言果能再见我,我已知道怎样说法了。

〔31〕郄,膝之本字。蜀本讹作"郯",百衲本讹作"郄",汲古本讹作"郄";会注本径作"膝"。不自知郄之前于席,不自觉地移座挪近公孙鞅。古代的坐法,下衬茵褥(席),以两膝据席,全身端直,臀部安于足跟之上,与今日本人的坐法正同。膝之前席,移两膝向前,近于坐席的边缘,凑着对话的人。故古人叫登门拜访做"造膝",叫移座靠拢做"前席"。

〔32〕中吾君,犹言被吾君所看中。骧同欢。

〔33〕以帝王之道比三代,言欲孝公采用帝王之道与三代相比。三代指夏、商、周。

〔34〕邑邑与悒悒同,心不安貌。

〔35〕大说之说,读如悦,与前面好多"说"字读税音的不同。

〔36〕难以比德于殷、周,与上"比三代"相应,言难与殷、周比量德

行的。

〔37〕孝公欲用卫鞅的建议而变更法度,恐人家议论他,故卫鞅有疑行无名……之谏。那么欲变法之上的"鞅"字当系承上而误衍。

〔38〕疑是游移不定。疑行无名,疑事无功,言没有坚定的行为,就搞不出什么名堂;没有明确的设施,就建不成什么功业。

〔39〕且夫(音扶),推进一层用的提示语助词。有高人之行者固见非于世,言行事过人的人,本来是被世俗所非难的。

〔40〕敖同謷,訾毁;讥讪。有独知之虑者必见敖于民,言思虑独到的人,必被一般人所讥毁的。

〔41〕闇同暗。闇于成事,言对已成之局尚不能了了。

〔42〕知同智。见于未萌,言事端尚未发露,已能觉察到它。

〔43〕虑始,商量新事物的创造。乐成,安享现成事物。

〔44〕论至德者不和于俗,讲究大道理、大原则的,不能迎合旧习俗。

〔45〕成大功者不谋于众,建立非常之功的,不能同众人商量。

〔46〕不法其故,不必要按照老例,依从旧习的。

〔47〕不循其礼,不必要悉遵旧规,拘守老法的。

〔48〕甘,姓;龙,名。孝公之臣。当时军国大事,多付群臣廷议,故甘龙等得各抒所见,互相争论。

〔49〕不易民而教,不能变更民俗而另施教化。不变法而治,不能悉改成法而更求致治之方。

〔50〕因,因循;随顺。因民而教,承"不易民而教"言,谓当顺民之俗而利导之,故能不劳而成功。

〔51〕缘,沿袭;依照。缘法而治,承"不变法而治"言,谓当依从现行的成法来处理事务,故能吏习(习惯)而民安(安受)。

〔52〕溺,沉浸。溺于所闻,局限于自己的见闻,好像陷溺在深渊之中,不能见到外面的事物。

〔53〕两者指"因民而教","缘法而治"言。居官守法犹言奉公守法。换句话说,就是循规蹈矩,谨守职任。

〔54〕非所论于法之外,言不配讲到常法之外的制法原则。

〔55〕三代不同礼,夏、商、周三代迭兴,并不全袭前世的礼法。所谓夏尚忠,殷尚质,周尚文是也。王与霸对举,"王"谓统一中国,"霸"则偏霸一方。

〔56〕五伯之伯读如霸,汲古本径作"霸"。五伯所指不一,要以齐桓、晋文、宋襄、秦穆、楚庄五君为最著。不同法,言所持的策略并不完全相同。

〔57〕智者作法……不肖者拘焉,言贤智之人制作礼法制度,而愚不肖者只能奉行遵守,反而拘牵旧制,使新事不得推行。

〔58〕杜挚亦孝公臣。

〔59〕利不百……不易器,言利有百倍,乃可变旧法;功有十倍,乃可换新器。

〔60〕法古无过,言效法古先,可以无过失。循礼无邪,言遵依礼法,可以无邪恶。

〔61〕汤、武,谓商汤与周武王。夏、殷,指夏桀与殷纣。

〔62〕不可非,不可以非难它或看轻它。不足多,不值得看重它或称扬它。多,重也;厚也。

〔63〕左庶长,秦第十等爵,列第十一级。按秦爵凡二十等,由下而上:一,公士;二,上造;三,簪袅;四,不更;五,大夫;六,公大夫;七,官大夫;八,公乘;九,五大夫;十,左庶长;十一,右庶长;十二,左更;十三,中更;十四,右更;十五,少上造;十六,大上造;十七,驷马庶长;十八,大庶长;十九,关内侯;二十,彻侯。自彻侯以次,左庶长恰列在第十一级。

〔64〕变法之令,变更旧法的新令。

〔65〕五家为伍,十家为什。令民为什伍,编制居民,或为十保,或为

五保，犹后世的保甲。

〔66〕收，纠也。司，伺也。收司，谓相纠发。什伍之中，一家有罪，其馀诸家当连名举发。若不纠举，则其馀九家或四家须连带课罪，故云连坐。会注本从单索隐本，并依王引之说，收司作"牧司"，意谓监牧伺禁，亦通。

〔67〕姦同奸。不告姦即隐匿罪犯，不来告发。腰斩，拦腰截断的酷刑。

〔68〕当时新令，告姦一人，赐爵一级；斩敌首一颗亦赐爵一级。故云告姦者与斩敌首同赏。

〔69〕新令，隐匿（藏）姦人的人，本身处刑，家口没入官中，收为奴婢。按律，降敌者诛其身，役其家。故云匿姦者与降敌同罚。

〔70〕民有二男以上不分异者倍其赋，民间有丁男二人以上而不分居另外干活的，一人须出两课（两份赋税）。

〔71〕有军功者与下"为私斗者"对举，显示他们是勇于公战的。

〔72〕率音律，有标准、规格、条件等意义。各以率受上爵，各照规格的高下，升爵受赏。蜀本"率"讹作"卒"。

〔73〕各以轻重被刑大小，按照私斗情节的轻重，分别处以大小不同的刑罚。

〔74〕僇力亦作戮力，共同努力之意，参看《项纪》校释〔173〕。

〔75〕致，得也；献也。粟帛多，承上"耕织"言。

〔76〕复，免除。复其身，免其本身的徭役或豁除其本身的赋税。

〔77〕事末利谓从事商贾之业，与上耕织本业对举，古以农桑为本业，商贾为末业。百衲本"末"讹作"未"。怠而贫者，因懒惰不事事而致贫困的人。

〔78〕收孥，没收妻子，没为官奴婢。举以为收孥，悉数把事末利及怠贫之人和他们的妻子没收以为官中的奴役。

〔79〕宗室，国君的亲属。非有军功论，没有军功可以记录论叙的人。

〔80〕属籍，公族宗正所掌的簿籍，犹后世皇家的玉牒。不得为属籍，不许他载入谱牒，认为宗室。

〔81〕以差次，与以家次对言。差犹等也。次，次第。名，占也。言宗室及有功勋之人，其占有田宅、侍从、服御等等，须各随其家爵秩的班次，不得僭侈逾等的。

〔82〕芬华犹尊荣。无所芬华，言没有地方可以显示他的尊荣。

〔83〕令既具，变法之令既已准备就绪。

〔84〕未布，尚未公布。

〔85〕古代国都建制：前朝，后市，左祖，右社。市亦有经界门阈。国都市南门，指都城后面市场的南门，并非都城的南门。

〔86〕募，征求。用钱招雇亦叫募。徙置北门，移放于市场的北门。予，给与。十金，当时货币的数量；后世以一两银为一金，若以此为衡，那么相当于十两银子了。

〔87〕怪之，诧怪徙木可得十金的这件事。

〔88〕辄，专擅。引申有轻忽随便之义。辄予五十金，即便给与五十金的重赏。

〔89〕朞年，一周年。朞音基。

〔90〕之国都，来至秦都咸阳。言初令之不便者，声诉新令不便的人。以千数，以千为单位来计数，想见人数之多。

〔91〕于是，当此时，指秦民竞言新令不便的时候。太子名驷，后嗣位为秦第三十一君。在位二十七年（公元前三三七—前三一一）。十四年上更为元年，称王，是为惠文王，再经十四年乃死。犯法，犯新令。

〔92〕法之不行，自上犯之，言在上的人自己先犯此法，那么就不能责望在下的人普遍执行此法了。所谓"法行自近始"。

〔93〕将法太子,将依法处治太子。

〔94〕公子虔、公孙贾都是秦的公族,时为太子师傅之官(参看《留侯世家》校释〔221〕、〔222〕),故云其傅、其师。刑,动词,指加刑于公子虔。若以后文"劓之"来参详,则此时当系泛指加刑,不知究竟处的何种刑罚。黥为刺面之刑。指刺公子贾之面。

〔95〕趋令,遵照新令执行。秦人皆趋令,与上"秦民言初令不便"相应,坐实"法之不行自上犯之"一语。

〔96〕说读如悦,参看上〔35〕。

〔97〕道不拾遗,言道路上偶有遗落的东西,没有人敢拾取了自己藏起来。

〔98〕给,足也。家给人足,言家家都够用,人人都满足。正因这样,虽在深僻的山区也都能各自干活,故上云山无盗贼。

〔99〕乡邑大治,不论乡村或城市,都能保持良好的治安。

〔100〕初言令不便者,即从前"言初令之不便者"。此处的初字作本初解,有往昔义,为时间副词。前面"初令"的初字作更始解,有新行义,则为"令"的形容词。二者不可不辨。

〔101〕乱化,梗乱教令。

〔102〕尽迁之于边城,尽把来言令便、令不便的人谪(降罚)徙到边境去,责令他们当戍守之役。

〔103〕莫敢议令,不敢再说令便、令不便。

〔104〕大良造,据《索隐》云,即秦之第十六爵大上造。那么这时他已由十一级之左庶长升为第五级之大上造了。

〔105〕围魏安邑降之,按《六国年表》及《魏世家》,惠王十九年,筑长城塞固阳。二十年,秦商鞅围固阳降之。即指此事,则安邑当作固阳。固阳即今内蒙古自治区乌兰察布盟的固阳县。降音杭,投顺;屈服。降之,使魏邑降服于秦。

〔106〕作为,造作营为。犹言大兴土木。冀阙即魏阙,宫殿朝廷前面的城楼和阙门。咸阳已见《项纪》校释〔208〕。

〔107〕雍,秦之故都,在今陕西省凤翔县南。

〔108〕同室内息即不分居。为禁,则所罚决不止倍其赋了。参看上〔70〕。

〔109〕集,合并。都、乡、邑、聚,城乡各区的基层行政单位。集小都乡邑聚为县,把零星的小单位集中起来,分成若干县区。下云凡三十一县,则当时仅并境内为三十一县,并非全国都改县制。

〔110〕令为一县的长官,丞乃县令的副手。

〔111〕阡、陌(音千麦)即纵横交错的田塍(音乘,或叫田岸,或叫田埂),南北纵行的叫阡,东西横通的叫陌。封是聚土作成的标志。疆是划定的境界。开阡陌封疆,言撤除原有的田塍境界,许人承领认垦。当时井田之制渐废,百姓转徙失业的或弃其原耕之田而不治,有馀力的又不得兼并过来代耕这弃田,于是田多荒芜而生产力日绌,公家应收的赋税也因而失却平衡了。商君许人认垦,则荒田自然减少,公家的赋税所入也自然相应地增加,故云赋税平。

〔112〕桶音统,量器名,相当于斛。权是秤锤。衡是秤杆。平斗、桶、权、衡、丈、尺,即划一度、量、衡制度。

〔113〕劓,读倪去声,割鼻之刑。劓之,割去公子虔的鼻子。

〔114〕天子指周显王。致胙,以祭馀的胙肉赐与他,在当时为天子尊显诸侯的特典。

〔115〕毕贺,皆来秦庭称贺。

〔116〕齐败魏兵……杀将军庞涓,已详《孙子吴起列传》。

〔117〕领与岭通。蜀本、百衲本、黄本、汲古本、会注本都径作"岭"。领阨,谓山岭险阨之地,指今山西省永济县以东中条山一带。

〔118〕安邑本夏禹故都。战国时为魏都。汉置安邑县。故城在今

山西省夏县北,并非今之安邑县。

〔119〕与秦界河,与秦隔河为界。独擅山东之利,言魏国独能收揽河山以东的地利。此山东即指中条山以东地。

〔120〕利与病对举。条件有利,可以西向侵秦;反之,亦可东向发展,故云利则西侵秦,病则东收地。

〔121〕不支秦,抵挡不住秦兵东伐。东徙,离去领陕之西而往东迁避。

〔122〕东乡以制诸侯,东向以监伺诸侯的动静,而设法控制他们。

〔123〕帝王之业,谓并吞诸侯,详参《陈涉世家》论赞。

〔124〕公子卬(昂),魏之公族。将而击之,将兵迎击卫鞅。

〔125〕相距,前锋互相接近,尚未正式交战也。

〔126〕驩同欢,谓交好。

〔127〕盟,谓商量条件。乐饮而罢兵,欢宴之后,彼此各自撤兵。

〔128〕尽破之以归秦,悉破魏兵,而且把公子卬捉了,送到秦都献俘。

〔129〕数破于齐、秦,屡被齐、秦击破。即指马陵之败和卫鞅赚擒公子卬诸役。

〔130〕国内空,国用暗耗,日渐支绌。

〔131〕日以削,一天削弱一天。

〔132〕恐,惧怕而恐慌,因魏在当时东西受敌。

〔133〕河西之地即西河,详《孙子吴起列传》校释〔120〕。

〔134〕此时方离去安邑,那么前面"围安邑降之"必然有误。参看前〔105〕。

〔135〕大梁即今河南省开封市,参看《孙子吴起列传》校释〔29〕。

〔136〕恨不用公叔痤之言,就是悔当时没有杀掉卫鞅。

〔137〕封之於、商十五邑,以於、商等十五邑封卫鞅。今陕西省商县

东九十里有故商城,其西二百馀里有故於城。

〔138〕怨望,望义同怨。

〔139〕赵良,秦国有贤名的隐士。见商君,介见(托人介绍求见)于商鞅。

〔140〕从孟兰皋,鞅自言得见赵良,由于孟兰皋的介绍。那么兰皋也是有贤名的人。

〔141〕请得交可乎,犹言彼此结交朋友好么?

〔142〕推贤谓推荐贤能。戴谓爱民好治(见《谥法》)。不肖,贤之反。王则天下归往之义。推贤而戴者进,言推贤能则爱民好治者自进。聚不肖而王者退,言小人盈庭则言王道者自去。

〔143〕仆不肖,赵良自谦之辞。其意若曰,小人冒进,必然会牵累王者之政的。

〔144〕听君之义,接受你的厚谊。

〔145〕闻命即听命,为上面"受命"的变文,意义是相同的。

〔146〕子不说吾治秦与,犹言你不乐意吾的治理秦国么?说读如悦,乐意。

〔147〕反听、内视都是自己省察之意。自胜犹言克己。

〔148〕尚,尊也。自卑也尚矣,言卑下自守的反而得到尊重,所谓"谦尊而光"也。

〔149〕道,经由。道虞舜之道,由"自卑也尚矣"这话去寻思。

〔150〕无为问仆,犹言无须问我。

〔151〕始秦,戎、翟之教,言本来秦的习俗是与戎、狄相同的。

〔152〕营如鲁、卫,言经营缔造得同于中原的先进之国了。与上"戎翟之教"相应。

〔153〕孰与五羖大夫贤,犹言跟五羖大夫比,谁强。五羖大夫即秦穆公贤相百里奚(羖音古,黑色的牝羊。奚事详后)。奚之相业,声称于

177

当世,垂名于后代,故商鞅取以相比。

〔154〕掖同腋。千羊之皮,不如一狐之掖,言羊皮千张不抵一领狐腋之裘那么的可贵。

〔155〕诺诺,随声附和。谔谔,正色直言。

〔156〕墨墨与嘿嘿同。武王谔谔以昌,言周武王以左右多直言之臣而昌盛。殷纣墨墨以亡,言殷纣拒谏饰非,举朝不敢直言,而致灭亡。

〔157〕君若不非武王乎,犹言你倘使不反对武王那样行为的话。

〔158〕诛,责怪。无诛犹言不见怪。

〔159〕语有之矣,犹言老古话已有这样的说法了。

〔160〕貌言,饰辞;华也,是虚浮的。至言即正言;实也,是真诚的。苦言,苦口危言;药也,是可以医病的药石。甘言,媚辞;疾也,是病痛。这些语句,就是所引用的古话。

〔161〕时鞅以师友之道尊赵良,故呼之为夫子。

〔162〕鞅将事子,言鞅将师事你;子又何辞焉,犹言你又何必推辞呢!两子字俱是"夫子"的简称。

〔163〕荆,楚也。百里奚,虞人,事虞公为大夫。虞亡,秦缪公将以为媵臣(陪嫁之奴)。奚耻之,南走宛,为楚鄙人(边邑之人)所执。缪公闻其贤,令人以五羖羊皮赎之,举以为相,因号五羖大夫。秦人以其赎自楚鄙人,故云荆之鄙人也。

〔164〕粥读如鬻(音育),售卖。自粥于秦客,指从楚自卖于秦人。

〔165〕被同披。褐,粗布短衣,当时为贱者之服。食读如饲,喂也。被褐食牛,穿着粗布短衣替人家喂牛。

〔166〕期年即朞年,已见前〔89〕。

〔167〕举之牛口之下,加之百姓之上,谓提拔百里奚为秦相。举是提升,加是安放,这两字下面的之字都指百里奚。

〔168〕望是怨望。百里奚被用为相,人心悦服,故云秦国莫敢望焉。

〔169〕东伐郑，指缪公三十三年（公元前六二七）袭郑而有殽之役。三置晋国之君，指缪公九年（公元前六五一）纳晋惠公，二十二年（公元前六三八）晋怀公自秦逃归立为君，二十四年（公元前六三六）纳晋文公。俱见《春秋左氏传》。一救荆国之祸，指缪公二十八年（公元前六三一）会晋救楚朝周事。见《史记·十二诸侯年表》。但首尾跨连二十三年，与相秦六七年不合。盖事后传述，每多约略之语；记在册籍，或举成数而言。此与前面变法之令"行之十年秦民大说"的十年正复相类。

〔170〕发，施行。教，德化。发教与下"施德"意义相同。封内即境内。巴为古国，在秦南鄙之外，参看《项纪》校释〔367〕。致贡，献送贡品。

〔171〕八戎，泛指四境的戎族。八戎来服，犹言八荒来朝，参看《陈涉世家》校释〔150〕。

〔172〕由余，西戎之贤臣，其先本是晋人。戎王闻秦缪公贤，使由余到秦国来观察一下。缪公同他交谈后，以为他是贤人，因此留住不放。叫人送一班女乐给戎王，因而离间他。由余返戎，屡谏不听，乃去戎降秦。事见《史记·秦本纪》。款，叩也。款关请见，犹言叩门投奔。

〔173〕古代的车都是立乘的，惟安车（尊礼耆老所用）始设坐。盖，掩覆在车上的帷幔，与伞相类，用来遮太阳的。劳不坐乘，言虽感辛劳，也不肯乘坐安车的。暑不张盖，言虽当盛暑之时，也不肯张用帷幔自图舒服的。

〔174〕不从车乘，不用随从的车辆。不操干戈，不带防卫的武器。

〔175〕功名谓勋业。古时记功于竹帛，藏于府库之中，以备查考。犹后世官中大库所存的档案。

〔176〕歌与谣（音摇）本有别，合音乐的叫歌，随口唱（徒歌）的叫谣。混言之，歌唱而已。童子不歌谣，言童子虽幼，也知道哀感而不作歌唱的游戏了。

〔177〕舂,捣米。相读去声,助也。杵音处,捣米的家具。舂米时曼声(延长了声调)而呼,与杵声相应,用以助势而舒劳,谓之相杵。舂者不相杵,言舂米的人也因为默哀而不复出声曼呼了。

〔178〕因嬖人景监以为主,依靠左右宠幸的太监做荐主。

〔179〕出身不由正道,不足以慰民望,故云非所以为名也。

〔180〕大筑冀阙,在人民原无好处,是不以百姓为事,故云非所以为功也。

〔181〕骏通峻,骏刑谓严峻的刑罚。

〔182〕畜同蓄,积聚。

〔183〕教之化民也深于命,民之效上也捷于令,古之成语。教谓率先躬行。命令同义。效,摹仿;遵照。蜀本、百衲本、汲古本并作"効"。此二语就是说以身率先之教,较号令为深切;而民间遵仿君上的所为,也较号令为快速啊。

〔184〕左谓失正,外谓失中,故事乖常理叫"左道",也叫"外道"。左建外易,言其建立威权与变革法度都是与道理相乖违的。

〔185〕非所以为教也,与上"教之化民也……"相应,言失却率先躬行的正道,实在是不足为训的。

〔186〕南面而称寡人,说他封於、商之地为封君。

〔187〕绳,纠正;约束。引申有困辱、逼迫诸义。日绳秦之贵公子,言天天以新兴的法令来困迫秦国的贵族。

〔188〕相鼠有体,……何不遄死,出《诗·鄘风·相鼠篇》第三章。相鼠,鼠之一种,见人则交前足而拱,故又称做礼鼠。体谓体仪(犹礼貌)。礼谓做人的道理。遄音川,速也。诗意犹言:相鼠尚有礼貌,人反没有做人的道理;人既失却做人之道,为什么不快快死呢!

〔189〕以《诗》观之,非所以为寿也,言照这诗句看来,竟不能恭维你了。

〔190〕公子虔杜门……黥公孙贾,历指日绳贵公子之事以见积怨畜祸之所由。公子虔不出,耻失其鼻。祝懽盖亦太子的师傅。

〔191〕得人者兴,失人者崩,言得人心的自会兴盛,失人心的必然崩坏。这话大概出于逸《诗》(相传为孔子删馀之《诗》)。

〔192〕后车十数,随从的车辆,数以十计。

〔193〕从车载甲,从行的车辆都用战时的装备。

〔194〕骈音便,并连。旧说以肋骨相连,并成一片为骈胁。其实肌肉发达的壮汉,胸肌丰满,看不出肋骨之间的条痕,故望去像相连的一片。骖乘,左右警卫之士,已见《项纪》校释〔321〕。

〔195〕阘音吸。阘戟,交戟。旁读上声,并拢;靠近。持矛而操阘戟者旁车而趋,执长矛和交戟的武士夹护着商鞅所乘的车子并驰前进。

〔196〕此一物不具,君固不出,言以上"后车十数……"各物,倘使缺少一件,你本来是不敢出行的。这样地盛设车从,可见深防积怨之人的发作,正与五羖大夫"行于国中"作一强烈的对照。

〔197〕恃德者昌,恃力者亡,言依凭正道的自会昌盛,专靠强力的必致灭亡。相传此为孔子删馀的《周书》之语,但晋孔晁序录的《周书》(亦称《逸周书》)中并无此文。

〔198〕朝露,早晨的露水,见日即干,喻消逝之速。危若朝露,言他所处的地位,竟像早晨的露水那样容易消亡啊。

〔199〕归十五都,以於、商等十五邑归还秦国。

〔200〕灌园于鄙,是劝他退位韬晦。鄙本是边邑,此谓僻静之处。灌园,谓整治园圃,种些菜蔬瓜果,亲自来灌溉。

〔201〕秦王指秦孝公,当时孝公未称王,系史臣追书之辞。此下"秦王一旦捐宾客"及"惠文王车裂商君"之王皆与此同例。显,尊荣。岩穴之士,隐居山林的贤人。

〔202〕存,存问;抚恤。存孤,优抚无父无兄的孤儿。

〔203〕敬父兄,序有功,尊有德,都系施惠于民之道。凡此皆所以为商君作弥缝善后之策。

〔204〕商君若能速图善后,或可稍纾祸难,故云可以少安。

〔205〕宠秦国之教,言专揽秦国之政教以为一己的宠荣。

〔206〕捐宾客,谓谢绝宾客,意即捐弃人事而死去。当时讳言死,故云谢绝宾客而不立朝(犹不在位)。一旦犹言一朝,有说不定那一天的意义。

〔207〕收,拘捕;报复。

〔208〕微,少也,轻也。岂其微哉,言要收捕你的人岂在少数,而且所发必然不轻的。

〔209〕翘音翘,鸟尾之长羽。尾长则必高举,故凡言高举皆曰翘。翘足,举足。可翘足而待,喻其速,言一举足之顷便可等待到来的。

〔210〕太子立,太子驷嗣位为秦君。

〔211〕告商君欲反,告发商君将要造反。说他欲反,尚没有造反的事实可知,这明明是希图报复的诬告。

〔212〕关下,泛指秦国边境的关隘。

〔213〕客舍即旅店。其上之舍是动词,止宿。

〔214〕客人,客舍之人。会注本客下正有舍字。

〔215〕舍人,谓留宿客人,舍亦动词。验,凭证。谓路引护照之类。无验者坐之,没有路引而留人,即以被留人所犯的罪名连坐客舍之人。

〔216〕喟然,副词,叹息貌。喟音快。

〔217〕敝,害也。为法之敝一至此哉,犹言作法的遗害竟至于如此么!

〔218〕去之魏,潜离秦境,奔往魏国。

〔219〕欲之他国,请魏人听他离魏而往别国去。

〔220〕秦之贼,犹言秦国的逃犯。

〔221〕弗归,犹言不送还。

〔222〕内同纳。内秦,纳之于秦,就是把商君送入秦境。

〔223〕走音奏,趋向。商邑即商君之封邑,已见前〔137〕。

〔224〕徒属,封邑中的部属。北出击郑,向北出兵攻击郑地。郑为周厉王少子友(郑桓公)初封之邑,本名棫林,故城在今陕西省华县西北,正在商邑的北方。

〔225〕按《六国表》:"秦孝公二十四年,商君反死彤地。"今华县西南有故彤城。益秦兵至郑,破商邑兵,商君走至彤,乃被擒见杀。疑黾池为"彤地"之讹。

〔226〕秦惠王即惠文王。车裂,残酷的极刑,以被刑者的四肢及头系缚在五匹马的身上,然后鞭马四出,分裂其尸。以徇,用这样的酷刑来示众。

〔227〕莫如商鞅反者,示众之语,言不要像商鞅那样的造反。汲古本无反字,则谓不要像商鞅,其意已足,亦通。

〔228〕太史公曰,蜀本连书不提行,与他篇不一律,该是错的。

〔229〕天资犹言天性。刻薄,残忍寡恩之谓。天资刻薄,言其残忍,不仁出于他的天性。

〔230〕迹谓按查行迹,犹言考验。干,求也。迹其欲干孝公以帝王术,言考验他欲用帝道、王道来游说孝公的事实。

〔231〕挟持浮说,言其初时说孝公的"帝王之道"只是拾取来的浮说。

〔232〕质,实也。

〔233〕亦足发明商君之少恩,坐实"天资刻薄"一语。

〔234〕《商君书》,《汉书·艺文志》云二十九篇,《隋书·经籍志》云五卷。今本二十六篇,佚其三篇。第三篇名《农战》,第七篇名《开塞》,史公云余尝读商君开塞耕战书,盖指此。开谓严刑则政化自然开

行。塞谓布恩则政化反为杜塞。耕谓开阡陌封疆则农自力耕。战谓斩敌首赐爵则士卒勇于公战。书中大意如此,足见商君之为人矣,故下云与其人行事相类。

〔235〕受恶名于秦,谓见诬被杀,反得叛逆之名。

〔236〕有以,自有因由。也夫(音扶),语末助辞,较单用"夫"字的语气舒长些,参看《孙子吴起列传》校释〔168〕。有以也夫,叹其卒受恶名,自有他的缘故啊!

平原君虞卿列传

平原君赵胜者,[1]赵之诸公子也。[2]诸子中,胜最贤。喜宾客,宾客盖至者数千人。[3]平原君相赵惠文王及孝成王,[4]三去相,三复位,封于东武城。[5]

平原君家楼临民家。[6]民家有躄者,[7]槃散行汲。[8]平原君美人居楼上,临见,[9]大笑之。明日,躄者至平原君门,[10]请曰:[11]"臣闻君之喜士,士不远千里而至者,以君能贵士而贱妾也。臣不幸,有罢癃之病,[12]而君之后宫临而笑臣,臣愿得笑臣者头。"平原君笑应曰:"诺。"躄者去,平原君笑曰:"观此竖子,[13]乃欲以一笑之故,[14]杀吾美人,不亦甚乎!"[15]终不杀。居岁余,宾客门下舍人稍稍引去者过半。[16]平原君怪之,曰:"胜所以待诸君者,未尝敢失礼,[17]而去者何多也!"门下一人前对曰:"以君之不杀笑躄者,以君为爱色而贱士,[18]士即去耳。"于是平原君乃斩笑躄者美人头,自造门进躄者,[19]因谢焉。[20]其后门下乃复稍稍来。[21]是时齐有孟尝,魏有信陵,楚有春申,故争相倾以待士。[22]

秦之围邯郸,[23]赵使平原君求救,合从于楚,[24]约与食客门下有勇力文武备具者二十人偕。平原君曰:"使文能取胜,则善矣;[25]文不能取胜,则歃血于华屋之下,[26]必得定从而还。士不外索,[27]取于食客门下足矣。"得十九人,馀无可取者,无以满二十人。门下有毛遂者,前[28]自赞于平原君曰:[29]"遂闻君将合从于楚,约与食客门下二十人偕,不外索。今少一人,愿君即以遂备员而行矣!"[30]平原君曰:"先生处胜之门下几年于此矣?"毛遂曰:"三年于此矣。"平原君曰:"夫贤士之处世也,譬若锥之处囊中,其末立见。[31]今先生处胜之门下三年于此矣,左右未有所称诵,[32]胜未有所闻,是先生无所有也。[33]先生不能。先生留。"[34]毛遂曰:"臣乃今日请处囊中耳。使遂蚤得处囊中,乃颖脱而出,非特其末见而已。"[35]平原君竟与毛遂偕。十九人相与目笑之,而未废也。[36]

　　毛遂比至楚,[37]与十九人论议,十九人皆服。[38]平原君与楚合从,言其利害,日出而言之,日中不决。[39]十九人谓毛遂曰:"先生上!"[40]毛遂按剑历阶而上,[41]谓平原君曰:"从之利害,两言而决耳。[42]今日出而言从,日中不决,何也!"[43]楚王谓平原君曰:[44]"客何为者也?"平原君曰:"是胜之舍人也。"楚王叱曰:[45]"胡不下![46]吾乃与而君言,[47]汝何为者也!"[48]毛遂按剑而前曰:"王之所以叱遂者,以楚国之众也。今十步之内,王不得恃楚国之众也,王之命县于遂手。[49]吾君在前,叱者何也!且遂闻汤以七十里之地王天下,文王以百里之壤而臣诸侯,岂其士卒众多哉,诚能据其势而奋其威。今楚地方五千里,持戟百万,[50]此霸王之资也。[51]以楚之彊,天下弗能当。白起,小竖子耳,[52]率数万之众,兴师以与楚战,一战而举鄢、郢,再战而烧夷陵,三战而辱王之先人。[53]此百世之怨,而赵之所羞,而王弗知恶焉。[54]合从者为楚,非为赵也。吾君在前,叱者何也?"楚王曰:"唯!唯![55]诚若先生之言,谨奉社稷而以从。"[56]毛遂曰:"从定乎?"楚王曰:"定矣。"毛遂谓楚王之左右曰:"取鸡、狗、马之血来。"[57]毛遂奉铜槃而跪进之楚王,[58]曰:"王当歃血而定从,次者吾君,次者遂。"遂定从于殿上。毛遂左手持槃血,而右手招十九人曰:"公相与歃此血于堂下。公等录录,[59]所谓因人成事者也。"[60]

平原君已定从而归,归至于赵,曰:"胜不敢复相士。胜相士多者千人,寡者百数,自以为不失天下之士,今乃于毛先生而失之也。毛先生一至楚,而使赵重于九鼎大吕。[61]毛先生以三寸之舌,彊于百万之师。胜不敢复相士。"[62]遂以为上客。[63]

平原君既返赵,楚使春申君将兵赴救赵,魏信陵君亦矫夺晋鄙军往救赵,[64]皆未至。秦急围邯郸。邯郸急,且降,平原君甚患之。[65]邯郸传舍吏子李同说平原君曰:[66]"君不忧赵亡邪?"平原君曰:"赵亡则胜为虏,何为不忧乎!"李同曰:"邯郸之民,炊骨易子而食,[67]可谓急矣,而君之后宫以百数,[68]婢妾被绮縠,[69]馀粱肉,[70]而民褐衣不完,糟糠不厌。[71]民困兵尽,或剡木为矛矢,[72]而君器物锺磬自若。[73]使秦破赵,君安得有此!使赵得全,君何患无有!今君诚能令夫人以下编于士卒之间,分功而作,家之所有尽散以飨士,士方其危苦之时,易德耳。"[74]于是平原君从之,得敢死之士三千人。[75]李同遂与三千人赴秦军,[76]秦军为之却三十里。[77]亦会楚、魏救至,[78]秦兵遂罢。邯郸复存。李同战死,封其父为李侯。[79]

虞卿欲以信陵君之存邯郸为平原君请封。[80]公孙龙闻之,夜驾见平原君曰:[81]"龙闻虞卿欲以信陵君之存邯郸为君请封,有之乎?"平原君曰:"然。"龙曰:"此甚不可。且王举君而相赵者,非以君之智能为赵国无有也;[82]割东武城而封君者,非以君为有功也,而以国人无勋,乃以君为亲戚故也。[83]君受相印不辞无能,割地不言无功者,[84]亦自以为亲戚故也。今信陵君存邯郸而请封,是亲戚受城而国人计功也。[85]此甚不可。[86]且虞卿操其两权:[87]事成,操右券以责;[88]事不成,以虚名德君。[89]君必勿听也!"平原君遂不听虞卿。平原君以赵孝成王十五年卒。[90]子孙代,[91]后竟与赵俱亡。[92]平原君厚待公孙龙。公孙龙善为坚白之辩,[93]及邹衍过赵言至道,[94]乃绌公孙龙。[95]

虞卿者,游说之士也。[96]蹑屩檐簦说赵孝成王。[97]一见,赐黄金百镒,[98]白璧一双。再见,为赵上卿。[99]故号为虞卿。秦、赵战于长平,[100]赵不胜,亡一都尉。赵王召楼昌与虞卿曰:[101]"军战不胜,尉复死,寡人使束甲而趋之，[102]何如？"楼昌曰："无益也，不如发重使为媾。"[103]虞卿曰："昌言媾者，以为不媾军必破也。而制媾者在秦。[104]且王之论秦也，[105]欲破赵之军乎，不邪？"[106]王曰："秦不遗馀力矣，[107]必且欲破赵军。"[108]虞卿曰："王听臣，发使出重宝以附楚、魏，楚、魏欲得王之重宝，必内吾使。[109]赵使入楚、魏，秦必疑天下之合从，且必恐。如此，则媾乃可为也。"赵王不听，与平阳君为媾，发郑朱入秦。[110]秦内之。赵王召虞卿曰："寡人使平阳君为媾于秦，秦已内郑朱矣，卿以为奚如？"[111]虞卿对曰："王不得媾，军必破矣。天下贺战胜者皆在秦矣。郑朱，贵人也，入秦，秦王与应侯必显重以示天下。[112]楚、魏以赵为媾，必不救王。秦知天下不救王，则媾不可得成也。"应侯果显郑朱以示天下贺战胜者，终不肯媾。长平大败，遂围邯郸，为天下笑。

秦既解邯郸围，而赵王入朝，[113]使赵郝约事于秦，[114]割六县而媾。[115]虞卿谓赵王曰："秦之攻王也，倦而归乎？王以其力尚能进，爱王而弗攻乎？"王曰："秦之攻我也，不遗馀力矣，必以倦而归也。"虞卿曰："秦以其力攻其所不能取，倦而归，王又以其力之所不能取以送之，是助秦自攻也。[116]来年秦复攻王，王无救矣。"王以虞卿之言告赵郝。赵郝曰："虞卿诚能尽秦力之所至乎？[117]诚知秦力之所不能进，此弹丸之地弗予，[118]令秦来年复攻王，王得无割其内而媾乎？"[119]王曰："请听子割矣，子能必使来年秦之不复攻我乎？"赵郝对曰："此非臣之所敢任也。[120]他日三晋之交于秦相善也。[121]今秦善韩、魏而攻王,王之所以事秦必不如韩、魏也。今臣为足下解负亲之攻,[122]开关通币,[123]齐交韩、魏,[124]至来年而王独取攻于秦,[125]此王之所以事秦必在韩、魏之后也。此非臣之所敢任也。"王以告虞卿。虞卿对曰:"郝言'不媾,来年秦复攻王,王得毋割其内而媾乎?'今媾,郝又以不能必秦之不复攻也。今虽割六城,何益!来年复攻,又割其力之所不能取而媾,此自尽之术也,[126]不如无媾。秦虽善攻,不能取六县。赵虽不能守,终不失六城。秦倦而归,兵必罢。[127]我以六城收天下以攻罢秦,[128]是我失之于天下而取偿于秦也。吾国尚利。孰与坐而割地,自弱以彊秦哉![129]今郝曰秦善'韩、魏而攻赵'者,必以为韩、魏不救赵也,而王之军必孤,有以王之事秦不如韩、魏也,[130]是使王岁以六城事秦也,即坐而城尽。[131]来年秦复求割地,王将与之乎?弗与,是弃前功而挑秦祸也。[132]与之,则无地而给之。语曰,'彊者善攻,弱者不能守。'今坐而听秦,秦兵不弊而多得地,是彊秦而弱赵也。以益彊之秦而割愈弱之赵,其计故不止矣。[133]且王之地有尽,而秦之求无已。以有尽之地而给无已之求,其势必无赵矣。"

赵王计未定,楼缓从秦来,[134]赵王与楼缓计之,曰:"予秦地何如毋予孰吉?"[135]缓辞让曰:[136]"此非臣之所能知也。"王曰:"虽然,试言公之私。"[137]楼缓对曰:"王亦闻夫公甫文伯母乎?[138]公甫文伯仕于鲁,病死,女子为自杀于房中者二人。其母闻之,弗哭也。其相室曰:[139]'焉有子死而弗哭者乎？'其母曰：'孔子，贤人也，逐于鲁，而是人不随也；〔140〕今死，而妇人为之自杀者二人。若是者，必其于长者薄，而于妇人厚也。'故从母言之，是为贤母；从妻言之，是必不免为妒妻。故其言一也，言者异则人心变矣。〔141〕今臣新从秦来，而言勿予，则非计也；言予之，恐王以臣为为秦也。故不敢对。使臣得为大王计，不如予之。"王曰："诺。"

虞卿闻之，入见王曰："此饰说也，王眘勿予！"〔142〕楼缓闻之，往见王。王又以虞卿之言告楼缓。楼缓对曰："不然。虞卿得其一，不得其二。夫秦、赵构难而天下皆说，〔143〕何也？曰：'吾且因彊而乘弱矣。'〔144〕今赵兵困于秦，天下之贺战胜者则必尽在于秦矣。故不如亟割地为和，以疑天下，而慰秦之心。〔145〕不然，天下将因秦之彊怒，乘赵之弊，瓜分之。〔146〕赵且亡，何秦之图乎！故曰虞卿得其一，不得其二。愿王以此决之，勿复计也！"

虞卿闻之，往见王，曰："危哉，楼子之所以为秦者，是愈疑天下，而何慰秦之心哉！独不言其示天下弱乎！〔147〕且臣言勿予者，非固勿予而已也。〔148〕秦索六城于王，而王以六城赂齐。〔149〕齐，秦之深仇也，〔150〕得王之六城，并力西击秦，齐之听王，不待辞之毕也。〔151〕则是王失之于齐而取偿于秦也。而齐、赵之深仇可以报矣，〔152〕而示天下有能为也。〔153〕王以此发声，〔154〕兵未窥于境，〔155〕臣见秦之重赂至赵，而反媾于王也。〔156〕从秦为媾，韩、魏闻之，必尽重王。重王，必出重宝以先于王。〔157〕则是王一举而结三国之亲，而与秦易道也。"[158]赵王曰："善。"则使虞卿东见齐王,与之谋秦。虞卿未返,秦使者已在赵矣。楼缓闻之,亡去。赵于是封虞卿以一城。

居顷之,而魏请为从。[159]赵孝成王召虞卿谋。过平原君。[160]平原君曰："愿卿之论从也。"[161]虞卿入见王。王曰："魏请为从。"对曰："魏过。"[162]王曰："寡人固未之许。"对曰："王过。"王曰："魏请从,卿曰'魏过';寡人未之许,又曰'寡人过':然则从终不可乎?"对曰："臣闻小国之与大国从事也,有利则大国受其福,有败则小国受其祸。今魏以小国请其祸,而王以大国辞其福,臣故曰'王过,魏亦过'。窃以为从便。"[163]王曰："善。"乃合魏为从。

虞卿既以魏齐之故,[164]不重万户侯卿相之印,与魏齐间行。[165]卒去赵,困于梁。[166]魏齐已死,不得意,[167]乃著书,上采《春秋》,下观近世,曰《节义》、《称号》、《揣摩》、《政谋》,凡八篇。[168]以刺讥国家得失,[169]世传之曰《虞氏春秋》。[170]

太史公曰:平原君,翩翩浊世之佳公子也。[171]然未睹大体。[172]鄙语曰"利令智昏",[173]平原君贪冯亭邪说,[174]使赵陷长平兵四十馀万众,[175]邯郸几亡。虞卿料事揣情,为赵画策,何其工也![176]及不忍魏齐,卒困于大梁,庸夫且知其不可,况贤人乎![177]然虞卿非穷愁,亦不能著书以自见于后世云。[178]

〔1〕平原本是齐国西境的一个邑,战国时属赵。汉置平原县。故治在今山东省平原县南二十五里。赵胜初封于此,故称平原君。后来定封在东武城,故下云"封于东武城"。

〔2〕赵胜是赵惠文王之弟,故称之诸公子。

〔3〕盖,传疑副词,于所言之事不能确定时用之。宾客盖至者数千人,言宾客来到平原君处的,前后大概有数千人。

〔4〕赵惠文王名何,武灵王之子,为赵国第七君,在位三十三年(公元前二九八—前二六六)。孝成王名丹,惠文王之子,为赵国第八君,在位二十一年(公元前二六五—前二四五)。

〔5〕东武城,赵邑,故城在今山东省武城县西四十里。时赵地西北部也有武城邑,故此城加"东"字来分别它。

〔6〕平原君家有高楼可以俯视邻舍,故云楼临民家。

〔7〕躄音毕。躄者,跛子。

〔8〕槃散,跛行之状,也作"蹒跚"。行汲,出外取水。

〔9〕临见,俯视得见这跛行汲水之状。

〔10〕此处躄者之躄,汲古本讹作"躄"。

〔11〕请有声诉要求的意义。

〔12〕罢癃音皮隆,残疾。癃,蜀本、百衲本、黄善夫本都作"癃"。

〔13〕竖子犹小子,轻蔑之辞。

〔14〕乃欲,竟要。

〔15〕不亦甚乎,不太过分么!

〔16〕宾客指以客礼相待的人,或临时作客并无固定职事的人。门下舍人则指食客中派有差使的人。稍稍,犹言陆续地、逐渐地。引去,托故辞去。

〔17〕未尝,弗曾。百衲本"尝"作"常"。失礼,犹亏待。

〔18〕以君为爱色而贱士,言因你不肯杀笑跛子的人,都以为你爱怜

美色而薄待士人。以君为,犹言以为君。上面"以君之不杀笑躄者"的以则纯作因为解。蜀本缺此"以"字。

〔19〕造音操,往也;进也。自造门,亲自登躄者之门。进,献也。进躄者,把美人的头献给跛子。

〔20〕因谢焉,顺于此时谢从前未即报命之罪。

〔21〕来,归也。复稍稍来,又陆续归来。

〔22〕孟尝君即田文,信陵君即魏无忌,春申君即黄歇,与平原君并称"战国四公子",都以好客养士倾动当时。故是有意做作。争相倾以待士,竞相标榜以求能够多得士。正因为故意相竞,平原君乃作此矫情杀人的举动,来骇人听闻,邀取声誉。

〔23〕赵孝成王六年(周赧王五十五年,秦昭襄王四十七年,公元前二六〇年),秦将白起大破赵军于长平(在今山西省高平县西北二十里)。越二年(公元前二五八年),秦兵遂进围赵都邯郸。

〔24〕合从(读如纵)于楚,推楚为盟主,定合从之约,好联兵御秦。

〔25〕使文能取胜,假使客客气气而能济事;则善矣,那就好了。胜,济也;成也。此语与上"文武备具"的文字相应。

〔26〕歃音霎,啜也。歃血,以口就盘中所盛之血微吸之,为古时盟誓取信的典礼。华屋指朝会或议事的地方,犹今大礼堂。歃血于华屋之下,意即要挟当众立誓。故下面紧接"必得定约而还"。此语与上"文武备具"的武字相应。

〔27〕士不外索,言随从的人选不必向府门以外求取。

〔28〕前,径自挺身于平原君的面前。

〔29〕自赞,犹自荐。

〔30〕备员,凑足员额。以遂备员而行矣,把我凑足二十人一起前往罢!

〔31〕锥音追,尖锐的小钻子。末指锥子的梢头,最为锐利的部分。

立见,立刻显现出来。

〔32〕称诵,称赞荐举。

〔33〕无所有,没有可以赞扬的地方。

〔34〕先生不能,先生留,你不能去,你留在家里罢。此处叠用"先生",当时的神情声口都显现出来了。

〔35〕颖,禾穗。颖脱而出,喻整个挺现,像禾穗那样的秀出。非特其末见而已,言不仅露出尖端就罢了。

〔36〕相与目笑之,大家挤眉弄眼地笑他。未废也,言未能废止他的随人同行。此据单索隐本。蜀本、百衲本、黄本、汲古本、会注本则都作"未发也",言虽目视窃笑而未敢发声出来明白地呵斥他。自以发义为长。

〔37〕比至楚,等到到达楚国。有一路行来,经过一个相当时间的意义。

〔38〕与十九人论议,十九人皆服,经过长途行路中的谈话,十九人都对毛遂的看法大大转变而且佩服了。

〔39〕日出而言之,日中不决,言太阳初出时就谈判合从的条件,到中午时尚未决定。

〔40〕先生上,你上去罢!虽为怂恿之辞,实已寄托很高的希望了。

〔41〕按剑,提剑按锷(剑柄与剑身之间的环饰)作击刺之势。历阶而上,登阶不停足而行,形容他的急遽。

〔42〕两言,谓利与害。两言而决耳,言非利即害,马上可以决定的。

〔43〕何也,反诘肯定语,犹言为甚么不定从!此绝无疑问之意,当辨。

〔44〕楚王,指楚国第三十八君考烈王熊完。在位二十五年(公元前二六二—前二三八)。

〔45〕叱,呵斥。

〔46〕胡不下,口气很重,有声色俱厉之意。

〔47〕而君,你的君。

〔48〕汝何为者也,也是反诘肯定语,与上面"客何为者也"语气大不同。

〔49〕县,悬的本字,蜀本、百衲本、黄本都作"悬"。王之命县于遂手,你的命吊在我的手中。

〔50〕持戟,指配备武装的能战之士。

〔51〕霸王之资,谓有称霸争王的资格。资,凭借。

〔52〕白起已见《项纪》校释〔216〕。

〔53〕楚顷襄王二十年(周赧王三十六年,秦昭襄王二十八年,公元前二七九年),秦白起取楚鄢、郢(已见《项纪》校释〔217〕)。明年,白起烧夷陵(楚先王之墓,在今湖北省宜昌县东),楚遂徙都于陈(今河南省淮阳县)。考烈王的祖父怀王既客死于秦,至此陵庙又被平毁,故混括言之,云一战而举鄢、郢,再战而烧夷陵,三战而辱王之先人。

〔54〕此百世之怨,言此乃楚国百世之怨辱。赵之所羞,言赵亦引此以为羞耻。而王弗知恶(读去声,羞恶也)焉,言你在此等处倒不知羞恶了。怨、羞、恶,意义相同。必这样层层逼说,才把下文"合从者为楚非为赵"一语安排得铁定不移。

〔55〕唯音委,很顺地答应。较"诺"更恭。(混言之,唯即诺,诺即唯;析言之,唯较诺更顺,《礼记·玉藻》云"父命呼,唯而不诺",是其例。)重言唯唯,就是连声答应。

〔56〕谨奉社稷而以从(仍读如纵),犹言举国以听而服从此从约。此时考烈王已心服毛遂,故有此推诚之言。

〔57〕古代歃血定盟所用的牲血也有分别:天子用牛及马,诸侯用犬及豭(音家,公猪),大夫以下用鸡。此云取鸡狗马之血来,盖总言定盟所用的牲血。

〔58〕奉同捧。槃同盘,蜀本、百衲本、黄本、汲古本都作"盘"(编者按:繁体作"盤")。铜槃用来盛牲血。按《周礼》,当用珠槃。

〔59〕录录,随从之貌,以喻庸人。通作"碌碌"。

〔60〕因人成事,当时成语,意即依赖他人,坐享成果。

〔61〕九鼎,相传为夏禹所铸。大吕,周庙的大钟。二者都是全国宝重的器物,重于九鼎大吕,谓当时赵国的声望比宝器还要尊重。

〔62〕平原君这段话,开头和末了都说胜不敢复相士,深悔平日相士(观察人材)虽多,竟误遗毛遂,故重言以申明之。

〔63〕上客,宾客中之受尊礼者。盖自舍人拔尊以为上客也。

〔64〕矫夺晋鄙军往救赵,详后《魏公子列传》。百衲本"往"讹作"住"。

〔65〕甚患之,很忧虑邯郸的危急。

〔66〕传舍吏,客馆中司事的人。李同本叫李谈(据刘向《说苑》所引),司马迁之父名谈,因避讳(秦、汉以后,士大夫们对君主和自己直系尊亲属的名字,例须避免直呼或照写的,叫做避讳;若违此例,便是犯讳),遂改作"同"。

〔67〕炊骨,用坟里的枯骨当柴火。易子而食,不忍自食其子,互相交换而后烹食也。

〔68〕后宫指姬妾之有位号者。以百数,数以百计。

〔69〕婢妾指宫女,伺候后宫的人。被读如披。绮縠,漂亮和细致的绸绢。

〔70〕粱肉,细粮和肉肴,指精美的饭食。馀,多馀。馀粱肉,言好饭好菜吃不了。

〔71〕褐衣,粗布短衣。不完,兼有不整和不备两义。糟,榨酒所剩的米滓。糠,谷物内皮的通称。蜀本、百衲本、汲古本都作"穅",便专指稻米的内皮了。不厌,不够。褐衣不完,糟糠不厌,正与上面"被绮縠,馀

粱肉"作了个鲜明的对照。

〔72〕兵尽,谓武器用完。郯木当从蜀本、百衲本、黄本、汲古本作"剡木"。剡音焰,剽削。

〔73〕器物,泛指享用的东西。锺通钟(编者按:繁体作"鐘")。锺磬,乐器。自若,有照样不动的意思。器物锺磬自若,正与"兵尽郯木为矛矢"作对照。

〔74〕方,当也。易德耳,容易见好的。

〔75〕敢死之士,奋不顾身的战士。

〔76〕赴,往也,赴秦军,冲向秦军。

〔77〕卻,退也。蜀本讹作"却",百衲本、汲古本都讹作"却"。

〔78〕亦会,犹言也是刚刚凑巧。楚、魏救至,楚春申君的兵和魏信陵君的兵都到邯郸,与上面"皆未至"遥应。

〔79〕李侯封于李。今河南省温县西南三十里有故李城。

〔80〕请封,请加封。以信陵君救赵为平原君邀请之功,而请求加封平原君的食邑。

〔81〕公孙龙,赵之辩士。善为坚白异同之辩(详后〔93〕),著有《公孙龙子》,《汉书·艺文志》著录十四篇,宋时只存《迹府》、《白马》、《指物》、《通变》、《坚白》、《名实》六篇。当时庄子(庄周)、列子(列御寇)、荀子(荀况)诸人的著作中都提到公孙龙的话;后来诸史,都把他列入"九流"中的"名家"。事迹见《史记·孟子荀卿列传》(《仲尼弟子列传》中也有公孙龙,系另一人)。夜驾,连夜驾车而出,不待天明。

〔82〕无有,汲古本作"无忧"。

〔83〕无动,无功。非以君为有功……乃以君为亲戚故也,不是说你是有功的,国人是没有功的,实因你是赵王的亲属的缘故罢了。侧重在后一语。

〔84〕长平败后,赵割地于秦以求和,当时并不以此罪平原君,故云

割地不言无功。

〔85〕亲戚受城而国人计功,言平日因亲戚之故,虽无功亦受封城之赏;邯郸脱险,又要照国人一般地论功,再请加封。

〔86〕此甚不可,极言其不当。首尾重言,与上面两"胜不敢复相士"句意相同。

〔87〕操其两权,犹言抓住两个把柄。

〔88〕券,契券。古代订立契券,剖分为两,双方各执其一,字从刀。右券,上契,债权者所执。操右券以责,喻虞卿责报于平原君,有点像债权者向债务者的求偿。蜀本、百衲本、汲古本"券"都讹作"券"(劳倦也,字从力)。

〔89〕以虚名德君,言事虽不成,虞卿尚得以曾经建议请封而博取平原君的好感。

〔90〕赵孝成王十五年庚戌岁,当公元前二五一年。按《六国年表》和《赵世家》都说平原君死于孝成王十四年,与此不同。

〔91〕子孙代,子孙世代袭封为平原君。

〔92〕与赵俱亡,直到赵国见灭于秦而始绝,即所谓与国同休。

〔93〕今本《公孙龙子·白马篇》云:"'白马非马可乎?'曰:'可'。'何哉?'曰:'马者所以命形也,白者所以命色也,命色者非命形也。'"意谓但说白马,重在马色之白,非必指马也。又《坚白篇》云:"'坚、白、石三,可乎?'曰:'不可。''二,可乎?'曰:'可。谓目视石,但见白,不知其坚,则谓之白石。手触石,则知其坚而不知其白,谓之坚石。坚、白终不可合为一也。'"意谓石之坚与白系于触觉与视觉,石虽同,坚与白终异也。凡此即所谓坚白同异之辩。

〔94〕邹衍,齐人,亦作驺衍,事迹附见《史记·孟子荀卿列传》。齐使邹衍过赵,平原君见公孙龙之属,论白马非马之辩,以问衍。衍曰:"不可。辩者抒意通指(同旨),明其所谓,使人与知焉,不务相迷也。若烦

文以相假,饰辞以相悖,巧譬以相移,引人声使不得及其意,如此害大道。"此即所谓言至道。

〔95〕绌同黜,退也。有低抑疏远之义。

〔96〕蜀本、百衲本、黄本、汲古本"虞卿"都提行书。此本与会注本都连书不提行。游说(音税)之士,挟策略以干求当时诸侯的政客。

〔97〕蹑音聂,履也;蹈也。蹻亦作繑,又作屩,草鞋。檐当从会注本作"担"(编者按:繁体作"擔"),扛在肩上。簦音登,长柄笠,犹今之雨伞。蹑蹻檐簦说赵孝成王,言虞卿趿着草鞋,抗着雨伞,就这样随随便便地前往游说赵王。

〔98〕百镒已见《留侯世家》校释〔98〕。

〔99〕上卿,相当于相国。

〔100〕秦、赵战于长平,参看下〔174〕、〔175〕,并详后《廉颇蔺相如列传》。

〔101〕楼昌,赵将。召楼昌与虞卿,是要使将相合议。

〔102〕束甲而趋之,卷甲趋敌,意即悉力与敌人拚命。

〔103〕重使,派遣重臣。为媾,求和。

〔104〕制媾者在秦,言和否之权操在秦国之手。

〔105〕论秦,估计秦国的实情。

〔106〕不邪,犹否乎。欲破赵之军乎不邪,言预料秦意,究竟是要击破赵军呢,还是不要?此本明白,所以提问是有意要赵王自己来肯定。

〔107〕不遗馀力,言不留一点力量,全投在这场战役了。

〔108〕必且欲破赵军,必将击破赵军。

〔109〕内同纳。必内吾使,必接纳吾国的使者。

〔110〕平阳君,惠文王同母弟赵豹。封于平阳,地在今河北省临潭县西。与平阳君为媾,与赵豹决定求和。发郑朱入秦,先遣信使郑朱前往秦国。

〔111〕奚如,何如。

〔112〕秦王指秦国第三十三君昭襄王。王名则(一作稷),在位五十六年(公元前三〇六—前二五一)。应侯即范雎,详后《范雎蔡泽列传》。必愿重以示天下,言秦昭襄王与秦相范雎必然把赵国求和之事张扬扩大,而特显郑朱这人给各国知晓,借以示威于天下。

〔113〕赵王入朝,赵王畏秦之强,使人朝秦纳赂。

〔114〕赵郝之郝,徐广说一作赦,音释。约事于秦,奉使朝秦。

〔115〕割六县而媾,割献邻秦的六座城池而求和。

〔116〕助秦自攻,鼓励秦国来攻打自己。

〔117〕诚能尽秦力之所至乎,真能摸清秦国兵力的底子么?

〔118〕弹丸之地喻其小,言弹子那么大的六座城。弗予,不给他。

〔119〕得无割其内而媾乎,能不更割六城以内的地方而求和么?

〔120〕非所敢任,不敢担保。

〔121〕他日,往昔,犹言早先。三晋,韩、魏、赵。交于秦相善也,言三国与秦结交,彼此相好。《新序》善作"若",相若犹相同,义较长。

〔122〕早先,赵与韩、魏共亲秦,既而负之(谓接受上党之叛),故秦攻赵(引起长平之役,且围邯郸),今为媾,正所以解纳叛之嫌。故云为解负亲之攻。足下,对人的敬称,参看《项纪》校释〔346〕。蜀本缺"负"字。

〔123〕开关通币,谓解严撤防,彼此通币帛交聘之好。百衲本、汲古本"币"都讹作"弊"。

〔124〕齐交韩、魏,向秦修好,与韩、魏相同。齐,相等。

〔125〕独取攻于秦,言事秦不谨,单单招致秦兵的来攻。

〔126〕自尽之术,走自己消灭自己的道路。术,道路。

〔127〕罢同疲。下句"罢秦"即疲秦,意谓倦归之秦兵必然疲敝。

〔128〕目,古以字,会注本径作"以"。目六城收天下,与后面劝"王

以六城赂齐"遥应。

〔129〕坐而割地,平白地割送土地。孰与坐而割地自弱以彊秦哉,意谓白送土地给秦与以六城收天下而取偿于秦相比,哪一项便宜呢?彊,蜀本、百衲本、汲古本都作"强",以下都如此。

〔130〕今郝曰……有以王之事秦不如韩、魏也,文字扞格难通。张文虎《校刊史记集解索隐正义札记》定"以为韩、魏不救赵也而王之军必孤"十六字为衍文,当从。

〔131〕即坐而城尽,坐在那里等得及把城割尽。

〔132〕弃前功而挑秦祸也,言尽弃从前割献之功,重复挑起秦兵来攻的祸患。弃,蜀本、百衲本、汲古本都作"棄"。

〔133〕益、愈都是加甚用的副词。其计故不止矣,言岁岁割取土地的念头因而不会停息了。

〔134〕楼缓,赵臣。从秦来,使秦后归来。

〔135〕予秦地何如毋予孰吉,犹言把土地给秦还是不给,哪一件妥当?

〔136〕辞让,谦逊,此有不肯吐露实话的意思。

〔137〕虽然,虽则那么说,顺上"非臣之所知"言。试言公之私,你且说你的个人意见罢。

〔138〕公甫文伯名歜,季孙氏,鲁定公时的大夫。亦作公父文伯。其母有贤名。

〔139〕相室,保姆之类。或说是赞礼的人。

〔140〕是人,指公甫文伯。不随,谓不随从孔子。

〔141〕言者异,谓从母言之或从妻言之,立场自然不同。人心变,谓看法自然跟着变化。

〔142〕饰说,虚饰之辞。昚勿予,犹言为妥慎起见,切不可给他!昚,古慎字。蜀本讹作"脊"。

〔143〕构难犹挑衅。百衲本构(编者按,繁体作"構")作"搆"。说同悦。天下皆说,言诸侯见到秦、赵挑衅是大家高兴的。

〔144〕吾且因彊而乘弱,楼缓设想诸侯心中所要说的话,即所以说明"天下皆说"的道理,言可以利用强的一方趁势欺侮弱的一方。

〔145〕以疑天下,言以连横的局面给诸侯看,使他们疑心秦、赵之间近来是交厚了。故接云慰秦之心。此与前面虞卿所说的"赵使入楚、魏,秦必疑天下之合从,且必恐"等话恰恰相反。

〔146〕因秦之彊怒,利用秦国的强力和盛怒(与前"因彊"应);乘赵之弊,趁着赵国的疲弱(与前"乘弱"应);瓜分之,共同剖分赵国的土地取为己有。

〔147〕独不言其示天下弱乎,为什么单单不说这样做是暴露弱点给天下人看么! 这一句针对楼缓"以疑天下而慰秦之心"而发,是最有力量的话。

〔148〕非固勿予而已也,并不一定不给便算了。明其尚有下文。

〔149〕以六城赂齐,言以六城送给齐国,要他出兵合力对付秦国。与前面"以六城收天下,取偿于秦"相应。

〔150〕是时齐、秦争霸甚烈,曾互称东帝、西帝。齐孟尝君又曾纠合韩、魏之兵败秦于函谷关,秦割河东三城以和。彼此交恶,故云齐,秦之深仇也。

〔151〕不待辞之毕也,言必能立刻应允,不等到说辞完毕便见听从的。

〔152〕齐、秦交恶,赵、秦亦交恶,若得齐、赵并力破秦,则齐、赵两国的深仇都可趁此报复了。

〔153〕有能为,有能力而且敢作敢为。这一语把"示天下弱"的心理也扭转过来了。

〔154〕以此发声,以齐、赵交好的风声宣露出去。

〔155〕兵未窥于境,言不必齐、赵之兵去窥伺秦境。

〔156〕料秦必畏忌齐、赵之合,反将使用厚赂来结赵国之好,故云见秦之重赂至赵,而反媾于王也。

〔157〕出重宝以先于王,献珍贵的宝物以自通于赵王。先,介绍。

〔158〕从前赵受秦攻,言媾则赵为被动而秦制之。今赵得秦赂,是秦为被动而赵得制之。故云与秦易道。易音亦,变更。易道即所谓易地以处。

〔159〕魏请为从,魏国闻风来赵,请订立从约以拒秦。以下七"从"字,除"与大国从事也"之从读如"随从"之从外,馀六"从"字均指从约,都读如纵。

〔160〕过平原君,虞卿奉召时先过平原君之门有所商谈。

〔161〕愿卿之论从也,希望你赞同合从。卿,亲密之称。

〔162〕魏过,言魏国错了。过,差误;过失。以下六"过"字都同。

〔163〕窃以为从便,言我的私见认为合从是于赵国有利的。便,利也。此语与上面"愿卿之论从也"相应。

〔164〕魏齐,魏之诸公子,为魏相时,曾折辱范雎。后范雎更名张禄,相秦为应侯,魏齐惧,奔赵,匿于平原君家。秦逼索甚急,赵王发兵围之,齐夜亡,走见赵相虞卿,虞卿乃解除相印,与齐同奔大梁,欲因信陵君以南走楚。信陵君畏秦,犹豫未即见,齐怒而自刭。赵王卒取其头以予秦。事详后《范雎蔡泽列传》。虞卿既以魏齐之故,即指此事。

〔165〕间行,从间道逃亡。

〔166〕困于梁,困于魏都大梁,就是指的看着魏齐自杀而不能救他。

〔167〕不得意,是精神受打击,未必指名位有所损失。盖魏齐之死在长平之役前五年,长平战败之后,虞卿尚为赵画策,那么虞卿仍当复为赵相的。

〔168〕虞卿所著书凡八篇,司马迁作此传时,已仅存《节义》、《称号》、《揣摩》、《政谋》等四个篇目。

〔169〕刺讥国家得失,批评当时政治的得当与否。

〔170〕《虞氏春秋》久佚,《汉书·艺文志》云十五篇,与《史记》本传及《十二诸侯年表序》均不合。清马国翰《玉函山房辑佚书》子编儒家类有《虞氏春秋》一卷。

〔171〕翩翩(音篇),疾飞往来貌。翩翩浊世之佳公子,喻平原君之行事如鸟之高举,出于一般的浊世纨袴子弟之上。

〔172〕未睹大体,犹云未见大道。下即引事实来证明它。

〔173〕利令智昏,言利之所在,是能令智者冲昏头脑的。此本当时谚语,故首云鄙语曰。

〔174〕周赧王五十三年己亥岁(秦昭襄王四十五年,韩桓惠王十一年,赵孝成王四年,公元前二六二年),秦白起伐韩,拔野王(今河南省沁阳县),上党(韩地,当今山西省东南部)路绝。韩上党守冯亭以地献于赵。平阳君赵豹以为圣人甚祸无故之利,不如勿受。平原君赵胜以为无故得一郡,受之便。孝成王乃使平原君往受地,封冯亭为华阳君。卒酿长平之祸。故云贪冯亭邪说。

〔175〕周赧王五十五年辛丑岁(秦昭襄王四十七年,赵孝成王六年,公元前二六〇年),秦王龁攻赵上党,拔之。赵使赵括代廉颇将,而秦阴令白起代王龁,戒军中勿泄。赵括被围于长平,军食绝四十六日,人相食。括乃自出搏战,被秦所射杀。兵卒四十万人皆降。白起尽阬之,仅遣其中年少的二百四十人归赵。故云使赵陷长平兵四十馀万众。

〔176〕何其工也,怎么这么周到啊!工,工巧;细致。也读如耶。

〔177〕庸夫且知其不可,况贤人乎,平常人尚且知道这样做是不可以的,何况贤明的人呢!此与"何其工也"对照,言虞卿为赵谋则工,自为谋则拙。

〔178〕非穷愁不能著书自见于后世,是司马迁用以自况的牢骚话。见是表现,读如现。

魏公子列传

魏公子无忌者，魏昭王少子，[1]而魏安釐王异母弟也。[2]昭王薨，[3]安釐王即位，封公子为信陵君。[4]是时范雎亡魏相秦，[5]以怨魏齐故，[6]秦兵围大梁，[7]破魏华阳下军，[8]走芒卯。[9]魏王及公子患之。

公子为人仁而下士，[10]士无贤不肖，皆谦而礼交之，[11]不敢以其富贵骄士。士以此方数千里争往归之，[12]致食客三千人。[13]当是时，诸侯以公子贤，多客，不敢加兵谋魏十馀年。公子与魏王博，[14]而北境传举烽，[15]言"赵寇至，且入界"。[16]魏王释博，[17]欲召大臣谋。公子止王曰："赵王田猎耳，[18]非为寇也。"复博如故。王恐，心不在博。居顷，[19]复从北方来传言曰："赵王猎耳，非为寇也。"魏王大惊，曰："公子何以知之？"公子曰："臣之客有能深得赵王阴事者，[20]赵王所为，客辄以报臣，[21]臣以此知之。"是后魏王畏公子之贤能，[22]不敢任公子以国政。[23]

魏有隐士曰侯嬴，年七十，家贫，为大梁夷门监者。[24]公子闻之，往请，欲厚遗之。[25]不肯受，曰："臣脩身絜行数十年，[26]终不以监门困故而受公子财。"[27]公子于是乃置酒大会宾客。坐定,公子从车骑,[28]虚左,[29]自迎夷门侯生。[30]侯生摄敝衣冠,[31]直上载公子上坐,[32]不让,欲以观公子。公子执辔愈恭。[33]侯生又谓公子曰:"臣有客在市屠中,[34]愿枉车骑过之。"[35]公子引车入市,侯生下见其客朱亥,俾倪故久立,[36]与其客语,微察公子。[37]公子颜色愈和。[38]当是时,魏将相宗室宾客满堂,待公子举酒。[39]市人皆观公子执辔。[40]从骑皆窃骂侯生。[41]侯生视公子色终不变,乃谢客就车。[42]至家,[43]公子引侯生坐上坐,遍赞宾客,[44]宾客皆惊。[45]酒酣,公子起,为寿侯生前。[46]侯生因谓公子曰:[47]"今日嬴之为公子亦足矣。[48]嬴乃夷门抱关者也,[49]而公子亲枉车骑,自迎嬴于众人广坐之中,[50]不宜有所过,[51]今公子故过之。然嬴欲就公子之名,故久立公子车骑市中,过客以观公子,[52]公子愈恭。市人皆以嬴为小人,而以公子为长者能下士也。"于是罢酒,侯生遂为上客。侯生谓公子曰:"臣所过屠者朱亥,此子贤者,世莫能知,故隐屠间耳。"公子往数请之,[53]朱亥故不复谢。[54]公子怪之。[55]

魏安釐王二十年,[56]秦昭王已破赵长平军,[57]又进兵围邯郸。公子姊为赵惠文王弟平原君夫人,数遗魏王及公子书,[58]请救于魏。魏王使将军晋鄙将十万众救赵。秦王使使者告魏王曰:"吾攻赵,旦暮且下,而诸侯敢救者,已拔赵,必移兵先击之。"魏王恐,使人止晋鄙,留军壁邺,[59]名为救赵,实持两端以观望。[60]平原君使者冠盖相属于魏,[61]让魏公子曰:[62]"胜所以自附为婚姻者,[63]以公子之高义,[64]为能急人之困,[65]今邯郸旦暮降秦,而魏救不至,安在公子能急人之困也![66]且公子纵轻胜,[67]弃之降秦,[68]独不怜公子姊邪!"公子患之,数请魏王及宾客辩士说王万端。[69]魏王畏秦,终不听公子。公子自度终不能得之于王,[70]计不独生而令赵亡。[71]乃请宾客,约车骑百馀乘,[72]欲以客往赴秦军,与赵俱死。

行过夷门,见侯生,具告所以欲死秦军状。辞决而行,[73]侯生曰:"公子勉之矣!老臣不能从。"公子行数里,心不快,曰:"吾所以待侯生者备矣,[74]天下莫不闻,今吾且死,而侯生曾无一言半辞送我,我岂有所失哉!"[75]复引车还问侯生。侯生笑曰:"臣固知公子之还也。"[76]曰:[77]"公子喜士,名闻天下。今有难,无他端而欲赴秦军,[78]譬若以肉投馁虎,[79]何功之有哉!尚安事客![80]然公子遇臣厚,[81]公子往而臣不送,以是知公子恨之复返也。"公子再拜,因问。侯生乃屏人间语曰:[82]"嬴闻晋鄙之兵符常在王卧内,[83]而如姬最幸,[84]出入王卧内,力能窃之。嬴闻如姬父为人所杀,如姬资之三年,[85]自王以下欲求报其父仇,莫能得。如姬为公子泣,[86]公子使客斩其仇头,敬进如姬。如姬之欲为公子死,无所辞,顾未有路耳。[87]公子诚一开口请如姬,如姬必许诺,则得虎符夺晋鄙军,[88]北救赵而西却秦,[89]此五霸之伐也。"[90]公子从其计,请如姬。如姬果盗晋鄙兵符与公子。

公子行，侯生曰："将在外，主令有所不受，以便国家。"[91]公子即合符。[92]而晋鄙不授公子兵而复请之，[93]事必危矣。臣客屠者朱亥可与俱，此人力士。晋鄙听，大善；不听，可使击之。"于是公子泣，侯生曰："公子畏死邪？何泣也？"公子曰："晋鄙嚄唶宿将，[94]往恐不听，必当杀之，是以泣耳，[95]岂畏死哉！"于是公子请朱亥。[96]朱亥笑曰："臣乃市井鼓刀屠者，[97]而公子亲数存之，[98]所以不报谢者，以为小礼无所用，今公子有急，[99]此乃臣效命之秋也。"[100]遂与公子俱。公子过谢侯生。侯生曰："臣宜从，老不能；请数公子行日，以至晋鄙军之日，[101]北乡自刭以送公子。"[102]公子遂行。

至邺，矫魏王令代晋鄙。[103]晋鄙合符，疑之，举手视公子曰：[104]"今吾拥十万之众，屯于境上，国之重任，今单车来代之，何如哉？"[105]欲无听。朱亥袖四十斤铁椎，[106]椎杀晋鄙，[107]公子遂将晋鄙军。勒兵下令军中曰：[108]"父子俱在军中，父归；兄弟俱在军中，兄归；独子无兄弟，归养。"[109]得选兵八万人，[110]进兵击秦军。秦军解去，遂救邯郸，存赵。赵王及平原君自迎公子于界，平原君负韊矢为公子先引。[111]赵王再拜曰：[112]"自古贤人未有及公子者也。"当此之时，平原君不敢自比于人。[113]公子与侯生决，[114]至军，[115]侯生果北乡自刭。

魏王怒公子之盗其兵符，矫杀晋鄙，公子亦自知也。[116]已却秦存赵，[117]使将将其军归魏，[118]而公子独与客留赵。赵孝成王德公子之矫夺晋鄙兵而存赵，[119]乃与平原君计，以五城封公子。公子闻之，意骄矜而有自功之色。[120]客有说公子曰：[121]"物有不可忘，[122]或有不可不忘。夫人有德于公子，公子不可忘也；公子有德于人，愿公子忘之也。且矫魏王令，夺晋鄙兵以救赵，于赵则有功矣，于魏则未为忠臣也。公子乃自骄而功之，[123]窃为公子不取也。"于是公子立自责，[124]似若无所容者。[125]赵王埽除自迎，[126]执主人之礼，引公子就西阶。[127]公子侧行辞让，[128]从东阶上。[129]自言罪过，[130]以负于魏，无功于赵。[131]赵王侍酒至暮，口不忍献五城，以公子退让也。公子竟留赵。赵王以鄗为公子汤沐邑，[132]魏亦复以信陵奉公子。公子留赵。

公子闻赵有处士毛公藏于博徒，薛公藏于卖浆家，[133]公子欲见两人，两人自匿不肯见公子。公子闻所在，乃间步往从此两人游，[134]甚欢。平原君闻之，谓其夫人曰："始吾闻夫人弟公子天下无双，[135]今吾闻之，乃妄从博徒卖浆者游，公子妄人耳。"[136]夫人以告公子。公子乃谢夫人去，曰："始吾闻平原君贤，故负魏王而救赵，以称平原君。[137]平原君之游，徒豪举耳，[138]不求士也。[139]无忌自在大梁时，尝闻此两人贤，至赵，恐不得见。以无忌从之游，尚恐其不我欲也，[140]今平原君乃以为羞。其不足从游！"[141]乃装为去。[142]夫人具以语平原君。平原君乃免冠谢，[143]固留公子。平原君门下闻之，半去平原君归公子。天下士复往归公子。公子倾平原君客。[144]

公子留赵十年不归。秦闻公子在赵,日夜出兵东伐魏。魏王患之,使使往请公子。公子恐其怒之,[145]乃诫门下:[146]"有敢为魏王使通者,死。"[147]宾客皆背魏之赵,[148]莫敢劝公子归。毛公、薛公两人往见公子曰:"公子所以重于赵,名闻诸侯者,徒以有魏也。[149]今秦攻魏,魏急而公子不恤,[150]使秦破大梁而夷先王之宗庙,[151]公子当何面目立天下乎?"语未及卒,[152]公子立变色,告车趣驾归救魏。[153]

魏王见公子,相与泣,[154]而以上将军印授公子,公子遂将。[155]魏安釐王三十年,[156]公子使使遍告诸侯。[157]诸侯闻公子将,各遣将将兵救魏。公子率五国之兵破秦军于河外,[158]走蒙骜。[159]遂乘胜逐秦军至函谷关,[160]抑秦兵,[161]秦兵不敢出。当是时,公子威振天下,诸侯之客进兵法,公子皆名之,[162]故世俗称《魏公子兵法》。[163]秦王患之,乃行金万斤于魏,[164]求晋鄙客,令毁公子于魏王曰:[165]"公子亡在外十年矣,今为魏将,诸侯将皆属,诸侯徒闻魏公子,不闻魏王。公子亦欲因此时定南面而王,诸侯畏公子之威,方欲共立之。"秦数使反间,伪贺公子得立为魏王未也。[166]魏王日闻其毁,不能不信,后果使人代公子将。

公子自知再以毁废,[167]乃谢病不朝,[168]与宾客为长夜饮,[169]饮醇酒,[170]多近妇女。日夜为乐饮者四

211

岁，[171]竟病酒而卒。[172]其岁，魏安釐王亦薨。秦闻公子死，使蒙骜攻魏，拔二十城，初置东郡。[173]其后秦稍蚕食魏，[174]十八岁而虏魏王，[175]屠大梁。[176]

高祖始微少时，[177]数闻公子贤。及即天子位，每过大梁，常祠公子。[178]高祖十二年，[179]从击黥布还，[180]为公子置守冢五家，[181]世世岁以四时奉祠公子。[182]

太史公曰：吾过大梁之墟，[183]求问其所谓夷门，夷门者，城之东门也。天下诸公子亦有喜士者矣，[184]然信陵君之接岩穴隐者，不耻下交，有以也。[185]名冠诸侯不虚耳。[186]高祖每过之而令民奉祠不绝也。

〔1〕魏昭王名遫，魏国第五君，在位十九年（公元前二九五—前二七七）。

〔2〕魏安釐王名圉，魏国第六君，在位三十四年（公元前二七六—前二四三）。釐同僖。

〔3〕古代公侯死去叫做薨，音近昏。

〔4〕信陵，魏邑，古葛伯之国，故城在今河南省宁陵县西十里。

〔5〕范雎亡魏相秦，详后《范雎蔡泽列传》。

〔6〕以怨魏齐故，因怨恨魏齐的缘故。"以"和"故"彼此呼应，以……故，即因……之故。

〔7〕大梁，魏都，今河南省开封市。已见《项纪》校释〔88〕和《孙子吴起列传》校释〔29〕。

〔8〕华阳，山名，在今河南省密县境。

〔9〕芒卯,魏将,为秦所败走,故云走芒卯。按秦攻败芒卯围大梁在公元前二七五年(秦昭襄王三十二年,魏安釐王二年);秦破魏华阳下军在公元前二七三年(秦昭襄王三十四年,魏安釐王四年)。其时秦魏冉为相,下距范睢相秦尚隔十年,这上面说是"以怨魏齐故",叙事似有舛错。

〔10〕仁而下士,仁厚而待士谦虚。

〔11〕无贤不肖,无论贤与不贤。皆谦而礼交之,一概以礼相待。此即上面"仁而下士"的说明。

〔12〕方数千里争往归之,周围数千里内的游士争先投向信陵君。

〔13〕致,招徕。

〔14〕博,局戏。即赌棋。

〔15〕举烽,发警报。古代报警的设备,据《集解》引文颖说:"作高木橹(像楼那样的高架),橹上作桔槔(像风车那样可以低昂的长木臂),桔槔头兜零(像筐子那样可以盛东西的),以薪置其中,谓之烽。常低之(盛薪的兜零常低着于地面)。有寇,即火燃举之(昂起来)以相告。"

〔16〕且入界,即将进入魏国的北界。

〔17〕释博,放下赌博的东西。

〔18〕田猎即打猎,亦作佃猎,或作畋猎。

〔19〕居顷,停不多时。与"居有顷"、"顷之"等相当。

〔20〕深得赵王阴事,很精细地获得赵王的秘密。蜀本、百衲本、黄本、汲古本都作"探得",意较浅显。

〔21〕辄以报臣,陆续地报告我。辄,每常;频数。

〔22〕是后,此时以后,犹言从此。畏,惧怕。引申有妒忌义。

〔23〕不敢任公子以国政,不敢把国家的大政交托给信陵君。

〔24〕夷门,大梁东门名。监者,看守城门的人。

〔25〕往请,使人前往问候。欲厚遗之,要送一份厚礼给他。

〔26〕脩身絜行,谓修养品性和检点行为。

〔27〕终不以监门困故而受公子财,到底不能因困于监门的缘故而接受公子的私财。

〔28〕从车骑,带着随从的车马。

〔29〕古代乘车以左位为尊,虚左,空出尊位。

〔30〕自迎,亲自迎接。侯生即侯嬴。生本先生的省称,引申之,凡士人都可称生。

〔31〕摄敝衣冠,拂拭一下破烂的衣冠。摄,整理。敝,蜀本、百衲本、黄本、汲古本都作"獘"。

〔32〕直上,略不推辞,径行上车。载公子上坐,即坐于公子空出的左首尊位上。

〔33〕执辔愈恭,握着御车的马辔,愈见恭敬。辔音秘,驾马的辔绳。

〔34〕在市屠中,在市井的屠户中,意即市场的屠户。参看下〔97〕。

〔35〕枉车骑过之,央烦你的车马到屠户那边去访问他。枉,屈辱。

〔36〕俾倪故久立,斜着眼睛,有意地老立在那里。俾(音匹)倪通作睥睨,不正视貌。

〔37〕微察,暗地里考验。与上"俾倪"相应。

〔38〕颜色愈和,面上的神色更见和悦。

〔39〕待公子举酒,等待公子到来开始饮酒。此写公子府中情形,是一层。

〔40〕市人皆观公子执辔,市中人都看到公子为侯生当缰。此写市中的观众景象,另是一层。

〔41〕从骑皆窃骂侯生,公子的随从人等都暗地里恨骂侯生。此写随从人的怨怒,又是一层。

〔42〕谢客就车,辞别朱亥,重登上公子所乘的车。

〔43〕至家,到公子的府中。

〔44〕坐上坐,坐于上首的座位上。上一坐字是动词。"上坐"之坐是名词,通作"座"。遍赞宾客,一一向宾客介绍侯生而盛称他的贤德。遍(编者按:原作遍的异体字"徧"),汲古本讹作"偏"。

〔45〕皆惊,蜀本作"雷惊"。意谓突出意外,如听到焦雷那样的震惊。似嫌穿凿。

〔46〕为寿侯生前,在侯生面前上寿。此为当时敬礼,参看《项纪》校释〔287〕。

〔47〕因谓公子,趁公子近前上寿的时候对公子有所陈说。

〔48〕为公子亦足矣,难为你也够了。徐广说:"为一作羞",意正与"难为"同。

〔49〕乃夷门抱关者也,是夷门上抱着门栓的人啊。在当时,看职司启闭城门的人是贱役,故与上"难为"(或羞辱)相应。关,用来固护门户的东西,即门栓(俗也作闩)。

〔50〕众人广坐之中,当着大众的面前。

〔51〕不宜有所过,不当有过分的礼节。

〔52〕过客以观公子,过访屠户中的朋友(屠户在当时也看作贱役的)来考验你的度量。

〔53〕往数请之,前往朱亥那里屡次致意问候。数读入声,下面"数遗魏王及公子书"、"数请魏王"、"数过存之"、"秦数使反间"、"数闻公子贤"的数,读音都与此同。

〔54〕故不复谢,故意不答谢。

〔55〕怪之,疑怪朱亥的行径。

〔56〕魏安釐王二十年甲辰岁,当周赧王五十八年,秦昭襄王五十年,赵孝成王九年,公元前二五七年。

〔57〕秦昭王即昭襄王。赵长平军破在前三年,故云已破。参看《平原君虞卿列传》校释〔174〕、〔175〕。

〔58〕数遗魏王及公子书,屡次送信给魏安釐王和信陵君。

〔59〕壁邺,扎营在邺地。壁,动词。邺,魏地,近赵边。故城在今河北省临漳县西南,接河南省安阳县界。

〔60〕持两端以观望,执行两面政策来看望形势。

〔61〕冠盖相属,言使者往来不绝。冠是冠冕,盖是车盖,喻使者的威仪服饰。属读如祝,连缀。

〔62〕让,消责;埋怨。

〔63〕自附为婚姻,自愿托结为姻亲。附,托也。混言之,嫁娶好合叫婚姻;析言之,妇家叫婚,婿家叫姻;故妇之父母和婿之父母互相称谓叫婚姻。

〔64〕高义,高度的道义。

〔65〕急人之困,解救别人的困难。急用作动词,有解急救患义。

〔66〕安在公子能急人之困也,哪里见得出公子能够解救人的困难呢!安,何也。安在即何在。也读如耶。

〔67〕纵,纵令;即使。轻,不重视。纵轻胜,即使看不起我赵胜。

〔68〕弃之降秦,丢开他,让他去投降秦国。此之字即指赵胜自己。弃,蜀本、百衲本、汲古本都作"棄"。下句"独不怜公子姊邪"之怜(编者按:原作繁体"憐"),汲古本作"怜"(编者按:"怜"为古代的异体字)。

〔69〕数请魏王,公子自己屡次请求魏王。宾客辩士说王,公子使人游说魏王。万端犹万般,就是用尽种种说法。

〔70〕自度,自己估量。终不能得之于王,到底不能取得魏王的允许。之字指救赵事。度读入声。

〔71〕计不独生而令赵亡,决计不独自苟存而使赵国灭亡。计,计画;盘算。引申有决定义。

〔72〕约,凑集。

〔73〕辞决而行,说完了话,就分别而去。

〔74〕备,周到。

〔75〕失,缺失。与"备"相应。

〔76〕固知,本就知道。

〔77〕曰,指侯生说,表示顿一顿后,接下去说。

〔78〕无他端,没有别的法儿。端,方法。

〔79〕馁,饥饿。读如奈上声。

〔80〕尚安事客,还用得到宾客么!

〔81〕遇,待遇。

〔82〕屏人间语,遣开旁人,趁空当儿进言。

〔83〕兵符,调遣军马的凭证,参看下〔88〕。卧内,寝室。

〔84〕如姬,魏王的侍妾。最幸,最得宠任。幸,宠信。

〔85〕资之三年,积恨三年。资,积蓄。之字指杀父的仇恨。

〔86〕为公子泣,为父仇未伸的事泣告公子。

〔87〕无所辞,犹言不会推辞。顾未有路耳,犹言但没有报答的机会罢了。顾,但是。

〔88〕得虎符夺晋鄙军,取得调兵易将的虎符,矫命夺取晋鄙的兵权。虎符之制:范铜为虎形,中剖为两,彼此相合,以其半授奉使之人,以其半留内;凡有后命,即用留内的半符,持往传达;符合,乃得施行。

〔89〕郤秦,打退秦兵。郤,蜀本、百衲本、汲古本都讹作"却"。

〔90〕五霸之伐,五霸那样的功勋。五霸为当时称道的齐桓公、晋文公之类,不必确指是谁。伐,名词,功业;勋名。

〔91〕《孙子·九变篇》:"将受命于君,合众聚军,君命有所不受。"故侯生推揣此意而预料地说,将在外,主令有所不受,以便国家。

〔92〕即合符,即使把虎符核对得相合了。即与前"纵轻胜"之纵相当。

〔93〕不授公子兵而复请之,不把兵权交给公子而重向魏王请示。

此处请字有对质的意义,与请求、邀请等意义都不同。

〔94〕嚄唶宿将,犹言叱咤风云的老将。嚄音获,大笑;唶音窄,大叫。嚄唶,呼喝示威之貌。宿,陈也;老也。宿将,积有威望的将军。

〔95〕是以泣耳,正因痛惜损失老将而哭泣。

〔96〕请朱亥,邀请朱亥同行。

〔97〕迺,古乃字,蜀本、百衲本、黄本、汲古本都作"乃"。市井鼓刀屠者,市场中操刀宰牲的屠夫。市井之说不一,《管子·小匡》注:"立市必四方,若造井之制,故曰市井。"可从。鼓,动也。

〔98〕亲数存之,亲自屡次来照顾我。存,问候;恤助。之字指朱亥自己。此语与前"故不复谢"相应,故下接云"所以不报谢者,以为小礼无所用"。

〔99〕有急,有急难之事。急,名词。

〔100〕效命之秋,贡献身命的适当时候。效,呈献。秋为一年中禾谷收成的季节,引申为适当之时。

〔101〕数公子行日,以至晋鄙军之日,计算公子在路行程,到达晋鄙军中的日期。

〔102〕北乡自刭以送公子,到公子抵达晋鄙军中的那一日,向北自刎来报谢公子。此送字有报答义。乡同向。北乡,面向北方。赵在魏之北,故如此说。

〔103〕矫魏王令代晋鄙,凭着虎符,假传魏王的命令,叫公子代替晋鄙为将军。

〔104〕举手视公子,正显出晋鄙的轻慢不信的态度。

〔105〕今单车来代之,何如哉,现在你不带随护的兵卒,单身来接替我这重任,什么道理呢,单车,单单只有乘坐的车辆。之字指晋鄙自己。

〔106〕袖,动词,藏在衣袖之中。铁椎,已见《留侯世家》校释〔15〕。

〔107〕椎杀,用椎击杀。汲古本两椎字都作"锥"。

〔108〕勒兵,检阅部队。

〔109〕归养,回家奉养父母。

〔110〕选兵,经挑选够格的兵卒。

〔111〕负韣矢为公子先引,背着弓箭、箭袋,在前引路。所谓执鞭坠镫,极意形容平原君的卑躬屈节。韣音兰,盛矢之器。

〔112〕再拜,连施两拜,是古代较为隆重的礼节。也可作拜了又拜解。

〔113〕不敢自比于人,犹言不敢跟人家相比。此人字指魏公子。本来四君并称,至此,平原君自惭不能比信陵君了。

〔114〕与侯生决,自从与侯生相别。

〔115〕至军,公子行抵晋鄙军中之日。此二语与前"请数公子行日"诸语相应。

〔116〕亦自知也,言公子也自己知道有负国负兄的罪过的。

〔117〕卻,蜀本、百衲本讹作"却",汲古本讹作"郤"。

〔118〕使将之将,名词。将其军之将,动词。

〔119〕德,感激。

〔120〕意骄矜,心意中存着骄傲夸张的念头。有自功之色,脸上显露着自以为有功的神色。矜,夸耀。

〔121〕客有说公子,门客中有人向公子进言。《战国策·魏策》作唐且。说音税。

〔122〕物有不可忘,犹言事有不可忘者。物,事也。

〔123〕自骄而功之,以背魏救赵为有功而自骄自满也。之字指窃符杀鄙,救赵自荣诸事。

〔124〕立自责,立刻自己责备自己。

〔125〕似若无所容者,好像没有地方可以容身的样子。

〔126〕埽除自迎,洒扫街道,亲自迎接公子。埽,汲古本作"扫(编

者按:繁体作掃)"。

〔127〕古代升堂的礼节:主人从东阶上,宾客从西阶上。赵王执主人之礼,故引公子就西阶。就,凑近。

〔128〕侧行辞让,偏侧着身子前进,一路表示谦让。

〔129〕从东阶上,自谦降等,就主人的阶位一同升堂。

〔130〕自言辠过,自陈有罪恶在身。辠,古罪字。

〔131〕以负于魏,无功于赵,即罪过的理由。以,因为。负,违背。此两语为概括的叙述,不是公子自己口头所说的话。

〔132〕鄗(音霍)本春秋晋邑,战国时属赵。即今河北省高邑县。汤沐邑本是古代天子赐给诸侯来朝的斋戒自洁的地方。此则指供养生活的取资所在。

〔133〕处士,有学行而隐居不仕的人。毛公、薛公,史佚其名。《汉书·艺文志》名家者流有毛公九篇,或即其人。藏,隐蔽;容身。博徒,聚赌的人。卖浆家,出卖酒浆的店家。

〔134〕游,交游,即往来交好。

〔135〕始,初也。犹"早先"或"从前"。无双犹绝对。天下无双,世上没有比并的人。

〔136〕妄人,失去常度的人。上云"妄从博徒卖浆者游",即说他不加辨别而胡乱结交。

〔137〕称,遂也;当也。与上"闻平原君贤"相应,有"报称"义,意谓因其贤,故宁可负魏救赵以顺遂他的心愿。

〔138〕徒豪举耳,犹言但以宾客众多自豪罢了。一说:"豪者举之,不论德行。"(见会注本《正义》引刘伯庄说)

〔139〕不求士也,不是真诚地争取有学行的人士的。

〔140〕不我欲,倒装句,即不要我。

〔141〕其不足从游,等于说:"殆不足从游乎。"其,拟议不定的副

词,相当于"殆"。不足从游,犹言不够朋友,意谓不配跟他在一块儿了。游下当添一"乎"字看。

〔142〕乃装为去,遂整理行装,作离去赵国的准备。

〔143〕免冠谢,摘去帽子前往谢罪。古人摘帽露顶是表示自己认罪。

〔144〕公子倾平原君客,公子把平原君的门客都倾倒在自己的门下了。倾,注也。

〔145〕恐其怒之,恐怕魏王追恨他从前窃符杀将的事件。

〔146〕诫门下,警告门下诸客,有所嘱咐。诫,警告;叮嘱。

〔147〕有敢为魏王使通者死,有人敢于为魏王的使者通报传达的处死。

〔148〕宾客皆背魏之赵,言公子原来的门客都是跟着公子背弃魏国而来到赵国的。故接云"莫敢劝公子归"。之,往也;到也。

〔149〕徒以有魏也,言理由很单纯,只因有一个魏国存在罢了。

〔150〕不恤,不加顾惜,即无动于中。

〔151〕夷,平也。夷先王之宗庙,平毁魏国先世的祖庙。

〔152〕语未及卒,话没有说完。

〔153〕告车趣驾,吩咐管车的人,赶快套起马来,预备动身。告,嘱也。趣读促,催督。驾,装备好车马。

〔154〕相与泣,互相面对着垂泣。极意形容彼此悔悟之情。

〔155〕遂将,乃正式为魏国的上将军。

〔156〕魏安釐王三十年甲寅岁,当赵孝成王十九年,韩桓惠王二十六年,齐王建十八年,楚考烈王十六年,燕王喜八年,秦庄襄王三年,公元前二四七年。

〔157〕使使遍告诸侯,派遣使者把公子为将之事一一告知赵、韩、齐、楚、燕诸国。

〔158〕五国之兵,即指赵、韩、齐、楚、燕援魏的军队。河外,当时黄河以南的通称。

〔159〕蒙骜,蒙恬的祖父,秦国的上卿。

〔160〕函谷关,已详《项纪》校释〔263〕。

〔161〕抑秦兵,压使秦兵不敢东出函谷关。抑,按捺;压住。

〔162〕皆名之,都占而有之。名,占也,例如"名田"。正因占有之故,所以下文云"故世俗称《魏公子兵法》"。

〔163〕刘歆《七略》有《魏公子兵法》,二十一篇,图七卷。《汉书·艺文志》兵家兵形势的记录同,惟作"图十卷",误。

〔164〕行,使用。

〔165〕求晋鄙客,令毁公子于魏王,访求公子仇人晋鄙的门客使他们向魏安釐王进谗言毁损公子。曰字以下至,"欲共立之"便是毁损公子的谗言。

〔166〕伪贺公子得立为魏王未也,假装不知而来魏国称贺公子,问他已否立为魏王。未也犹否耶。

〔167〕此与前面"不敢任公子以国政"遥应。公子本因见忌于魏王而不任国政,及窃符救赵,流亡在外十年,终因秦患紧迫而得返国重为将相。今又因中谗而被收兵权,是明明废置不用了。故云再以毁废。

〔168〕谢病不朝,托言有病,不复朝参魏王。

〔169〕长夜饮,谓酣饮达旦。

〔170〕醇酒,色纯味厚的美酒。

〔171〕四岁,四周年。

〔172〕竟,毕竟。竟病酒而卒,终于因为害酒病而死。时在魏安釐王三十四年,当秦王政四年,公元前二四三年。

〔173〕东郡略当今河北省南端偏东一小部和山东省西部一带地。

〔174〕稍蚕食魏,渐渐地像蚕食桑叶那样侵蚀魏土。

〔175〕秦王政二十二年（公元前二二五年）灭魏国，虏魏王假，上距信陵君之死恰为十八年。故云十八岁而虏魏王。

〔176〕屠大梁，屠杀大梁城中的军民。

〔177〕始微少时，当初没有得意的时候。微少就是微贱。

〔178〕常祠公子，常常用牲醴来祭公子。常与"每"相应，犹言每过大梁即祭公子。

〔179〕高祖十二年丙午岁，当公元前一九五年。

〔180〕从击黥布还，自从击破黥布之后，还京路过大梁。

〔181〕置守冢五家，拨五户人家专为公子守冢。冢，坟墓。汲古本径作"塚"。

〔182〕世世岁以四时奉祠公子，令后世每岁于春、夏、秋、冬四季定期谨祭公子。此与上文"常祠公子"相应，本是临时的，而现在成为经常的了。

〔183〕大梁之墟，大梁的废址。与前"屠大梁"相应，足见当时残破毁损之惨。

〔184〕亦有喜士者矣，指信陵君外的孟尝、平原、春申诸君也多有好客的。

〔185〕接岩穴隐者，不耻下交，指纳交于侯嬴、朱亥、毛公、薛公诸人。岩穴不一定指深山穷谷，犹言人家所不大注意到的各个角落。有以也，叹美他能掌握待士的道理。

〔186〕名冠诸侯不虚耳，言公子的声名能够盖在当时诸侯之上，确有他实在的道理，并非浪得虚名。

范睢蔡泽列传[1]

范睢者,魏人也,字叔。游说诸侯,欲事魏王,[2]家贫无以自资,[3]乃先事魏中大夫须贾。[4]须贾为魏昭王使于齐,[5]范睢从。留数月,未得报。[6]齐襄王闻睢辩口,[7]乃使人赐睢金十斤,及牛酒。睢辞谢不敢受。须贾知之,大怒,以为睢持魏国阴事告齐,故得此馈,[8]令睢受其牛酒,还其金。既归,心怒睢,以告魏相。魏相,魏之诸公子曰魏齐。[9]魏齐大怒,使舍人笞击睢,[10]折胁摺齿。[11]睢详死,即卷以箦,置厕中。[12]宾客饮者醉,更溺睢,[13]故僇辱以惩后,[14]令无妄言者。[15]睢从箦中谓守者曰:"公能出我,我必厚谢公!"守者乃请出弃箦中死人。[16]魏齐醉,曰:"可矣。"范睢得出。后魏齐悔,复召求之。[17]魏人郑安平闻之,[18]乃遂操范睢亡,[19]伏匿,[20]更名姓曰张禄。

当此时,秦昭王使谒者王稽于魏。[21]郑安平诈为卒,侍王稽。[22]王稽问:"魏有贤人可与俱西游者乎?"[23]郑安平曰:"臣里中有张禄先生,[24]欲见君,言天下事。其人有仇,不敢昼见。"[25]王稽曰:"夜与俱来。"郑安平夜与张禄见王稽。语未究,[26]王稽知范睢贤,谓曰:"先生待我于三亭之南。"[27]与私约而去。[28]王稽辞魏去,过载范睢入秦。[29]

至湖,[30]望见车骑从西来,范雎曰:"彼来者为谁?"王稽曰:"秦相穰侯,[31]东行县邑。"[32]范雎曰:"吾闻穰侯专秦权,恶内诸侯客,[33]此恐辱我,[34]我宁且匿车中。"[35]有顷,[36]穰侯果至,劳王稽,[37]因立车而语曰:[38]"关东有何变?"[39]曰:"无有。"又谓王稽曰:"谒君得无与诸侯客子俱来乎?[40]无益,徒乱人国耳!"[41]王稽曰:"不敢。"即别去。范雎曰:"吾闻穰侯智士也,其见事迟,乡者疑车中有人,忘索之。"[42]于是范雎下车走,曰:"此必悔之。"[43]行十馀里,果使骑还索车中。无客,乃已。王稽遂与范雎入咸阳。[44]已报使,[45]因言曰:"魏有张禄先生,天下辩士也。曰:'秦王之国危于累卵,[46]得臣则安。然不可以书传也。'[47]臣故载来。"[48]秦王弗信,使舍食草具。[49]待命岁馀。[50]

当是时,昭王已立三十六年。[51]南拔楚之鄢、郢,[52]楚怀王幽死于秦。[53]秦东破齐。[54]湣王尝称帝,后去之。[55]数困三晋。[56]厌天下辩士,无所信。[57]

穰侯、华阳君,昭王母宣太后之弟也;[58]而泾阳君、高陵君皆昭王同母弟也。[59]穰侯相,三人者更将,[60]有封邑。[61]以太后故,私家富重于王室。[62]及穰侯为秦将,且欲越韩、魏而伐齐纲寿,[63]欲以广其陶封。[64]范雎乃上书曰:[65]"臣闻明王立政,[66]有功者不得不赏,有能者不得不官,[67]劳大者其禄厚,功多者其爵尊,[68]能治众者其官大。[69]故无能者不敢当职焉,[70]有能者亦不得蔽隐。[71]使以臣之言为可,愿行而益利其道;[72]以臣之言为不可,久留臣无为也。[73]语曰:'庸主赏所爱而罚所恶;明主则不然,赏必加于有功,而刑必断于有罪。'[74]今臣之胸不足以当椹质,而要不足以待斧钺,[75]岂敢以疑事尝试于王哉![76]虽以臣为贱人而轻辱,独不重任臣者之无反复于王邪![77]且臣闻周有砥砨,宋有结绿,梁有县藜,楚有和朴,[78]此四宝者,土之所生,良工之所失也,而为天下名器。[79]然则圣王之所弃者,独不足以厚国家乎![80]臣闻善厚家者取之于国;[81]善厚国者取之于诸侯。[82]天下有明主,则诸侯不得擅厚者,[83]何也?为其割荣也。[84]良医知病人之死生,而圣主明于成败之事;利则行之,[85]害则舍之,[86]疑则少尝之,[87]虽舜、禹复生,弗能改已。[88]语之至者,[89]臣不敢载之于书;[90]其浅者,又不足听也。意者,臣愚而不概于王心邪?[91]亡其言臣者贱而不可用乎?[92]自非然者,臣愿得少赐游观之闲,望见颜色,[93]一语无效,请伏斧质。"[94]于是秦昭王大说,[95]乃谢王稽,[96]使以传车召范雎。[97]

于是范雎乃得见于离宫,[98]详为不知永巷而入其中。[99]王来而宦者怒,[100]逐之,曰:"王至。"范雎缪为曰:[101]"秦安得王!秦独有太后、穰侯耳!"欲以感怒昭王。[102]昭王至,闻其与宦者争言,遂延迎,[103]谢曰:"寡人宜以身受命久矣,[104]会义渠之事急,[105]寡人旦暮自请太后;[106]今义渠之事已,寡人乃得受命。窃闵然不敏。"![107]敬执宾主之礼。[108]范睢辞让。[109]是日观范睢之见者,[110]群臣莫不洒然变色易容者。[111]

秦王屏左右,[112]宫中虚无人。秦王跽而请曰:[113]"先生何以幸教寡人!"[114]范睢曰:"唯,唯。"[115]有间,[116]秦王复跽而请曰:"先生何以幸教寡人!"范睢曰:"唯,唯。"若是者三。秦王跽曰:"先生卒不幸教寡人邪?"[117]范睢曰:"非敢然也。[118]臣闻昔者吕尚之遇文王也,身为渔父而钓于渭滨耳。[119]若是者,交疏也。[120]已说而立为太师,载与俱归者,其言深也。[121]故文王遂收功于吕尚,而卒王天下。乡使文王疏吕尚而不与深言,[122]是周无天子之德,而文、武无与成其王业也。[123]今臣,羁旅之臣也,[124]交疏于王,而所愿陈者皆匡君之事,[125]处人骨肉之间,[126]愿效愚忠而未知王之心也。[127]此所以王三问而不敢对者也。臣非有畏而不敢言也,臣知今日言之于前,而明日伏诛于后,然臣不敢避也。大王信行臣之言,死不足以为臣患;亡不足以为臣忧,[128]漆身为厉,被发为狂,[129]不足以为臣耻。且以五帝之圣焉而死,三王之仁焉而死,五伯之贤焉而死,乌获、任鄙之力焉而死,成荆、孟贲、王庆忌、夏育之勇焉而死。[130]死,[131]人之所必不免也。处必然之势,可以少有补于秦,此臣之所大愿也,臣又何患哉![132]伍子胥橐载而出昭关,[133]夜行昼伏,至于陵水,[134]无以馏其口,[135]刹行蒲伏,[136]稽首肉袒,[137]鼓腹吹篪,[138]乞食于吴市,卒兴吴国,阖闾为伯。[139]使臣得尽谋如伍子胥,加之以幽囚,终身不复见,〔140〕是臣之说行也,臣又何忧!〔141〕箕子、接舆漆身为厉,被发为狂,无益于主。〔142〕假使臣得同行于箕子,可以有补于所贤之主,是臣之大荣也,臣有何耻!〔143〕,臣之所恐者,独恐臣死之后,天下见臣之尽忠而身死,因以是杜口裹足,〔144〕莫肯乡秦耳。〔145〕足下上畏太后之严,下惑于奸臣之态,〔146〕居深宫之中,不离阿保之手,〔147〕终身迷惑,无与昭奸。〔148〕大者宗庙灭覆,小者身以孤危,此臣之所恐耳。若夫穷辱之事,死亡之患,臣不敢畏也。臣死而秦治,是臣死贤于生。"〔149〕秦王跽曰:"先生是何言也!夫秦国辟远,〔150〕寡人愚不肖,先生乃幸辱至于此,〔151〕是天以寡人恩先生,〔152〕而存先王之宗庙也。寡人得受命于先生,是天所以幸先王,而不弃其孤也。〔153〕先生奈何而言若是!〔154〕事无小大,上及太后,下至大臣,愿先生悉以教寡人,无疑寡人也!"范雎拜,秦王亦拜。〔155〕范雎曰:"大王之国,四塞以为固,北有甘泉、谷口,〔156〕南带泾、渭,右陇、蜀,左关、坂,〔157〕奋击百万,〔158〕战车千乘,利则出攻,不利则入守,此王者之地也,民怯于私斗,而勇于公战,此王者之民也。王并此二者而有之。〔159〕夫以秦卒之勇,车骑之众,以治诸侯,〔160〕譬若施韩卢而搏蹇兔也,〔161〕霸王之业可至也,而群臣莫当其位。〔162〕至今闭关十五年,不敢窥兵于山东者,〔163〕是穰侯为秦谋不忠,而大王之计有所失也。"〔164〕秦王跽曰:"寡人愿闻失计。"

然左右多窃听者,范雎恐,未敢言内,先言外事,〔165〕以观秦王之俯仰。[166]因进曰:"夫穰侯越韩、魏而攻齐纲寿,非计也。少出师则不足以伤齐,多出师则害于秦。臣意王之计,[167]欲少出师而悉韩、魏之兵也,[168]则不义矣。今见与国之不亲也,越人之国而攻可乎?[169]其于计疏矣![170]且昔齐湣王南攻楚,[171]破军杀将,再辟地千里,[172]而齐尺寸之地无得焉者,岂不欲得地哉,形势不能有也。[173]诸侯见齐之罢弊,[174]君臣之不和也,兴兵而伐齐,大破之。[175]士辱兵顿,皆咎其王曰:[176]'谁为此计者乎?'王曰:'文子为之。'[177]大臣作乱,文子出走。故齐所以大破者,以其伐楚而肥韩、魏也。[178]此所谓借贼兵而赍盗粮者也。[179]王不如远交而近攻,[180]得寸,则王之寸也;得尺,亦王之尺也。[181]今释此而远攻,[182]不亦缪乎!且昔者中山之国地方五百里,赵独吞之,[183]功成名立,而利附焉,天下莫之能害也。[184]今夫韩、魏,中国之处,而天下之枢也。[185]王其欲霸,必亲中国以为天下枢,以威楚、赵。[186]楚彊则附赵,赵彊则附楚,[187]楚、赵皆附,齐必惧矣。齐惧,必卑辞重币以事秦。齐附而韩、魏因可虏也。"[188]昭王曰:"吾欲亲魏久矣,而魏多变之国也,[189]寡人不能亲。请问亲魏奈何?"对曰:"王卑辞重币以事之;不可,则割地而赂之;不可,因举兵而伐之。"王曰:"寡人敬闻命矣。"乃拜范雎为客卿,[190]谋兵事。[191]卒听范雎谋,使五大夫绾伐魏,[192]拔怀。[193]后二岁,拔邢丘。[194]

客卿范雎复说昭王曰:"秦、韩之地形,相错如绣。[195]

秦之有韩也，譬如木之有蠹也，〔196〕人之有心腹之病也。天下无变则已，天下有变，其为秦患者孰大于韩乎！王不如收韩。"〔197〕昭王曰："吾固欲收韩，韩不听，为之奈何？"对曰："韩安得无听乎！王下兵而攻荥阳，则巩、成皋之道不通；〔198〕北断太行之道，〔199〕则上党之师不下。〔200〕王一兴兵而攻荥阳，则其国断而为三。〔201〕夫韩见必亡，安得不听乎！若韩听，而霸事因可虑矣。"〔202〕王曰："善。"且欲发使于韩。〔203〕

范雎日益亲，复说用数年矣，〔204〕因请间说曰："臣居山东时，闻齐之有田文，不闻其有王也；闻秦之有太后、穰侯、华阳、高陵、泾阳，不闻其有王也。夫擅国之谓王，〔205〕能利害之谓王，〔206〕制杀生之威之谓王。〔207〕今太后擅行不顾，〔208〕穰侯出使不报，〔209〕华阳、泾阳等击断无讳，〔210〕高陵进退不请：〔211〕四贵备而国不危者，未之有也。为此四贵者下，〔212〕乃所谓无王也，然则权安得不倾，令安得从王出乎！〔213〕臣闻善治国者，乃内固其威，而外重其权。穰侯使者操王之重，〔214〕决制于诸侯，剖符于天下，〔215〕政適代国，〔216〕莫敢不听。战胜攻取，则利归于陶国，弊御于诸侯；〔217〕战败则结怨于百姓，而祸归于社稷。〔218〕《诗》曰：'木实繁者披其枝，披其枝者伤其心；大其都者危其国，尊其臣者卑其主。'〔219〕崔杼、淖齿管齐，〔220〕射王股；擢王筋，县之于庙梁，宿昔而死。〔221〕李兑管赵，〔222〕囚主父于沙丘，〔223〕百日而饿死。今臣闻秦太后、穰侯用事，高陵、华阳、泾阳佐之,卒无秦王,此亦淖齿、李兑之类也。且夫三代所以亡国者,君专授政,[224]纵酒驰骋弋猎,[225]不听政事。其所授者,[226]妒贤嫉能,御下蔽上,[227]以成其私,不为主计,而主不觉悟,故失其国。今自有秩以上至诸大吏,下及王左右,无非相国之人者。[228]见王独立于朝,[229]臣窃为王恐,万世之后,有秦国者非王子孙也。"昭王闻之大惧,曰:"善。"于是废太后,逐穰侯、高陵、华阳、泾阳君于关外。[230]秦王乃拜范睢为相。收穰侯之印,使归陶,因使县官给车牛以徙,[231]千乘有馀。到关,[232]关阅其宝器,[233]宝器珍怪多于王室。秦封范睢以应,[234]号为应侯。当是时,秦昭王四十一年也。[235]

范睢既相秦,秦号曰张禄,而魏不知,以为范睢已死久矣。魏闻秦且东伐韩、魏,魏使须贾于秦。范睢闻之,为微行,[236]敝衣间步之邸,[237]见须贾。须贾见之而惊曰:"范叔固无恙乎!"[238]范睢曰:"然。"须贾笑曰:"范叔有说于秦邪?"曰:"不也。睢前日得过于魏相,[239]故亡逃至此,安敢说乎!"须贾曰:"今叔何事?"范睢曰:"臣为人庸赁。"[240]须贾意哀之,[241]留与坐饮食,曰:"范叔一寒如此哉!"[242]乃取其一绨袍以赐之。[243]须贾因问曰:"秦相张君,公知之乎?吾闻幸于王,[244]天下之事,皆决于相君。[245]今吾事之去留在张君。[246]孺子!岂有客习于相君者哉?"[247]范睢曰:"主人翁习知之。[248]唯睢亦得谒,[249]睢请为见君于张君。"[250]须贾曰:"吾马病,车轴折,非大车驷马,[251]吾固不出。"[252]范雎曰:"愿为君借大车驷马于主人翁。"

范雎归取大车驷马,为须贾御之,入秦相府。府中望见,有识者皆避匿。[253]须贾怪之。至相舍门,[254]谓须贾曰:"待我,我为君先入通于相君。"须贾待门下,持车良久,[255]问门下曰:"范叔不出何也?"门下曰:"无范叔。"须贾曰:"乡者与我载而入者。"[256]门下曰:"乃吾相张君也。"须贾大惊,自知见卖,[257]乃肉袒膝行,[258]因门下人谢罪。[259]于是范雎盛帷帐,[260]侍者甚众,见之。须贾顿首言死罪,[261]曰:"贾不意君能自致于青云之上,[262]贾不敢复读天下之书,不敢复与天下之事。[263]贾有汤镬之罪,[264]请自屏于胡貉之地,[265]惟君死生之!"[266]范雎曰:"汝罪有几?"曰:"擢贾之发以续贾之罪,尚未足。"[267]范雎曰:"汝罪有三耳。[268]昔者楚昭王时而申包胥为楚却吴军,[269]楚王封之以荆五千户,[270]包胥辞不受,为丘墓之寄于荆也。[271]今雎之先人丘墓亦在魏,[272]公前以雎为有外心于齐,[273]而恶雎于魏齐,[274]公之罪一也。当魏齐辱我于厕中,公不止,[275]罪二也。更醉而溺我,公其何忍乎![276]罪三矣。[277]然公之所以得无死者,以绨袍恋恋,有故人之意,[278]故释公。"乃谢罢。[279]入言之昭王,罢归须贾。[280]

须贾辞于范雎,[281]范雎大供具,[282]尽请诸侯使,与坐堂上,食饮甚设。[283]而坐须贾于堂下,置莝豆其前,[284]令两黥徒夹而马食之。[285]数曰:[286]"为我告魏王,急持魏齐头来！不然者,我且屠大梁！"须贾归,以告魏齐。魏齐恐,亡走赵,匿平原君所。[287]

范雎既相,王稽谓范雎曰:"事有不可知者三,有不可奈何者亦三。宫车一日晏驾,[288]是事之不可知者一也。君卒然捐馆舍,[289]是事之不可知者二也。使臣卒然填沟壑,[290]是事之不可知者三也。宫车一日晏驾,君虽恨于臣,无可奈何。君卒然捐馆舍,君虽恨于臣,亦无可奈何。使臣卒然填沟壑,君虽恨于臣,亦无可奈何。"范雎不怿,[291]乃入言于王曰:"非王稽之忠,莫能内臣于函谷关;[292]非大王之贤圣,莫能贵臣。今臣官至于相,爵在列侯;王稽之官尚止于谒者,非其内臣之意也。"昭王召王稽,拜为河东守,[293]三岁不上计。[294]又任郑安平,[295]昭王以为将军。范雎于是散家财物,尽以报所尝困厄者。[296]一饭之德必偿,睚眦之怨必报。[297]

范雎相秦二年,秦昭王之四十二年,[298]东伐韩少曲、高平,拔之。[299]秦昭王闻魏齐在平原君所,欲为范雎必报其仇,乃详为好书遗平原君曰:[300]"寡人闻君之高义,[301]愿与君为布衣之友,[302]君幸过寡人,[303]寡人愿与君为十日之饮。"[304]平原君畏秦,且以为然,[305]而入秦见昭王。昭王与平原君饮数日,昭王谓平原君曰:"昔周文王得吕尚以为太公,齐桓公得管夷吾以为仲父,[306]今范君亦寡人之叔父也。[307]范君之仇在君之家,愿使人归取其头来。不然,吾不出君于关。"平原君曰:"贵而为交者,为贱也。富而为交者,为贫也。〔308〕夫魏齐者,胜之友也,在,固不出也;〔309〕今又不在臣所。"昭王乃遗赵王书曰:"王之弟在秦,范君之仇魏齐在平原君之家。王使人疾持其头来。〔310〕不然,吾举兵而伐赵,又不出王之弟于关。"赵孝成王乃发卒围平原君家,急,魏齐夜亡出,见赵相虞卿。虞卿度赵王终不可说,乃解其相印,与魏齐亡,间行。念诸侯莫可以急抵者,〔311〕乃复走大梁,欲因信陵君以走楚。〔312〕信陵君闻之,畏秦,犹豫未肯见,〔313〕曰:"虞卿何如人也?"〔314〕时侯嬴在旁,曰:"人固未易知,知人亦未易也。〔315〕夫虞卿蹑屩檐簦,〔316〕一见赵王,赐白璧一双,黄金百镒;再见,拜为上卿;三见,卒受相印,封万户侯。当此之时,天下争知之。〔317〕夫魏齐穷困过虞卿,虞卿不敢重爵禄之尊,解相印,捐万户侯而间行。急士之穷而归公子,公子曰'何如人',人固不易知,知人亦未易也。"信陵君大惭,驾如野迎之。〔318〕魏齐闻信陵君之初难见之,〔319〕怒而自刭。赵王闻之,卒取其头予秦。秦昭王乃出平原君归赵。

昭王四十三年,〔320〕秦攻韩汾陉,〔321〕拔之,因城河上广武。〔322〕后五年,昭王用应侯谋,纵反间卖赵。〔323〕赵以其故,令马服子代廉颇将。〔324〕秦大破赵于长平,遂围邯郸。已而与武安君白起有隙,〔325〕言而杀之。〔326〕任郑安平,使击赵。〔327〕郑安平为赵所围急,以兵二万人降赵。应侯席稾请罪。〔328〕秦之法,任人而所任不善者,各以其罪罪之。于是应侯罪当收三族。[329]秦昭王恐伤应侯之意,乃下令国中:"有敢言郑安平事者,以其罪罪之。"而加赐相国应侯食物日益厚,以顺适其意。[330]后二岁,王稽为河东守,与诸侯通,坐法诛。[331]而应侯日益以不怿。

昭王临朝叹息,[332]应侯进曰:"臣闻'主忧臣辱,主辱臣死',今大王中朝而忧,[333]臣敢请其罪。"[334]昭王曰:"吾闻楚之铁剑利,而倡优拙。[335]夫铁剑利则士勇,倡优拙则思虑远。[336]夫以远思虑而御勇士,[337]吾恐楚之图秦也。夫物不素具,不可以应卒,[338]今武安君既死,而郑安平等畔,内无良将,而外多敌国,吾是以忧。"欲以激励应侯。[339]应侯惧,不知所出。[340]蔡泽闻之,往入秦也。

蔡泽者,[341]燕人也,游学干诸侯,[342]小大甚众,不遇。[343]而从唐举相,[344]曰:"吾闻先生相李兑曰,'百日之内,持国秉',[345]有之乎?"曰:"有之。"曰:"若臣者何如?"[346]唐举孰视而笑曰:[347]"先生曷鼻、巨肩、魋颜、蹙齃、膝挛。[348]吾闻'圣人不相',殆先生乎!"[349]蔡泽知唐举戏之,乃曰:"富贵吾所自有,吾所不知者寿也,愿闻之。"唐举曰:"先生之寿,从今以往者四十三岁。"[350]蔡泽笑谢而去,谓其御者曰:"吾持粱刺齿肥,[351]跃马疾驱,怀黄金之印,结紫绶于要,[352]揖让人主之前,[353]食肉富贵,四十三年足矣。"去之赵,见逐。之韩、魏,[354]遇夺釜鬲于途。[355]闻应侯任郑安平、王稽皆负重罪于秦,应侯内惭,蔡泽乃西入秦。

将见昭王,使人宣言以感怒应侯曰:〔356〕"燕客蔡泽,天下雄俊弘辩智士也,〔357〕彼一见秦王,秦王必困君而夺君之位。"应侯闻,曰:"五帝、三代之事,百家之说,〔358〕吾既知之;众口之辩,吾皆摧之;〔359〕是恶能困我而夺我位乎!"使人召蔡泽。蔡泽入,则揖应侯。〔360〕应侯固不快。及见之,又倨。〔361〕应侯因让之曰:〔362〕"子尝宣言欲代我相秦,宁有之乎!"对曰:"然。"应侯曰:"请闻其说!"蔡泽曰:"吁!君何见之晚也!〔363〕夫四时之序,成功者去。〔364〕夫人生百体坚彊,手足便利,耳目聪明,而心圣智,〔365〕岂非士之愿与?"〔366〕应侯曰:"然。"蔡泽曰:"质仁秉义,〔367〕行道施德,得志于天下,天下怀乐敬爱而尊慕之,皆愿以为君王,岂不辩智之期与?"〔368〕应侯曰:"然。"蔡泽复曰:"富贵显荣,成理万物,使各得其所;〔369〕性命寿长,终其天年,而不夭伤;天下继其统,守其业,〔370〕传之无穷;名实纯粹,〔371〕泽流千里,世世称之而无绝,〔372〕与天地终始,〔373〕岂道德之符,而圣人所谓吉祥善事者与?"〔374〕应侯曰:"然。"蔡泽曰:"若夫秦之商君,楚之吴起,越之大夫种,其卒然亦可愿与?"〔375〕应侯知蔡泽之欲困己以说,〔376〕复谬曰:〔377〕"何为不可!夫公孙鞅之事孝公也,极身无贰虑,〔378〕尽公而不顾私;设刀锯以禁奸邪,信赏罚以致治;披腹心,示情素,〔379〕蒙怨咎,〔380〕欺旧友,夺魏公子卬,〔381〕安秦社稷,利百姓,卒为秦禽将破敌,〔382〕攘地千里。〔383〕吴起之事悼王也,使私不得害公,谗不得蔽忠，[384]言不取苟合，[385]行不取苟容，[386]不为危易行，[387]行义不辟难，[388]然为霸王彊国，[389]不辞祸凶。[390]大夫种之事越王也，主虽困辱，悉忠而不解；[391]主虽绝亡，[392]尽能而弗离；[393]成功而弗矜，[394]贵富而不骄怠。若此三子者，固义之至也，忠之节也。[395]是故君子以义死难，[396]视死如归，生而辱，不如死而荣。士固有杀身以成名，惟义之所在，虽死无所恨，何为不可哉！"蔡泽曰："主圣臣贤，天下之盛福也；[397]君明臣直，国之福也；[398]父慈子孝，夫信妻贞，家之福也。故比干忠而不能存殷，[399]子胥智而不能完吴，[400]申生孝而晋国乱，[401]是皆有忠臣孝子，而国家灭乱者，何也？无明君贤父以听之，故天下以其君父为僇辱，而怜其臣子。[402]今商君、吴起、大夫种之为人臣，是也；其君，非也。故世称三子致功而不见德，[403]岂慕不遇世死乎！[404]夫待死而后可以立忠成名，是微子不足仁，孔子不足圣，管仲不足大也！[405]夫人之立功，岂不期于成全邪！身与名俱全者，上也。[406]名可法而身死者，其次也。[407]名在僇辱而身全者，下也。"[408]于是应侯称善。[409]

蔡泽少得间，[410]因曰：[411]"夫商君、吴起、大夫种，其为人臣尽忠致功则可愿矣，闳夭事文王，周公辅成王也，岂不亦忠圣乎！[412]以君臣论之，商君、吴起、大夫种其可愿孰与闳夭、周公哉？"[413]应侯曰："商君、吴起、大夫种弗若也。"[414]蔡泽曰："然则君之主慈仁任忠，[415]惇厚旧故，[416]其贤智与有道之士为胶漆，[417]义不倍功臣，[418]

孰与秦孝公、楚悼王、越王乎?"[419]应侯曰:"未知何如也。"[420]蔡泽曰:"今主亲忠臣,不过秦孝公、楚悼王、越王,君之设智,[421]能为主安危,修政,[422]治乱,彊兵,[423]批患,折难,[424]广地,殖谷,富国,足家,[425]彊主,尊社稷,显宗庙,[426]天下莫敢欺犯其主,主之威盖震海内,[427]功彰万里之外,[428]声名光辉传于千世,君孰与商君、吴起、大夫种?"[429]应侯曰:"不若。"蔡泽曰:"今主之亲忠臣,不忘旧故,不若孝公、悼王、句践,而君之功绩爱信亲幸,[430]又不若商君、吴起、大夫种,然而君之禄位贵盛,私家之富过于三子,而身不退者,恐患之甚于三子,窃为君危之![431]语曰,'日中则移,月满则亏,物盛则衰',[432]天地之常数也。[433]进退盈缩,[434]与时变化,[435]圣人之常道也。故'国有道则仕,国无道则隐'。[436]圣人曰:'飞龙在天,利见大人',[437]'不义而富且贵,于我如浮云'。[438]今君之怨已雠而德已报,[439]意欲至矣,[440]而无变计,窃为君不取也![441]且夫翠、鹄、犀、象,[442]其处势非不远死也,[443]而所以死者,惑于饵也。[444]苏秦、智伯之智,[445]非不足以辟辱远死也,[446]而所以死者,惑于贪利不止也。是以圣人制礼节欲,取于民有度,[447]使之以时,用之有止,[448]故志不溢,行不骄,常与道俱而不失,[449]故天下承而不绝。昔者齐桓公九合诸侯,一匡天下,[450]至于葵丘之会,有骄矜之志,畔者九国。[451]吴王夫差兵无敌于天下,勇彊以轻诸侯,陵齐、晋,[452]故遂以杀身亡国。夏育、太史噭叱呼骇三军,[453]

然而身死于庸夫。此皆乘至盛而不返道理，[454]不居卑退处俭约之患也。[455]夫商君为秦孝公明法令，禁奸本，[456]尊爵必赏，有罪必罚，平权衡，正度量，调轻重，决裂阡陌，以静生民之业，[457]而一其俗，劝民耕农利土，[458]一室无二事，[459]力田稸积，[460]习战陈之事，[461]是以兵动而地广，兵休而国富，故秦无敌于天下，立威诸侯，成秦国之业。功已成矣，而遂以车裂。楚地方数千里，持戟百万，白起率数万之众，以与楚战，一战，举鄢、郢以烧夷陵；再战，南并蜀、汉。又越韩、魏而攻彊赵，北阬马服，诛屠四十馀万之众，尽之于长平之下。[462]流血成川，沸声若雷，[463]遂入围邯郸，使秦有帝业。楚、赵，天下之彊国，而秦之仇敌也，自是之后，楚、赵皆慑伏不敢攻秦者，白起之势也。身所服者七十馀城。功已成矣，而遂赐剑死于杜邮。[464]吴起为楚悼王立法，卑减大臣之威重，[465]罢无能，废无用，损不急之官，塞私门之请，一楚国之俗，禁游客之民，精耕战之士，南收杨越，[466]北并陈、蔡，[467]破横散从，使驰说之士无所开其口，[468]禁朋党以励百姓，[469]定楚国之政，兵震天下，威服诸侯。功已成矣，而卒枝解。[470]大夫种为越王深谋远计，免会稽之危，[471]以亡为存，因辱为荣，[472]垦草入邑，辟地殖谷，[473]率四方之士，专上下之力，[474]辅句践之贤，报夫差之仇，卒擒劲吴，[475]令越成霸。功已彰而信矣，[476]句践终负而杀之。[477]此四子者，功成不去，祸至于身。此所谓信而不能诎，[478]往而不能返者也。[479]范蠡知之，超然辟世，长为陶朱公。[480]君独不观夫博者乎,[481]或欲大投,或欲分功,[482]此皆君之所明知也。今君相秦,计不下席,谋不出廊庙,坐制诸侯,[483]利施三川,以实宜阳,[484]决羊肠之险,塞太行之道,又斩范、中行之涂,[485]六国不得合从,栈道千里,[486]通于蜀、汉,使天下皆畏秦,秦之欲得矣,君之功极矣,[487]此亦秦之分功之时也。如是而不退,则商君、白公、吴起、大夫种是也。[488]吾闻之,'鉴于水者见面之容,鉴于人者知吉与凶',[489]《书》曰:'成功之下,不可久处。'[490]四子之祸,君何居焉![491]君何不以此时归相印,让贤者而授之,退而岩居川观,[492]必有伯夷之廉,[493]长为应侯,世世称孤,[494]而有许由、延陵季子之让,[495]乔、松之寿,[496]孰与以祸终哉?[497]即君何居焉![498]忍不能自离,[499]疑不能自决,必有四子之祸矣。《易》曰:'亢龙有悔。'[500]此言上而不能下,信而不能诎,往而不能自返者也。愿君孰计之!"[501]应侯曰:"善。吾闻'欲而不知止,失其所以欲;有而不知足,失其所以有'。[502]先生幸教,睢敬受命!"于是乃延入坐,为上客。

　　后数日入朝,言于秦昭王曰:"客新有从山东来者曰蔡泽,[503]其人辩士,明于三王之事,五伯之业,世俗之变,足以寄秦国之政。[504]臣之见人甚众,莫及,臣不如也。[505]臣敢以闻。"秦昭王召见,与语,大说之,[506]拜为客卿。应侯因谢病请归相印。昭王彊起应侯,[507]应侯遂称病笃。[508]范睢免相,昭王新说蔡泽计画,遂拜为秦相,东收周室。[509]

蔡泽相秦数月,人或恶之,[510]惧诛,乃谢病归相印,号为纲成君。[511]居秦十馀年,事昭王、孝文王、庄襄王,[512]卒事始皇帝。[513]为秦使于燕,三年而燕使太子丹入质于秦。[514]

太史公曰:韩子称"长袖善舞,多钱善贾",[515]信哉是言也![516]范雎、蔡泽世所谓一切辩士,[517]然游说诸侯,至白首无所遇者,[518]非计策之拙,所为说力少也。[519]及二人羁旅入秦,继踵取卿相,[520]垂功于天下者,[521]固彊弱之势异也。[522]然士亦有偶合,[523]贤者多如此二子,不得尽意,岂可胜道哉![524]然二子不困戹,恶能激乎![525]

〔1〕雎音虽,从目。此本和黄善夫本、清武英殿本都作"雎"。蜀本作"睢",从且;但后半也多有作雎的。百衲宋本大都作"雎",偶或也有作"睢"的。汲古本与蜀本差不多,也是"雎"、"睢"杂作。会注本却通体作"雎"。据钱大昕考证:"战国、秦、汉人多以且为名,读子余切。如穰苴、豫且、夏无且、龙且皆是。且旁或加隹,如范雎、唐雎,文殊而音不殊也。"(《武梁祠堂画象跋尾》)那么作"睢"也是有它的理由的。这里为谨慎计,仍根据底本作"雎",特附钱说备参考。
〔2〕范叔先游说诸侯,无所遇,乃归魏,欲事魏王。欲事,求职。
〔3〕无以自资,没有可以使用的资财来巴结魏王。
〔4〕中大夫,掌论议的官。秦、汉时属郎中令。
〔5〕魏昭王已见《魏公子列传》校释〔1〕。使于齐,出使到齐国去。
〔6〕未得报,没有结果。
〔7〕齐襄王名法章,田齐第六君。在位十九年(公元前二八三—前

二六五年)。辩口,能言善辩,就是有口才。

〔8〕以为持魏国阴事告齐,猜想他把魏国的秘密泄露给齐国。故得此馈,因此得了这笔赠送的东西。馈音匮,通作馈,赠送。这里当名词用,就是赠品。

〔9〕魏相,魏之诸公子曰魏齐,史公插叙句,说明须贾所告的魏相就是魏齐。

〔10〕笞音痴,竹制的刑具(竹板子),隋、唐以后定为五种刑名之一,直延到清末未改。笞击,用竹板打。参看《陈涉世家》校释〔34〕。

〔11〕折胁,打伤肋骨。摺齿,拉掉牙齿。摺同拉,读落合切。通常都作摺叠用,则读如折。

〔12〕详死,诈死。详,蜀本、百衲本、黄本、汲古本都作"佯"。卷以箦,用裹尸的席子卷着。卷通捲,箦音责,即苇箔(也称芦席),也有用竹篾编的。置厕中,搁在厕所里。

〔13〕溺,小便,亦作尿,读奴吊切,本为名词。更溺睢,更番(轮流)把小便淋在范叔身上。此溺字作动词用。

〔14〕故僇(音六)辱以惩后,有意糟蹋他,用来警戒别人的再犯。故是有意。僇辱,作践带羞辱,犹糟蹋。惩是警示;惩罚。

〔15〕令无妄言者,使别人不敢再胡说。无通毋,禁止之意。妄言承上"持魏国阴事告齐"言。

〔16〕请出弃箦中死人,启请出外丢弃这死尸。会注本无出字。弃,蜀本、百衲本、汲古本都作"棄"。

〔17〕复召求之,重又使人寻找范叔。

〔18〕郑安平闻之,郑安平听到这消息。之字指魏齐根究范叔这件事。

〔19〕操范睢亡,带着范叔逃走。操,执持;携带。

〔20〕伏匿,躲躲藏藏。下云"更名姓曰张禄",便是伏匿的具体

表现。

〔21〕谒者,掌宾赞受事之官(接纳宾客,通报传达),秦、汉时也属郎中令。王稽时为秦谒者,奉昭王命使魏。

〔22〕诈为卒,伪装客馆的侍役。侍王稽,得亲接秦使,可以通话。

〔23〕那时各国都争揽人材,故王稽有魏有贤人可与俱西游者乎的询问。与俱犹"与偕"。与俱西游,一同西向秦国走走。

〔24〕里中,乡里之中,犹邻舍。

〔25〕昼见,白天出来。见读如现。

〔26〕究,竟也;尽也。语未究,话没有说完。

〔27〕三亭,冈名,在今河南省尉氏县西南三十七里。

〔28〕私约而去,暗地里约定了时期而彼此别去。

〔29〕过载,车过约定的地点,载范睢同行。入秦,离魏向秦国进发。

〔30〕湖,函谷关西侧的城邑,本名胡。汉置胡县,武帝加水旁作湖县。南北朝宋时加城字为湖城县。元时裁去。故治在今河南省闵乡县东四十里。蜀本、百衲本、黄本、汲古本湖下都有"关"字。

〔31〕穰侯即昭王母宣太后的同母弟魏冉。《史记》有《穰侯列传》。穰本韩邑,后入秦,昭王以封魏冉。汉置穰县于此。明裁去。故治即今河南省邓县外城的东南隅。

〔32〕东行县邑,东来巡视各县邑的情况。行,巡行视察。

〔33〕恶内诸侯客,怕收容秦国以外的游士食客。恶音污,憎厌。内同纳。

〔34〕此恐辱我,犹言为此之故,恐怕要凌辱我,使我难堪。

〔35〕宁且匿车中,宁可暂躲在车中。宁,愿词。且,暂且。

〔36〕有顷,一忽儿,与"顷之"、"居顷"相当,参看《魏公子列传》校释〔19〕。

〔37〕劳,慰问。

〔38〕立车而语,彼此停车相谈。

〔39〕变是事变或变故。有何变,犹言有什么新闻。

〔40〕谒君,称王稽所居的官名。诸侯客子,谓诸侯那边的食客游子,带轻蔑语气。

〔41〕无益,谓客子无益于事。徒乱人国耳,犹言但能扰乱人家的国事罢了。

〔42〕乡者,早先。乡与"向来"之向通。忘索之,忘了搜索一下车子。

〔43〕此必悔之,承上"忘索之"言,谓穰侯必然追悔忘索而重来搜查的。之字指忘索这件事。

〔44〕咸阳,秦都,已见《项纪》校释〔208〕。

〔45〕已报使,复命已毕。

〔46〕累卵,把鸡蛋叠积起来,势必颠危。危于累卵,比堆积鸡子还要危险。

〔47〕不可书传,只能当面讲,不能用文字传达。

〔48〕因须面陈其事,故把其人同载而来。

〔49〕舍食草具,安置于客舍,而用待下客的饭食来待他。草具,粗劣之食,参看《项纪》校释〔488〕。

〔50〕待命岁馀,等待秦王的下文直搁了一年多。

〔51〕秦昭王三十六年庚寅岁,当周赧王四十四年,楚顷襄王二十八年,齐襄王十三年,韩桓惠王二年,魏安釐王六年,赵惠文王二十八年,燕武成王元年,公元前二七一年。下列楚、齐、三晋诸国与秦交涉各事,并非都发生在这一年;是先后发生在秦昭王即位以来的三十六年之中。故概括地说已立三十六年。

〔52〕南拔楚之鄢、郢,在秦昭王二十八年(公元前二七九年)。

〔53〕楚怀王幽死于秦,在秦昭王十一年(公元前二九六年)。

〔54〕东破齐在秦昭王二十二年(公元前二八五年)。

〔55〕齐湣王名地,亦作闵王,田齐第五君,在位三十年(公元前三一三一前二八四年)。其二十六年(秦昭王十九年)十月,秦王自立为西帝,遣使立齐王为东帝。湣王从苏代言,称帝二日而复归之(退还给秦国)。十二月秦王亦去帝复称王。故云湣王尝称帝,后去之。

〔56〕秦昭王二十一年(魏昭王十年),击魏,魏献安邑。又败韩师于夏山。二十八年(赵惠文王二十年),劫赵王会渑池。故云数困三晋。数,屡次,读入声。

〔57〕时秦昭王信用魏冉为相,屡得逞志于诸侯,故厌恶辩士,无所信赖。

〔58〕穰侯已见前〔31〕。华阳君即芈戎,宣太后之同父弟,亦号新城君。华阳,封邑,在华山之阳,当在今陕西省商县境。

〔59〕泾阳君、高陵君都以封邑为号。泾阳故城在今甘肃省平凉县西四十里。高陵故城在今陕西省高陵县西南一里。

〔60〕更将,更番为秦将。

〔61〕有封邑,就是指的他们封于泾阳、高陵。

〔62〕以太后故,因宣太后宠任的缘故。私家富重于王室,穰侯、华阳君、泾阳君、高陵君等私家的财富都比秦国的王室还要多。重,厚也,多也。

〔63〕纲寿亦作刚寿,齐邑,在今山东省东平县西南。地在韩、魏之东,故云越韩、魏而伐齐纲寿。

〔64〕魏冉既封于穰,又益封陶。陶即定陶(已见《项纪》校释〔121〕),与纲寿相近,故冉欲伐取以广其陶封。封,疆界。广封即扩大封地的疆界。时定陶、纲寿都在齐,而秦以陶益封冉,冉又欲取纲寿以自广,这都是野心家遥指邻国之地以为奖功劝勉的工具罢了。按《穰侯列传》记魏须贾说穰侯事,有"使魏效(献也)安邑,卫效单父(音禅甫),则

为陶开两道"等语,可证那时的陶,实在还没有附于魏冉呢。

〔65〕时秦国亲贵益擅权,范雎料秦王必将见恶,乃看准机会,上书自白。

〔66〕立政,《战国策》作"莅政"。莅,临也。立政犹言掌握政治原则。下云"有功者不得不赏",所以处理既经任用的人;"有能者不得不官",所以处理尚未任用的人。分明两层意义,便是立政的原则。

〔67〕有能者不得不官,犹言有才能的人不应当不给他官做。能与上"功"对举,是名词。官与上"赏"对举,是动词。

〔68〕劳大与功多对举,禄厚与爵尊对举,其实一也。此承上"不得不赏"言。

〔69〕能治众者其官大,犹言会得管理的事情越多,他的官职应该越大。此承"不得不官"言。这里的能字是可能助动词;官字是名词。

〔70〕无能者不敢当职,隐指穰侯。当职犹在位。

〔71〕有能者亦不得蔽隐,隐指范雎自己。蔽隐犹遮断或阻塞。

〔72〕愿行而益利其道,谓如以为可行,深愿推行尽利,充量发挥。

〔73〕久留臣无为也,与上"待命岁馀"相应,谓留而不用,毫无意义。

〔74〕赏所爱而罚所恶,隐指爱穰侯而恶范雎。果如此,则秦王不免为庸主。赏必加于有功,刑必断于有罪,是明主的为国之公。明察与庸暗对比,优劣显然,盖当时有此成语,故以语曰二字冒在上面。

〔75〕椹音砧。椹质即椹礩,铡草之具。斧钺即铁钺,已见《孙子吴起列传》校释〔10〕。要,腰的本字。当与待都作任受解。

〔76〕因明主赏罚严明,必须确有所见方敢陈说,故云岂敢以疑事尝试于王哉。犹云那敢以游移未定的事情来尝试大王的刑罚呢!

〔77〕虽以臣为贱人而轻辱,纵然以为我微不足道而轻易薄待(指上"舍食草具"言);独不重任臣者(指王稽言)之无反复于王邪,难道保

荐我的人对大王有没有欺诳也不加重视么！虽与独呼应连用，虽是推拓连词，作"纵令"、"即使"解。独是反诘副词，作"宁愿"、"难道"解。

〔78〕砥砨(音隘)、结绿、县藜、和朴(和氏的璞玉，朴与璞通)，都是当时为人所宝贵的美玉之名。

〔79〕良工之所失也，而为天下名器，言宝玉决不因为良工失于鉴别而减低它的声价。

〔80〕圣王之所弃者，隐指范雎自己不见知于秦王。弃，蜀本、百衲本、汲古本都作"棄"。独不足以厚国家乎，难道他就够不上有益于国家了么！厚，益也；加也。

〔81〕善厚家者取之于国，隐喻穰侯的损耗王室，肥益私家。

〔82〕善厚国者取之于诸侯，言要求国力好好地增厚，必须收取诸侯之所有。

〔83〕擅厚，独占厚国之利。

〔84〕为其割荣也，为的是他分割天下的荣权归于自己。正因为恶其割荣，所以不使擅厚。以上两句，言明主当善取诸侯所有来增益自己。

〔85〕利则行之，认为有利，便该照行。应上面的可则愿行而益利其道。

〔86〕害则舍之，认为有害，便该丢掉。应上面的不可则不必久留。

〔87〕疑则少尝之，有所疑则不妨少些尝试一下以明究竟，其实"可"、"不可"的意义已说尽了，范雎平添这一层，借药来做个比喻，乃是他上书的本意。

〔88〕上述三层道理，是听言的定法，故云虽舜、禹复生，弗能改已。

〔89〕语之至者，隐指太后、穰侯的事。至，深也；极也。

〔90〕不敢载之于书，不敢形之于笔墨，与上"不可以书传"相应。

〔91〕概，合也。不概于王心，范雎自疑不合秦王的心意。

〔92〕亡其(亡同无)犹无乃，相当于口语的"难道"。言臣者贱而不

可用乎,犹言荐我的人位贱而不足听信么？指王稽为谒者,位卑言轻,不足取信。上言自己以微贱不见重,此又言荐己者位卑而不见信,隐刺秦昭王短处（蔽于所见）。

〔93〕自非然者,如果不是那样的话。少赐游观之闲,些少抽点游览观赏的空闲。望见颜色,当面接见。

〔94〕一语无效,请伏斧质,一谈之后,无可采取,情愿伏罪。斧质即椹质与斧钺,与前"不敢以疑事尝试"相应。

〔95〕大说即大悦。

〔96〕谢王稽,向王稽打招呼。

〔97〕传车,载送宾客的车辆。

〔98〕离宫即行宫,别于都中正朝的宫殿。当时的离宫即今陕西省西安市西北的长安故城。

〔99〕永巷,宫中长巷。详为不知永巷而入其中,假装不知王宫而闯进去。详通佯。

〔100〕宦者,宫中执事的太监。

〔101〕缪为,随便乱说,为犹谓。缪为犹谬谓。

〔102〕感怒,激之使怒。

〔103〕延迎,接待。

〔104〕宜以身受命久矣,好久就该亲身领教了。

〔105〕会义渠之事急,适逢义渠的事情紧急。按《汉书·匈奴传》："秦昭王时,义渠戎王与宣太后乱,有二子。宣太后诈而杀义渠戎王于甘泉,遂起兵伐灭义渠。"义渠之事大概指此。

〔106〕旦暮自请太后,朝夜都要向太后请示。足见事事受她的牵制。

〔107〕窃闵然不敏,谦词,自谓糊涂不灵敏。闵,昏暗。闵然就是糊涂。

248

〔108〕敬执宾主之礼,恭恭敬敬地行宾主相见之礼。

〔109〕辞让,谦逊。

〔110〕观范雎之见者,从旁看到范雎进见秦王的人。指王之左右。

〔111〕洒然,色变貌,兼有敬肃、恐惧两义。

〔112〕屏左右,遣退左右侍从的人。

〔113〕跽而请,半跪在席上请求他。跽,参看《项纪》校释〔319〕。

〔114〕幸教,祈请用的谦词,希望人家荣宠地教训我。

〔115〕唯唯,参看《平原君虞卿列传》校释〔55〕。

〔116〕有间,隔一会儿,犹"有顷"。

〔117〕卒不幸教寡人邪,终于不肯指点我么? 这是问句,与上"何以幸教寡人"之为祈请语不同。

〔118〕非敢然也,不敢这样说。与"不然"相比,语气婉转些。

〔119〕吕尚未遇周文王时,在渭水旁磻溪钓鱼为生,故云身为渔父而钓于渭滨耳。磻溪即兹泉水,源出今陕西省岐山县西南之凡谷,北流十二里,注于渭。

〔120〕渔父与国君,地位悬绝,非有平生相交之素,故云交疏也。疏,蜀本、百衲本、黄本、汲古本都作"疎",下同。

〔121〕已说而立为太师,既已悦服其言而立以为太师。载与俱归,同车偕归。其言深也,即所谓"语之至者",非浅近之说可知。交疏言深,正反对照,是陈说一大篇的关键。

〔122〕乡,早先,与"向来"之向同。使,假使。

〔123〕文、武无与成其王业,文王、武王如无吕尚的辅佐,不能成就周室王天下的事业。

〔124〕羁旅犹作客。羁音饥,本为马络头,引申有"勒"、"止"诸义。旅,寄也。百衲本"羁"作"羇"。

〔125〕匡,纠正;匡扶。匡君之事,指对君王切身利害有所纠正的

事情。

〔126〕处人骨肉之间,隐指太后、穰侯与秦王间的矛盾。

〔127〕匡君之事关涉大,骨肉之间说话难,都须深言。故云愿效愚忠。效,呈献。蜀本、百衲本、黄本都作"効"。深言必须顾虑到会不会触忌,故云未知王之心也。

〔128〕亡,放逐;流亡。忧与上"患"对举,都是顾虑之意。

〔129〕漆身为厉,用漆涂身,使发癞变形。厉读如癞。被发为狂,披散头发装疯子。被读如披。二者都是不得已而改变形体,避人耳目的行径。

〔130〕圣、仁、贤、力、勇是五种德性的类型。某焉而死,不论秉有哪种德性的都免不了死。乌获、任鄙、成荆、孟贲(音奔,卫人)、王庆忌(吴王僚之子)、夏育(卫人,力举千钧),古代著名的勇力之士。

〔131〕死下,蜀本、百衲本、黄本、汲古本都有"者"字。

〔132〕又何患哉,说明死不足患。

〔133〕伍子胥逃楚奔吴,躲在口袋中才得混出昭关,故云橐载。橐音拓,缀有托底的口袋(不另缀托底的便叫囊)。昭关为春秋时吴、楚之界,在今安徽省含山县北。《史记》有《伍子胥列传》。

〔134〕陵水即溧水,一名濑水,又有永阳江、九阳江、颍阳江等别称。大江自安徽省芜湖县境别津东流,入江苏省境,经高淳、溧阳、宜兴三县,会荆溪,入太湖。此流道即古代三江之一的中江。自明永乐时(公元一四〇三——一四二四)在高淳县东五十里的广通镇筑成东坝以后,中江之水遂不复东流,宣、歙一带的溪水都从芜湖西出了。伍子胥至于陵水,是已到了中江一带,接近吴国了。

〔135〕无以铜其口,不能吃得饱。

〔136〕郤行蒲伏,用手同膝在地上爬行。以下数语,极意形容狼狈之状。郤,蜀本、百衲本、黄本、汲古本、会注本都作"膝"。蒲伏也作匍

匐,就是爬行。

〔137〕稽首肉袒,叩头赤膊。稽音器,低倒。稽首,低头碰地。就是磕头。肉袒,褪衣露肉,就是赤身裸体。

〔138〕鼓腹吹篪,鼓着肚皮吹笛子。篪音驰,竹制的乐器,很像笛子。徐广说,篪一作"箫"。

〔139〕阖闾,一作阖庐,已见《孙子吴起列传》校释〔4〕。伍子胥相吴,遂成霸业,故云阖闾为伯。伯读如霸。

〔140〕使臣得……不复见,假使我能够像伍子胥那样地尽展智谋,虽拘禁起来,一辈子不再与大王见面,也是愿意的。幽囚,拘禁。

〔141〕臣又何忧,说明亡不足忧。

〔142〕箕子,殷纣诸父,名胥馀,封于箕。纣无道,箕子谏不听,佯狂为奴。接舆,楚隐士,佯狂避世。二人都想匡世,终于无成,故以漆身为厉、披发为狂形容他们的佯狂,而以无益于主说明他们的无补于事。《战国策》作"无益于殷、楚",更明显。

〔143〕臣有何耻,说明佯狂不足耻。

〔144〕杜口裹足,闭口停脚。杜,杜塞。裹,缠缚。

〔145〕乡秦,向往秦国。乡与"趋向"之向同。

〔146〕惑,迷惑。态,指种种奸谄蒙蔽的情态。

〔147〕阿保,左右近幸之臣。阿音乌,亲近。保,回护。

〔148〕无与昭奸,没有人为王辨别奸邪。昭,显明。奸,邪恶。

〔149〕贤,胜过。

〔150〕辟远,偏僻遥远。辟同僻。秦国在中原的西偏,所以这样说。

〔151〕先生乃幸辱至于此,很荣幸地得能屈辱先生来到这儿。幸,荣宠。

〔152〕恩音混,污辱。恩先生亦谦词,犹言打搅先生。

〔153〕幸先王,加宠幸于先王(指宗庙社稷)。不弃其孤,不抛弃先

王的遗孤(指秦昭王自己)。弃,蜀本、百衲本、汲古本都作"棄"。

〔154〕奈何而言若是,何至于说这样的话。而,蜀本、汲古本都作"有"。

〔155〕范雎拜,秦王亦拜,极写二人彼此倾动投契的情况。

〔156〕甘泉,山名,一名鼓原,俗称磨石岭,在今陕西省淳化县西北。谷口即寒门,在今陕西省醴泉县东北四十里。

〔157〕泾、渭,包络关中的两大水流。带,助词,像襟带那样的环绕着。陇、蜀,指陇西和巴、蜀。关、阪,指函谷关和殽坂山。都已见前。

〔158〕奋击,指善于搏斗的军队。

〔159〕并此二者而有之,兼有王者之地和王者之民,就是说他兼擅地利、人和之胜。

〔160〕治,宰制;控御。

〔161〕韩卢,壮犬之名。蹇兔,跛兔。韩卢喻彊秦,施,驱也。蜀本、百衲本、汲古本、会注本都作"驰"。蹇兔喻诸侯,搏,擒也。

〔162〕群臣莫当其位,与前"无能者不敢当职"相应,斥秦国官吏不能称职。

〔163〕窥兵于山东,用兵力来伺察诸侯。山东泛指东方六国。

〔164〕计有所失,打算得不周到,就是失算。

〔165〕未敢言内,不敢先说太后。先言外事,先说穰侯对外的失算。

〔166〕俯仰犹高低。以观俯仰,探测意旨所在,即所谓"摸底"。

〔167〕意,猜度。犹言想来。

〔168〕悉韩、魏之兵,尽出韩、魏之兵以攻齐。为己欲攻齐而令韩、魏牺牲兵力,于理说不去,故下接云"则不义矣"。

〔169〕今见与国之不亲也,越人之国而攻可乎,现已发觉与国并不对我亲善(指牺牲韩、魏之兵),而越过他们的国境去攻打另一国(齐),妥当么?

〔170〕其于计疏矣,这在策略上太疏忽了。

〔171〕齐湣王南攻楚,在周赧王三十年(齐湣王二十九年,楚顷襄王十四年,公元前二八五年),因上年齐兴兵灭宋,乃生骄心而有这一南攻的行动。并且西侵三晋,欲并吞周地称天子呢。

〔172〕辟同闢。

〔173〕齐湣王越境攻伐,树敌多,真实力量少,一时声势虽壮,结果毫无所得,故云形势不能有也。

〔174〕罢弊,疲惫困顿。罢读如疲。

〔175〕诸侯兴兵而伐齐,大破之,指燕昭王使乐毅为将,纠合赵、魏、楚、秦共伐齐国事,即在南攻楚的第二年(公元前二八四年)。

〔176〕士辱兵顿,皆咎其王,将士兵卒都因遭受到折辱困顿而怨怪他们的国王。咎,责怪。

〔177〕文子,当时主谋攻楚的人,据《索隐》说,就是孟尝君田文。

〔178〕伐楚而肥韩、魏,正所以显出穰侯"越韩、魏而攻齐纲寿"的非计。

〔179〕借贼兵而赍盗粮,当时成语,就是说,把兵器借给盗贼,把粮草送给盗贼。这明明叫自己吃亏。盗与贼对举同义。赍音跻,赠送。

〔180〕远交近攻,隔得远的,跟他拉拢交好;靠得近的,就设法侵害他。这与越境而攻恰相反。

〔181〕得寸、得尺,都指得到的土地。

〔182〕释此而远攻,舍近而攻远。此字指邻近的韩、魏。

〔183〕中山国即春秋时的鲜虞,今河北省定县便是它的故地,与赵连界。后被赵武灵王所灭,故云赵独吞之。

〔184〕莫之能害,即莫能害之,没有能够妨害他的。

〔185〕中国之处而天下之枢,居于中原之地而为天下的门户。枢,门轴。门户的开闭都在枢,故以喻门户。

〔186〕必亲中国以为天下枢,以威楚、赵,必须跟中原之国(指韩、魏)交亲,来掌握天下的门户,然后南对楚,北对赵,可以取重而示威。

〔187〕彊的不容易收服,所以先支持(亲附)弱的来挫折强的。故楚强则附赵,赵强则附楚。

〔188〕齐附而韩、魏因可虏也,齐国也亲附于秦,那么韩、魏二国便可趁此收服了。到那时远交近攻的条件已经成熟,当然可以这样办。

〔189〕多变,经常发生事故。意即变化多端,抓不住他们的头脑。

〔190〕客卿,异国之人来居卿位,其尊乃在大夫之上。

〔191〕谋兵事,规画用兵攻战的事宜。

〔192〕五大夫,秦爵名,列第九级。绾,人名,音宛。

〔193〕怀,春秋郑邑,战国属魏,故城在今河南省武陟县西南。

〔194〕邢丘,春秋晋邑,战国属魏,即今河南省温县的平皋故城。

〔195〕相错如绣,互相交错着,像锦绣那样的颜色杂出。犹云犬牙相错。

〔196〕蠹音妒,蛀虫。

〔197〕收韩,收服韩国。

〔198〕荥阳,已见《项纪》校释〔473〕。巩,即今河南省巩县。成皋,已见《项纪》校释〔494〕。巩、成皋之道不通,韩国宜阳一带的兵便不能东下救援了。

〔199〕太行之道,指令河南省黄河以北与山西省接界的山隘。

〔200〕上党之师不下,韩国北部的援兵便不能南下救应了。上党,韩地,包有今山西省东南部晋城、长治一带地。

〔201〕如秦攻取荥阳,截断太行,则韩国境内便断而为三,新郑以南为一区,宜阳一带为一区,上党一带为一区,彼此不能相救。

〔202〕虑,图谋。

〔203〕且欲,便要。

〔204〕说用数年矣,悦服信用多年了。

〔205〕擅国之谓王,必须抓得住整个国家的命运(意即独断独行,不受牵制)方才称得起王。

〔206〕能利害之谓王,必须会得兴利除害方才称得起王。

〔207〕制杀生之威之谓王,必须掌握着生杀的威权方才称得起王。

〔208〕擅行不顾,独断独行,不顾一切。

〔209〕出使不报,奉使出差,不向秦王回报。

〔210〕击断无讳,与"擅行不顾"差不多。击断,处分事情。断是判断,读去声。无讳,毫无顾忌。

〔211〕进退不请,对于应行应止的事件都不向秦王请示。

〔212〕为此四贵者下,国人都为了这四类的贵人而屈服在他们之下,是心目中早无秦王了,故下云"乃所谓无王也"。

〔213〕权安得不倾,国家的威权哪得不破坏!令安得从王出乎,政令哪得打从秦王那儿发出去呢!

〔214〕操王之重,把持王权。

〔215〕决制于诸侯,在诸侯之间发生威胁的作用。剖符于天下,往来传达的使节遍布于海内。决制,专断和控制。剖符,参看《魏公子列传》校释〔88〕。

〔216〕政適代国即征敌伐国。政通征,適通敵(敌),《战国策》径作"征敌"。代,蜀本、百衲本、黄本、汲古本、会注本都作"伐",此本误。

〔217〕弊御于诸侯,有损害则加到诸侯身上去。弊与"利"对举,显然是损害。御,加也。

〔218〕社稷喻国家。

〔219〕木实繁者披其枝……即其臣者卑其主,盖当时传诵的成语,所以喻末重则本伤的道理。木实即果实。披是屈折。都指别邑。国指国都。《逸周书·周祝篇》:"叶之美者解其柯,柯之美者解其枝,枝之美

者致其本。"与这儿的引文相近。孙诒让说,古书引《书》,或通称《诗》。这引文上径冠《诗》曰二字,便可用孙说来解释它。

〔220〕崔杼,春秋时齐臣,弑庄公。淖齿,战国时楚人,仕齐湣王为相,卒弑湣王。管,掌管。杼音舒。淖音棹。

〔221〕射王股,指崔杼射庄公之股因而弑之的事。擢王筋,县之于庙梁,宿昔而死,指淖齿弑湣王的事。擢音浊,抽也。县通悬。庙梁,庙堂的屋梁。宿昔,隔了一夜(昔通夕)。

〔222〕李兑,战国赵武灵王之臣,囚禁其主,因而饿死。

〔223〕主父即赵国第六君武灵王,名雍,在位二十七年(公元前三二五—前二九九)。沙丘,赵之离宫沙丘台,在今河北省平乡县东北。参看《项纪》校释〔20〕。

〔224〕君专授政,当时的君王把国政都交给信任的大臣。

〔225〕纵酒,逞情放纵于饮酒取乐。驰骋弋猎,行围打猎。骋音逞,驰骋即纵马奔跑。弋音亦,飞石打鸟。

〔226〕其所授者,指当时君王所宠任的大臣。

〔227〕御下蔽上,欺压臣下,蒙蔽君上。

〔228〕自有秩以上至诸大吏,从小官到大官。有秩,有职位的人,指初级官吏。百衲本"秩"作"袟"。下及王左右,下推至于秦王左右伺候的小臣。无非相国之人者,不论大小官吏以及在王左右被使唤的人,没有不是穰侯的亲信私人。

〔229〕见同现。独立即孤立。

〔230〕逐穰侯……于关外,使穰侯等离开国都,各就封邑,等于放逐。关外,国门之外。

〔231〕县官,指公家。使县官给车牛以徙,穰侯归封邑的运输工具和费用,都由公家供应支销。

〔232〕到关,到了边境的关口上。

〔233〕关阅其宝器,关上的官吏检查穰侯所带走的东西。

〔234〕应,本宣太后的奉养邑,故城在今河南省鲁山县东四十里。

〔235〕秦昭王四十一年乙未岁,当周赧王四十九年,韩桓惠王七年,魏安釐王十一年,赵惠文王三十三年,齐襄王十八年,楚顷襄王三十三年,燕武成王六年,公元前二六六年。

〔236〕为微行,为侦察须贾而私行出府,改装前往。

〔237〕敝衣间步之邸,穿着破旧的衣服,溜到须贾所住的客馆。间步,从小路走去,犹间行。之,来到。邸,招待宾客的馆舍。

〔238〕固无恙乎,原来没有出什么毛病啊!与上"以为已死久矣"相应,因而有这惊讶的话。恙音漾,病痛;灾害。

〔239〕得过,得罪。

〔240〕庸赁,帮佣。

〔241〕哀之,悯怜范雎。

〔242〕一寒如此哉,竟穷困到这样地步么!

〔243〕绨袍,绸制的袍子。绨音啼,厚缯。

〔244〕吾闻幸于王,吾听说张君很得宠于秦王。

〔245〕相君犹相公,当时国相的尊称。

〔246〕去留犹行止,喻成功或失败。

〔247〕孺子,岂有客习于相君者哉,你有没有朋友跟相君相熟的么?孺子犹小子,参看《留侯世家》校释〔27〕。习,熟识。

〔248〕习知之,熟悉相君。

〔249〕唯雎亦得谒,但我也能通报求见的。

〔250〕请为见君于张君,替你向张君请见。

〔251〕大车驷马,可以驾四匹马的大车。

〔252〕吾固不出,百衲本、汲古本都无"固"字。较合。

〔253〕有识者皆避匿,有认识张君的都躲避开去。

〔254〕相舍门,相君办公地方的大门。

〔255〕持车良久,停车好久。

〔256〕乡者与我载而入者,方才跟我同车进来的人。

〔257〕见卖,被卖,就是上当。

〔258〕肉袒郄行,卸去衣服,露出了身体,跪在地上移膝前进(表示有罪不敢整肃衣冠、挺身而进)。郄,蜀本、百衲本、汲古本、会注本都作"膝"。

〔259〕因门下人谢罪,托门下的侍者引进服罪。

〔260〕盛帷帐,严密地张挂着幛幔。表示自己地位的贵重。

〔261〕顿首言死罪,边叩头,边说"该死!该死!"

〔262〕不意,料不到。自致青云之上,自己把自己送上了青云之端(意即不须他人帮助,自己爬上政治舞台,地位已很高了)。

〔263〕与读如预,参预。

〔264〕有汤镬之罪,言当就烹刑。

〔265〕请自屏于胡貉之地,愿把自己驱逐到远方胡貉的地区去。貉音墨。胡貉之地,当时所谓夷狄之邦。

〔266〕惟君死生之,让我活、让我死都听你处分。

〔267〕擢贾之发以续贾之罪尚未足,拔尽了我的头发接起来,尚不够比我的罪恶那么长。一说,续作指数解,意即拔一根头发指数一桩罪行,虽拔尽了头发也数不完这罪恶。也可通。

〔268〕汝罪有三耳,你的罪不过三桩罢了。说得似很轻松。

〔269〕申包胥为楚郄吴军,指申包胥借秦兵打退吴国入楚的军队事。郄,蜀本、会注本都讹作"邰"。

〔270〕封之以荆五千户,以荆楚之地五千户封申包胥。

〔271〕为丘墓之寄于荆也,申包胥辞封的理由。以为乞兵退吴本为保住自己先人的丘墓,不必专为楚国,故不应居功。

〔272〕睢之先人丘墓亦在魏，引申包胥的忠贞行为来自己比况。

〔273〕前以睢为有外心于齐，从前你以为我有外心向齐。

〔274〕恶睢于魏齐，在魏齐面前攻讦我。以上三语，与前事遥应，指数须贾的冤屈好人。

〔275〕不止，不加劝阻。

〔276〕其何忍乎，何等的忍心啊！语气之间，逐渐加重了。

〔277〕罪三矣，与上"公之罪一也"、"罪二也"相比，也逐渐加重责备的语气。

〔278〕以绨袍恋恋有故人之意，因赠袍这件事上尚有不忘故旧的情意。恋恋，留连貌，形容念旧之情。

〔279〕谢罢，遣退须贾，撤去接见的排场。

〔280〕罢归须贾，不接受魏国的来使，打发须贾回去。

〔281〕辞于范睢，向范睢告辞。

〔282〕大供具，大张筵席。

〔283〕食饮甚设，承"大供具"说，把酒食等具摆设得十分齐整。

〔284〕置莝豆其前，把喂马的东西放在须贾的面前。莝豆是铡碎的草料和豆拌在一起的饲料。也称"刍豆"。

〔285〕令两黥徒夹而马食之，叫两个马夫夹住了须贾，当他马那样地喂莝豆给他吃。黥徒，受过刺面刑罚的罪人（古时的苦役，大都分配给罪人充当的）。食读如饲。

〔286〕数，指责。读上声。

〔287〕所，处所。

〔288〕宫车一日晏驾，喻说君王一旦死去。君王当早起临朝，如宫车晚出，必有事故。古代忌讳说死，故天子初崩叫做晏驾。晏，迟晚。

〔289〕卒然捐馆舍，忽然死去。卒同猝。捐，舍弃。对人也忌讳死字，所以用舍弃住所来比喻死去。后来称死去为"捐馆"，即本于此。

〔290〕填沟壑,也是喻说死去。自谦以为没有葬身的地方,只好填塞在沟壑之中。壑音霍,山沟。

〔291〕不怿,不快活。因王稽所说的三桩"不可知"和三桩"无可奈何"明明都是讥讽范雎的忘恩(忘了他的引荐之功),所以很不舒服。怿音译,喜悦。

〔292〕内同纳,此有带进来的意义。

〔293〕河东,魏献安邑后秦所置郡,今山西省西南部黄河以东一带地。拜为河东守,拜王稽为河东郡守。守为一郡的长官,参看《孙子吴起列传》校释〔120〕。

〔294〕三岁不上计,三年不向秦国的政府报告河东郡境内的施政情形。当时旧例,每到年终,外郡应将一年内治民、决狱等大事,派遣吏员向中央汇报,叫做上计。

〔295〕任郑安平,保举郑安平。蜀本"任"字讹作"住"。

〔296〕报所尝困戹者,报答那些曾经为了范雎的事而遭受到困苦的人。戹同厄。

〔297〕睚眦之怨必报,虽瞪一瞪眼那样的小怨也定要报复的。睚眦音崖债,怒目相视。

〔298〕秦昭王四十二年丙申岁,当周赧王五十年,韩桓惠王八年,公元前二六五年。

〔299〕少曲、高平,其地无确考。自范雎相秦至拔之二十三字,梁玉绳说,当是衍文(多出来的字);崔适说,应移在后文"秦昭王乃出平原君归赵"的下面。

〔300〕详为好书遗平原君,假装修好,送封信给平原君。详通佯。

〔301〕高义,崇高的道义行为。

〔302〕布衣之友,脱略形迹,不加拘束的朋友。这里是说可以忽略君臣的名义,同平常人一样地往来交好。

〔303〕幸过寡人,宠幸地到我这里来。参看前〔151〕。

〔304〕为十日之饮,留连畅饮,作一个较长时期的欢叙。

〔305〕且以为然,而且平原君自以为秦王或者真的羡慕他自己的高义而这样做。

〔306〕齐桓公名小白,为春秋五霸之首。管夷吾即桓公之相管仲。仲父,尊礼的称呼,待他仅次于父亲,参看《项纪》校释〔300〕。

〔307〕范君亦寡人之叔父,秦王以齐桓公与管仲的关系来比他自己与范睢的关系,竭力抬举范睢的地位。

〔308〕贵而为交者……为贫也,言己虽富贵而仍与人结交者为的是不能忘却贫贱时的旧谊也。上为字是作为,读平声。为交即结交。下为字是因为,读去声。为贱、为贫,为的是贫贱之交。又,上交字,蜀本、百衲本、黄本、汲古本都作"友"。

〔309〕在,固不出也,即使在我家,本也不当交出来的。

〔310〕疾持其头来,赶快把魏齐的头拿来。疾,快速。与上文"愿使人归取其头来"相比,语气更见严重。

〔311〕念诸侯莫可以急抵者,料想诸侯中没有可以因急难而投靠的人。抵,至也。这里是投奔靠托的意思。

〔312〕因信陵君以走楚,通过了信陵君的关系投奔楚国去。

〔313〕犹豫,迟疑貌,形容委决不下的心情。

〔314〕何如人也,犹言何等样人。也读如耶。明明推托,却故作疑问。

〔315〕人固未易知,知人亦未易也,人是本来不容易被别人了解的,要了解别人也不是容易的事啊。未易知,指虞卿方面。知人未易则明明讽刺信陵君。所以后面侯嬴重提这句话时,信陵君便感到"大惭"了。

〔316〕蹑屩檐簦,已见《平原君虞卿列传》校释〔97〕。檐,汲古本、会注本都作"担"(编者按:繁体作"擔")。

〔317〕天下争知之，大家都争先地要了解虞卿，与上"未易知"对照，愈显出信陵君"虞卿何如人也"的一问是推托之词。

〔318〕驾如野迎之，立刻驾车出外，迎接魏齐和虞卿。如，往也。如野，到郊外去。

〔319〕初难见之，开始投奔时的留难接见。之字指魏齐。

〔320〕秦昭王四十三年丁酉岁，当周赧王五十一年，韩桓惠王九年，公元前二六四年。

〔321〕汾陉，在今河南省襄城县东北。亦作汾丘。陉音刑。

〔322〕因城河上广武，因拔汾陉，乃得在靠近黄河的广武山筑城。广武已见《项纪》校释〔507〕。

〔323〕纵反间卖赵，用反间计让赵国上当。事详后《廉颇蔺相如列传》。

〔324〕马服子即赵括，详后《廉颇蔺相如列传》。

〔325〕白起已见《项纪》校释〔216〕。有隙，有裂痕。就是彼此有怨仇。

〔326〕言而杀之，进谗言于秦王，因而害死白起。

〔327〕使击赵，令郑安平攻打赵国。蜀本、百衲本、汲古本使下都有"将"字。

〔328〕席藁请罪，坐在草荐上面听候服罪。席是衬着。藁是稻草编成的荐子。席藁，表示有罪听候发落，不敢安然使用坐褥了。藁，蜀本、百衲本、汲古本都作"藳"。

〔329〕秦法：降敌者收三族。郑安平降敌，而安平是应侯所保举的；被保的人犯罪，原保人应连坐同罪，故应侯罪当收三族。收，拘捕。三族，父母、兄弟、妻子。一说，父党、母党、妻党为三族。

〔330〕顺适其意，竭力使应侯安心，与上"恐伤应侯之意"相应。

〔331〕坐法诛，坐以通敌之罪（与诸侯通）而伏法受诛。

〔332〕临朝叹息,当坐朝治事的时候,发声长叹。

〔333〕中朝即当朝。中,当也。

〔334〕敢请其罪,与"主忧臣辱"相应,言当自请降下应得之罪。

〔335〕倡优拙,歌舞之事很差。倡优本指一般演奏音乐和歌唱舞蹈的人。这里专指供君王狎玩的"弄臣"。拙,劣也。

〔336〕楚王左右"弄臣"的歌舞技术差,分明是不讲究眼前的娱乐而有远大的打算了。故云倡优拙则思虑远。

〔337〕以远思虑而御勇士,言楚王抱有远大的打算而率领着佩有利剑的勇士,其志决不在小,故云"吾恐楚之图秦也"。

〔338〕物不素具,不可以应卒,诸事不先预备,不可能应付仓猝起来的祸变。物,事也。素具,平素有准备。卒读如猝。

〔339〕欲以激励应侯,要想把这些话来打动应侯,勉励他振奋地干下去。

〔340〕不知所出,心里怀着忧惧的念头,想不出什么妥善的办法来应付秦王。所出,计之所从出。

〔341〕蔡泽者,此本和会注本都连书不提行。蜀本、百衲本、黄本、汲古本都提行另起。

〔342〕游学干诸侯,游学于四方,到处向所在的诸侯干请求官。干,求托,蜀本讹作"于"。

〔343〕小大甚众,大大小小的请托干求有好多次。不遇,都没有碰到得手的机会。

〔344〕从唐举相,到唐举那儿请他相面。相面是一种端相(仔细详察)面貌的格局气色而判断吉、凶、休(因吉兆而得到的好处)、咎(因凶兆而得到的灾祸)的技术。擅有这种技术的人叫做相士(相术本包括体态、行步、言笑等等,不仅限于面貌。后世跑江湖的相士却专流于相面了)。唐举是当时著名的相士。

〔345〕秉,权柄。持国秉,执掌国家的权柄,意即当国为相。蜀本、百衲本、黄本、汲古本"秉"下都有"政"字,据王念孙考证,不必有。

〔346〕若臣者何如,像我这样的人该当怎样。意思是想跟李兑相比。

〔347〕孰视,仔仔细细地看个透。孰,熟的本字。

〔348〕曷鼻,鼻子掀仰。巨肩,肩胛耸起。魋颜,面盘开阔(魋读如魁,高大)。蹙齃,凹鼻梁(齃音遏,鼻茎。蹙,紧缩)。郄挛,两膝蜷曲(郄,百衲本、黄本、汲古本都作"膝";蜀本作"𰯲",不成字;会注本作"郄",误。挛音恋,手脚蜷曲之病)。

〔349〕上述诸般,无一好相,唐举没法奉承,只好说"圣人不相(当时成语,意谓圣贤之人不可拘泥相貌来论断他),殆先生乎(莫非就是说的先生么)"了。

〔350〕从今以往者四十三岁,打从现在起,往后还有四十三年。不是说仅能活四十三岁。

〔351〕持粱,食粱米饭。刺齿二字,《集解》、《索隐》都说是啮字(编者按:繁体作"齧")误分为两而又错写的。《太平御览》引此,径作"啮"。啮肥,食肥肉。

〔352〕紫绶,穿缚印章的紫色带子。要,腰的本字。

〔353〕揖让人主之前,在君王面前得到敬重的礼貌。

〔354〕之韩、魏,与上"之赵"同。之,往也。蜀本、百衲本、黄本都作"入韩、魏"。

〔355〕遇夺釜鬲于途,所带行厨锅炉等物都在路上被人夺去。遇,遭逢。釜,锅镬。鬲音历,空脚之鼎(三脚中空,与腹部相通连)。

〔356〕宣言即扬言,犹现在人所说的"放空气"。感怒即激怒。已见前〔102〕。

〔357〕雄俊弘辩是形容智士的。雄俊指见识的高超。弘辩指口辩

的利害。

〔358〕百家之说,各种纷歧错杂的思想学说。

〔359〕摧之,折服他们。

〔360〕揖应侯,见应侯仅行长揖之礼,并不下拜。

〔361〕及见之,又倨,等到接见蔡泽后,蔡泽的态度又很放肆。倨,傲慢。

〔362〕因让之,因不快蔡泽的放肆而责备他。让,谴责。

〔363〕吁,叹词。何见之晚也,见识何等的落后啊!

〔364〕四时之序,成功者去,言春去、夏来、秋往、冬至,乃是自然的道理;寒暖更代,就是完成历史任务。

〔365〕人生百体坚彊……而心圣智,言人的一生,身体心神都得健康的发展。彊,汲古本作"强",下同。

〔366〕愿,祈望。

〔367〕质仁秉义,体念仁心,维持正义。质犹体也。秉是执持。

〔368〕辩智之期,有智辩之士的志向。期,向望。

〔369〕成理万物,使各得其所,处理一切事物,使它们都得到合适的安排。理,治也。所,着落的处所。

〔370〕继其统,延长他的规模;守其业,巩固他的基业。

〔371〕名实纯粹,声名与实际表里一致。精选得没有一毫杂质叫纯粹(丝无杂色叫纯,米无秕糠叫粹)。

〔372〕泽流千里,福利的设施,远及千里之外。据徐广说,别本无"里"字,那么该读做"泽流千世,世称之而无绝"了。

〔373〕与天地终始,强调世世无绝,竟与天地同其始终了。

〔374〕岂道德之符,岂非行道施德的效验!岂,反诘副词,犹言"宁非"。符,应验,即效果。吉祥善事,当时一般颂祷的吉利话。

〔375〕若夫……其卒然亦可愿与,假使像商君、吴起、大夫种那样的

结局,也可作为祈向的愿望么! 若夫,假设连词,如也。夫字无义。商君、吴起都已详他们自己的列传。大夫种即春秋末年越王句践的谋臣文种,灭吴功成,终被句践所杀。这三人都是功成被杀的,蔡泽特地引来激刺范睢。

〔376〕知欲困己以说,范睢料到蔡泽故意引这三人之事,要用一大片说辞来堵塞自己的嘴了。

〔377〕复谬曰,更答以谬说,即诡辩地回答。复,重新。

〔378〕极身无贰虑,终身没有二心。

〔379〕披腹心,示情素,毫无保留地呈显热情。披,畅开。

〔380〕蒙怨咎,忍受怨恨,指得罪贵戚。

〔381〕夺,《战国策·秦策》作"虏"。公子卬本是公孙鞅的素交,鞅竟用计来诱捕他,故上云欺旧友。

〔382〕禽同擒。禽将破敌,即指诱捕公子卬击破魏兵那件事。

〔383〕攘地,开拓疆土。攘,推扩。

〔384〕谗不得蔽忠,使奸佞的谗言不能壅蔽忠良。

〔385〕言不取苟合,听人发言,决不采取随声附和的空论。

〔386〕行不取苟容,观人举动,决不采取依违两可的行为。以上指考察僚属说。

〔387〕不为危易行,不因为碰到危难而改变行动。

〔388〕行义不辟难,大义所在,毅然执行,决不躲避祸患。辟读如避。难读去声,灾祸。以上指自己的行为说。

〔389〕为霸王疆国,图谋使君主称霸,并使国家疆盛。

〔390〕不辞祸凶,即不避危难。

〔391〕悉忠而不解,尽我自己的忠诚而绝不懈怠。悉,尽也。解读如懈。

〔392〕绝亡,绝世亡国。

〔393〕尽能而弗离,竭尽自己的能力以图挽救,绝不躲开。

〔394〕矜,骄傲自夸。

〔395〕节是节概,犹言标准。

〔396〕以义死难,即行义不避难,就是说因为保持节义而以身殉难。

〔397〕天下之盛福,宇内普遍得到的盛大的福荫。

〔398〕国之福,封国境内得到的福荫。

〔399〕比干谏殷纣被杀,殷不久亦亡。故云忠而不能存殷。

〔400〕伍子胥预见越必祸吴,劝夫差灭越,不听,被杀,吴终被越所灭。故云智而不能完吴。完,整个地保全。伍子胥,参看后《刺客列传》校释〔22〕。

〔401〕晋献公宠骊姬,骊姬诬害太子申生,说他要毒杀献公。申生不肯为了辩明自己的冤枉而触伤父亲的心,便自杀身死。献公死后,诸公子争位大乱。故云申生孝而晋国乱。

〔402〕以其君父为僇辱,而怜其臣子,言人皆怜惜比干、子胥、申生的忠孝无补,而痛恨殷纣、吴夫差、晋献公的残暴昏暗。僇辱,侮辱羞耻。

〔403〕致功而不见德,尽了忠孝之功而不得好报。

〔404〕岂慕不遇世死乎,难道羡慕他们那样的不得好报而白死么!不遇世,碰不到圣主明君。意即得不到好报。

〔405〕夫待死而后……不足大也,言必等到身死而后方可立忠成名,则微子、孔子、管仲他们的见机而作都不足称道了。微子谏殷纣不听,佯狂避祸。孔子说,"邦有道则仕,邦无道则可卷而怀之";又说,"危邦不入,乱邦不居"。管仲不从公子纠同死,卒相桓公。粗粗看来,他们都有保身逃死的想法,该受到恶名了,但从志在济世的一点上看,微子不失其为仁,孔子不失其为圣,管仲不失其为大。故这里用反诘的口气说,"微子不足仁,孔子不足圣,管仲不足大也!"也读如耶。

〔406〕身与名俱全者,上也,身命和功名都得成全的,这是上等的

愿望。

〔407〕名可法而身死者,其次也,功名可以使后世景仰而身命却因而失去的,这就次一等了。

〔408〕名在僇辱而身全者,下也,身命虽得苟全,而声名却蒙到污辱,这就是最下的一等了。

〔409〕于是应侯称善,这时候,应侯的内心已经被打动,所以称许蔡泽这番话是对的了。

〔410〕蔡泽少得间,言蔡泽在这一大篇对话中,稍稍抓到了应侯的弱点。间,隙缝,就是空子,引伸之,有显露弱点的意思。

〔411〕因曰,趁此机会,再作更进一层的说法。

〔412〕闳夭,周文王贤臣,成兴周灭殷之功;周公名旦,武王弟,辅佐他的侄子成王打定周朝一统的基业。这都是身名俱全的好例,故云岂不亦忠圣乎。

〔413〕商君、吴起、大夫种其可愿孰与闳夭、周公哉,商君等三人的遭遇谁能跟闳夭、周公比呢?

〔414〕弗若,不如。

〔415〕君之主指秦昭王,下文"今主"也同指昭王。慈仁任忠,慈爱仁厚而能信任忠良。

〔416〕惇厚旧故,笃念旧情。惇与敦同。

〔417〕贤智与有道之士为胶漆,重视智能,乐与那些有智能的人为深交。贤是尊重。有道之士即有智能的人。胶漆都是粘合固护的东西,以喻牢不可破的交谊。

〔418〕义不倍功臣,确守道义,决不背弃有功之臣。倍同背。

〔419〕孰与秦孝公……乎,言昭王的德行(即包有慈仁任忠……不倍功臣的那些事项)能跟秦孝公、楚悼王、越王句践他们中间的谁比呢?

〔420〕未知何如,不能断定能比与否。

〔421〕设智,发挥智力。

〔422〕能为主三字总冒,直贯注到"声名光辉于千世"那一语,就是说能够替昭王怎么怎么。安危,安定危局。脩政,脩明政治。

〔423〕治乱,平定乱事。彊兵,训练兵卒。彊,蜀本讹作"疆"。

〔424〕批患,排除祸患。折难,消灭灾难。

〔425〕广地,拓大疆土。殖谷,开发农业。富国,充实国家的府库。足家,使百姓都得丰衣足食。

〔426〕彊主,增强君主的权威。尊社稷、显宗庙,提高国家的地位,使光荣归于王室。

〔427〕盖震海内,笼罩四海之内,使各处都感觉到震动。

〔428〕彰,显明。

〔429〕君孰与商君、吴起、大夫种,言就上面所说的"能为主安危脩政"以至"声名光辉传于千世"等等,你能跟商君他们中间的谁比呢?

〔430〕爱信亲幸,就是宠任亲近。

〔431〕恐患之甚于三子,窃为君危之,恐怕将来得到的祸患比商君他们还要酷毒,我私下正替你担忧啊。

〔432〕日中则移,日方行到中天,便即偏移而西。月满则亏,月望正见圆满,便即渐见亏缺。所以喻物盛则衰的道理。

〔433〕常数,一定之理,即下所云"常道"。

〔434〕盈缩就是伸缩。盈,满也,本有伸涨的意义。

〔435〕与时变化,随时调整,以求适应。

〔436〕国有道则仕,国无道则隐,即《论语·卫灵公篇》的"邦有道则仕,邦无道则可卷而怀之"。讽范雎斟酌进退。

〔437〕飞龙在天,利见大人,《易·乾卦》九五之文。喻位已大尊,当思警惕。

〔438〕不义而富且贵,于我如浮云,见《论语·述而篇》,讽范雎把

眼前的富贵看得淡些。

〔439〕怨已雠而德已报，与前面"一饭之德必偿，睚眦之怨必报"相应，言恩怨都已分别报答和报复了。雠与售通，卖也。卖物必有代价，故引申有报答或报复义。

〔440〕意欲至矣，心愿都已达到了。

〔441〕无变计，没有与时变化的打算，就是说范睢知进而不知退。窃为君不取，意即不赞成那样做。

〔442〕翠、鹄、犀、象都是当时看作珍禽异兽的。翠是翠鸟，本名鹬，其羽可作首饰。鹄是供玩赏的天鹅。犀角、象牙都是珍品，它们的皮革又都是制造军用衣甲的良材。

〔443〕翠、鹄、犀、象都生长在山林薮泽之中，并不仰给于人类的饲养，不大容易被人弄死。故云其处势非不远死也。

〔444〕饵是食物。钓鱼捕雀等等，都用饵来引诱。所以凡是诱骗人家上当的东西都叫做"饵"。

〔445〕苏秦，东周人，当时纵横派政客的领袖，曾同时执掌燕、赵、韩、魏、齐、楚六国的相印。后为人所刺，死于齐。《史记》有《苏秦列传》。智伯名瑶，与韩、魏、赵氏同为晋国的世卿。后智伯胁韩、魏围攻赵，韩、魏怕赵亡后祸及自己，反与赵合谋，共攻杀智伯。智亦作"知"。

〔446〕辟辱即避辱。辟读如避，参看前〔388〕。

〔447〕取于民有度，言征取民间的人力财力都要有一定的限度。

〔448〕使之以时，役使民力，应当不妨害他们的生产（所谓不逢农时）；用之有止，耗用民财，应当有个底止（即取于民有度）。

〔449〕常与道俱而不失，承志不溢（满），行不骄言，就是牢守制礼节欲的原则而不失落它。俱，偕也。常与道俱，经常跟这些原则结合在一起。

〔450〕九合诸侯，一匡天下，是说齐桓公纠合诸侯尊王攘夷的功绩。

〔451〕葵丘之会在周襄王元年,齐桓公三十五年,鲁僖公九年,公元前六五一年。葵丘,今河南省考城县。当时与会的有齐、鲁、宋、卫、郑、许、曹,连周室在内共九国。会盟的目标是修好诸侯,共尊周室。因桓公有骄矜之志(自满的态度),诸侯多离心。畔,离也。此云畔者九国,梁玉绳所谓"极言之"。盖九者数之极,故意渲染,因言九国。若看做实数,则连齐国自己也在畔者之列了。

〔452〕吴陵齐、晋,已见《孙子吴起列传》校释〔24〕。

〔453〕夏育、太史噭(音皎),都是古代的勇士。叱呼骇三军,谓他们呼喊一声可以骇倒三军的。后来他们都为人所杀,故下云"身死于庸夫"。

〔454〕乘至盛而不返道理,一味趁着自己声势的强盛而不肯返躬自省究竟合不合为人处世的道理。

〔455〕不居卑退处俭约,就是不留退步,不安贫乏。

〔456〕奸本,罪恶的根源。

〔457〕静同靖,安定。

〔458〕利土,尽土宜之利。土,蜀本讹作"士"。

〔459〕一室无二事,每一民户只专本业(努力耕战),并无杂事去妨害他们的耕战工作。

〔460〕力田稸积,努力耕种,蓄积馀粮。稸同蓄。

〔461〕习战陈之事,操练作战的阵法。陈读如阵。

〔462〕白起率数万之师……长平之下,参看《项纪》校释〔216〕、〔217〕,《平原君虞卿列传》校释〔53〕、〔174〕、〔175〕。

〔463〕沸声若靁,极度夸张的说法,谓流血成川时候的沸腾声竟像雷鸣。靁,雷的古字,汲古本径作"雷"。

〔464〕杜邮,古亭候名,在今陕西省咸阳县东五里。

〔465〕卑减,削弱。

〔466〕杨越即百越中的扬越,参看《项纪》校释〔393〕。

〔467〕北并陈、蔡,已见《孙子吴起列传》校释〔153〕。

〔468〕破横散从……无所开其口,参看《孙子吴起列传》校释〔151〕。

〔469〕禁朋党,禁止私相结党,彼此攻讦。

〔470〕卒枝解,终于遭到分裂肢体之刑。按吴起本传只说"射刺吴起,并中悼王",是射杀的,与此不同。

〔471〕越王句践被吴王夫差打败后,只剩五千骑退保会稽(今浙江省绍兴县),夫差追而围之,亡国即在目前。文种用卑辞厚礼向吴求降,并贿赂太宰嚭来释放句践。句践乃得卧薪尝胆,蓄谋报吴。故云为越王深谋远计,免会稽之危。

〔472〕以亡为存,因辱为荣,就是转祸为福。言越国得以在危亡的警惕之下挣扎到生存,忍受暂时的困辱,终于得到复仇的光荣。"以"与"因"都有利用的意义。

〔473〕垦草入邑,垦辟草莱之地(荒芜的土地),招抚离散的流民来充实城市。入犹充也。辟地殖谷,就是重言上文的"垦草"。辟通阘。殖,滋生、繁殖。

〔474〕专是团结不分散。

〔475〕劲吴,强吴。夫差反被句践所逼杀,故云卒擒。

〔476〕彰而信,明白而实在。

〔477〕文种佐越灭吴,后有人进谗于句践,说他将要作乱,句践乃赐种剑,曰:"子教寡人伐吴七术,寡人用其三而败吴;其四在子,子为我从先王试之!"种遂自杀(见《越王句践世家》)。故云终负而杀之。负,亏待;负心。

〔478〕信而不能诎,就是伸而不能屈。信读如伸。诎读如屈。

〔479〕往而不能返,只知一往直前,不会回头打算,就是能进不

能退。

〔480〕范蠡(音离)字少伯,楚三户人,与文种同事句践。苦身尽力,与句践深谋二十馀年,竟灭吴,报会稽之耻,位居上将军。他以为大名之下难以久居,且知句践的为人可与共患难而不可同安乐,乃潜行到齐,改名鸱夷子皮。治产致数千万。齐人闻其贤,用以为相。不久即尽散家财,去职而居于陶(即定陶),自号陶朱公。又致资巨万,竟老死于陶。事迹详见《史记·越王句践世家》和《货殖列传》。此云知之,就是知道能伸能屈能进能退的道理。超然辟世,谓能超脱利禄的牵绊,避免当前的虚荣。辟读如避。

〔481〕君独不观夫博者乎,你难道没有见过赌博的人么?

〔482〕赌博的人有时需要狠狠地下一赌注(甚至倾囊而出),博一个全胜;有时却需要慢慢地分次逐批下注,博一个得寸进尺的赢头。故云或欲大投,或欲分功。大投就是狠狠地下注,分功就是得寸进尺的玩法。

〔483〕计不下席,谋不出廊庙,坐制诸侯,言范雎设计画策不必离开坐位,走出朝堂,而能坐在那里控制境外的诸侯也。计与谋同义。席是坐席。廊庙指朝堂。

〔484〕利施三川,以实宜阳,开拓三川之地,来充实宜阳。三川,东周地,以境内有河、伊、洛三川,故名,秦灭韩后即置三川郡。施,施展。宜阳,韩之要邑,时已为秦所取。故城在今河南省宜阳县西五十里。

〔485〕决羊肠之险,塞太行之道,又斩范、中行之涂,总说秦的兵力足以断绝齐与三晋的交通,故下云"六国不得合从"。决、塞、斩,同有截断或堵塞的意义。太行即绵延在山西、河南、河北诸省境的太行山脉,其主峰在山西省晋城县南。羊肠即晋城县南天井关以南的羊肠坂。范与中行本是晋国六卿中的两个大家族,其地已先后为韩、魏、赵三国所吞并。此云范、中行之涂,泛指三晋境内的交通要道。

〔486〕栈道已见《留侯世家》校释〔86〕。

〔487〕秦之欲得矣,君之功极矣,秦国的欲望已达到了,你的功绩也到了顶点了。

〔488〕则商君、白公、吴起、大夫种是也,那就是商君……四人了。白公即白起。

〔489〕鉴于水者见面之容,鉴于人者知吉与凶,古来相传的成语。就是说照着水来看,可以看出自己面容的好丑;照着人来看,可以推断出行事的吉凶。鉴是镜子,作动词用就是照镜的照。引申有考验和警戒的意义。

〔490〕成功之下,不可久处,《逸书》中的话。处,居也。

〔491〕四子之祸,君何居焉,他们四人那样的祸患你为什么要接受呢!居有承当、接受的意义。

〔492〕岩居川观就是隐居山林之意。

〔493〕伯夷,古孤竹国君之子,与其弟叔齐因互相让国而偕隐在首阳山(在今河北省卢龙县东南二十五里)。大家都称赞他们的廉让,故此处对范睢说,如能退隐,必有伯夷之廉。《史记》有《伯夷列传》。

〔494〕称孤,已见《项纪》校释〔236〕。

〔495〕许由,尧时贤人,尧欲以天下让给他,他不受而遁去。延陵季子即吴王寿梦的第四子,有贤才,寿梦想传位给他,他不肯受,让给他的大哥诸樊。后封于延陵(吴国的一邑,即今江苏省武进县),故称延陵季子,事迹详《史记·吴太伯世家》。此处言范睢如能退让则世世为应侯,反而有许由、延陵季子之让名流传下去。

〔496〕乔、松之寿,恭维他与仙人同寿(暗示得享善终)。相传乔是周灵王的太子王乔(名晋,字子乔);松是神农时的雨师赤松子(参看《留侯世家》校释〔251〕)。

〔497〕孰与以祸终哉,哪能跟那些终于因受祸而死的人比呢?

〔498〕即君何居焉,重言申说,望其自择。即就是则,古通用。

〔499〕忍不能自离,老待在那里不能自己离开。忍是熬受,引申有迁延、苟容等意义。

〔500〕亢龙有悔,《易·乾卦》上九的爻辞。上九是卦中最上的一爻,言龙飞在最高之处,欲下不能,动必有悔也。以下"此言"云云便是解释这句爻辞的。

〔501〕孰计即熟计。

〔502〕欲而不知止,失其所以欲,言如果不知道欲望应当有个相应的限度,那么所有的欲望都将失去的。止,底止;限制。有而不知足,失其所以有,言如果不知道占有的东西应当有个相应的满足,那么所有的占有东西都将丧失的。这两语也是相传的成语,故上冠吾闻二字。

〔503〕山东泛指东方。

〔504〕寄,交托。

〔505〕莫及,言所见众人都不及他;臣不如也,我自己也不如他。是两层说法。

〔506〕大说之,大为悦受蔡泽的说话。此处"大说"的说与下面"新说蔡泽计画"的说都读如悦。

〔507〕彊起,勉强叫他视事,就是坚留的意思。

〔508〕称病笃,托言病重。

〔509〕秦昭襄王五十二年丙午岁(公元前二五五年)范雎免,蔡泽相,遂迁东周君于㥞狐聚(在今河南省临汝县西北四十里。㥞同惮)。越六年,竟亡周室。故云东收周室。

〔510〕人或恶之,有人说蔡泽的坏话。恶音污。

〔511〕纲成君,封号。今河南省许昌县东北有故纲成城。纲亦作刚。

〔512〕孝文王名柱,秦国第三十四君,在位一年(公元前二五〇

年)。庄襄王名异人,改名子楚,秦国第三十五君,在位三年(公元前二四九——前二四七)。

〔513〕卒事始皇帝,最后还能奉事到秦始皇。秦始皇已详《项纪》校释〔20〕。

〔514〕三年,谓蔡泽在燕国三年。按《燕世家》,王喜二十三年(公元前二三二年),太子丹质于秦,亡归。那么蔡泽的奉使入燕在王喜二十年,当秦王政十二年(公元前二三五年)。入质,送入秦国当人质。质音致。

〔515〕长袖善舞,多钱善贾,《韩非子·五蠹篇》引用的当时的鄙谚。言袖长的人舞蹈起来容易见好,钱多的人营运作商贾容易得手获利。其意就是要有凭借。

〔516〕信哉是言也,这句话是很可靠的。

〔517〕一切辩士,一般的辩士。一切,汲古本作"一世"。

〔518〕白首无所遇,到头白了也没有什么机会。

〔519〕所为说力少,实因游说的效果不大。换言之,就是条件不够(凭借少),真有袖短钱少之叹。

〔520〕羁旅入秦,离开本土而入秦作客。羁旅就是作客他方。羁,蜀本、百衲本、会注本都作"羁"。继踵取卿相,连接取得卿相之位。踵是脚跟。继踵就是前后接步。

〔521〕垂功,立功。垂有建立、传布诸义。

〔522〕凭借不同,彊弱之势自异。《韩非子·五蠹篇》引"长袖善舞,多钱善贾"之后便说:"此言多资(多凭借)之易为工(功)也。故治彊易为谋,弱乱难为计。故用于秦者十变而谋希(稀)失,用于燕者一变而计希(稀)得,非用于秦者必智,用于燕者必愚也,盖治乱之资异也。"此云固彊弱之势异也,即袭用韩非的意见。

〔523〕偶合,偶然碰到机会。指一般游士的遭遇说。

〔524〕贤者多如此二子,不得尽意,岂可胜道哉,感慨之辞,太息一般人的不遇。言天下贤者尽有像范、蔡二人的,他们没有偶合的机会,便不能尽量发展他们的才能,哪能一一指数得尽呢!胜道,一一指数。

〔525〕然二子不困厄,恶能激乎,重又太息范、蔡二人。言范雎如不见厄于魏齐而折胁摺齿,蔡泽不见困于赵而被逐丢釜,又哪能激励自奋呢!厄同厄。恶音乌,用与"何"同。

廉颇蔺相如列传

廉颇者,赵之良将也。赵惠文王十六年,[1]廉颇为赵将伐齐,大破之,取阳晋,[2]拜为上卿,以勇气闻于诸侯。蔺相如者,赵人也,为赵宦者令缪贤舍人。[3]赵惠文王时,得楚和氏璧。[4]秦昭王闻之,[5]使人遗赵王书,愿以十五城请易璧。[6]赵王与大将军廉颇诸大臣谋:欲予秦,秦城恐不可得,徒见欺;[7]欲勿予,即患秦兵之来。[8]计未定,求人可使报秦者,[9]未得。宦者令缪贤曰:"臣舍人蔺相如可使。"王问"何以知之?"对曰:"臣尝有罪,窃计欲亡走燕。[10]臣舍人相如止臣曰:[11]'君何以知燕王?'臣语曰:'臣尝从大王与燕王会境上,燕王私握臣手曰:"愿结友。"[12]以此知之,故欲往。'相如谓臣曰:'夫赵彊而燕弱,而君幸于赵王,[13]故燕王欲结于君。今君乃亡赵走燕,[14]燕畏赵,其势必不敢留君,而束君归赵矣。[15]君不如肉袒伏斧质请罪,[16]则幸得脱矣。'[17]臣从其计,大王亦幸赦臣。臣窃以为其人勇士,有智谋,宜可使。"[18]于是王召见,问蔺相如曰:"秦王以十五城请易寡人之璧,可予不?"[19]相如曰:"秦彊而赵弱,不可不许。"王曰:"取吾璧,不予我城,奈何?"相如曰:"秦以城求璧而赵不许,曲在赵。[20]赵予璧而秦不予赵城,曲在秦。

均之二策,宁许以负秦曲。"[21]王曰:"谁可使者?"相如曰:"王必无人,臣愿奉璧往使,[22]城入赵而璧留秦,城不入,臣请完璧归赵。"[23]赵王于是遂遣相如奉璧西入秦。

秦王坐章台见相如,[24]相如奉璧奏秦王。[25]秦王大喜,传以示美人及左右,[26]左右皆呼万岁。[27]相如视秦王无意偿赵城,[28]乃前曰:[29]"璧有瑕,请指示王!"[30]王授璧。相如因持璧却立倚柱,[31]怒发上冲冠,[32]谓秦王曰:"大王欲得璧,使人发书至赵王,赵王悉召群臣议,皆曰:'秦贪,负其彊以空言求璧,[33]偿城恐不可得。'议不欲予秦璧。臣以为布衣之交尚不相欺,况大国乎。且以一璧之故,逆彊秦之驩,[34]不可。于是赵王乃斋戒五日,[35]使臣奉璧,拜送书于庭。[36]何者,严大国之威以修敬也。[37]今臣至,大王见臣列观,[38]礼节甚倨;[39]得璧传之美人,以戏弄臣,臣观大王无意偿赵王城邑,故臣复取璧。大王必欲急臣,[40]臣头今与璧俱碎于柱矣。"相如持其璧睨柱,[41]欲以击柱。秦王恐其破璧,乃辞谢固请,[42]召有司案图,[43]指从此以往十五都予赵。[44]相如度秦王特以诈详为予赵城,[45]实不可得,乃谓秦王曰:"和氏璧,天下所共传宝也,[46]赵王恐,不敢不献。[47]赵王送璧时,斋戒五日,今大王亦宜斋戒五日,设九宾于廷,[48]臣乃敢上璧。"[49]秦王度之,终不可彊夺,遂许斋五日,舍相如广成传。[50]相如度秦王虽斋,决负约不偿城,[51]乃使其从者衣褐怀其璧,从径道亡,[52]归璧于赵。[53]

秦王斋五日后，乃设九宾礼于庭，引赵使者蔺相如。[54]相如至，谓秦王曰："秦自缪公以来二十馀君，未尝有坚明约束者也。[55]臣诚恐见欺于王而负赵，[56]故令人持璧归，间至赵矣。[57]且秦彊而赵弱，大王遣一介之使至赵，[58]赵立奉璧来；今以秦之彊而先割十五都予赵，赵岂敢留璧而得罪于大王乎！臣知欺大王之罪当诛，臣请就汤镬，[59]惟大王与群臣孰计议之！"[60]秦王与群臣相视而嘻。[61]左右或欲引相如去。[62]秦王因曰："今杀相如，终不能得璧也，而绝秦、赵之驩，不如因而厚遇之，[63]使归赵，赵王岂以一璧之故欺秦邪！"卒廷见相如，[64]毕礼而归之。[65]相如既归，赵王以为贤大夫使不辱于诸侯，[66]拜相如为上大夫。[67]秦亦不以城予赵，赵亦终不予秦璧。

其后秦伐赵，[68]拔石城。[69]明年，复攻赵，杀二万人。秦王使使者告赵王，欲与王为好会于西河外渑池。[70]赵王畏秦，欲毋行。[71]廉颇、蔺相如计曰：[72]"王不行，示赵弱且怯也。"赵王遂行，相如从。廉颇送至境，与王诀曰：[73]"王行，度道里会遇之礼毕，[74]还，[75]不过三十日。三十日不还，则请立太子为王，以绝秦望。"[76]王许之，遂与秦王会渑池。秦王饮酒酣，[77]曰："寡人窃闻赵王好音，[78]请奏瑟！"[79]赵王鼓瑟。[80]秦御史前书曰：[81]"某年月日，秦王与赵王会饮，令赵王鼓瑟。"蔺相如前曰："赵王窃闻秦王善为秦声，[82]请奏盆缻秦王，[83]以相娱乐！"[84]秦王怒，不许。于是相如前进缻，因跪请秦王。秦王不肯击缻。相如曰:"五步之内,相如请得以颈血溅大王矣!"[85]左右欲刃相如,[86]相如张目叱之,[87]左右皆靡。[88]于是秦王不怿,为一击缻。[89]相如顾召赵御史书曰:"某年月日,秦王为赵王击缻。"秦之群臣曰:"请以赵十五城为秦王寿!"[90]蔺相如亦曰:"请以秦之咸阳为赵王寿!"[91]秦王竟酒,[92]终不能加胜于赵。[93]赵亦盛设兵以待秦,[94]秦不敢动。

既罢归国,[95]以相如功大,拜为上卿,位在廉颇之右。[96]廉颇曰:"我为赵将,有攻城野战之大功,而蔺相如徒以口舌为劳,[97]而位居我上,且相如素贱人,[98]吾羞,不忍为之下。"[99]宣言曰:"我见相如,必辱之。"相如闻,不肯与会。相如每朝时,常称病,不欲与廉颇争列。[100]已而相如出,[101]望见廉颇,相如引车避匿。[102]于是舍人相与谏曰:[103]"臣所以去亲戚而事君者,[104]徒慕君之高义也。[105]今君与廉颇同列,[106]廉君宣恶言而君畏匿之,恐惧殊甚,[107]且庸人尚羞之,况于将相乎![108]臣等不肖,[109]请辞去!"蔺相如固止之,[110]曰:"公之视廉将军孰与秦王?"[111]曰:"不若也。"相如曰:"夫以秦王之威,而相如廷叱之,[112]辱其群臣,相如虽驽,独畏廉将军哉![113]顾吾念之,[114]彊秦之所以不敢加兵于赵者,徒以吾两人在也。今两虎共斗,其势不俱生,[115]吾所以为此者,[116]以先国家之急而后私仇也。"廉颇闻之,肉袒负荆,[117]因宾客至蔺相如门谢罪,[118]曰:"鄙贱之人,[119]不知将军宽之至此也。"[120]卒相与驩,[121]为刎颈之交。[122]

是岁,廉颇东攻齐,破其一军。居二年,[123]廉颇复伐齐几,[124]拔之。后三年,廉颇攻魏之防陵、安阳,[125]拔之。后四年,蔺相如将而攻齐,[126]至平邑而罢。[127]其明年,赵奢破秦军阏与下。[128]

赵奢者,赵之田部吏也。[129]收租税而平原君家不肯出租。[130]奢以法治之,[131]杀平原君用事者九人。[132]平原君怒,将杀奢。奢因说曰:[133]"君于赵为贵公子,今纵君家而不奉公则法削,[134]法削则国弱,国弱则诸侯加兵。[135]诸侯加兵,是无赵也,君安得有此富乎!以君之贵,奉公如法则上下平,[136]上下平则国彊。国彊则赵固,而君为贵戚,岂轻于天下邪!"[137]平原君以为贤,言之于王。[138]王用之治国赋,[139]国赋大平,民富而府库实。[140]

秦伐韩,军于阏与。王召廉颇而问曰:"可救不?"对曰:"道远险狭,难救。"[141]又召乐乘而问焉,[142]乐乘对如廉颇言。又召问赵奢,奢对曰:"其道远险狭,譬之犹两鼠斗于穴中,将勇者胜。"[143]王乃令赵奢将,救之。兵去邯郸三十里,[144]而令军中曰:[145]"有以军事谏者死!"[146]秦军军武安西,[147]秦军鼓谏勒兵,武安屋瓦尽振。[148]军中候有一人言急救武安,[149]赵奢立斩之。坚壁,[150]留二十八日不行,复益增垒。[151]秦间来入,[152]赵奢善食而遣之。[153]间以报秦将,秦将大喜,曰:"夫去国三十里而军不行,乃增垒,阏与非赵地也。"[154]赵奢既已遣秦间,乃卷甲而趋之,〔155〕二日一夜至,〔156〕令善射者去阏与五十里而军。〔157〕军垒成,秦人闻之,悉甲而至。〔158〕军士许历请以军事谏。〔159〕赵奢曰:"内之!"〔160〕许历曰:"秦人不意赵师至此,其来气盛,〔161〕将军必厚集其阵以待之。〔162〕不然,必败。"赵奢曰:"请受令!"〔163〕许历曰:"请受铁质之诛!"〔164〕赵奢曰:"胥后令!"〔165〕邯郸许历复请谏曰:〔166〕"先据北山上者胜,后至者败。"〔167〕赵奢许诺,即发万人趋之。〔168〕秦兵后至,争山不得上,赵奢纵兵击之,大破秦军。秦军解而走,〔169〕遂解阏与之围而归。赵惠文王赐奢号为马服君,〔170〕以许历为国尉。〔171〕赵奢于是与廉颇、蔺相如同位。〔172〕

后四年,赵惠文王卒,子孝成王立。〔173〕七年,〔174〕秦与赵兵相距长平。〔175〕时赵奢已死,而蔺相如病笃。〔176〕赵使廉颇将攻秦,秦数败赵军,赵军固壁不战。〔177〕秦数挑战,廉颇不肯。〔178〕赵王信秦之间,〔179〕秦之间言曰:"秦之所恶,〔180〕独畏马服君赵奢之子赵括为将耳。"赵王因以括为将,代廉颇。蔺相如曰:"王以名使括,〔181〕若胶柱而鼓瑟耳。〔182〕括徒能读其父书传,〔183〕不知合变也。"〔184〕赵王不听,遂将之。〔185〕

赵括自少时学兵法,言兵事,以天下莫能当。〔186〕尝与其父奢言兵事,奢不能难,〔187〕然不谓善。〔188〕括母问奢其故,〔189〕奢曰:"兵,死地也,而括易言之。〔190〕使赵不将括即已,〔191〕若必将之,破赵军者必括也。"及括将行,〔192〕其母

283

上书言于王曰："括不可使将。"王曰："何以?"对曰："始妾事其父,〔193〕时为将,〔194〕身所奉饭饮而进食者以十数,〔195〕所友者以百数,〔196〕大王及宗室所赏赐者尽以予军吏士大夫,〔197〕受命之日,不问家事。〔198〕今括一旦为将,〔199〕东向而朝,〔200〕军吏无敢仰视之者,〔201〕王所赐金帛,归藏于家,而日视便利田宅,可买者买之。〔202〕王以为何如其父?〔203〕父子异心,愿王勿遣!"〔204〕王曰:"母置之,吾已决矣!"〔205〕括母因曰:"王终遣之,〔206〕即有如不称,〔207〕妾得无随坐乎!"〔208〕王许诺。〔209〕

赵括既代廉颇,悉更约束,〔210〕易置军吏。〔211〕秦将白起闻之,〔212〕纵奇兵,〔213〕详败走,〔214〕而绝其糧道,〔215〕分断其军为二,士卒离心。〔216〕四十馀日,军饿,赵括出锐卒自搏战,〔217〕秦军射杀赵括。括军败,数十万之众遂降秦,秦悉阬之。〔218〕赵前后所亡凡四十五万。〔219〕明年,秦兵遂围邯郸岁馀,几不得脱。〔220〕赖楚、魏诸侯来救,迺得解邯郸之围。〔221〕赵王亦以括母先言,竟不诛也。〔222〕

自邯郸围解五年,而燕用栗腹之谋,〔223〕曰"赵壮者尽于长平,其孤未壮",〔224〕举兵击赵。赵使廉颇将,击,大破燕军于鄗,〔225〕杀栗腹,遂围燕,燕割五城请和,乃听之。赵以尉文封廉颇为信平君,〔226〕为假相国。〔227〕

廉颇之免长平归也,失势之时,〔228〕故客尽去。〔229〕及复用为将,客又复至。廉颇曰:"客退矣!"〔230〕客曰:"吁!君何见之晚也!〔231〕夫天下以市道交,〔232〕君有势,我则从君;〔233〕君无势,则去。此固其理也,有何怨乎!"〔234〕居六年,赵使廉颇伐魏之繁阳,〔235〕拔之。

赵孝成王卒,子悼襄王立,〔236〕使乐乘代廉颇。廉颇怒,攻乐乘,乐乘走。廉颇遂奔魏之大梁。〔237〕其明年,赵乃以李牧为将而攻燕,拔武遂、方城。〔238〕廉颇居梁久之,魏不能信用。赵以数困于秦兵,赵王思复得廉颇,廉颇亦思复用于赵。赵王使使者视廉颇尚可用否。廉颇之仇郭开多与使者金,令毁之。〔239〕赵使者既见廉颇,廉颇为之一饭斗米,肉十斤,〔240〕被甲上马,〔241〕以示尚可用。赵使还报王曰:"廉将军虽老,尚善饭,〔242〕然与臣坐,顷之三遗矢矣。"〔243〕赵王以为老,遂不召。楚闻廉颇在魏,阴使人迎之。〔244〕廉颇一为楚将,无功,曰:"我思用赵人。"〔245〕廉颇卒死于寿春。〔246〕

李牧者,赵之北边良将也。〔247〕常居代雁门,备匈奴。〔248〕以便宜置吏,〔249〕市租皆输入莫府,为士卒费。〔250〕日击数牛飨士,〔251〕习射骑,〔252〕谨烽火,〔253〕多间谍,〔254〕厚遇战士。〔255〕为约曰:〔256〕"匈奴即入盗,急入收保,有敢捕虏者斩!"〔257〕匈奴每入,烽火谨,辄入收保,不敢战。如是数岁,亦不亡失。〔258〕然匈奴以李牧为怯,虽赵边兵亦以为吾将怯。〔259〕赵王让李牧,李牧如故。〔260〕赵王怒,召之,使他人代将。

岁余,匈奴每来,出战。〔261〕出战,数不利,失亡多,边不得田畜。〔262〕复请李牧。牧杜门不出,固称疾。〔263〕赵王乃复彊起使将兵。[264]牧曰:"王必用臣,臣如前,乃敢奉令。"[265]王许之,李牧至,如故约。匈奴数岁无所得,终以为怯。边士日得赏赐而不用,皆愿一战。于是乃具选车得千三百乘,[266]选骑得万三千匹,[267]百金之士五万人,[268]彀者十万人,[269]悉勒习战。[270]大纵畜牧,人民满野。[271]匈奴小入,详北不胜,以数千人委之。[272]单于闻之,[273]大率众来入,[274]李牧多为奇陈,[275]张左右翼击之,[276]大破杀匈奴十馀万骑。灭襜褴,[277]破东胡,[278]降林胡,[279]单于奔走。[280]其后十馀岁,匈奴不敢近赵边城。

赵悼襄王元年,[281]廉颇既亡入魏,赵使李牧攻燕,拔武遂、方城。居二年,庞煖破燕军,[282]杀剧辛。[283]后七年,秦破赵,杀将扈辄于武遂,[284]斩首十万,赵乃以李牧为大将军,击秦军于宜安,[285]大破秦军,走秦将桓齮,[286]封李牧为武安君。[287]居三年,秦攻番吾,[288]李牧击破秦军,南距韩、魏。[289]

赵王迁七年,[290]秦使王翦攻赵,[291]赵使李牧、司马尚御之。[292]秦多与赵王宠臣郭开金,为反间,言李牧、司马尚欲反,赵王乃使赵葱及齐将颜聚代李牧。[293]李牧不受命,[294]赵使人微捕得李牧,[295]斩之。废司马尚。[296]后三月,王翦因急击赵,大破杀赵葱,虏赵王迁及其将颜聚,遂灭赵。

太史公曰:[297]知死必勇,非死者难也,处死者难。[298]

方蔺相如引璧睨柱,及叱秦王左右,势不过诛,[299]然士或怯懦而不敢发,[300]相如一奋其气,威信敌国,[301]退而让颇,名重太山,[302]其处智勇,可谓兼之矣![303]

〔1〕赵惠文王已详《平原君虞卿列传》校释〔4〕。其十六年戊寅岁,当齐襄王元年,公元前二八三年。

〔2〕阳晋,卫邑,后属齐,故城在今山东省菏泽县西北四十七里。蜀本、百衲宋本、黄善夫本、汲古阁本都作"晋阳",非。按晋阳在山西省,本晋地,虽亦赵邑,但不是从齐国攻取得来的。

〔3〕蔺相如的蔺音吝,与马蔺草的"蔺"音练者不同。宦者令,宫中太监的首领。舍人,派有职事的门客,参看《平原君虞卿列传》校释〔16〕。

〔4〕楚和氏得玉璞(美玉包孕在石中叫璞)于山中,献之厉王。王使玉人(琢玉的匠工)相之,曰,石也。王以为诳,刖和氏之左足。武王立,又献之,玉人又曰,石也,乃更刖其右足。文王立,和氏抱其璞哭于山中。王使玉人理璞,果得宝玉,因命曰和氏之璧。见《韩非子·和氏篇》。但和氏璧既为楚宝,何以得入赵,未详。

〔5〕秦昭王即昭襄王,已详《平原君虞卿列传》校释〔112〕。

〔6〕愿以十五城请易璧,情愿把十五座城池给赵国,请换取这和璧。

〔7〕徒见欺,白白地受骗。上面"欲予秦"的予和下面许多予都作给与解。

〔8〕即患秦兵之来,恐怕秦兵马上会来。

〔9〕求人可使报秦者,要想挑选一个能够派到秦国去回答换取和璧那件事的人。

〔10〕窃计欲亡走燕,私下打算要逃到燕国去。

〔11〕止臣,劝我不要去。

〔12〕愿结友,情愿结为朋友。据王念孙说,"友"应作"交"。

〔13〕君幸于赵王,你正得宠于赵王。幸,宠幸。

〔14〕今君乃亡赵走燕,现在你是失宠于赵而逃奔燕国。正与"幸于赵王"打一对照。

〔15〕束君归赵,把你拘起来送还赵国。束,捆缚。归,引渡。

〔16〕肉袒,解衣露膊。伏斧质请罪,表示服罪请求就刑。斧质就是斧钺和碪质,参看《范蔡列传》校释〔75〕。

〔17〕则幸得脱矣,这样就能侥幸得到赦免了。则就是即,古多通用。

〔18〕宜可使,应该可以当这差使。宜,适当;应该。

〔19〕不,否定副词,当可否的否字用。

〔20〕曲在赵,理曲在赵的方面。曲是直的反面。

〔21〕均之二策,宁许以负秦曲,等是两条路,宁可答应了秦的请求而让它负理曲的责任。均是相等。

〔22〕奉璧往使,捧护此璧,出使到秦国去。

〔23〕完璧归赵,把和氏璧丝毫无缺地归还赵国。完是完整,有原封不动的意思。

〔24〕章台,秦离宫(犹别墅)中台观之一,故址在今陕西省长安县故城西南隅。坐章台见相如,高坐在离宫的台观之上接见相如。这就明示不在正朝延见,有蔑视来使的意思。

〔25〕奏,呈献。

〔26〕传以示美人及左右,以次传递给姬妾和左右的近侍,使她(他)们都得观赏此璧。

〔27〕左右皆呼万岁,看到和璧的都为秦王的得意而欢呼称贺。呼万岁,参看《项纪》校释〔493〕。

〔28〕视秦王无意偿赵城,看秦王的神情没有把十五城偿还给赵国的意思。

〔29〕乃前,于是走上前去。

〔30〕璧有瑕,请指示王,璧上还有点毛病,请让我指给大王看。瑕音遐,玉上的小赤点。玉以纯白无疵为贵,有小赤点便是毛病。

〔31〕卻立倚柱,退立几步,把身子靠在庭柱上。卻,蜀本、百衲本、汲古本都讹作"却"。

〔32〕怒发上冲冠,夸张之辞,要强调相如的愤怒,便说他的头发因愤怒而竖起,竟把戴在头上的帽子也冲开了去。

〔33〕负其彊以空言求璧,依恃他的国力强大而用空话来索取和璧。

〔34〕逆彊秦之驩,触伤彊秦的感情。逆,拂逆,有拗折触伤的意义。驩同欢。

〔35〕斋戒犹言"致敬"。古人于祭祀之先,必斋戒,沐浴更衣,不饮酒,不茹荤,以为这样可以壹其心志,接通鬼神。此云斋戒,就是肃然致敬的意思。斋本作齐(编者按:"斋",繁体作"齋","齐",繁体作"齊"),就是湛然纯一的意思;戒,警惕。

〔36〕拜送书于庭,亲送国书于朝会之所。庭,正式听政的朝堂。

〔37〕何者,严大国之威以修敬也,为什么要这样做呢,为的尊重大国的威望,所以这样必恭必敬啊。严,庄敬;尊重。修有加意小心的意义,蜀本、百衲本都作"脩"。

〔38〕见臣列观,与上面"坐章台见相如"相应,言接见我在一般的园囿台观之间。列观即一般的台观亭榭。

〔39〕秦王不在朝堂正式延见相如,显与赵王的"拜送书于庭"敬慢悬殊,故云礼节甚倨。倨是傲慢轻忽。

〔40〕急臣,逼迫我。

〔41〕睨柱,斜看着庭柱。睨,不正视,参看《魏公子列传》校释〔36〕。

〔42〕辞谢固请,陈谢自己的不是,坚请他不要这样做。

〔43〕召有司案图,召唤该管版图(国家的疆域图和户籍)的官吏来查看图册。有司,官吏的通称。因官吏各有职守,故云有司。

〔44〕指从此以往十五都予赵,在图册上指出从这儿到那儿的十五座城划给赵国。

〔45〕特以诈详为予赵城,故意装作要把这几座城偿给赵国。予赵城,就是以城予赵。详,蜀本、百衲本、黄本、汲古本都径作"佯"。

〔46〕天下所共传宝,大家公认的宝贝。

〔47〕赵王既得和璧,当然宝爱,但怕秦王的强暴,不得不放手,故云赵王恐,不敢不献。

〔48〕九宾即九仪,是《周礼》大行人所掌的朝聘之礼,实为当时外交上最隆重的仪节。设九宾于廷,就是备大礼相迎。宾指摈(亦作儐)相。九宾,由摈者(招待员)九人以次传呼接引上殿。

〔49〕上璧,献上此璧。

〔50〕舍相如广成传,款留相如住在广成宾馆中。舍,止宿。传,传舍,即宾馆。广成盖邑里名。"传"下蜀本、百衲本、黄本、汲古本都有"舍"字。单索隐本无,故张文虎以为衍文。

〔51〕决负约,必然背约。决,百衲本讹作"决"。

〔52〕从者,相如带去的随员。衣褐,变服改装。怀其璧,把和璧藏在怀中。从径道亡,经由小路里逃走。

〔53〕归璧于赵,护送和璧还赵国。

〔54〕引,招接;延请。

〔55〕坚明约束,牢固确切的信用。束,汲古本讹作"朿"。

〔56〕见欺于王而负赵,被大王所欺而对不起赵国。

〔57〕间至赵矣,现已送回赵国去了。间,顷间。

〔58〕遣一介之使,派一个使臣。介通个,单独之义。

〔59〕请就汤镬,意即受烹。

〔60〕孰同熟。蜀本、百衲本、黄本都径作"熟"。

〔61〕嘻音希,恨怒之声。相视而嘻,互相对看而发出惊怪的声息。

〔62〕引相如去,拉相如去就烹。

〔63〕不如因而厚遇之,倒不如趁此机会款待他。

〔64〕卒廷见相如,终于设九宾,以大礼延见相如。

〔65〕毕礼而归之,完成大礼之后遣送相如归赵国。毕,完成。百衲本作"异"。异礼,特殊的典礼,亦可通。

〔66〕赵王以为贤大夫使不辱于诸侯,应一贯地读,意即赵王以为相如是个称职的大夫,出使于外国,能够不玷辱他所奉的使命。盖相如奉命使秦,应该已经取得大夫的身份(当时奉使出国的外交官例须大夫为之,决不能仍看做缪贤的舍人),故下接云"拜相如为上大夫",分明有超拜(拔升)的意义。

〔67〕拜是授官。上大夫,大夫位列中的最高一级,仅次于卿。

〔68〕其后秦伐赵,指赵惠文王十八年(秦昭襄王二十六年,公元前二八一年)秦兵来伐事。

〔69〕拔,攻取。石城故城在今河南省林县西南八十五里。

〔70〕好会,友好的会见。渑(音泯)池亦作黾池,本战国韩邑,后属秦。汉置渑池县,沿至于今。故城与渑池水源南北相对,在今河南省渑池县西十三里。渑池地当西河(已见《孙子吴起列传》校释〔120〕)之南,自赵言之,故云西河外。按秦拔石城在赵惠文王十八年,渑池之会在二十年,那么"秦王使使者……"之上宜更有"明年"二字,才合于事实。

〔71〕欲毋行,想要不去。

〔72〕计,商议。

〔73〕与王诀,与王分别时有所期约。

〔74〕度道里会遇之礼毕,预计前往的路程直到会谈完毕的时间。

度读入声,揣想;估计。

〔75〕还,应读断,并计会毕回到赵国的时间。

〔76〕立太子为王,以绝秦望,言预拟立太子为王,正所以断绝秦国万一拘留赵王来要挟索诈的希望。

〔77〕酣,畅适。

〔78〕好音,喜欢音乐。

〔79〕奏瑟,弹瑟。奏是弹奏。瑟是与琴并称的乐器,身较琴长大,通常配用二十五弦。

〔80〕鼓瑟亦即弹瑟。鼓是弹动。上面"请奏瑟",尚未实施;此云鼓瑟,则实际弹起来了。

〔81〕秦御史前书曰,秦国的御史走向前来写道。御史在战国时为专掌图籍,记载国家大事的史官。前面"召有司案图"的有司也就是御史。

〔82〕秦声,表现秦地特殊风格的歌唱,犹楚歌、吴讴之类。

〔83〕请奏盆缻秦王,愿献盆缻给秦王,请你击缻以为歌时的节拍。奏,进献。百衲本、汲古本、会注本都作"奉",亦通。缻即缶,盛酒浆的瓦器。

〔84〕以相娱乐,用来彼此酬答,互相取乐。

〔85〕五步之内,言其近。请得以颈血溅大王矣,请让我把颈血洒污你大王了罢!溅音赞,染污。血溅大王,明明说要杀秦王了。

〔86〕欲刃相如,要把刀剑来刺相如。刃是刀锋,此处用作动词。

〔87〕张目叱之,睁大了眼睛呵喝他们。

〔88〕靡,吓倒。

〔89〕秦王不怿,为一击缻,秦王心里虽不高兴,却为了相如的胁持,勉强在盆缻上打了一下。

〔90〕请以十五城为秦王寿,请赵国把十五座城送给秦王,作为

献礼。

〔91〕请以秦之咸阳为赵王寿,请秦国把国都送给赵王作献礼。

〔92〕竟酒,终席。竟,完毕。

〔93〕加胜于赵,盖过赵国。

〔94〕盛设兵以待秦,严整兵卫,防备秦国的动静。

〔95〕既罢归国,渑池之会既经结束,蔺相如奉赵王回到赵国。

〔96〕秦、汉以前以右为尊,在廉颇之右就是在廉颇之上。那时廉颇先已拜上卿,蔺相如渑池会后始以功大拜上卿,朝会时的位次乃排在廉颇之右,故引起廉颇的不平。

〔97〕徒以口舌为劳,仅能依靠口舌为功。

〔98〕相如出身于宦者令之门,故云素贱人。素贱,一向是低微的。

〔99〕吾羞,不忍为之下,吾感到羞辱,受不了做他的下手。

〔100〕争列,争位次的先后。

〔101〕已而,时间副词,犹言"后来"。用与"旋"、"嗣"同。

〔102〕引车避匿,拉转车子回避他。

〔103〕舍人相与谏,相如的门下舍人大家都表示抗议。谏是劝阻,此有抗议的意义。

〔104〕臣所以去亲戚而事君者,犹言吾离开了亲属而投托到你的门下来自有道理的。所以就是有所以,含有"自有道理"或"自有缘故"之意。

〔105〕徒慕君之高义也,单单为了仰慕你的崇高的义气啊。慕,羡慕;景仰。高义,崇高的正义感,此有勇敢不屈之意。

〔106〕同列,同位。廉、蔺同为上卿,阶位相同,故称同列。

〔107〕恐惧殊甚,犹言胆怯过度。殊,特殊。甚,过当。殊甚就是特别过度。

〔108〕庸人尚羞之,况于将相乎,一般人尚且以过度胆怯为羞耻,何

况身为将相的人呢。之字指"恐惧殊甚"。

〔109〕不肖,谦辞,犹称鄙陋或不贤。但此处却带有兀傲自尊的意味。

〔110〕固止之,坚留他们。

〔111〕公之视廉将军孰与秦王,你们看廉将军比秦王谁强?

〔112〕廷叱之,在秦廷之上当众呵斥他。

〔113〕相如虽驽,独畏廉将军哉,我虽愚劣,岂是怕廉将军的么!驽,愚笨;拙劣。独,反诘副词,与"宁"、"岂"相当。

〔114〕顾吾念之,但吾考虑了那件事。顾作但解。之指忍辱退让那件事。

〔115〕不俱生,不都能活命。

〔116〕吾所以为此者,句法与前〔104〕所说的相同。为此,作此忍辱退让的举动。

〔117〕肉袒负荆,解衣露膊,背着荆杖,表示服罪领责之意。荆是荆棘的枝条,可以为鞭。

〔118〕因宾客至蔺相如门谢罪,通过了宾客的关系到相如门上去请罪。因,依靠。此有绍介义。为了不好意思直接登门,所以才这样做。

〔119〕鄙贱之人,自谦之辞,这里却表示了愧悔的意思。从前以为"相如素贱人",现在觉得自己有点惭愧了。

〔120〕不知将军宽之至此也,不料你宽容我到这样的地步啊!当时的上卿职兼将相,故相如亦得有将军之称。

〔121〕卒相与驩,终于彼此交欢。驩同欢。

〔122〕为刎颈之交,竟成了誓同生死的至交。刎音吻,参看《项纪》校释〔598〕。刎颈之交,言要齐生死(要约同生同死),虽刎颈也没有悔恨的。

〔123〕居二年,隔了二年,是赵惠文王二十三年,当齐襄王八年,公

元前二七六年。

〔124〕几音祈,邑名,在今河北省大名县东南。按《赵世家》,惠文王二十三年,廉颇将,攻魏之几邑,取之。但《齐世家》及《年表》都不载此事。疑几邑介齐、魏之间,时或属齐,时或属魏的。

〔125〕防陵在今河南省安阳市南二十里,因防水为名。安阳故城在今安阳市东南四十三里。二邑相近,故并拔之。按赵拔魏防陵、安阳在惠文王二十四年,此处云后三年,梁玉绳以为当作"后一年",该是对的。

〔126〕后四年,赵惠文王二十八年,当齐襄王十三年,公元前二七一年。蔺相如将而攻齐,相如为将,向齐进攻。

〔127〕平邑,赵地,即今河南省南乐县东北七里的平邑村。至平邑而罢,兵到平邑便停止了(还没有出境)。

〔128〕阏与音饫预,战国韩邑,后属赵,地在今山西省和顺县西北。

〔129〕赵奢者,蜀本、百衲本、黄本都提行书。汲古本空一格,不提行。此本与会注本都连书不提行。田部吏,征收田租的官吏。

〔130〕平原君家不肯出租,蜀本、百衲本、汲古本出下都无"租"字。

〔131〕"奢"上蜀本有"赵"字。以法治之,用当时的法律处理平原君家不肯出租之罪。

〔132〕用事者,当权管事的人。

〔133〕因说,趁辩诉的当儿向平原君陈说。说音税。

〔134〕纵君家而不奉公则法削,放任你家而不尊重公家,那么国家法律的效力就削减了。

〔135〕诸侯加兵,别国就要用兵力来逼胁。

〔136〕上下平,公家私家都得到公平合理的处置。

〔137〕岂轻于天下邪,难道就会被天下人轻视么!与上"诸侯加兵"对照。

〔138〕言之于王,举荐给赵王。

〔139〕 用之治国赋,用赵奢来管理国家的赋税。

〔140〕 民富而府库实,民间富足而国库充实。就是所谓"上下平"。

〔141〕 道远险狭,难救,言离邯郸路远而其地又夹在山险的狭道中,实在不容易施救的。

〔142〕 又召乐乘而问焉,问廉颇后再召乐乘来问他阏与到底可不可以得救。乐乘,燕将乐毅的族人,时去燕留赵,后来赵封他为武襄君。

〔143〕 譬之犹两鼠斗于穴中,将勇者胜,好比两只耗子在洞穴中打架,哪个狠些,哪个就赢。譬之犹就是譬如。

〔144〕 兵去邯郸三十里,领兵离开国都邯郸仅三十里,便停扎下来。

〔145〕 令军中,下一道严令于军营中。

〔146〕 有以军事谏者死,敢有为着军事而前来进言的处死刑。

〔147〕 秦军军武安西,那时秦军扎在武安城之西。下军字是动词。武安,赵邑,即今河北省武安县,地在邯郸之西。

〔148〕 鼓谏勒兵,武安屋瓦尽振,极意形容秦军声势的盛大,言他们鼓谏勒兵(击鼓操练)的时候,连武安城内所有房屋上面盖着的瓦片尽都振动的。

〔149〕 军中候有一人言急救武安,军中有一军候(司侦探敌情的人)请急救武安。

〔150〕 坚壁,坚守营盘。

〔151〕 复益增垒,加筑营墙。

〔152〕 秦间来人,秦国派一间谍混进营来。

〔153〕 赵奢明知间谍故意纵令还报,所以善食而遣之(好好地以饮食待他,然后遣送他出去)。

〔154〕 去国三十里,即指去邯郸三十里。古时以都城所在称国门,去国就是离开都门。阏与非赵地也,言这样胆怯不进,阏与地方必然不是赵国所有的了。

〔155〕卷甲而趋之,束甲轻装,迅速地趋向敌人。参看《平原君虞卿列传》校释〔102〕。

〔156〕二日一夜至,疾趋二日一夜赶到阏与的近旁。

〔157〕去阏与五十里而军,离阏与五十里扎营。

〔158〕悉甲而至,全军赶来。

〔159〕请以军事谏,犯令求请陈说军情。

〔160〕内之,放他进来。内同纳。

〔161〕不意赵师至此,其来气盛,二句有省文,意为原先不料赵师能至此,现闻赵师已至,激怒而来对敌,气势必然旺盛。

〔162〕必厚集其阵以待之,必须要把队伍集中起来等待他们。厚集有重点集中的意义。

〔163〕请受令,接受他的说法。《通鉴》引此,改令作"教",该是对的。若作请照前令解,则上面的"内之"和下面的"胥后令"都呼应不起来了。

〔164〕请受铁质之诛,请照前令的军法处斩。

〔165〕胥后令,且待后命。胥与须通用,就是等待。等待后命,明明宽恕他,不用前令了。

〔166〕邯郸二字,据《索隐》说,当为"欲战"(即临战或将战)。言临战时许历重复请谏。《通鉴》将此二字属上读,就是把"胥后令邯郸"联为一句。梁玉绳引钱大昕说,也认此五字当为一句。邯郸为赵都,胥后令邯郸,是说须待赵王来发落,也可通。

〔167〕先据北山上者胜,后至者败,言先能据守阏与北面的山头的可以获胜,后来的便失却险隘而必致失败了。

〔168〕即发万人趋之,马上发兵万人赶上去,占领阏与的北山。

〔169〕解而走,被打散而败走。

〔170〕马服君,以马服山为封号。马服山在邯郸西北,当时盖有国

297

家镇山之意。

〔171〕国尉,仅次于将军的军官,相当于后来的都尉。

〔172〕同位,就是同列,参看前〔106〕。

〔173〕赵奢破秦军于阏与下在惠文王二十九年辛卯岁(公元前二七〇年),三十三年,惠文王死,孝成王立,故云后四年。孝成王已详《平原君虞卿列传》校释〔4〕。

〔174〕七年,当为六年之讹。因长平之败在辛丑岁,正当孝成王六年。

〔175〕相距长平,参看《平原君虞卿列传》校释〔22〕、〔174〕、〔175〕。

〔176〕病笃,病已严重。笃,重也。

〔177〕固壁就是坚壁,参看上〔150〕。

〔178〕不肯,不理秦国的挑战。

〔179〕信秦之间,听信秦国间谍所放的谣言。

〔180〕秦之所恶,秦国所忌的人物。恶音污,憎厌;畏忌。

〔181〕以名使括,但取赵括的声名来任用他。

〔182〕胶柱鼓瑟,喻但守死法,不能活用。鼓瑟成调,全在弦的缓急适宜;弦的缓急,全在柱的运转。倘把柱胶住不动,那么弦就不能调缓急,只有死板的声音,没有丝毫活法了。柱就是瑟上卷弦的轸子。

〔183〕徒能读其父书传,只会得读他父亲遗留给他的书本。书传就是留传的书本。言赵括只能读死书。

〔184〕不知合变,不懂得活用应变。

〔185〕遂将之,遂以赵括为将。

〔186〕以天下莫能当,以为天下没有人能够抵得过他的。

〔187〕不能难,驳不倒他。难,驳难。

〔188〕不谓善,不以为然。

〔189〕问奢其故,等于问奢以其故,就是把既不能驳倒他又不以为然的缘故问赵奢。

〔190〕兵,死地也,而括易言之,用兵本来是极其危险的场合,而赵括却轻忽地看待它。易,轻忽。

〔191〕不将括即已,不以赵括为将则罢了。即通则,参看前〔17〕。

〔192〕及括将行,等到赵括领兵将要出发的时候。

〔193〕始妾事其父,当初我嫁给他父亲的时候。

〔194〕时为将,那时他父亲正奉命为将。

〔195〕身所奉饭饮而进食者以十数,亲自捧着饮食的东西而进献给那些被供养的有几十个。身是亲身。以十数,数以十计。此指军中被尊礼的人,视同师。

〔196〕所友者以百数,当朋友看待的有几百个。此指军中被优遇的人,仅次于师。

〔197〕尽以予军吏士大夫,悉数分送给僚属和那些被尊礼、优遇的人们。军吏指帐下的僚属。士大夫指那些以十数、以百数的被优待的人物。

〔198〕受命之日,不问家事,接受将兵出征的那日起,便不问家里的私事。

〔199〕一旦为将,犹言一朝做了大将。一旦有忽然之义,参看《商君列传》校释〔206〕。

〔200〕东向而朝,自己坐在高位上接受僚属的朝见。古以东向为尊,参看《陈丞相世家》校释〔153〕。

〔201〕军吏无敢仰视之者,所属的军吏没有敢抬头直看赵括的。

〔202〕日视便利田宅,可买者买之,每天打听哪里有便宜合适的田地房屋,可以买的就买下来。

〔203〕王以为何如其父,大王以为他哪一项像他的父亲?以上括母

把赵奢和赵括的作风列举给赵王听了,所以有此反诘的话。

〔204〕勿遣,不要派他担此重任!

〔205〕母置之,吾已决矣,你且搁下勿谈罢,吾已决定派他去了。母,汲古本讹作"毋"。

〔206〕王终遣之,大王一定要派他去。

〔207〕即有如不称,犹言"则如有不称"。意即倘有不能称职之处。即则通用,已详前。

〔208〕妾得无随坐乎,我能不连坐么! 随坐就是连坐。

〔209〕王许诺,赵王答应她,赵括即有不称,可以免除连坐她。

〔210〕悉更约束,把原来的章程办法尽都改了。

〔211〕易置军吏,撤换了许多僚属。

〔212〕白起闻之,白起得到了这些情报。

〔213〕纵奇兵,调遣军队不作正面的战斗,而作包抄埋伏等行动。

〔214〕详败走,佯为败走。详,蜀本、百衲本都径作"佯"。

〔215〕绝其糧道,截断赵军输送军粮的道路。糧,蜀本、百衲本都作"粮"。

〔216〕赵括初至军,措置失宜,已令群僚不安,今为秦军冲断联络,粮秣不继,士卒当然要离心了。

〔217〕出锐卒自搏战,亲身带着精锐的部队向敌搏斗。

〔218〕秦悉阬之,秦军尽把赵国的降卒围歼丛埋掉。

〔219〕前后所亡凡四十五万,长平战役的起讫期间,前后损失的兵员共计有四十五万人。与上"数十万之众遂降秦,秦悉阬之"对看,明明不是四十五万人一次被阬的。

〔220〕几不得脱,几乎免不了亡国。几,近也。脱,免也。

〔221〕赖楚、魏诸侯来救,言幸亏魏公子无忌的窃符救赵和楚国春申君的将兵声援。廼得解邯郸之围,方能解除国都的被围。廼,古乃字,

蜀本、百衲本、汲古本都作"乃"。

〔222〕竟不诛,终于履行前诺,不曾连坐。

〔223〕自邯郸围解五年,而燕用栗腹之谋,言秦解邯郸之围后五年,燕国听它的国相栗腹的计画来图谋赵国。按邯郸围解在赵孝成王九年甲辰岁(当秦昭襄王五十年,公元前二五七年),栗腹图赵在燕王喜四年庚戌岁(当赵孝成王十五年,公元前二五一年),其间恰为五年。

〔224〕赵壮者尽于长平,其孤未壮,即栗腹计谋之言。意谓赵国的丁壮都死于长平之役,他们遗留下来的孤儿还没长成,未能补充兵役的。按《燕召公世家》:"王喜四年,……命相栗腹约欢赵,以五百金为赵王酒。还报燕王曰:'赵王壮者皆死长平,其孤未壮,可伐也。'王召昌国君乐间问之。对曰:'赵四战之国,其民习兵,不可伐。'王曰:'吾以五而伐一。'对曰:'不可。'燕王怒。群臣皆以为可。卒起二军,车二千乘,栗腹将而攻鄗。"

〔225〕鄗(音皓),本为晋邑,那时属赵。故城在今河北省柏乡县北。

〔226〕信平君,封号。尉文,据徐广说是邑名,但未详何地。

〔227〕假相国,暂摄相国。其时蔺相如当已死去,故以廉颇代为相国。

〔228〕失势之时,失去势位的当儿,指被赵括接代,在长平交卸归去的事。

〔229〕故客尽去,旧时门下的宾客尽都辞廉颇而去。

〔230〕客退矣,嫌恶之辞,犹言你们都请回罢!

〔231〕吁,君何见之晚也,犹言唉!你的见识何等的落后啊!参看《范蔡列传》校释〔363〕。

〔232〕天下以市道交,言当时的交友之道,到处都像市场上的交易,有利则大家奔凑拢去。

〔233〕我则从君，我即跟你走。则即通用。下面的"则去"也就是即去。

〔234〕此固其理也，有何怨乎，这本是交易之道的常理，又有什么怨恨呢！

〔235〕居六年，过了六年，为赵孝成王二十一年丙辰岁（当公元前二四五年）。繁阳故城在今河南省内黄县东北。

〔236〕悼襄王名偃，赵国第九君，在位九年（公元前二四四—前二三六）。

〔237〕奔魏之大梁，逃奔到魏国的首都。大梁即今河南省开封市。

〔238〕武遂即今河北省徐水县西的遂城镇。方城故城在今河北省固安县南。

〔239〕多与使者金，令毁之，多送贿赂给奉使的人，叫他说廉颇的短处。

〔240〕为之一饭斗米，肉十斤，为了表示健康，一顿饭用斗米十斤肉。为之二字，直贯到下面的"被甲上马"，应一气读。

〔241〕被甲上马，披着铠甲，纵身上马。被读如披。

〔242〕尚善饭，饭量还好。善饭犹"健饭"。

〔243〕顷之，三遗矢矣，使者谤毁廉颇之辞。意谓一会儿拉了三回屎。遗矢就是拉屎。

〔244〕阴使人迎之，楚国偷偷地派人到魏国去迎接廉颇。

〔245〕我思用赵人，我打算使用赵国人。足见异国之人不听他使用，因而有此慨叹。

〔246〕卒死于寿春，终于没有回到祖国，死在楚国的寿春。寿春即今安徽省寿县。那时楚畏秦逼，从郢都迁避到这里来，仍叫它做郢，事实上成了楚国的首都了。汲古本"寿春"作"寿阳"，系误从晋朝的讳改（东晋简文帝的皇后叫郑阿春，为要避这春字的讳，便改寿春为寿阳），这是

不对的。

〔247〕李牧者,蜀本、百衲本、黄善夫本、汲古本都提行另起。此本与会注本都连书不提行。

〔248〕代雁门,代地的雁门郡。战国时,赵就代地所置。地当今山西省西北部宁武以北一带。李牧为赵守北边,常驻在这一带地面,防备匈奴。

〔249〕以便宜置吏,因实际需要可以自委属吏。换言之,军中官吏的进退由他全权支配。

〔250〕市租皆输入莫府,为士卒费,城市的税收都径送到李牧的帐下,作为养兵的经费。莫通幕,莫府即幕府,本是将帅出征时随地驻屯的大帐。后世便把大将或地方最高长官的公署也叫做幕府了。

〔251〕日击数牛飨士,每日宰杀了好几条牛供给军士的食用。击是宰杀。飨是供养。

〔252〕习射骑,练习射箭和骑马。

〔253〕谨烽火,小心把守着警报台。烽火是古时的警报台,参看《魏公子列传》校释〔15〕。

〔254〕多间谍,多派侦察敌情的人员。

〔255〕厚遇战士,优待战斗员。

〔256〕为约,申明约束,就是发出的号令。

〔257〕匈奴即入盗,急入收保,有敢捕虏者斩,即约束的号令,意谓匈奴即使侵入边境来掠夺,我兵应立即把人马物资收拾起来退入堡垒中固守,有人敢于逞勇捉捕敌人的立刻处斩。虏指匈奴,当时称北族为"虏"。

〔258〕亦不亡失,也没有什么损失。

〔259〕虽赵边兵亦以为吾将怯,即使是赵国自己的守边官兵也以为我们的将帅太胆小了。

〔260〕赵王让李牧,赵王责备李牧不出兵应战。李牧如故,李牧还

是维持老样子。

〔261〕匈奴每来,出战,新将的作风。意谓匈奴每来侵盗,新将必出兵跟它作战。

〔262〕出战……边不得田畜,出兵作战,屡次不能胜利,损失多,边境骚扰,不能耕作和放牧。田是耕种,畜是畜牧。

〔263〕固称疾,坚决地托言有病。

〔264〕乃复,犹一再,承上"复请李牧"言。彊起使将兵,勉强使李牧出来,叫他带兵。彊,蜀本、汲古本都作"强"。

〔265〕臣如前,乃敢奉令,如许我仍照从前的办法,方才敢接受你的命令。

〔266〕选车,经过挑选合格的兵车。具是齐备,此字作总冒用,直贯到下面"彀者十万人"这一语。

〔267〕选骑,经选合格的马匹。

〔268〕百金之士谓勇士。裴骃引《管子》:"能破敌擒将者赏百金",即其证。

〔269〕彀者,能张弓引满的人,意即善射之士。

〔270〕悉勒习战,把这些人选的人尽都组织起来,训练他们的作战的技能。悉是总括,与前面的"具"字相应,有总结的作用。

〔271〕人民满野,畜牧的人在边境的田野里遍满了。

〔272〕详北不胜,以数千人委之,假败下来,把数千人丢给匈奴。详,蜀本、百衲本、黄本、汲古本都径作"佯"。北,败走。委,抛弃。

〔273〕单于闻之,匈奴的君主知道了赵国边境放牧满野和自己手下又虏获了对方数千人等消息。

〔274〕大率众来入,大举带领兵众来侵入赵国的边境。

〔275〕多为奇陈即多纵奇兵,参看前亡〔213〕。陈读如阵。

〔276〕张左右翼击之,两面包抄,像翅膀那样扑去,痛打单于。

〔277〕襜褴(音丹蓝),代北胡国。

〔278〕东胡为北族乌丸之祖,别派叫做鲜卑,因在匈奴之东,故名。

〔279〕林胡也是北族的别派,地当今河北省张家口市的北面。

〔280〕奔走,奔逃远去。

〔281〕赵悼襄王元年丁巳岁,当公元前二四四年。

〔282〕庞煖(音喧),赵将。

〔283〕剧辛本赵人,仕燕为将,庞煖素与辛交好,至是,擒而杀之。

〔284〕扈辄,赵将,与汉张耳时的扈辄不是一人。蜀本、百衲本、汲古本"破杀赵将"都作"破赵杀将",武遂下都有"城"字。

〔285〕宜安故城在今河北省藁城县西南。

〔286〕走秦将桓齮(音蚁),赶走杀扈辄的敌将。

〔287〕武安君封于武安邑,故城在今河北省武安县西。

〔288〕番吾在今河北省平山县南。番音盘。

〔289〕时韩、魏都已听命于秦,威胁赵国,故李牧破秦军后同时抵御韩、魏。距同拒。

〔290〕赵王迁,悼襄王子,即赵国第十君幽缪王,在位八年(公元前二三五—前二二八年),被秦国所虏。其七年壬申岁,当秦王政十八年,公元前二二九年。

〔291〕王翦已见《项纪》校释〔5〕。时将兵攻赵,已下井陉(即今河北省井陉县东北井陉山上的井陉关,亦名土门关),赵国的国势岌岌可危了。

〔292〕司马尚,赵将,赵王命他与李牧合力抵敌王翦。御是抵敌。之指王翦。

〔293〕赵葱,赵王的族人。蜀本、百衲本都作赵葱。代李牧,接收李牧的兵权,代他为将。

〔294〕不受命,不接受交代的命令。

305

〔295〕微捕得李牧,缉拿到李牧。微,缉访。捕得,捉住。

〔296〕废司马尚,撤销司马尚的职位。废就是罢斥。

〔297〕太史公曰,蜀本连书不提行。

〔298〕知死必勇,古之成语,意谓既知到了必死的境地,反而会鼓起勇气来的。非死者难也,处死者难,史公解释这成语的话,意谓不是安心受死的是难事,而是如何处理这一死的却真难呢。

〔299〕方,当其时。势不过诛,在势不过被杀罢了。

〔300〕然士或怯懦而不敢发,但是一般人往往胆怯而不敢发作的。怯懦,因胆怯而表见懦弱。

〔301〕威信敌国,把自己的气概伸张给敌国人看,而且使他畏服。信读如伸。

〔302〕名重太山,使自己的名誉重于太山。太山即泰山,当时以为宇内最高最尊的山,与天上的北斗星同等看待。

〔303〕可谓兼之矣,可以说是兼全智勇了。就是说他智勇双全。

田单列传

　　田单者,齐诸田疏属也。[1]湣王时,[2]单为临菑市掾,[3]不见知。[4]及燕使乐毅伐破齐,[5]齐湣王出奔,已而保莒城。[6]燕师长驱平齐,[7]而田单走安平,[8]令其宗人尽断其车轴末而傅铁笼。[9]已而燕军攻安平,城坏,齐人走,争涂,[10]以轊折车败,[11]为燕所虏。唯田单宗人以铁笼故得脱,[12]东保即墨。[13]燕既尽降齐城,[14]唯独莒、即墨不下。[15]

　　燕军闻齐王在莒,并兵攻之。淖齿既杀湣王于莒,[16]因坚守距燕军,[17]数年不下。燕引兵东围即墨。即墨大夫出与战,[18]败死,[19]城中相与推田单,[20]曰:"安平之战,田单宗人以铁笼得全,[21]习兵。"[22]立以为将军,以即墨距燕。

　　顷之,燕昭王卒,[23]惠王立,[24]与乐毅有隙。[25]田单闻之,乃纵反间于燕,宣言曰:"齐王已死,城之不拔者二耳。[26]乐毅畏诛而不敢归,以伐齐为名,实欲连兵南面而王齐。[27]齐人未附,故且缓攻即墨以待其事。[28]齐人所惧,唯恐他将之来,[29]即墨残矣。"[30]燕王以为然,使骑劫代乐毅。[31]

乐毅因归赵。[32]燕人士卒忿。[33]而田单乃令城中人食必祭其先祖于庭,[34]飞鸟悉翔舞城中下食。[35]燕人怪之。[36]田单因宣言曰:"神来下教我。"乃令城中人曰:"当有神人为我师。"[37]有一卒曰:"臣可以为师乎?"[38]因反走。[39]田单乃起,[40]引还,[41]东乡坐,[42]师事之。[43]卒曰:"臣欺君,诚无能也。"[44]田单曰:"子勿言也!"[45]因师之。每出约束,[46]必称神师。[47]乃宣言曰:"吾唯惧燕军之劓所得齐卒置之前行与我战,[48]即墨败矣。"燕人闻之,如其言。城中人见齐诸降者尽劓,皆怒,坚守唯恐见得。[49]单又纵反间曰:"吾惧燕人掘吾城外冢墓,僇先人,[50]可为寒心。"[51]燕军尽掘垄墓,[52]烧死人。即墨人从城上望见,皆涕泣,俱欲出战,[53]怒自十倍。

田单知士卒之可用,乃身操版插,[54]与士卒分功,妻妾编于行伍之间,[55]尽散饮食飨士。令甲卒皆伏,[56]使老弱女子乘城,[57]遣使约降于燕,燕军皆呼万岁。田单又收民金得千溢,[58]令即墨富豪遗燕将,[59]曰:"即墨即降,愿无虏掠吾族家妻妾,令安堵。"[60]燕将大喜,许之。燕军由此益懈。

田单乃收城中得千馀牛,为绛缯衣,[61]画以五彩龙文,[62]束兵刃于其角,[63]而灌脂束苇于尾,[64]烧其端。[65]凿城数十穴,夜纵牛,壮士五千人随其后。牛尾热,怒而奔燕军,燕军夜大惊。[66]牛尾炬火,[67]光明炫耀,[68]燕军视之,皆龙文,所触尽死伤。[69]五千人因衔枚击之,[70]

而城中鼓谯从之,〔71〕老弱皆击铜器为声,〔72〕声动天地。燕军大骇,败走。齐人遂夷杀其将骑劫。〔73〕燕军扰乱奔走,齐人追亡逐北,〔74〕所过城邑,皆畔燕而归。〔75〕

田单兵日益多,乘胜,〔76〕燕日败亡,〔77〕卒至河上,〔78〕而齐七十馀城皆复为齐。〔79〕乃迎襄王于莒,〔80〕入临菑而听政。襄王封田单,号曰安平君。〔81〕

太史公曰:兵以正合以奇胜。〔82〕善之者出奇无穷;〔83〕奇正还相生,如环之无端。〔84〕夫始如处女,適人开户;〔85〕后如脱兔,適不及距,〔86〕其田单之谓邪!〔87〕

初,〔88〕淖齿之杀湣王也,莒人求湣王子法章,得之太史嬓之家,〔89〕为人灌园。〔90〕嬓女怜而善遇之。〔91〕后法章私以情告女,〔92〕女遂与通。及莒人共立法章为齐王,以莒距燕,而太史氏女遂为后,所谓"君王后"也。

燕之初入齐,闻画邑人王蠋贤,〔93〕令军中曰:"环画邑三十里无入!"〔94〕以王蠋之故。已而使人谓蠋曰:"齐人多高子之义,〔95〕吾以子为将,封子万家。"蠋固谢。〔96〕燕人曰:"子不听,吾引三军而屠画邑!"王蠋曰:"忠臣不事二君,贞女不更二夫。〔97〕齐王不听吾谏,故退而耕于野。国既破亡,吾不能存;〔98〕今又劫之以兵为君将,〔99〕是助桀为暴也。〔100〕与其生而无义,固不如烹!"〔101〕遂经其颈于树枝,〔102〕自奋绝脰而死。〔103〕齐亡大夫闻之,〔104〕曰:"王蠋,布衣也,〔105〕义不北面于燕,〔106〕况在位食禄者乎!"〔107〕乃

相聚如莒,〔108〕求诸子,立为襄王。〔109〕

〔1〕齐诸田疏属,齐国王室的远房亲族。

〔2〕湣王,已详《范蔡列传》校释〔55〕。

〔3〕临菑,齐都,已详《项纪》校释〔403〕。市掾,管理市政的佐理人员。掾读如缘去声,参看《项纪》校释〔11〕。

〔4〕不见知,才干没有被人家注意到。

〔5〕燕使乐毅伐破齐,在燕昭王二十七年丙子岁(齐湣王十二年,公元前二八五年)。乐毅,赵之中山人,仕于魏,为魏昭王使于燕,燕昭王礼待之,即留燕为亚卿。到这时,燕昭王拜乐毅为上将军,率赵、楚、韩、魏、燕五国之兵共伐齐。齐湣王悉众拒之,战于济西,齐师大败,湣王出走,七十馀城尽降燕。燕封毅为昌国君。燕昭王死,惠王立,中齐反间,疑乐毅,毅遂降赵,赵封他为望诸君。后燕惠王悔其事,使人请他返燕,他作书谢绝。燕乃使他的儿子乐间袭封昌国君,于是他往来复通燕、赵二国都以他为客卿。他终于死在赵国。《史记》有《乐毅列传》。

〔6〕已而,后来。保莒城,退到莒城,仅求自保。莒城本春秋莒国,战国时为齐莒邑。汉置莒县于此。即今山东省莒县(莒音举)。

〔7〕长驱犹言直往,就是没有顾忌地前进。平齐,指降下七十馀城,乐毅且进入临菑。

〔8〕走安平,逃往安平。安平故城在今山东省临淄县东十九里。

〔9〕宗人,自己近房的族人。尽断其车轴末而傅铁笼,都把车轴两端过于突出的部分锯去,另用铁箍来裹住轴头。末,梢头,即突出的部分。傅,附着,即裹住。铁笼即铁箍。

〔10〕争塗,争先夺路。塗同途。

〔11〕輹折车败,车轴头撞断,车身破坏。輹音卫,车轮的轴头。

〔12〕以铁笼故得脱,因铁裹轴头的缘故(车坚易行),乃得逃脱。

〔13〕东保即墨,向东逃到了即墨。即墨已详《项纪》校释〔402〕。

〔14〕尽降齐城,指七十馀城都投降燕国。

〔15〕唯独莒、即墨不下,仅仅单剩下莒同即墨两城不降。

〔16〕淖齿杀湣王事,参看《范蔡列传》校释〔220〕、〔221〕。

〔17〕距同拒。

〔18〕即墨大夫,齐国守即墨的长官,史失其姓名。出与战,开城出去与燕军作战。

〔19〕败死,蜀本作"败卒"。

〔20〕城中相与推田单,城中人大家相互推荐田单。

〔21〕得全,能够自己保全。

〔22〕习兵,熟悉兵法。

〔23〕燕昭王名平,相传为召公奭以后第三十九君,在位三十三年(公元前三一一—前二七九年)。

〔24〕惠王,昭王子,史失名,为燕国第四十君,在位七年(公元前二七八—前二七二年)。

〔25〕有隙,有裂痕,引申为怨仇义,参看《项纪》校释〔230〕。

〔26〕城之不拔者二耳,齐城都降,没有拔取的不过两座罢了(即指莒与即墨)。

〔27〕连兵南面而王齐,结合兵力在齐地,南面称王。连是连结。南面,参看《项纪》校释〔236〕。

〔28〕待其事,言等待即墨一带的人慢慢地归附乐毅。

〔29〕唯恐他将之来,只怕别的将官前来。

〔30〕残,破灭。

〔31〕骑劫,燕将。代乐毅,接替乐毅的任务,收取他的兵权。

〔32〕乐毅被夺兵权,不敢返燕国,遂降赵。毅本赵人,故云归。

〔33〕骑劫代乐毅,燕人士卒多不服,因此大为不平。忿就是不平。

〔34〕食必祭其先祖于庭,每逢进食,必须在庭院中先祭享他们的祖先。先祖即祖先。

〔35〕因城中人每食必祭,庭院中大多有残馀的米粒,所以城外的飞鸟都聚集在城上回翔飞舞着,伺便下去啄食。

〔36〕怪之,诧怪飞鸟都翔集在城上这件事。

〔37〕当有神人为我师,田单故意造的谎语,用来镇定人心的。

〔38〕有一卒曰,臣可以为师乎,偶然有一个士卒走来说,我可以当你的师傅么?

〔39〕因反走,说完了转身就走。因,即也。

〔40〕乃起,起立接受这士卒的话。

〔41〕引还,拉这士卒回来。

〔42〕东乡坐,使这士卒面向东坐,特意尊重他。参看《陈丞相世家》校释〔153〕。

〔43〕师事之,当师傅来尊礼这士卒。

〔44〕臣欺君,诚无能也,我戏骗你,实在是没有什么本领的。

〔45〕子勿言也,你不要说啊!嘱他不必说穿。

〔46〕约束,号令。

〔47〕必称神师,一定说是神师的主意。

〔48〕唯惧燕军之劓所得齐卒置之前行与我战,只怕燕军把俘获的齐卒割去鼻子,摆在最前线来跟我作战。劓读如疑去声,割鼻之刑。置之前行,摆在最前的行列中。行音杭。

〔49〕坚守唯恐见得,坚决地牢守城池,只怕被敌人俘虏去。

〔50〕僇先人,糟蹋祖先。僇,辱也。

〔51〕可为寒心,言正可为此掘墓的事情担心害怕。时时刻刻提心吊胆,好像有件冷东西压在心头的样子叫做寒心。

〔52〕垄墓即冢墓。因其高大,叫做"冢";因其隆起,叫做"垄"

或"坟"。

〔53〕俱欲出战之"俱",蜀本、黄本、百衲本、汲古本都作"其",不可解;《通鉴》作"共",该是对的。

〔54〕身操版插,亲自拿着修建的工具。版插,建筑用具,版是筑墙用的;插是掘土用的。

〔55〕行伍,军队的编制。

〔56〕令甲卒皆伏,使披甲的战士都藏起来。

〔57〕乘城,登上城头守望。乘,登也。

〔58〕溢通镒,百衲本、汲古本正作"镒"。

〔59〕遗燕将,送给燕国的将帅。当是指的骑劫。

〔60〕安堵犹安顿,言安稳得像墙堵那样。按《史记·高祖纪》作"案堵",《汉书·高祖纪》作"按堵",应劭说:"按,次第也。"那么有维持原有秩序的意义。

〔61〕绛缯衣,大红色的薄绢所制成的被服。

〔62〕画以五彩龙文,画着五颜六色的蛟龙的形状。

〔63〕束兵刃于其角,把锋快的兵器缚在牛角上。

〔64〕灌脂束苇于尾,把灌着油脂的干苇缚在牛尾上。

〔65〕烧其端,点火在束苇的梢头。

〔66〕夜大惊,夜间不辨何物,因而怪骇大惊。

〔67〕牛尾炬火,牛尾上缚着的束苇点成了巨大的火把。

〔68〕炫燿,闪动之状。

〔69〕所触尽死伤,碰到这怪物的都受到死伤。

〔70〕五千人因衔枚击之,五千个战士趁这当儿跟在后面冲击燕军。因,乘也。衔枚,古代行军时一种约束喧哗的办法。枚是像筷子一样的东西,横衔在口中,两端用小绳子结在脖子的后面。这样,就彼此没有声息,便利于急速前进。之字指燕军。

〔71〕城中鼓噪从之，城中的馀兵群聚呼喊，跟随在后面。鼓是鼓动，百衲本作"皷"。之字指五千人。

〔72〕老弱皆击铜器为声，不能跟随出去的老弱之人都把家裏的铜器敲击助威。

〔73〕夷杀其将骑劫，扫平敌人，把他们的主将也杀了。夷，平也。

〔74〕追亡逐北，追赶逃跑的敌人。亡是逃亡。北是败走。

〔75〕皆畔燕而归，都脱离了燕国的镇压，复归齐国。畔，离也。通作"叛"。

〔76〕乘胜，占着战胜的威势。

〔77〕日败亡，一天一天地打败和逃散。

〔78〕卒至河上，终于退到了河上。河上，当时齐国的北界。

〔79〕皆复为齐，都复为齐国所有，与上面"皆畔燕而归"相应。

〔80〕襄王名法章，湣王子，为田齐第六君，在位十九年（公元前二八三—二六五年）。淖齿杀湣王，莒人求得法章，立以为王。田单既复齐，乃迎襄王于莒。

〔81〕田单初起于安平，故以安平君为封号。

〔82〕兵以正合以奇胜，言攻战必以正兵当敌，以奇兵制胜。合犹抵挡。奇谓权诈。

〔83〕善之者出奇无穷，言善于用兵的自能层出不穷地使用权诈。兵不厌诈，故云善之。

〔84〕奇正还相生，如环之无端，言因正生奇，因奇生正，使敌人不可捉摸，像一个环那样地寻不出接头的地方。还音旋。以上"兵以正合"至此语，本出《孙子·兵势篇》而文字稍有不同。

〔85〕始如处女，適人开户，言用兵之始，好像处女那样的怯弱，敌人存轻侮之心，敞开着门户而不加防备的。適读如敌（编者按：繁体作"敵"），下同。

〔86〕后如脱兔,適不及距,言得势之后,好像兔子脱走那样的迅速,敌人来不及防御它。距同拒,是抵御。以上二语,见《孙子·九地篇》。

〔87〕其田单之谓邪,谓田单正合孙子所说的奇正相生和静若处女,动若脱兔等道理。邪,语末助词,表疑问、反诘或感叹,通作"耶"。此处有决定意,用与"也"同。

〔88〕初,追溯之辞,提叙从前的事情时,多用它。以下两段,即论赞中连带补叙他事的实例。

〔89〕太史,姓;嫩,名。嫩一作敽,音缴。

〔90〕为人灌园,给人家浇灌田园。法章就在太史嫩家里灌园种菜。

〔91〕怜而善遇之,哀怜法章的辛苦而好好地待他。

〔92〕私以情告女,暗地里把他的实情告知太史嫩的女儿。

〔93〕画(音获,编者按:繁体作"畫"),齐邑,在临淄西北三十里,因漼水得名。蠋音触。

〔94〕环画邑三十里无入,在画邑周围的三十里以内不许进入。

〔95〕多高子之义,多数人看重你的行为。高,尊重。义,品行。

〔96〕固谢,坚决谢绝。

〔97〕忠臣不事二君,贞女不更二夫,当时流传的成语,王蠋引来拒绝燕将。

〔98〕吾不能存,吾不能使祖国复存。

〔99〕劫之以兵为君将,把兵力来威胁我做你的将官。之字指王蠋自己。

〔100〕助桀为暴也是当时的成语,说的是以恶济恶。后世多用"助纣为虐"喻帮凶,其意正与此同。

〔101〕与其生而无义,固不如烹,假使活着而干这不义之事,倒不如接受烹杀之刑的好。与其,比较连词,与不如相应。

〔102〕经,缠缚。

〔103〕自奋绝脰而死,自己用力挣扎,把脖子捩断而死。脰音豆,颈项。

〔104〕亡大夫,逃亡在外的诸大夫。

〔105〕布衣,没有受过公家爵禄的人。

〔106〕义不北面于燕,守义不肯屈节于敌国。北面,臣服之意。

〔107〕况在位食禄者乎,何况是在官位食俸禄的人么! 这是逃亡大夫的自愧之辞,正与守正义的布衣对照。

〔108〕如,前往。

〔109〕求诸子,访求湣王的后人。竟得法章,乃立之,是为襄王。

刺客列传[1]

曹沫者,[2]鲁人也,以勇力事鲁庄公。[3]庄公好力。[4]曹沫为鲁将,与齐战,三败北。[5]鲁庄公惧,乃献遂邑之地以和,[6]犹复以为将。[7]

齐桓公许与鲁会于柯而盟。[8]桓公与庄公既盟于坛上,曹沫执匕首劫齐桓公。[9]桓公左右莫敢动,而问曰:"子将何欲?"曹沫曰:"齐强鲁弱,而大国侵鲁亦以甚矣。[10]今鲁城坏即压齐境,[11]君其图之!"[12]桓公乃许尽归鲁之侵地。[13]既已言,曹沫投其匕首,[14]下坛,北面就群臣之位,颜色不变,辞令如故。[15]桓公怒,欲倍其约。[16]管仲曰:[17]"不可!夫贪小利以自快,弃信于诸侯,失天下之援,不如与之!"[18]于是桓公乃遂割鲁侵地,曹沫三战所亡地,[19]尽复予鲁。

其后百六十有七年而吴有专诸之事。[20]

专诸者,吴堂邑人也。[21]伍子胥之亡楚而如吴也,[22]知专诸之能。伍子胥既见吴王僚,[23]说以伐楚之利,[24]吴公子光曰:[25]"彼伍员父兄皆死于楚而员言伐楚,欲自为报私仇也,非能为吴。"吴王乃止。伍子胥知公子光之欲杀吴王僚,乃曰:"彼光将有内志,未可说以外事。"[26]乃进专诸于公子光。[27]

光之父曰吴王诸樊。[28]诸樊弟三人:次曰馀祭,[29]次曰夷昧,[30]次曰季子札。[31]诸樊知季子札贤而不立太子,以次传三弟,欲卒致国于季子札。[32]诸樊既死,传馀祭。馀祭死,传夷昧。夷昧死,当传季子札;季子札逃不肯立,[33]吴人乃立夷昧之子僚为王。公子光曰:"使以兄弟次邪,季子当立;[34]必以子乎,则光真適嗣,当立。"[35]故尝阴养谋臣以求立。[36]

光既得专诸,善客待之。[37]九年而楚平王死。[38]春,吴王僚欲因楚丧,[39]使其二弟公子盖馀、属庸将兵围楚之灊;[40]使延陵季子于晋,以观诸侯之变。[41]楚发兵绝吴将盖馀、属庸路,吴兵不得还。于是公子光谓专诸曰:"此时不可失,不求何获![42]且光真王嗣,当立,季子虽来,不吾废也。"[43]专诸曰:"王僚可杀也!母老子弱,而两弟将兵伐楚,楚绝其后。方今吴外困于楚,而内空无骨鲠之臣,是无如我何。"[44]公子光顿首曰:[45]"光之身,子之身也。"[46]四月丙子,[47]光伏甲士于窟室中,[48]而具酒请王僚。王僚使兵陈自宫至光之家,[49]门户阶陛左右,皆王僚之亲戚也。[50]夹立侍,[51]皆持长铍。[52]酒既酣,[53]公子光详为足疾,[54]入窟室中,使专诸置匕首鱼炙之腹中而进之。[55]既至王前,专诸擘鱼,[56]因以匕首刺王僚,王僚立死。左右亦杀专诸,王人扰乱。[57]公子光出其伏甲以攻王僚之徒,尽灭之,遂自立为王,是为阖闾。[58]阖闾乃封专诸之子以为上卿。[59]

其后七十馀年而晋有豫让之事。

豫让者,[60]晋人也,故尝事范氏及中行氏,[61]而无所知名。[62]去而事智伯,[63]智伯甚尊宠之。及智伯伐赵襄子,[64]赵襄子与韩、魏合谋灭智伯,[65]灭智伯之后而三分其地。[66]赵襄子最怨智伯,[67]漆其头以为饮器。[68]豫让遁逃山中,曰:"嗟乎!士为知己者死,女为说己者容。[69]今智伯知我,我必为报仇而死,以报智伯,[70]则吾魂魄不愧矣!"[71]乃变名姓为刑人,[72]入宫涂厕,[73]中挟匕首,[74]欲以刺襄子。襄子如厕,心动,执问涂厕之刑人,则豫让,内持刀兵,[75]曰:"欲为智伯报仇!"左右欲诛之。襄子曰:"彼义人也,吾谨避之耳。且智伯亡无后,而其臣欲为报仇,此天下之贤人也。"卒醳去之。[76]

居顷之,豫让又漆身为厉,[77]吞炭为哑,[78]使形状不可知。行乞于市,其妻不识也。行见其友,其友识之,曰:"汝非豫让邪?"曰:"我是也。"其友为泣曰:"以子之才,委质而臣事襄子,[79]襄子必近幸子。[80]近幸子,乃为所欲,顾不易邪![81]何乃残身苦形,欲以求报襄子,不亦难乎!"豫让曰:"既已委质臣事人,而求杀之,是怀二心以事其君也。且吾所为者极难耳![82]然所以为此者,将以愧天下后世之为人臣怀二心以事其君者也。"既去,顷之,襄子当出,豫让伏于所当过之桥下。襄子至桥,马惊,襄子曰:"此必是豫让也。"使人问之,果豫让也。于是襄子乃数豫让曰:〔83〕"子不尝事范、中行氏乎,智伯尽灭之,而子不为报仇,而反委质臣于智伯;智伯亦已死矣,而子独何以为之报仇之深也?"〔84〕豫让曰:"臣事范、中行氏,范、中行氏皆众人遇我,我故众人报之。至于智伯,国士遇我,我故国士报之。"〔85〕襄子喟然叹息而泣曰:〔86〕"嗟乎,豫子!子之为智伯,名既成矣,而寡人赦子亦已足矣!〔87〕子其自为计,寡人不复释子!"〔88〕使兵围之。豫让曰:"臣闻明主不掩人之美,而忠臣有死名之义。〔89〕前君已宽赦臣,天下莫不称君之贤。今日之事,臣固伏诛,〔90〕然愿请君之衣而击之焉,以致报仇之意,〔91〕则虽死不恨,非所敢望也,敢布腹心!"〔92〕于是襄子大义之,〔93〕乃使使持衣与豫让。豫让拔剑三跃而击之,〔94〕曰:"吾可以下报智伯矣!"〔95〕遂伏剑自杀。〔96〕死之日,赵国志士闻之,〔97〕皆为涕泣。

其后四十馀年而轵有聂政之事。〔98〕

聂政者,〔99〕轵深井里人也。〔100〕杀人避仇,与母、姊如齐,以屠为事。〔101〕久之,濮阳严仲子事韩哀侯,〔102〕与韩相侠累有卻。〔103〕严仲子恐诛,亡去,游求人可以报侠累者。〔104〕至齐,齐人或言聂政勇敢士也,避仇隐于屠者之间。严仲子至门请,〔105〕数反,〔106〕然后具酒自畅聂政母前。〔107〕酒酣,严仲子奉黄金百溢,〔108〕前为聂政母寿。聂政惊怪其厚,固谢严仲子。严仲子固进,而聂政谢曰:"臣幸有老母,家贫,客游以为狗屠,可以旦夕得甘毳以养亲;[109]亲供养备,不敢当仲子之赐。"[110]严仲子辟人,[111]因为聂政言曰:"臣有仇,而行游诸侯众矣;[112]然至齐,窃闻足下义甚高,[113]故进百金者,将用为大人麤粝之费,[114]得以交足下之驩,[115]岂敢以有求望邪!"[116]聂政曰:"臣所以降志辱身居市井屠者,徒幸以养老母;老母在,政身未敢以许人也。"严仲子固让,聂政竟不肯受也。然严仲子卒备宾主之礼而去。[117]

久之,聂政母死,既已葬,除服。[118]聂政曰:"嗟乎!政乃市井之人,鼓刀以屠,[119]而严仲子乃诸侯之卿相也,不远千里,枉车骑而交臣。[120]臣之所以待之,至浅鲜矣,[121]未有大功可以称者,[122]而严仲子奉百金为亲寿,我虽不受,然是者徒深知政也。[123]夫贤者以感忿睚眦之意,而亲信穷僻之人,[124]而政独安得嘿然而已乎![125]且前日要政,[126]政徒以老母;[127]老母今以天年终,政将为知己者用。"乃遂西至濮阳,见严仲子,曰:"前日所以不许仲子者,徒以亲在;今不幸而母以天年终。仲子所欲报仇者为谁?请得从事焉!"[128]严仲子具告曰:[129]"臣之仇,韩相侠累,侠累又韩君之季父也,宗族盛多,居处兵卫甚设。[130]臣欲使人刺之众,[131]终莫能就。[132]今足下幸而不弃,[133]请益其车骑壮士可为足下辅翼者。"[134]聂政曰:"韩之与卫,相去中间不甚远,[135]今杀人之相,相又国君之亲,此其势不可以多人；[136]多人不能无生得失，[137]生得失则语泄。[138]语泄，是韩举国而与仲子为仇，岂不殆哉！"[139]遂谢车骑人徒，[140]聂政乃辞。[141]独行杖剑至韩。[142]韩相侠累方坐府上，持兵戟而卫侍者甚众。聂政直入，上阶刺杀侠累，左右大乱。聂政大呼，所击杀者数十人。因自皮面决眼，[143]自屠出肠，[144]遂以死。

韩取聂政尸暴于市，[145]购问莫知谁子。[146]于是韩购县之，[147]"有能言杀相侠累者予千金"。久之莫知也。政姊荣闻人有刺杀韩相者，[148]贼不得，[149]国不知其名姓，[150]暴其尸而县之千金，乃於邑曰：[151]"其是吾弟与？[152]嗟乎！严仲子知吾弟！"[153]立起如韩之市，而死者果政也。伏尸哭极哀，曰："是轵深井里所谓聂政者也。"市行者诸众人皆曰：[154]"此人暴虐吾国相，[155]王县购其名姓千金，夫人不闻与？何敢来识之也？"[156]荣应之曰："闻之。然政所以蒙污辱自弃于市贩之间者，为老母幸无恙，[157]妾未嫁也。亲既以天年下世，[158]妾已嫁夫，严仲子乃察举吾弟困污之中而交之，[159]泽厚矣，可奈何！[160]士固为知己者死，今乃以妾尚在之故，重自刑以绝从，[161]妾其奈何畏殁身之诛，终灭贤弟之名！"[162]大惊韩市人。乃大呼天者三，卒於邑悲哀而死政之旁。晋、楚、齐、卫闻之，皆曰："非独政能也，乃其姊亦烈女也。"乡使政诚知其姊无濡忍之志，[163]不重暴骸之难，[164]必绝险千里以列其名，[165]姊弟俱僇于韩市者，[166]亦未必敢以身许严仲子也。严仲子亦可谓知人能得士矣！[167]

其后二百二十馀年，秦有荆轲之事。[168]

荆轲者，[169]卫人也，其先乃齐人。徙于卫，卫人谓之庆卿。[170]而之燕，[171]燕人谓之荆卿。荆卿好读书击剑，[172]以术说卫元君，[173]卫元君不用。其后秦伐魏，置东郡，[174]徙卫元君之支属于野王。[175]荆轲尝游过榆次，[176]与盖聂论剑。[177]盖聂怒而目之，[178]荆轲出。人或言复召荆卿，[179]盖聂曰："曩者吾与论剑，有不称者，[180]吾目之。试往，是宜去，不敢留。"[181]使使往之主人，[182]荆卿则已驾而去榆次矣。[183]使者还报，盖聂曰："固去也！吾曩者目摄之。"[184]荆轲游于邯郸，鲁句践与荆轲博，[185]争道，[186]鲁句践怒而叱之，荆轲嘿而逃去，遂不复会。

荆轲既至燕，爱燕之狗屠及善击筑者高渐离。[187]荆轲嗜酒，日与狗屠及高渐离饮于燕市，酒酣以往，[188]高渐离击筑，荆轲和而歌于市中，相乐也。[189]已而相泣，旁若无人者。[190]荆轲虽游于酒人乎，然其为人沈深好书；[191]其所游诸侯，尽与其贤豪长者相结。[192]其之燕，燕之处士田光先生亦善待之，[193]知其非庸人也。[194]

居顷之，会燕太子丹质秦亡归燕。[195]燕太子丹者，故尝质于赵，而秦王政生于赵，其少时与丹驩。及政立为秦王，而丹质于秦。秦王之遇燕太子丹不善，[196]故丹怨而亡归。归而求为报秦王者,国小,力不能。其后秦日出兵山东以伐齐、楚、三晋,稍蚕食诸侯,[197]且至于燕。[198]燕君臣皆恐祸之至。太子丹患之,问其傅鞠武。[199]武对曰:"秦地遍天下,威胁韩、魏、赵氏,北有甘泉、谷口之固,南有泾、渭之沃,擅巴、汉之饶,右陇、蜀之山,左关、殽之险,[200]民众而士厉,[201]兵革有馀。[202]意有所出,[203]则长城之南,易水以北,未有所定也。[204]奈何以见陵之怨,欲批其逆鳞哉!"[205]丹曰:"然则何由?"[206]对曰:"请入图之!"[207]居有间,秦将樊於期得罪于秦王,亡之燕,太子受而舍之。[208]鞠武谏曰:"不可!夫以秦王之暴,而积怒于燕,足为寒心,又况闻樊将军之所在乎!是谓'委肉当饿虎之蹊'也,[209]祸必不振矣![210]虽有管、晏,不能为之谋也。[211]愿太子疾遣樊将军入匈奴以灭口。[212]请西约三晋,南连齐、楚,北购于单于,[213]其后迺可图也。"[214]太子曰:"太傅之计,旷日弥久,[215]心惽然,[216]恐不能须臾。[217]且非独于此也,[218]夫樊将军穷困于天下,归身于丹,丹终不以迫于强秦而弃所哀怜之交,置之匈奴,是固丹命卒之时也。[219]愿太傅更虑之!"[220]鞠武曰:"夫行危欲求安,造祸而求福,计浅而怨深,连结一人之后交,[221]不顾国家之大害,此所谓资怨而助祸矣。[222]夫以鸿毛燎于炉炭之上,必无事矣。[223]且以雕鸷之秦,行怨暴之怒,岂足道哉![224]燕有田光先生,其为人智深而勇沉,可与谋。"太子曰:"愿因太傅而得交于田先生,可乎?"鞠武曰:"敬诺。"出见田先生,道"太子愿图国事于先生也"。田光曰:"敬奉教。"乃造焉。[225]太子逢迎,卻行为导,跪而蔽席。[226]田光坐定,左右无人,太子避席而请曰:[227]"燕、秦不两立,[228]愿先生留意也!"[229]田光曰:"臣闻'骐骥盛壮之时,一日而驰千里;至其衰老,驽马先之。'[230]今太子闻光盛状之时,[231]不知臣精已消亡矣![232]虽然光不敢以图国事,所善荆卿可使也。"[233]太子曰:"愿因先生得结交于荆卿,可乎?"田光曰:"敬诺。"即起趋出。太子送至门,戒曰:[234]"丹所报,先生所言者,[235]国之大事也,愿先生勿泄也!"田光俛而笑,[236]曰:"诺。"偻行见荆卿,[237]曰:"光与子相善,燕国莫不知。今太子闻光壮盛之时,不知吾形已不逮也,[238]幸而教之曰:'燕、秦不两立,愿先生留意也。'光窃不自外,[239]言足下于太子也,[240]愿足下过太子于宫。"荆轲曰:"谨奉教。"田光曰:"吾闻之,长者为行,不使人疑之。[241]今太子告光曰:'所言者国之大事也,愿先生勿泄。'是太子疑光也。夫为行而使人疑之,非节侠也。"[242]欲自杀以激荆卿,曰:"愿足下急过太子,言光已死,明不言也。"因遂自刎而死。

　　荆轲遂见太子,言田光已死,致光之言。[243]太子再拜而跪,膝行流涕,[244]有顷而后言曰:[245]"丹所以诫田先生毋言者,[246]欲以成大事之谋也。今田先生以死明不言,岂丹之心哉!"荆轲坐定,太子避席顿首曰:"田先生不知丹之不肖,[247]使得至前,敢有所道,[248]此天之所以哀燕而不弃其孤也。[249]今秦有贪利之心,而欲不可足也。[250]非尽天下之地，臣海内之王者，其意不厌。[251]今秦已虏韩王，尽纳其地。[252]又举兵南伐楚，北临赵；[253]王翦将数十万之众距漳、邺，[254]而李信出太原、云中。[255]赵不能支秦，必入臣，[256]入臣则祸至燕。燕小弱，数困于兵，[257]今计举国不足以当秦。[258]诸侯服秦，莫敢合从。[259]丹之私计，[260]愚以为诚得天下之勇士使于秦，阚以重利；[261]秦王贪，其势必得所愿矣。[262]诚得劫秦王，使悉反诸侯侵地，若曹沫之与齐桓公，则大善矣。则不可，[263]因而刺杀之。彼秦大将擅兵于外而内有乱，[264]则君臣相疑，以其间诸侯得合从，[265]其破秦必矣。此丹之上愿，[266]而不知所委命，[267]惟荆卿留意焉！"[268]久之，荆轲曰："此国之大事也，臣驽下，[269]恐不足任使。"[270]太子前顿首，固请毋让，[271]然后许诺。于是尊荆卿为上卿，舍上舍。[272]太子日造门下，[273]供太牢具，[274]异物间进，[275]车骑美女恣荆轲所欲，[276]以顺适其意。

　　久之，荆轲未有行意。[277]秦将王翦破赵，虏赵王，[278]尽收入其地，进兵北略地至燕南界。太子丹恐惧，乃请荆轲曰："秦兵旦暮渡易水，[279]则虽欲长侍足下，[280]岂可得哉！"荆轲曰："微太子言，臣愿谒之。[281]今行而毋信，[282]则秦未可亲也。夫樊将军，秦王购之金千斤，邑万家。诚得樊将军首与燕督亢之地图，[283]奉献秦王，秦王必说见臣，[284]臣乃得有以报。"[285]太子曰："樊将军穷困来归丹，丹不忍以己之私而伤长者之意，愿足下更虑之！"荆轲知太子不忍，乃遂私见樊於期，[286]曰："秦之遇将军可谓深矣，[287]父母宗族皆为戮没。[288]今闻购将军首金千斤，邑万家，将奈何？"於期仰天太息流涕曰：[289]"於期每念之，[290]常痛于骨髓，[291]顾计不知所出耳！"[292]荆轲曰："今有一言可以解燕国之患，报将军之仇者，何如？"於期乃前曰：[293]"为之奈何？"荆轲曰："愿得将军之首以献秦王，秦王必喜而见臣，臣左手把其袖，右手揕其匈，[294]然则将军之仇报，而燕见陵之愧除矣。[295]将军岂有意乎？"[296]樊於期偏袒搤捥而进曰：[297]"此臣之日夜切齿腐心也，[298]乃今得闻教！"[299]遂自刭。太子闻之，驰往，伏尸而哭，极哀。既已不可奈何，乃遂盛樊於期首，函封之。[300]

于是太子豫求天下之利匕首，[301]得赵人徐夫人匕首，[302]取之百金，使工以药淬之。[303]以试人，血濡缕，人无不立死者。[304]乃装为遣荆卿。[305]燕国有勇士秦舞阳，年十三，杀人，人不敢忤视。[306]乃令秦舞阳为副。[307]荆轲有所待，欲与俱；[308]其人居远未来，而为治行。[309]顷之，未发。[310]太子迟之，[311]疑其改悔，乃复请曰："日已尽矣，荆卿岂有意哉？[312]丹请得先遣秦舞阳。"荆轲怒叱太子曰："何太子之遣，往而不反者，竖子也！[313]且提一匕首入不测之彊秦，[314]仆所以留者，待吾客与俱，今太子迟之，请辞决矣！"[315]遂发。太子及宾客知其事者，皆白衣冠以送之。[316]至易水之上，既祖，取道，[317]高渐离击筑，荆轲和而歌，为变徵之声，[318]士皆垂泪涕泣。又前而为歌曰："风

327

萧萧兮易水寒,壮士一去兮不复还!"[319]复为羽声忼慨,[320]士皆瞋目,[321]发尽上指冠。[322]于是荆轲就车而去,终已不顾。[323]

遂至秦,持千金之资币物,厚遗秦王宠臣中庶子蒙嘉。[324]嘉为先言于秦王曰:[325]"燕王诚振怖大王之威,[326]不敢举兵以逆军吏,[327]愿举国为内臣,比诸侯之列,[328]给贡职如郡县,[329]而得奉守先王之宗庙。恐惧不敢自陈,[330]谨斩樊於期之头,及献燕督亢之地图,函封,燕王拜送于庭,使使以闻大王,[331]惟大王命之!"[332]秦王闻之大喜,乃朝服设九宾,[333]见燕使者咸阳宫。[334]荆轲奉樊於期头函,而秦舞阳奉地图匣,[335]以次进。[336]至陛,秦舞阳色变振恐,群臣怪之。荆轲顾笑舞阳,[337]前谢曰:[338]"北蕃蛮夷之鄙人,[339]未尝见天子,故振慑。[340]愿大王少假借之,[341]使得毕使于前!"[342]秦王谓轲曰:"取舞阳所持地图。"轲既取图奏之,[343]秦王发图,[344]图穷而匕首见。[345]因左手把秦王之袖,而右手持匕首揕之。[346]未至身,秦王惊,自引而起,袖绝。[347]拔剑,剑长,操其室。[348]时惶急,剑坚,故不可立拔。[349]荆轲逐秦王,[350]秦王环柱而走。群臣皆愕,[351]卒起不意,尽失其度。[352]而秦法,群臣侍殿上者不得持尺寸之兵;[353]诸郎中执兵皆陈殿下,非有诏召不得上。[354]方急时,不及召下兵,以故荆轲乃逐秦王,而卒惶急无以击轲,[355]而以手共搏之。[356]是时,侍医夏无且以其所奉药囊提荆轲也。[357]秦王方环柱走,卒惶急不知所为,左右乃曰:"王负剑!"[358]负剑,遂拔以击荆轲,断其左股。[359]荆轲废,[360]乃引其匕首以擿秦王。[361]不中,中桐柱。[362]秦王复击轲,轲被八创。[363]轲自知事不就,[364]倚柱而笑,箕踞以骂曰:[365]"事所以不成者,以欲生劫之,必得约契以报太子也。"[366]于是左右既前杀轲,[367]秦王不怡者良久。[368]已而论功,[369]赏群臣及当坐者各有差,[370]而赐夏无且黄金二百溢,[371]曰:"无且爱我,乃以药囊提荆轲也。"

于是秦王大怒,益发兵诣赵,诏王翦军以伐燕。十月而拔蓟城。[372]燕王喜、太子丹等尽率其精兵东保于辽东。[373]秦将李信追击燕王急,代王嘉乃遗燕王喜书曰:[374]"秦所以尤追燕急者,以太子丹故也。今王诚杀丹献之秦王,秦王必解,[375]而社稷幸得血食。"[376]其后李信追丹,丹匿衍水中,[377]燕王乃使使斩太子丹,欲献之秦。[378]秦复进兵攻之。后五年,[379]秦卒灭燕,虏燕王喜。其明年,秦并天下,立号为皇帝。

于是秦逐太子丹、荆轲之客,[380]皆亡。[381]高渐离变名姓为人庸保,[382]匿作于宋子。[383]久之,作苦,[384]闻其家堂上客击筑,傍惶不能去。[385]每出言曰:[386]"彼有善不善。"[387]从者以告其主,[388]曰:"彼庸乃知音,窃言是非。"[389]家丈人召使前击筑,[390]一坐称善,赐酒。而高渐离念久隐畏约无穷时,[391]乃退,出其装匣中筑与其善衣,[392]更容貌而前。[393]举坐客皆惊,下与抗礼,[394]以为上客。使击筑而歌,客无不流涕而去者。宋子传客之,[395]闻于秦始皇。秦始皇召见,人有识者,乃曰:"高渐离也。"秦皇帝惜其善击筑,[396]重赦之,[397]乃矐其目。[398]使击筑,未尝不称善。稍益近之,高渐离乃以铅置筑中,[399]复进得近,举筑朴秦皇帝,[400]不中。于是遂诛高渐离,终身不复近诸侯之人。

鲁句践已闻荆轲之刺秦王,私曰:"嗟乎!惜哉其不讲于刺剑之术也![401]甚矣吾不知人也![402]曩者吾叱之,彼乃以我为非人也!"[403]

太史公曰:世言荆轲,其称太子丹之命,[404]"天雨粟,马生角"也,[405]太过。[406]又言荆轲伤秦王,皆非也。[407]始公孙季功、董生与夏无且游,[408]具知其事,为余道之如是。[409]自曹沫至荆轲五人,此其义或成或不成,[410]然其立意较然,不欺其志,[411]名垂后世,岂妄也哉![412]

〔1〕暗藏兵器,乘人不备而行刺的,叫刺客。刺字从束,与从朿的"刺"音辣者不同。蜀本、百衲本都讹作"刺"。以下都如此。这篇记着五件刺客的故事,正是以类相从的"类传"的一个例。

〔2〕曹沫(音末),《左传》和《穀梁传》都作曹刿(音蹶),《吕氏春秋》作曹翙(音快),蜀本、会注本都作曹沫(音妹)。《战国策·齐策》正作沫,太史公采的《齐策》,故作曹沫。

〔3〕鲁庄公名同,鲁国第十七君,在位三十二年(公元前六九三—前六六二年)。

〔4〕好力,喜欢勇力之士。

〔5〕三败北,三次打败逃跑。北,背也,引申为转身逃走。

〔6〕遂邑本舜后之国,非鲁邑。庄公十三年(公元前六八一年),齐桓公会北杏,遂人不至,齐人灭遂而戍之,见《左传》。与此所说不同。

〔7〕犹复以为将,还是仍旧叫他做将领。

〔8〕柯之会亦在鲁庄公十三年。柯,齐邑,即今山东省阳谷县东北五十里的阿城镇。

〔9〕匕首,短剑,因其尖端像匕(音批,像汤匙那样的食器),故名。劫,强制。

〔10〕亦以甚矣,也已太过分了。以通已。

〔11〕城坏即压齐境,言齐侵占鲁地已甚,鲁边城将无郊,若城垣塌坏便接连齐国的境界了。压,迫近。

〔12〕君其图之,犹言你且想想罢。此有劫制的语气,非祈请语。

〔13〕尽归鲁之侵地,把鲁国被侵略的地方都还给鲁国。后面的"割鲁侵地"意亦同,不是说鲁国侵略了人家的地方。

〔14〕投其匕首,丢下了短剑。

〔15〕辞令如故,照常从从容容地说他外交上应有的言辞。辞令,漂亮的谈话。

〔16〕倍同背。倍其约,赖掉所许的诺言。

〔17〕管仲,齐桓公的贤相。桓公所有的功业,都是他襄赞成功的。《史记》有《管晏列传》,与晏婴的事迹同载一篇。

〔18〕不如与之,估量以后的结论,犹言不如给他的好。自快,蜀本讹作"自怏"。

〔19〕曹沫三战所亡地,插语,是解释上面"割鲁侵地"的。亡,失也。

〔20〕专诸,《左传》作鱄设诸。别的书上也有作鲗诸的。曹沫劫盟

在鲁庄公十三年(公元前六八一年),专诸刺王僚在鲁昭公二十七年(公元前五一五年),故云其后百六十有七年而吴有专诸之事。

〔21〕专诸者,蜀本、百衲本、黄善夫本、汲古本都提行书。此本和会注本都连书不提行。堂邑本楚之棠邑,后属吴,故城在今江苏省六合县北。

〔22〕伍子胥名员(音云),楚人。父奢兄尚为楚平王所杀,他逃往吴国,故云亡楚如吴。亡,逃开。如,前往。后来导吴破楚,把平王的尸首掘出来,鞭打三百,用以泄愤。及申包胥复楚,子胥留相吴王两世,终为伯嚭所谗,夫差赐剑令他自杀。《史记》有《伍子胥列传》。

〔23〕吴王僚,号州于,吴国第二十三君,在位十二年(公元前五二六—前五一五年)。僚,百衲本讹作"潦",以下都如此。

〔24〕说以伐楚之利,用伐楚的利益来游说王僚。说音税。

〔25〕公子光即吴王阖闾,详见后。

〔26〕内志,指在国内有夺位之念。外事,指对外有伐楚之事。

〔27〕进,引荐。

〔28〕诸樊名遏,吴王寿梦之子,为吴国第二十君,在位十三年(公元前五六〇—前五四八年)。

〔29〕馀祭(音瘵)名戴吴,吴国第二十一君,在位四年(公元前五四七—前五四四年)。

〔30〕夷眛(音末)一作夷末,亦作馀眛,吴国第二十二君,在位十七年,(公元前五四三—前五二七年)。眛,蜀本、百衲本、黄本、汲古本都讹作"昧"。

〔31〕季子札即延陵季子。参看《范蔡列传》校释〔495〕。

〔32〕以次传三弟,依照次序,递传给三个弟弟。欲卒致国于季子札,要想终于把吴国传到季子的手里。致国,把国君的位子传给他。

〔33〕逃不肯立,逃避远去,不肯接受王位。

〔34〕使以兄弟次邪,季子当立,假使依照兄弟的次序来说罢,那么季子应该立为王。

〔35〕必以子乎,则光真適嗣,当立,一定要立儿子罢,那么我是真正的嫡子(正妻所生的长子),应该立为王。適同嫡。嗣,子嗣。

〔36〕尝阴养谋臣以求立,经常暗养着有智谋的人帮他图谋取得王位。尝通常。

〔37〕善客待之,好好地当上客来款待专诸。

〔38〕九年而楚平王死,公子光得专诸后九年,楚平王死。楚平王名弃疾,后更名居,为楚国第二十七君,在位十三年(公元前五二八—前五一六年)。

〔39〕因楚丧,趁楚国有大丧(国王死,叫大丧)。

〔40〕盖馀,《左传》作掩馀。属庸之"属"音烛。灊音潜,楚邑。汉置灊县。南北朝梁时置霍州于此。隋改置霍山县,灊县遂废。故城在今安徽省霍山县东北三十里。蜀本、百衲本、黄本、汲古本"灊"都讹作"潜"。

〔41〕以观诸侯之变,观察诸侯的动静(对吴伐楚的反应如何)。

〔42〕不求何获,不争取,哪里会获得呢!

〔43〕季子虽来,不吾废也,季子虽归来,也不会废掉我的。不吾废,犹不废我。

〔44〕内空无骨鲠之臣,左右空空然没有一个正直的人。内空喻左右无人。骨鲠喻正直敢言。是无如我何,这样就不能奈何我们了。是字顶"母老子弱……无骨鲠之臣"说,正因"无如我何",所以开头就说"王僚可杀也"。

〔45〕顿首就是磕头。

〔46〕光之身,子之身也,我的身体就是你的身体。意即你身后之事一切由我担当。

〔47〕丙子,古代纪日子用干支。四月丙子,就是那年四月的丙子日。

〔48〕窟室,地下的秘密建筑。一说,就是空屋。窟,空也。

〔49〕使兵陈自宫至光之家,派保卫的兵队从王宫直排到公子光的家中。陈,排列。

〔50〕门户阶陛左右,皆王僚之亲戚也,凡排列在公子光家出入要道旁边的都是王僚的亲信之人。陛音避,登上殿堂的高台阶。《左传》作"门阶户席,皆王亲也",《吴太伯世家》作"门阶户席,皆王僚之亲也",都无"戚"字。那么亲就是亲信的人,不一定都是戚属了。

〔51〕夹立侍,夹道排班站立着。

〔52〕长铍,装有长柄的两刃刀。铍音披,两面有锋刃的小刀。

〔53〕饮酒恰到畅适,还没大醉的当儿,叫酣(音邯)。

〔54〕详为足疾,假装脚有毛病。详通佯。

〔55〕鱼炙,煮熟的整鱼。炙音只,烝烤。进之,献于王僚。

〔56〕擘音辟,拆开。

〔57〕王人扰乱,王僚随带的兵员纷起骚动。

〔58〕是为阖闾,这就是阖闾。阖闾,吴国第二十四君,在位十九年(公元前五一四—前四九六年)。

〔59〕封专诸之子以为上卿,与上面"光之身,子之身也"相应,盖报答专诸杀身成事的德惠。

〔60〕豫让者,此本与会注本都连书不提行。蜀本、百衲本、黄本、汲古本都提行书。

〔61〕故尝事范氏及中行氏,从前曾经在范氏和中行氏那里做过家臣。范氏,晋大夫士会之后。中行氏,晋大夫荀林父之后(行音杭)。与智氏、韩氏、魏氏、赵氏并执晋政,是为六卿。

〔62〕无所知名,没有好好地用他,因而也没有人知他的声名。

〔63〕去而事智伯,离开了范、中行氏来到智伯那里做家臣。智伯名瑶,亦称智襄子,荀林父弟荀首之后(别为智氏,亦作知氏)。

〔64〕赵襄子名毋卹,晋大夫赵衰之后。毋卹时,晋室卑弱已甚,智伯已与韩、魏、赵三氏吞灭范、中行氏而瓜分其地。后来智伯又向韩、魏求地,韩、魏与之。向赵求地,襄子毋卹不许,故智伯纠合韩、魏,共伐赵襄子。

〔65〕赵襄子被伐,退保晋阳(今山西省太原县)。智伯与韩康子(名虎)、魏桓子(名驹)共围之,又决汾水灌城。襄子遣张孟谈夜出私见康子、桓子,合谋反灭智伯。

〔66〕三分其地,赵、韩、魏三分智伯之地。于是晋六卿并为三家了。

〔67〕智伯先曾强抑赵襄子之头灌酒令醉,后又水灌晋阳,故最怨智伯。

〔68〕漆其头以为饮器,把智伯的头骨漆做饮酒的大觥。漆,百衲本讹作"漆",以下都如此。

〔69〕士为知己者死,女为说己者容,古代成语。为,因也。说同悦。容,修饰打扮。

〔70〕以报智伯,报答智伯的知己(与前"甚尊宠之"相应)。

〔71〕魂魄不愧,犹言死无遗恨。

〔72〕变名姓为刑人,改名换姓,装作被判罪刑,罚当苦役的人。

〔73〕入宫涂厕,进入赵襄子的宫中,修治厕所。

〔74〕中挟匕首,衣内暗藏着匕首(此言事前的布置)。

〔75〕内持刀兵,搜索衣内,见夹带着凶器(此言发觉的实迹)。

〔76〕醳通释,放也。蜀本、黄本、百衲本都径作"释"。

〔77〕漆身为厉,以漆涂身,使皮肤肿癞,改变形貌。厉音赖,即癞。

〔78〕吞炭为哑,吞炭坏嗓,使声音变哑。

〔79〕委质犹言托身投诚。委,投托。质,形质,即身体。一说,质通

335

赘,献送进见的礼物。

〔80〕近幸,得宠而靠近。

〔81〕乃为所欲,顾不易邪,那时要做什么(指报仇行刺),岂不容易么!顾,反也。邪通作耶。反不易耶,正言其易也。

〔82〕吾所为者极难耳,吾所做的漆身吞炭明知是极难的行动啊!正所以说明不愿亏着心做这容易的事情。观下文自明。

〔83〕数,斥责。读上声。

〔84〕子独何以为之报仇之深也,你为什么单单为智伯报仇要这样深切呢?也读如耶。

〔85〕众人遇我,我故众人报之,把我当一般人看待,所以我只把自己当一般人那样报答他。国士遇我,我故国士报之,把我当作一国中杰出的人物看待,所以我也要把自己当作一个杰出的人物来报答他。

〔86〕喟(音块)然,副词,是形容叹息的。

〔87〕寡人赦子亦已足矣,我饶恕你也已够了!

〔88〕子其自为计,寡人不复释子,你自己思忖思忖罢,我不再放过你了!

〔89〕不掩人之美,不埋没别人的好处。有死名之义,自有为名而死的道理。

〔90〕臣固伏诛,我早就预备着遭受你的杀害。伏诛,本说伏法就戮,但这里并没有屈服的意味。

〔91〕请君之衣而击之焉,以致报仇之意,乞取你的外衣让我用剑在这里击斩它,以表我报仇息恨的心意。焉字用作"于此"解。致,表达。

〔92〕非所敢望也,敢布腹心,不敢望你必能允许,但是我敢于把我的衷心意愿披露出来。布,展露。

〔93〕大义之,很感动豫让这一番话。义,同情;感动。

〔94〕三跃而击之,三次跳起来挥剑击斩襄子的外衣。

〔95〕下报智伯犹言报智伯于地下,与前"魂魄不愧"相应。

〔96〕伏剑,俯颈就剑,就是自刎。

〔97〕赵国志士,赵襄子那边有正义感的人。

〔98〕其后的后(编者按:繁体写作"後")字蜀本讹作"馀"。轵音之,魏邑。汉置轵县。隋时废,故城即今河南省济源县东南十三里的轵城镇。

〔99〕聂政者,此本与会注本都连书不提行。蜀本、百衲本、黄本、汲古本都提行书。

〔100〕深井里,轵邑的一个里名。

〔101〕以屠为事,以屠宰牲畜为生。

〔102〕濮阳,卫地,即今山东省鄄城县。严仲子名遂。韩哀侯,韩国第四君,在位六年(公元前三七六—前三七一年)。

〔103〕侠累名傀,韩哀侯的叔父。有郤,有仇恨,参看《项纪》校释〔230〕。"郤",蜀本作"郄"。

〔104〕游求人可以报侠累者,到处访求可以替他向侠累报仇的人。

〔105〕至门请,登门拜访。请,请谒。

〔106〕数反,屡次往还。反同返。

〔107〕自畅聂政母前,亲自捧酒器进奉聂政之母。畅,《战国策》作"觞",该是对的。

〔108〕溢通镒,蜀本作"镒"。

〔109〕可以旦夕得甘毳以养亲,因作狗屠,可以得些报酬,早晚之间,买些甘脆的东西来奉养母亲。毳读如脆。

〔110〕亲供养备,不敢当仲子之赐,老亲的供养不缺,不敢接受仲子的赐与。备,齐备。当,担当。

〔111〕辟人,回避了别人。辟通避。

〔112〕行游诸侯众矣,在外到处寻访的人也多了。与前面"游求人

可以报侠累者"相应。

〔113〕义甚高,义气的声名很高。

〔114〕将用为大人麤粝之费,作为供给你母亲一点粗粮的费用。大人,对人家父母的敬称,至今还流行着。蜀本、百衲本、黄本、汲古本都作"夫人",未必恰当。麤同粗。粝音厉,仅仅碾去外壳的米粒。麤粝之费,谦词,言其不足当甘脆之用。

〔115〕交足下之驩,结交你,得到彼此欢好。驩同欢,彼此要好交欢。

〔116〕岂敢以有求望邪,哪里就敢因此有所祈望呢！以,因也。

〔117〕卒备宾主之礼而去,终于具备了宾主相见的仪节,恭恭敬敬地辞别聂政之家。

〔118〕除服,三年之丧已满,除去丧服。

〔119〕鼓,动也。鼓刀以屠,操着刀来从事屠宰。

〔120〕枉,屈也。车骑指仲子的侍从之人。枉车骑而交臣,委屈了卿相的身份来下交于我。

〔121〕至浅鲜矣,极为淡薄。鲜,少也。

〔122〕没有大功可以称者,没有大功可以当得起这样的尊礼。称,报称。

〔123〕是者徒深知政也,这样就独能显示他深深地赏识我(深切的知己)啊。

〔124〕贤者指仲子。以感忿睚眦之意,而亲信穷僻之人,因感念怨仇而来亲信我这样穷困疏远的人。睚眦参看《范蔡列传》校释〔297〕。僻,疏远。

〔125〕安得嘿然而已乎,哪能不声不响地就罢了呢！嘿同默。

〔126〕要同邀。

〔127〕徒以老母,只因有老母之故(意即未能应邀)。

〔128〕请得从事焉,愿即就此干去。

〔129〕具告,备细地把经过情形告知聂政。

〔130〕居处兵卫甚设,平日住的地方防卫得非常周密。甚设,极为完备。

〔131〕欲使人刺之众,要想刺他好多次。众字《战国·韩策》无。有人认此为衍文。其实众作"多次"解亦通。

〔132〕终莫能就,终于不能成功。

〔133〕不弃,意即应允。

〔134〕请益其车骑壮士可为足下辅翼者,请增多车马人员可以做你的助手的。益,增加。百衲本"益"作"登"。"其",《韩策》作"具"。辅翼,帮助。

〔135〕韩都阳翟离卫濮阳不很远,故云相去中间不甚远。

〔136〕其势不可以多人,在势不可以许多人同去的。

〔137〕多人不能无生得失,人多了就保不住不出岔子。生得失,计较利害(一说,被活捉后的失言)。

〔138〕生得失则语泄,一计利害,便不能保密而说话中间不免漏泄了。

〔139〕殆,危险。

〔140〕谢车骑人徒,不要车马和帮手。徒,众也。

〔141〕辞,辞行。

〔142〕独行杖剑至韩,单身带剑径到韩都。

〔143〕皮面,剥去面皮。皮用作动词。决眼,剜破眼睛(一作抉眼,是掏出眼睛)。

〔144〕自屠出肠,自己剖开肚子,把肠子拉出来。这样做,要人家辨认不出来。

〔145〕暴于市,陈列在街市上。暴音仆,暴露。

〔146〕购问莫知谁子,悬赏访问,竟不知道他是谁家的人。

〔147〕购县之犹悬购之,悬重赏来访求凶手的主名。《韩策》正作"县购"。县,悬的本字。

〔148〕荣一作荌。

〔149〕贼不得,本说凶手未获,但此有凶手没有明确的意义。

〔150〕国不知其名姓,国内都不知道凶手的名姓。正申说了"贼不得"。

〔151〕於邑同呜咽,悲哽。

〔152〕其是吾弟与,这是我的弟弟罢?与同欤,用与"乎"字同。

〔153〕严仲子知吾弟,是政姊臆断之语,以为行刺韩相必仲子所指使,而仲子是吾弟的知己,因此推断这刺客必是吾弟了。

〔154〕市行者诸众人,韩市上行路经过的许多人等。

〔155〕暴虐,行凶;肆毒。

〔156〕夫人不闻与,何敢来识之也,你难道没有听到么?怎么敢来认尸呢?识之,辨认尸首。

〔157〕无恙,平安无事。恙音漾,忧也;病也。

〔158〕下世,死去。

〔159〕察举,选中。

〔160〕泽厚矣,可奈何,恩情这样厚,可怎么办呢!

〔161〕重自刑以绝从,狠狠地自残肢体,使人辨认不出,用来切断牵累别人的线索。从,从坐。一说,从读踪(编者按:从,繁体作"從",踪,繁体作"蹤"),踪迹。

〔162〕奈何畏殁身之诛,终灭贤弟之名,怎能怕杀身之祸而一辈子埋灭了弟弟的贤名呢!

〔163〕乡使,假使;倘然。诚知,确切知道。濡忍之志,软弱忍受的性格。

〔164〕不重暴骸之难,不怕暴露尸骨的苦难。重,惜也。不重就是不惜,也就是不怕。

〔165〕绝险千里以列其名,越过千里险道来显露他的名字。绝,横越而遏。列,显豁呈露。汲古本"列"作"烈"。

〔166〕姊弟俱僇于韩市,姊弟同死于韩市。僇同戮。

〔167〕乡使……知人能得士矣,太史公插入的议论。"乡使政诚知其姊无濡忍之志……韩市者"当一气读,知字须直贯到者字。就是说,如果聂政当时确知他姊姊没有软弱忍受的性格,不怕暴骨的苦难,定要越过千重险阻来宣露自己的姓名,情愿姊弟同死韩市的话,也就未必敢把身体许给仲子,为他出死力了。

〔168〕聂政刺杀侠累在韩烈侯三年(公元前三九七年),荆轲刺秦王在秦王政二十年(公元前二二七年),其间相去一百七十一年。此云其后二百二十馀年,秦有荆轲之事,恐当时传写有误。

〔169〕荆轲者,此本与会注本都连书不提行。蜀本、百衲本、黄本、汲古本都提行书。

〔170〕齐有庆氏,荆轲之先代为齐人,或本姓庆,故卫人呼为庆卿。卿,当时尊美人家的称呼,犹相尊称"子"。

〔171〕而之燕,后又北往燕国。之,前往。

〔172〕击剑,讲究击刺的剑术。

〔173〕以术说卫元君,即以剑术向卫元君游说。卫元君,卫国第四十一君,在位二十二年(公元前二五一——前二三〇年)。此时卫国早已沦为魏国的附庸了。

〔174〕秦伐魏,置东郡,在秦王政五年(魏景湣王元年,公元前二四二年)。东郡约当今河北、河南、山东三省交界一带地(主要部分为卫国故地)。

〔175〕秦置东郡之明年(公元前二四一年),又拔魏之朝歌(故城在

今河南省淇县东北,时为卫都),卫元君遂徙于野王。此云徙卫元君之支属于野王,其实不仅支属而已。野王即今河南省沁阳县。

〔176〕榆次,本春秋时晋榆邑,初属魏,战国时属赵,改名榆次。汉置县。即今山西省榆次县。

〔177〕论剑,谈说剑术。

〔178〕怒而目之,因议论不合而怒视之。目之,对荆轲瞪眼。

〔179〕人或言复召荆卿,有人请盖聂重招荆轲来谈。

〔180〕曩者,往昔,犹言早先。曩音囊上声。不称,不合。

〔181〕是宜去,不敢留,这样看,他应该走了,不敢留在这里的。

〔182〕使使往之主人,派人去到荆轲居停的主人(房东)那里。之,至也。

〔183〕已驾而去榆次矣,已经乘车离开榆次了。

〔184〕目摄之,我的眼光已把他收服了。摄,整治;收取。

〔185〕鲁句践,大概慕越王之名而取此名的,是个深通剑术的人。观篇末的说话便可明白。博,赌博。

〔186〕争道,在赌局上争取赢路。

〔187〕善击筑者,擅长击筑的人。筑音竹,像琴那样的乐器,也配弦。但不用手指弹动,而用竹子来打击发音的。

〔188〕酒酣以往,半醉以后。往,后也。

〔189〕"相乐也"之上蜀本有"以"字。

〔190〕旁若无人者,好像身旁没有别的人似的。

〔191〕虽游于酒人乎,然其为人沈深好书,虽然跟那班酒徒混在一起,但他的行为举动却是稳重沈着,而且还是喜欢读书的。沈读如沉。

〔192〕所游诸侯,尽与其贤豪长者相结,所游历到的各地(诸侯之境),都跟当地的知名之士相结交。

〔193〕处士,已详《魏公子列传》校释〔133〕。善待之,很好地看待

荆轲。

〔194〕非庸人,不是平常庸俗的人。

〔195〕太子丹,燕王喜之子。秦王政即位,丹质于秦(质音致,质于秦,留秦当抵押品)。王喜二十三年(秦王政十五年,公元前二三二年),丹自秦逃归。时荆轲已入燕,故云会燕太子丹质秦亡归燕。会,适逢。亡,逃亡。

〔196〕遇燕太子丹不善,对待燕丹没有礼貌。

〔197〕蚕食,逐渐侵蚀,像蚕食桑叶似的。

〔198〕且至于燕,将要触及燕国来了。且,将也。

〔199〕傅,师傅之官,参看《留侯世家》校释〔221〕、〔222〕。

〔200〕北有甘泉、谷口之固,……左关、殽之险,是说秦国的地势险要。其中地名都已见前,可参看《范蔡列传》校释〔156〕、〔157〕。蜀本"巴、汉"之上无"擅"字。

〔201〕民众而士厉,人口多而战士强。厉,勇猛。

〔202〕兵革有馀,军备充裕。

〔203〕意有所出,犹言意图向外发展。

〔204〕长城之南,易水以北,未有所定也,言燕国不能稳定了。长城指当时燕北边的长城(西自造阳〔河北怀来县〕,东连襄平〔辽宁辽阳县北〕,大部在今河北、辽宁两省境内)。易水源出河北省易县西,东流至定兴县西南,与拒马河合,即古武水,当时为燕南巨川,与滹沱并称。

〔205〕奈何以见陵之怨,欲批其逆鳞哉,何苦因被欺的怨恨便要去触犯他的凶锋呢!见,被也。陵,欺陵。批,触动。相传龙的喉下有逆鳞,触到它,便要杀人。见《韩非子·说难篇》。在当时已为流行语,用以喻暴君的凶恶。

〔206〕然则何由,那么该走哪条路呢?

〔207〕入图之,仔细打算。入有内义;深义。

〔208〕受而舍之，接受他的投奔，留他住下来。舍，馆舍，此处当动词用。

〔209〕委肉当饿虎之蹊，引用当时的成语。委，弃置。蹊音兮，径路。言抛肉在饿虎出入的路口，必然不能幸免的。

〔210〕不振，无救。振，救也。

〔211〕虽有管、晏，不能为之谋也，虽有管仲、晏婴那样的贤人也不能替你出主意的。

〔212〕疾遣，赶快送出。灭口，消灭人家的借口。

〔213〕购于单于，与匈奴的君长连和。购通媾，也作讲，和好。单于音善预，匈奴君王的称呼。

〔214〕其后廼可图也，然后始可计画如何去对付秦国。廼，古乃字。

〔215〕旷日弥久，延搁的日子太久。旷，空也。旷日犹空耗日子。弥，延长。

〔216〕悁然，忧思昏烦之状。

〔217〕恐不能须臾，言忧烦欲死，恐怕不能更延顷刻了。须臾犹顷刻。

〔218〕且非独于此也，进一层说，言不但忧烦不能忍此须臾而已。

〔219〕是固丹命卒之时也，言果如是，我的生命也完结了。

〔220〕更虑之，重新考虑。

〔221〕后交，将来的交情。

〔222〕此所谓资怨而助祸矣，这正合于增加怨恨，催动祸患的话头了。资，增益。助，助力。蜀本、百衲本、汲古本都无"所"字。

〔223〕必无事矣，必然没有什么了。

〔224〕雕鸷音彫制，猛禽之属，以喻秦国的凶暴。岂足道哉，还有什么可说呢！意义与上面"必无事矣"相同。

〔225〕乃造焉，于是田光往太子丹之门请见。造音慥，前往。

〔226〕逢迎,迎上前去。卻行为导,徐徐后退,引导田光。卻,蜀本、百衲本、汲古本都讹作"却"。蔽,拂拭。

〔227〕避席,离开自己的坐席,表示不敢安坐。

〔228〕不两立,不能并存。

〔229〕留意,留心;在念。此有指示、援助的意义。

〔230〕骐骥盛壮之时……驽马先之,当时成语。骐骥,良马。驽马,劣马。先之,跑到骐骥的前面去。

〔231〕盛状之时,当依蜀本、百衲本、汲古本、会注本作"盛壮之时"。

〔232〕精,精力。消亡,消耗亡失。

〔233〕所善荆卿可使也,吾所熟识的荆卿可以当得起这个使命的。

〔234〕戒,叮嘱。此有禁约之意。

〔235〕丹所报,我告诉你的心事。先生所言,你推荐荆卿的话。

〔236〕俛同俯。

〔237〕偻行,曲背而行,状其衰老。

〔238〕吾形已不逮,我的身体已够不上了。形,形体。逮,及也。

〔239〕窃不自外,不自见外,犹言不客气。

〔240〕言足下于太子,把你举荐给太子了。

〔241〕长者为行,老成人所作的行为。不使人疑之,不应该让别人怀疑的。

〔242〕节侠犹好汉。节是品节,侠是义侠。

〔243〕致光之言,传达田光临死之言。

〔244〕膝行流涕,跪着前进,淌下眼泪来。

〔245〕后通後,黄本、百衲本都径作"後"。

〔246〕诫同戒。毋言之毋,百衲本讹作"母"。

〔247〕不肖,谦辞,犹言不贤。

〔248〕使得至前,敢有所道,让我在你跟前能够有所表达。

〔249〕此天之所以哀燕而不弃其孤也,与《范雎传》"是天所以幸先王而不弃其孤也"语气正同。参看《范蔡列传》校释〔153〕。但秦昭王对范雎说时,其父武王已死,故自称"孤";太子丹时,其父王喜尚存,何得称"孤"!所以《索隐》说"或记者失辞"。

〔250〕欲不可足,欲望是不会满足的。

〔251〕非尽天下之地,臣海内之王者,其意不厌,不尽吞天下的土地,征服海内的诸王(六国之王),他的意愿是不会满足的。厌通餍,餍足。

〔252〕秦王政十七年(公元前二三〇年)遣内史腾(《六国表》作胜〔编者按:繁体作"勝"〕)攻灭韩,房韩王安,尽收韩地,改建为颍川郡。纳,收取。王安,韩第十一君,在位九年(公元前二三八—前二三〇年)。

〔253〕临赵,逼近赵国。临,近也。

〔254〕距漳、邺,到达赵国的南境,距,抵也。漳、邺,今河北省临漳县和河南省安阳县之间的一带地方。

〔255〕李信,秦将。太原,今山西省太原县。云中,今内蒙古自治区托克托县。战国时为赵之西境要地。出太原、云中,是说秦兵从那两地东出侵赵。

〔256〕不能支秦,必入臣,抵挡不了秦国,必然向秦投降。支,支撑。

〔257〕数困于兵,屡次被兵事所困苦。数读入声,已屡见前。

〔258〕今计举国不足以当秦,现在计算起来,把整个的燕国的力量也不够抵挡秦国。

〔259〕诸侯服秦,莫敢合从,韩、赵诸国既已被秦征服,其他的诸国不敢再联合起来抗秦了。

〔260〕私计,个人的打算。

〔261〕阚以重利,把丰厚的利益歆动他。阚音恢,示也。此有使他欲羡的意义。蜀本作"闞"。

〔262〕正因为秦王贪心重,必然上钩,而我可以取得我所心愿的效果了。

〔263〕则不可,即使不答应。则、即两字古通用。可,允可。

〔264〕擅兵,专揽兵权。内有乱,指被刺后的动乱。

〔265〕以其间诸侯得合从,趁这疑乱的当儿,各国便都敢联合起来对付秦国了。

〔266〕上愿,最高的愿望。

〔267〕委命,委托。此有以性命相托的意义。

〔268〕惟,愿也。

〔269〕驽下,谦辞,言才质下劣,像驽马那样的不中用。

〔270〕不足任使,不配担当这委命的任务。

〔271〕固请毋让,坚决请他不要推辞。毋,蜀本、百衲本都讹作"母"。

〔272〕舍上舍,住上等的馆舍。

〔273〕日造门下,每天到荆轲住的地方问候。

〔274〕供太牢具,参看《项纪》校释〔484〕。

〔275〕异物间进,时常把珍异的东西送给荆轲。间进,隔不多时必有进献。

〔276〕恣荆轲所欲,畅足荆轲的欢心。恣,纵放;酣畅。

〔277〕未有行意,没有起身赴秦的动静。

〔278〕秦王政十九年(公元前二二八年),王翦破赵,虏赵王迁。迁即幽缪王,赵之第十君,在位八年(公元前二三五—前二二八年)。

〔279〕旦暮渡易水,早晚间就要渡过易水来了。

〔280〕长侍足下,经常侍奉你。

〔281〕微太子言,臣愿谒之,没有太子的动问,我也要请求行动了。微,无也。谒,请也。

〔282〕行而毋信,前去秦国而没有取信的物证。行,前往。毋通无,百衲本讹作"母"。信,信物。

〔283〕督亢,燕国南界的肥沃之地,在今河北省易县东南。当时想佯献给秦王,故先绘送地图。

〔284〕说见臣,乐于接见我。说同悦。

〔285〕乃得有以报,于是可以有所报效你了。

〔286〕私见,背着太子丹前往会见。

〔287〕遇将军可谓深矣,对待你可算得酷毒了。遇,待遇。深,刻酷。

〔288〕戮没,杀戮和没收。重要的都被杀戮,较轻的被没收为官奴婢。

〔289〕太息之太,汲古本作"大"。

〔290〕每念之,每次想到这戮没之惨。

〔291〕痛于骨髓,犹痛入骨髓。髓音徙,骨中的脂膏。

〔292〕顾计不知所出耳,但是想不出什么法子罢了。

〔293〕乃前,于是挺身而前。有兴奋之意。

〔294〕揕其匈,直刺他的胸膛。揕音碪,攒刺。蜀本、黄本、汲古本都讹作"椹"。匈,胸的本字。

〔295〕愧,羞也。此作耻辱解。

〔296〕岂有意乎,问他同意不同意,犹言宁有这样的想法么。

〔297〕偏袒搤捥而进曰,把衣袖脱下一边来,露出右腕,用左手捏着它,然后发言。极状奋怒的样子。袒,露出。搤同扼。捥同腕。进曰就是发言。

〔298〕切齿,齿牙相磨。腐心,恨得好像那颗心也熬煎得腐烂了。

〔299〕乃今得闻教,如今方才得到你的开导。

〔300〕盛首函封之,把首级装在匣子里封藏起来。盛音成,装置。

函,匣子。

〔301〕于是太子豫求天下之利匕首,那时太子已预先在各处访求到锋利的短剑。豫通预。天下犹言遍地。

〔302〕徐夫人,收藏利匕首的人。因名气大了,便叫道匕首为"徐夫人匕首"。

〔303〕以药淬之,用毒药炼染在匕首的锋刃上。烧红了铁浸向水内叫淬(音悴)。

〔304〕血濡缕,人无不立死者,只要丝那么一缕的血渗出来,人便没有不立刻死去的。濡,渗润。

〔305〕装,整治行装。

〔306〕忤视,反目相看。忤,逆也。

〔307〕为副,充当荆轲的助手。

〔308〕有所待,欲与俱,另有所约的人正等待他来,想要同他一块儿去。俱,偕也。

〔309〕为治行,替他整备行装。

〔310〕顷之,未发,耽搁了一会儿没有动身。发,行也。

〔311〕迟之,嫌他拖延。

〔312〕日已尽矣,荆卿岂有意乎,太阳要没了,你有动身的意思么?

〔313〕何太子之遣,惊怪之辞,犹言怎么你这样支派呢! 往而不反者竖子也,一去而不能好好地回来复命(意即不能完成任务)的,那才是真小子啊!

〔314〕不测,吉凶莫测,意思偏重在凶险一面。

〔315〕请辞决矣,愿即分手离开罢!

〔316〕白衣冠,凶丧之服。知其难还,故像送丧那样的送他;同时也存在着激励的意义。

〔317〕既祖,既已饯行。取道,上路。古代远行,必祭道路之神,将

行,饮酒,叫做"祖"。故饯行称祖道。

〔318〕古代乐器演奏,按音律的高下,分宫、商、角、变徵、徵、羽、变宫七声,就是后世笛色所用的合、四、上、一、尺、工、凡,也就是西乐所用的C、D、E、F、G、A、B七调。变徵之声,相当于管笛的一字调,西乐的F调。此调适于悲歌,故下云"士皆垂泪涕泣"。

〔319〕前而为歌,边走向前去边歌唱着。百衲本无"为"字。萧萧,形容风的拂动之声。兮,参看《项纪》校释〔566〕。

〔320〕羽声,相当于工字调,西乐的A调,较变徵更高,故其音感更见忼慨。忼慨犹愤激,已详《项纪》校释〔565〕。

〔321〕瞋目,瞪眼。已详《项纪》校释〔317〕。

〔322〕发尽上指冠,意同"怒发冲冠",参看《廉蔺列传》校释〔32〕。

〔323〕终已不顾,始终头也不回。

〔324〕千金之资币物,价值千金的礼物。厚遗,厚赠,就是送很重的贿赂。中庶子,官名,详《商君列传》校释〔4〕。

〔325〕为先,替燕使荆轲作先容(预先介绍)。

〔326〕诚振怖大王之威,实在惧怕大王的威严。诚,实也。振,动荡。怖,畏惧。

〔327〕军吏,指秦王派去的将士。

〔328〕内臣,内属之臣。比诸侯之列,排在朝秦的诸侯的队伍里。

〔329〕给贡职如郡县,纳贡应差像直属的郡县一样。

〔330〕不敢自陈,不敢擅自陈说。

〔331〕使使以闻大王,特地派了使臣来报知大王。

〔332〕惟大王命之,请大王示下。

〔333〕九宾,已详《廉蔺列传》校释〔48〕。

〔334〕见燕使者咸阳宫,在宫廷中接见燕国的使臣。

〔335〕奉,捧的本字。

〔336〕以次进,荆轲为正使,在前,秦舞阳为副使,在后,挨着次序前进。

〔337〕荆轲镇定,故意回头(顾)讪笑舞阳。

〔338〕前谢,走上前去向见怪的群臣谢罪。

〔339〕北蕃蛮夷,自贬的谦辞。鄙人,鄙野的人,犹言没有见过世面的粗夫。

〔340〕振慴犹振怖。慴音折,已见《项纪》校释〔44〕。

〔341〕少假借之,稍为宽恕他一下。假借有迁就的意义。

〔342〕使得毕使于前,让他能够在大王面前完成他的使命。

〔343〕取图奏之,把地图献给秦王。奏,奉献。

〔344〕发图,打开地图来看。

〔345〕图穷而匕首见,地图翻看将完,所藏的匕首露出来了。见同现。

〔346〕揕,蜀本、黄本、汲古本都讹作"椹"。

〔347〕自引而起,袖绝,自己抽身起立,把袖子挣断了。

〔348〕剑长,操其室,因剑太长,仅抓住了剑鞘。室,鞘子。

〔349〕剑坚,故不可立拔,剑紧插在鞘内,牢固得不能立刻拔出来。坚,紧也。故通固。

〔350〕逐,追赶。

〔351〕皆愕,都愣住了。愕,惊愕。

〔352〕卒起不意,事起仓猝,出其不意。尽失其度,都失去了常态。

〔353〕秦法,秦国的制度。不得持尺寸之兵,不许携带些许武器。尺寸言其微细。

〔354〕诸郎中执兵皆陈殿下,非有诏召不得上,许多带兵器的侍卫人员都排列在殿陛的下面,没有旨意宣召是不能上殿的。郎中,属郎中令,掌宫殿掖门户,是守卫宫禁的近侍人员。

〔355〕无以击轲,没有什么武器来抵击荆轲。

〔356〕以手共搏之,殿上的群臣,大家用空手来殴打荆轲。

〔357〕侍医,随侍的医官。且音苴。提,投击。

〔358〕王负剑,提醒秦王之辞,犹言大王,你把剑背在背上啊。因佩剑太长不能立拔,使推至背上则前面短就容易拔出了。

〔359〕左股,左腿。

〔360〕废,残废。

〔361〕引,抽起。摘同掷。

〔362〕桐柱,蜀本、黄本、汲古本都作"铜柱"。百衲本、会注本和此本"铜"都作"桐"。《燕丹子》说,"荆轲拔匕首掷秦王,决耳入铜柱火出"。匕首掷入铜柱未免夸张,似以桐柱为近理。

〔363〕创,伤口。参看《项纪》校释〔592〕。

〔364〕就,成就。

〔365〕箕踞以骂,蹲坐在地上肆骂。微屈其膝而坐,状正如箕,故叫做箕踞。古人以为这样是倨傲不敬的表现。蜀本、百衲本"踞"都作"倨"。

〔366〕以欲生劫之,必得约契以报太子也,与前面"诚得劫秦王,使悉反诸侯侵地,若曹沫之与齐桓公则大善矣"相应。因欲生劫秦王,得到秦王反还侵地的诺言(约契)来回报燕丹,留了一手,遂致蹉失刺杀秦王的机会,故上云事所以不成者。

〔367〕前杀轲,上前去把荆轲杀了。

〔368〕不怡者良久,不舒服了好多时。

〔369〕论功,考核擒杀刺客之功。同时也追究失职的人。看下文自明。

〔370〕赏群臣及当坐者各有差,按当赏当罚(坐罪)的情况,分别轻重来处分它。差音次,等级;差别。

〔371〕溢,百衲本作"镒"。

〔372〕蓟城,燕都,相传即今北京市德胜门外的土城关,亦称蓟门,又名蓟丘。十月,秦王政二十一年(燕王喜二十九年,公元前二二六年)的十月。

〔373〕辽东指今辽宁省东南境一带地,在辽水之东,故以为名。秦灭燕后置辽东郡。

〔374〕代王嘉,即赵公子嘉,秦破邯郸,虏赵王迁,公子嘉乃自立为代王。其后亦为秦所虏。

〔375〕必解,一定可以和解。

〔376〕社稷幸得血食,犹言国命可以侥幸地延续下去。社稷本土谷之神,古代以为国家的象征。宰牲祭享,故云血食。

〔377〕衍水,辽东水名,不详何地。

〔378〕欲献之秦,"欲"字疑系衍文。《秦始皇本纪》明言"得太子丹之首",是实已献出了的。

〔379〕秦王政二十五年(燕王喜三十三年,公元前二二二年)灭燕,上距破蓟城之时跨连五年,故云后五年。

〔380〕逐太子丹、荆轲之客,追捕丹、轲的羽党。逐,追究缉捕。

〔381〕皆亡,都逃散亡匿了。

〔382〕为人庸保,替人家做帮佣。

〔383〕匿作就是变姓名为人帮佣。宋子,本赵邑,汉曾建宋子县,故治在今河北省赵县北二十五里。

〔384〕作苦,操作得辛苦的时候。

〔385〕傍偟不能去,在那里转来转去舍不得走开。傍偟犹徘徊。

〔386〕每出言曰,往往脱口而出地说道。

〔387〕彼有善不善,那边击筑的声音有的合调,有的不合调。

〔388〕从者以告其主,同道的佣工把这"有善有不善"的话告知他

的主人。

〔389〕彼庸乃知音,窃言是非,那个佣工倒是知音的人,背地里评论筑音有的对有的不对。是非就是善、不善。

〔390〕家丈人就是那一家的主人翁。

〔391〕念久隐畏约无穷时,心里想,这样长久地隐藏畏缩是没有了结的时候的。

〔392〕出其装匣中筑与其善衣,把久藏在行装匣中的筑和他平常穿的漂亮衣服拿出来。

〔393〕更容貌而前,改装整容而走向前来。

〔394〕下与抗礼,走下座来,用平等的礼节去接待他。无分尊卑叫抗礼。

〔395〕宋子传客之,宋子一地的大户轮流招待他,都以为上客。

〔396〕惜,爱也。

〔397〕重赦之,特别饶恕高渐离,没有杀死他。

〔398〕矐音霍,失明。矐其目就是弄瞎他的眼睛。一说,用马屎的烟把他熏瞎的。

〔399〕以铅置筑中,用铅镕灌在筑中。用意在使它坚实可以击人。

〔400〕朴通扑,撞击。蜀本、百衲本、汲古本都作"扑"。

〔401〕惜哉其不讲于刺剑之术也,可惜他不能精通刺剑的手段啊。讲,讲究;精研。

〔402〕甚矣吾不知人也,太过分了,吾实在没有了解他。

〔403〕曩者吾叱之,彼乃以我为非人也,从前吾因为赌博争胜而呵叱他,他当然不以我为他的同志而逃去不再会面了。以上三语,好像深悔当时错认了荆轲,没有把击刺之术教给他。

〔404〕世言荆轲,当世流传的荆轲故事。其称太子丹之命,这些故事中每称道太子丹的命运好像有天助似的。以下就是这天命的传说。

〔405〕《燕丹子》:"太子丹质于秦,秦王遇之无礼,不得意,欲归。秦王不听,谬言曰:'令乌头白,马生角乃可。'丹仰天叹焉,即为之乌头白,马生角。王不得已,遣之。为机发桥(暗藏机关,使桥断坏),欲陷丹。过之,为不发(机关失灵而没有发作)。"《风俗通》:"燕太子丹天为雨粟,乌头白,马生角。"这些传说都是称述太子丹之命,故太史公引之云"天雨粟,马生角"也。

〔406〕天命之说,太无凭准,故太史公直断以为太过。

〔407〕皆非也,总结之辞,就是说天命传说和刺伤秦王都不是实在的。

〔408〕始公孙季功、董生与夏无且游,从前公孙季功和董生都曾同夏无且交游的。

〔409〕公孙和董是太史公的朋友,把夏无且所谈的实况告给他,故云为余道之如是。

〔410〕此其义或成或不成,他们的行义(志愿)有成功的也有不成功的。

〔411〕立意较然,不欺其志,他们所立的志愿都很明白,而且都没有辱没了志愿。较,明白。欺,亏待。

〔412〕名垂后世,岂妄也哉,声名传流到后世来,岂是虚妄的么!垂,流传。妄,欺谎。

淮阴侯列传

　　淮阴侯韩信者,淮阴人也。[1]始为布衣时,贫,无行不得推择为吏;[2]又不能治生商贾。[3]常从人寄食饮,[4]人多厌之者。常数从其下乡南昌亭长寄食,[5]数月,亭长妻患之,乃晨炊蓐食。[6]食时信往,不为具食。信亦知其意,怒,竟绝去。信钓于城下,诸母漂,[7]有一母见信饥,饭信,竟漂数十日。[8]信喜,谓漂母曰:"吾必有以重报母。"母怒曰:"大丈夫不能自食,[9]吾哀王孙而进食,[10]岂望报乎!"淮阴屠中少年有侮信者,曰:"若虽长大,好带刀剑,中情怯耳。"[11]众辱之曰:[12]"信能死,刺我;不能死,出我袴下。"[13]于是信孰视之,[14]俛出袴下,[15]蒲伏。[16]一市人皆笑信以为怯。

　　及项梁渡淮,信杖剑从之,居戏下,[17]无所知名。项梁败,又属项羽,羽以为郎中。数以策干项羽,[18]羽不用。汉王之入蜀,信亡楚归汉。未得知名,为连敖。[19]坐法当斩,其辈十三人皆已斩,次至信,信乃仰视,适见滕公,[20]曰:"上不欲就天下乎?[21]何为斩壮士!"滕公奇其言,[22]壮其貌,释而不斩,与语,大说之。[23]言于上,上拜以为治粟都尉,[24]上未之奇也。[25]

信数与萧何语,何奇之,至南郑,[26]诸将行道亡者数十人,[27]信度何等已数言上,上不我用,[28]即亡。何闻信亡,不及以闻,[29]自追之。人有言上曰:"丞相何亡。"上大怒,如失左右手,居一二日,何来谒上,上且怒且喜,骂何曰:"若亡,何也?"何曰:"臣不敢亡也,臣追亡者。"上曰:"若所追者谁?"何曰:"韩信也。"上复骂曰:"诸将亡者以十数,公无所追,追信诈也。"[30]何曰:"诸将易得耳,至如信者,国士无双。[31]王必欲长王汉中,无所事信;[32]必欲争天下,非信无所与计事者。[33]顾王策安所决耳!"[34]王曰:"吾亦欲东耳,安能郁郁久居此乎!"何曰:"王计必欲东,能用信,信即留;不能用,信终亡耳。"王曰:"吾为公以为将。"[35]何曰:"虽为将,信必不留。"王曰:"以为大将。"何曰:"幸甚!"于是王欲召信拜之。何曰:"王素慢无礼,今拜大将,如呼小儿耳,此乃信所以去也。王必欲拜之,择良日,斋戒,设坛场具礼,[36]乃可耳。"王许之。诸将皆喜,人人各自以为得大将。[37]至拜大将,乃韩信也。一军皆惊。

信拜礼毕,上坐,王曰:"丞相数言将军,将军何以教寡人计策?"信谢,因问王曰:"今东乡争权天下,岂非项王邪?"[38]汉王曰:"然。"曰:"大王自料勇悍仁彊孰与项王?"[39]汉王默然良久,曰:"不如也。"信再拜贺曰:[40]"惟信亦为大王不如也。[41]然臣尝事之,请言项王之为人也。项王喑噁叱咤,[42]千人皆废,[43]然不能任属贤将,[44]此特匹夫之勇耳。[45]项王见人恭敬慈爱,言语呕呕,[46]人有疾病,涕泣分食饮,至使人有功当封爵者,印刓弊,忍不能予,[47]此所谓妇人之仁也。[48]项王虽霸天下而臣诸侯,不居关中而都彭城。[49]有背义帝之约,而以亲爱王,[50]诸侯不平。诸侯之见项王迁逐义帝置江南,亦皆归逐其主而自王善地。项王所过无不残灭者,天下多怨,百姓不亲附,特劫于威,彊耳。[51]名虽为霸,实失天下心。故曰其彊易弱。今大王诚能反其道:[52]任天下武勇,何所不诛!以天下城邑封功臣,何所不服!以义兵从思东归之士,何所不散![53]且三秦王为秦将,[54]将秦子弟数岁矣,所杀亡不可胜计,又欺其众降诸侯,至新安,项王诈阬秦降卒二十馀万,[55]唯独邯、欣、翳得脱,秦父兄怨此三人,痛入骨髓。[56]今楚彊以威王此三人,[57]秦民莫爱也。大王之入武关,秋豪无所害,[58]除秦苛法,与秦民约,法三章耳,[59]秦民无不欲得大王王秦者。[60]于诸侯之约,大王当王关中,关中民咸知之。大王失职入汉中,秦民无不恨者。今大王举而东,三秦可传檄而定也。"[61]于是汉王大喜,自以为得信晚,[62]遂听信计,部署诸将所击。[63]

八月,汉王举兵东出陈仓,[64]定三秦。汉二年,[65]出关,收魏河南,[66]韩、殷王皆降。[67]合齐、赵共击楚。[68]四月,至彭城,汉兵败散而还。信复收兵与汉王会荥阳,复击破楚京、索之间。[69]以故,楚兵卒不能西。[70]

汉之败卻彭城,[71]塞王欣、翟王翳亡汉降楚。齐、赵亦反汉与楚和。六月,魏王豹谒归视亲疾,[72]至国,即绝河关反汉，[73]与楚约和。汉王使郦生说豹，不下。[74]其八月，以信为左丞相，击魏。魏王盛兵蒲坂，塞临晋，[75]信乃益为疑兵，[76]陈船欲度临晋，[77]而伏兵从夏阳以木罂缻渡军，[78]袭安邑。[79]魏王豹惊，引兵迎信，信遂虏豹，定魏为河东郡。汉王遣张耳与信俱，[80]引兵东，北击赵、代。[81]后九月，[82]破代兵，禽夏说阏与。[83]信之下魏破代，汉辄使人收其精兵，诣荥阳以距楚。

信与张耳以兵数万，欲东下井陉击赵。[84]赵王、成安君陈馀闻汉且袭之也，聚兵井陉口，号称二十万。广武君李左车说成安君曰：[85]"闻汉将韩信涉西河，虏魏王，禽夏说，新喋血阏与，[86]今乃辅以张耳，议欲下赵，此乘胜而去国远斗，其锋不可当。臣闻'千里馈粮，士有饥色；樵苏后爨，师不宿饱'。[87]今井陉之道，车不得方轨，[88]骑不得成列，[89]行数百里，其势粮食必在其后。愿足下假臣奇兵三万人，[90]从间道绝其辎重；[91]足下深沟高垒，[92]坚营勿与战。[93]彼前不得斗，退不得还，吾奇兵绝其后，使野无所掠，不至十日，而两将之头可致于戏下。愿君留意臣之计！[94]否，必为二子所禽矣！"成安君，儒者也，[95]常称"义兵不用诈谋奇计"，曰："吾闻兵法'十则围之，倍则战'。[96]今韩信兵号数万，其实不过数千。能千里而袭我，亦已罢极，[97]今如此避而不击，后有大者，何以加之！[98]则诸侯谓吾怯，而轻来伐我。"[99]不听广武君策。

广武君策不用,韩信使人间视,[100]知其不用,还报,则大喜,乃敢引兵遂下。[101]未至井陉口三十里,止舍。[102]夜半传发,[103]选轻骑二千人,[104]人持一赤帜,[105]从间道萆山而望赵军,[106]诫曰:"赵见我走,必空壁逐我,[107]若疾入赵壁,拔赵帜立汉赤帜。"[108]令其裨将传飧,[109]曰:"今日破赵会食。"[110]诸将皆莫信,详应曰:[111]"诺。"谓军吏曰:[112]"赵已先据便地为壁,[113]且彼未见吾大将旗鼓,未肯击前行,[114]恐吾至阻险而还。"[115]信乃使万人先行,出,背水陈。[116]赵军望见而大笑。[117]平旦,[118]信建大将之旗鼓,[119]鼓行出井陉口,[120]赵开壁击之,大战良久。于是信、张耳详弃鼓旗,[121]走水上军。水上军开入之,复疾战。赵果空壁争汉鼓旗,逐韩信、张耳。韩信、张耳已入水上军,军皆殊死战,[122]不可败。信所出奇兵二千骑,共候赵空壁逐利,则驰入赵壁,皆拔赵旗立汉赤帜二千。赵军已不胜,不能得信等,[123]欲还归壁,壁皆汉赤帜,而大惊以为汉皆已得赵王将矣。[124]兵遂乱,遁走,赵将虽斩之,不能禁也。[125]于是汉兵夹击,大破虏赵军,斩成安君泜水上,[126]禽赵王歇。

信乃令军中毋杀广武君,有能生得者购千金。[127]于是有缚广武君而致戏下者,信乃解其缚,东乡坐,[128]西乡对,师事之。

诸将效首虏,[129]休毕贺,[130]因问信曰:"兵法'右倍山陵,前左水泽',[131]今者将军令臣等反背水陈,曰破赵会食,臣等不服。然竟以胜,此何术也?"信曰:"此在兵法,顾诸君不察耳。兵法不曰'陷之死地而后生,置之亡地而后存'?〔132〕且信非得素拊循士大夫也,〔133〕此所谓驱市人而战之,〔134〕其势非置之死地,使人人自为战;〔135〕今予之生地,皆走,宁尚可得而用之乎!"诸将皆服曰:"善。非臣所及也。"

于是信问广武君曰:"仆欲北攻燕,东伐齐,何若而有功?"〔136〕广武君辞谢曰:"臣闻'败军之将不可以言勇,亡国之大夫不可以图存',〔137〕今臣败亡之虏,〔138〕何足以权大事乎!"〔139〕信曰:"仆闻之,百里奚居虞而虞亡,〔140〕在秦而秦霸,非愚于虞而智于秦也,用与不用,听与不听也。诚令成安君听足下计,若信者亦已为禽矣。〔141〕以不用足下,故信得侍耳。"〔142〕因固问曰:〔143〕"仆委心归计,〔144〕愿足下勿辞!"广武君曰:"臣闻'智者千虑,必有一失;愚者千虑,必有一得'。〔145〕故曰'狂夫之言,圣人择焉'。〔146〕顾恐臣计未必足用,愿效愚忠。夫成安君有百战百胜之计,一旦而失之,军败鄗下,〔147〕身死泜上。今将军涉西河,虏魏王,禽夏说阏与,一举而下井陉,不终朝破赵二十万众,〔148〕诛成安君。名闻海内,威震天下。农夫莫不辍耕释耒,褕衣甘食,倾耳以待命者。〔149〕若此,将军之所长也。然而众劳卒罢,〔150〕其实难用。今将军欲举倦弊之兵,〔151〕顿之燕坚城之下,〔152〕欲战恐久力不能拔,〔153〕情见势屈,〔154〕旷日粮竭,〔155〕而弱燕不服,齐必距境以自彊也。〔156〕燕、齐相持而不下,〔157〕则

361

刘、项之权未有所分也。[158]若此者,将军所短也。臣愚,窃以为亦过矣。[159]故善用兵者不以短击长,而以长击短。"韩信曰:"然则何由?"[160]广武君对曰:"方今为将军计,莫如案甲休兵,镇赵抚其孤,[161]百里之内,牛酒日至,以飨士大夫醳兵,[162]北首燕路,[163]而后遣辩士奉咫尺之书,[164]暴其所长于燕,[165]燕必不敢不听从。燕已从,使喧言者东告齐,[166]齐必从风而服,虽有智者,亦不知为齐计矣。如是则天下事皆可图也。兵固有先声而后实者,[167]此之谓也。"韩信曰:"善。"从其策,发使使燕,燕从风而靡。[168]乃遣使报汉,因请立张耳为赵王,以镇抚其国。汉王许之,乃立张耳为赵王。

楚数使奇兵渡河击赵,赵王耳、韩信往来救赵,因行定赵城邑,[169]发兵诣汉。[170]楚方急围汉王于荥阳,[171]汉王南出,之宛、叶间,[172]得黥布,[173]走入成皋,[174]楚又复急围之。六月,汉王出成皋,东渡河,独与滕公俱,从张耳军脩武。[175]至,宿传舍。[176]晨自称汉使,驰入赵壁。张耳、韩信未起,即其卧内上夺其印符,[177]以麾召诸将,易置之。[178]信、耳起,乃知汉王来,大惊。汉王夺两人军,即令张耳备守赵地,拜韩信为相国,收赵兵未发者击齐。[179]

信引兵东,未渡平原,[180]闻汉王使郦食其已说下齐,[181]韩信欲止。范阳辩士蒯通说信曰:[182]"将军受诏击齐,而汉独发间使下齐,[183]宁有诏止将军乎?何以得毋行也!〔184〕且郦生一士,〔185〕伏轼掉三寸之舌,〔186〕下齐七十馀城,将军将数万众,岁馀乃下赵五十馀城,为将数岁,反不如一竖儒之功乎!"于是信然之,〔187〕从其计,遂渡河。〔188〕齐已听郦生,〔189〕即留纵酒,〔190〕罢备汉守御。〔191〕信因袭齐历下军,〔192〕遂至临菑。〔193〕齐王田广以郦生卖己,〔194〕乃亨之,〔195〕而去高密,〔196〕使使之楚请救。韩信已定临菑,遂东追广至高密西。楚亦使龙且将,号称二十万救齐。

齐王广、龙且并军与信战,未合,〔197〕人或说龙且曰:〔198〕"汉兵远斗穷战,〔199〕其锋不可当。齐、楚自居其地战,兵易败散。〔200〕不如深壁,〔201〕令齐王使其信臣招所亡城,〔202〕亡城闻其王在,楚来救,必反汉。汉兵二千里客居,〔203〕齐城皆反之,其势无所得食,可无战而降也。"龙且曰:"吾平生知韩信为人,易与耳。〔204〕且夫救齐,不战而降之,〔205〕吾何功!今战而胜之,齐之半可得,何为止!"〔206〕遂战,与信夹潍水陈。〔207〕韩信乃夜令人为万馀囊,满盛沙,壅水上流,引军半渡,击龙且。详不胜,〔208〕还走。龙且果喜曰:"固知信怯也。"遂追信渡水。信使人决壅囊,〔209〕水大至。龙且军大半不得渡,〔210〕即急击,杀龙且。龙且水东军散走,〔211〕齐王广亡去。信遂追北至城阳,〔212〕皆虏楚卒。〔213〕

汉四年,〔214〕遂皆降。平齐。使人言汉王曰:〔215〕"齐伪诈多变,反覆之国也。南边楚。〔216〕不为假王以镇之,其势不定。[217]愿为假王便。"[218]当是时,楚方急围汉王于荥阳,韩信使者至,发书,汉王大怒,骂曰:"吾困于此,旦暮望若来佐我,乃欲自立为王!"张良、陈平蹑汉王足,[219]因附耳语曰:"汉方不利,宁能禁信之王乎!不如因而立,[220]善遇之,使自为守。不然,变生。"汉王亦悟,因复骂曰:"大丈夫定诸侯,即为真王耳,何以假为!"乃遣张良往,立信为齐王,征其兵击楚。

楚已亡龙且,项王恐,使盱眙人武涉往说齐王信曰:[221]"天下共苦秦久矣,相与勠力击秦。[222]秦已破,计功割地,分土而王之,以休士卒。今汉王复兴兵而东,侵人之分,[223]夺人之地,已破三秦,引兵出关,收诸侯之兵以东击楚,[224]其意非尽吞天下者不休,其不知厌足如是甚也。[225]且汉王不可必,身居项王掌握中数矣,[226]项王怜而活之,[227]然得脱,辄倍约,[228]复击项王,其不可亲信如此。今足下虽自以与汉王为厚交,为之尽力用兵,终为之所禽矣。[229]足下所以得须臾至今者,[230]以项王尚存也。当今二王之事,权在足下。足下右投则汉王胜,左投则项王胜。项王今日亡,则次取足下。[231]足下与项王有故,[232]何不反汉与楚连和,参分天下王之。[233]今释此时,而自必于汉以击楚,[234]且为智者固若此乎!"[235]韩信谢曰:"臣事项王,官不过郎中,位不过执戟,[236]言不听,画不用,[237]故倍楚而归汉。汉王授我上将军印,予我数万众,解衣衣我,推食食我,[238]言听计用，故吾得以至于此。夫人深亲信我，我倍之不祥，虽死不易。[239]幸为信谢项王！"[240]

武涉已去，齐人蒯通知天下权在韩信，[241]欲为奇策而感动之，以相人说韩信曰：[242]"仆尝受相人之术。"韩信曰："先生相人何如？"对曰："贵贱在于骨法，[243]忧喜在于容色，[244]成败在于决断，[245]以此参之，万不失一。"[246]韩信曰："善。先生相寡人何如？"对曰："愿少间。"[247]信曰："左右去矣！"通曰："相君之面，不过封侯，又危不安。相君之背，贵乃不可言。"[248]韩信曰："何谓也？"蒯通曰："天下初发难也，俊雄豪桀建号一呼，[249]天下之士云合雾集，[250]鱼鳞襍遝，[251]熛至风起。[252]当此之时，忧在亡秦而已。[253]今楚、汉分争，使天下无罪之人肝胆塗地，父子暴骸骨于中野，[254]不可胜数。[255]楚人起彭城，转斗逐北，至于荥阳，乘利席卷，威震天下。然兵困于京、索之间，迫西山而不能进者，[256]三年于此矣。汉王将数十万之众，距巩、雒，[257]阻山河之险，一日数战，无尺寸之功，折北不救，[258]败荥阳，伤成皋，[259]遂走宛、叶之间，此所谓智勇俱困者也。夫锐气挫于险塞，[260]而粮食竭于内府，[261]百姓罢极怨望，容容无所倚。[262]以臣料之，其势非天下之贤圣，固不能息天下之祸。当今两主之命县于足下。[263]足下为汉则汉胜，与楚则楚胜。臣愿披腹心，输肝胆，效愚计，恐足下不能用也。诚能听臣之计，莫若两利而俱存之，叁分天下，[264]鼎足而居，其势莫敢先动。夫以足下之贤圣，有甲兵之众,据彊齐,[265]从燕、赵,[266]出空虚之地而制其后,[267]因民之欲,西乡为百姓请命,[268]则天下风走而响应矣,[269]孰敢不听!割大弱彊,[270]以立诸侯,诸侯已立,天下服听而归德于齐。[271]案齐之故,有胶、泗之地,[272]怀诸侯以德,深拱揖让,[273]则天下之君王相率而朝于齐矣。盖闻'天与弗取,反受其咎;时至不行,反受其殃'。[274]愿足下孰虑之!"韩信曰:"汉王遇我甚厚,载我以其车,衣我以其衣,食我以其食。[275]吾闻之,乘人之车者载人之患,衣人之衣者怀人之忧,食人之食者死人之事,吾岂可以乡利倍义乎!"[276]蒯生曰:"足下自以为善汉王,[277]欲建万世之业,臣窃以为误矣。始常山王、成安君为布衣时,[278]相与为刎颈之交。[279]后争张黡、陈泽之事,[280]二人相怨。常山王背项王,奉项婴头而窜,[281]逃归于汉王。汉王借兵而东下,[282]杀成安君泜水之南,头足异处,卒为天下笑。此二人相与,天下至骧也,然而卒相禽者,何也?患生于多欲,而人心难测也。今足下欲行忠信以交于汉王,必不能固于二君之相与也,[283]而事多大于张黡、陈泽。[284]故臣以为足下必汉王之不危己,亦误矣。大夫种、范蠡存亡越,[285]霸句践,立功成名而身死亡。野兽已尽而猎狗亨。[286]夫以交友言之,则不如张耳之与成安君者也。以忠信言之,则不过大夫种、范蠡之于句践也。此二人者,足以观矣。愿足下深虑之!且臣闻勇略震主者身危,而功盖天下者不赏。[287]臣请言大王功略:足下涉西河,虏魏王,禽夏说,引兵下井陉,诛成安君,徇赵,胁燕,定齐,南摧楚人之兵二十万,东杀龙且,西乡以报。[288]此所谓功无二于天下,而略不世出者也。[289]今足下戴震主之威,挟不赏之功,归楚,楚人不信;归汉,汉人震恐。足下欲持是安归乎![290]夫势在人臣之位,而有震主之威,名高天下,窃为足下危之!"韩信谢曰:"先生且休矣,吾将念之。"[291]

后数日,蒯通复说曰:"夫听者事之候也,[292]计者事之机也,[293]听过计失而能久安者,鲜矣。[294]听不失一二者,不可乱以言;[295]计不失本末者,不可纷以辞。[296]夫随厮养之役者,失万乘之权;[297]守儋石之禄者,阙卿相之位。[298]故知者决之断也,[299]疑者事之害也,审豪氂之小计,[300]遗天下之大数,[301]智诚知之,决弗敢行者,[302]百事之祸也。[303]故曰,猛虎之犹豫,不若蜂虿之致螫;[304]骐骥之跼躅,不如驽马之安步;[305]孟贲之狐疑,不如庸夫之必至也;[306]虽有舜、禹之智,吟而不言,不如瘖聋之指麾也。[307]此言贵能行之。[308]夫功者难成而易败,时者难得而易失也。时乎时,[309]不再来。愿足下详察之!"韩信犹豫,不忍倍汉。又自以为功多,汉终不夺我齐。遂谢蒯通。蒯通说不听,已详狂为巫。[310]

汉王之困固陵,用张良计召齐王信,遂将兵会垓下。[311]项羽已破,高祖袭夺齐王军。汉五年正月,[312]徙齐王信为楚王,都下邳。[313]

信至国,[314]召所从食漂母,赐千金。及下乡南昌亭长,赐百钱,曰:"公,小人也,为德不卒。"[315]召辱己之少年令出胯下者以为楚中尉。[316]告诸将相曰:"此壮士也,方辱我时,我宁不能杀之邪!杀之无名,故忍而就于此。"

项王亡将锺离眛家在伊庐,[317]素与信善。项王死后,亡归信。汉王怨眛,闻其在楚,诏楚捕眛。[318]信初之国,行县邑,陈兵出入。[319]汉六年,[320]人有上书告楚王信反。高帝以陈平计,天子巡狩会诸侯,南方有云梦,发使告诸侯会陈:"吾将游云梦。"[321]实欲袭信,信弗知。高祖且至楚,[322]信欲发兵反,自度无罪,欲谒上,恐见禽。[323]人或说信曰:"斩眛谒上,上必喜,无患。"信见眛计事,[324]眛曰:"汉所以不击取楚,以眛在公所。若欲捕我以自媚于汉,[325]吾今日死,公亦随手亡矣。"乃骂信曰:"公非长者。"卒自刭。信持其首,谒高祖于陈。上令武士缚信载后车。信曰:"果若人言,'狡兔死,良狗亨;高鸟尽,良弓藏;敌国破,谋臣亡'。[326]天下已定,我固当亨。"上曰:"人告公反。"遂械系信。[327]至雒阳,赦信罪,以为淮阴侯。

信知汉王畏恶其能,[328]常称病不朝从。[329]信由此日夜怨望,[330]居常鞅鞅,[331]羞与绛、灌等列。[332]信尝过樊将军哙,哙跪拜送迎,言称臣,曰:"大王乃肯临臣!"[333]信出门笑曰:"生乃与哙等为伍!"[334]上常从容与信言诸将能不,各有差。[335]上问曰:"如我,能将几何?"[336]信曰:"陛下不过能将十万。"上曰："于君何如？"曰："臣多多而益善耳。"〔337〕上笑曰："多多益善，何为为我禽！"〔338〕信曰："陛下不能将兵，而善将将，〔339〕此乃信之所以为陛下禽也。且陛下所谓天授，〔340〕非人力也。"

　　陈豨拜为钜鹿守，〔341〕辞于淮阴侯。〔342〕淮阴侯挈其手，〔343〕辟左右与之步于庭，〔344〕仰天叹曰："子可与言乎？欲与子有言也。"豨曰："唯将军令之！"淮阴侯曰："公所居，天下精兵处也；〔345〕而公，陛下之信幸臣也。〔346〕人言公之畔，〔347〕陛下必不信；再至，陛下乃疑矣；三至，必怒而自将。吾为公从中起，〔348〕天下可图也。"陈豨素知其能也，信之，曰："谨奉教！"汉十一年，〔349〕陈豨果反。上自将而往，信病不从。阴使人至豨所曰：〔350〕"弟举兵，〔351〕吾从此助公。"信乃谋与家臣夜诈诏赦诸官徒奴，〔352〕欲发以袭吕后、太子。部署已定，待豨报。其舍人得罪于信，〔353〕信囚，欲杀之。舍人弟上变，〔354〕告信欲反状于吕后。吕后欲召，恐其党不就，〔355〕乃与萧相国谋，〔356〕诈令人从上所来，言豨已得死，〔357〕列侯群臣皆贺。相国绐信曰：〔358〕"虽疾，彊入贺。"〔359〕信入，吕后使武士缚信，斩之长乐锺室。〔360〕信方斩，曰："吾悔不用蒯通之计，乃为儿女子所诈，〔361〕岂非天哉！"遂夷信三族。〔362〕

　　高祖已从豨军来，〔363〕至，见信死，且喜且怜之，〔364〕问"信死亦何言？"吕后曰："信言恨不用蒯通计。"高祖曰："是齐辩士也。"乃诏齐捕蒯通。蒯通至，上曰："若教淮阴侯反乎?"对曰:"然,臣固教之。竖子不用臣之策,故令自夷于此。如彼竖子用臣之计,陛下安得而夷之乎!"上怒曰:"亨之!"通曰:"嗟乎!冤哉亨也!"上曰:"若教韩信反,何冤?"对曰:"秦之纲绝而维弛,〔365〕山东大扰,〔366〕异姓并起,英俊乌集。〔367〕秦失其鹿,天下共逐之,〔368〕于是高材疾足者先得焉。〔369〕'蹠之狗吠尧,尧非不仁,狗固吠非其主。'〔370〕当是时,臣唯独知韩信,非知陛下也。且天下锐精持锋欲为陛下所为者甚众,〔371〕顾力不能耳。又可尽亨之邪!"〔372〕高帝曰:"置之!"〔373〕乃释通之罪。〔374〕

太史公曰:吾如淮阴,〔375〕淮阴人为余言,韩信虽为布衣时,其志与众异。〔376〕其母死,贫无以葬,然乃行营高敞地,〔377〕令其旁可置万家。〔378〕余视其母冢,良然。〔379〕假令韩信学道谦让,不伐己功,不矜其能,〔380〕则庶几哉,于汉家勋可以比周、召、太公之徒,〔381〕后世血食矣。〔382〕不务出此,〔383〕而天下已集,乃谋畔逆,〔384〕夷灭宗族,不亦宜乎!

〔1〕淮阴故城在今江苏省清江市东南。已见《陈丞相世家》校释〔109〕。
〔2〕无行不得推择为吏,没有什么可称的才行能够推举选择为官吏。
〔3〕治生商贾,做买卖来营谋生活。流动贩卖的叫商,设肆售货的叫贾(音古)。
〔4〕寄食饮,犹言乞食。寄,投托。

〔5〕常数从其下乡南昌亭长寄食,曾经屡次投靠在下乡南昌亭长的家里求食。常通尝。数读入声,屡次。下乡,淮阴县的属乡。南昌,下乡的亭名,《楚汉春秋》作"新昌"。亭长已见《项纪》校释〔589〕。

〔6〕晨炊蓐食,一早把饭煮好,在床上就吃掉了。蓐同褥。

〔7〕诸母,大娘们。漂,在水中拍絮。

〔8〕饭信,分自己的饭给韩信吃。竟漂数十日,直到数十天漂絮工作完了以后才罢。饭,动词。

〔9〕自食,自己养活。食音寺,供养。

〔10〕王孙,犹公子,当时对年轻人的通称。

〔11〕若虽长大,好带刀剑,中情怯耳,你虽然生得高大,但喜欢佩带刀剑,内心终是胆怯的罢。若,汝也。

〔12〕众辱之,当大众面前羞辱他。

〔13〕袴一作胯,袴下犹胯下。出我胯下,在我的两腿的当间儿爬出去。

〔14〕孰视之,仔仔细细地看了这少年一下。孰同熟。

〔15〕俛出袴下,爬倒来钻过这少年的胯下。俛同俯。

〔16〕蒲伏同匍匐,俯伏在地上。

〔17〕戏下即麾下,参看《项纪》校释〔413〕。

〔18〕干,求请;献议。汲古本讹作"于"。

〔19〕连敖,接待宾客的人员。

〔20〕滕公即夏侯婴,已见《项纪》校释〔466〕。

〔21〕就,成就。

〔22〕奇,惊怪。

〔23〕大说之,很佩服他的一番说话。说同悦。

〔24〕治粟都尉,管理粮饷的高级军官。

〔25〕未之奇,犹未奇之,不曾重视他。奇,珍贵;看重。

〔26〕南郑,今陕西省南郑市,时为汉王国都。已见《项纪》校释〔369〕。

〔27〕诸将行,诸将领辈。行音杭,行辈。道亡,半路逃走,当时诸将士卒多思东归,故多道亡。

〔28〕度何等已数言上,上不我用,揣想萧何等已屡次向汉王举荐过,汉王不用我。不我用犹不用我。

〔29〕不及以闻,来不及把韩信逃亡的事告知汉王。

〔30〕追信诈也,说追韩信是欺骗他。以上数语都呼萧何为"若",这上面却改称"公",可见汉王此时心已稍定,措辞也较为安详了。

〔31〕国士无双,一国中杰出之人,没有人可以同他相比的。

〔32〕无所事信,没有韩信的用处。

〔33〕非信无所与计者,除了韩信,没有可以同他商议大事的人。

〔34〕顾王策安所决耳,但不知大王的计策决定走哪一条路(长王汉中还是争天下)罢了!顾,但也。安,何也。

〔35〕吾为公以为将,吾为你的推荐,命他做将官罢。

〔36〕斋戒,已详《廉蔺列传》校释〔35〕。设坛场具礼,布置拜将的场所,具备拜将的礼节。筑土培高叫坛,平治地面叫场。

〔37〕人人各自以为得大将,各人的想法都以为自己要受命拜大将了。

〔38〕东乡争权天下,岂非项王邪,向东去,跟他争夺天下霸权的对手岂不是项王么?乡同向。

〔39〕大王自料勇悍仁彊孰与项王,大王自己估计,你个人的勇狠和兵势的精强,比项王谁胜?仁,良也。仁彊兼有精良与强盛的意义。

〔40〕贺,赞同之意,与嘉同义。嘉与贺古同声而通用,见《广雅疏证》。

〔41〕蜀本"为"上有"以"字。惟《汉书》作"唯"(古多借作"虽"字〔编者按:繁体作"雖"〕)。惟信亦为大王不如也,意谓不但大王以为不

如他,虽我也以为大王不如他。

〔42〕喑噁叱咤,形容意气飞扬。喑(音音)噁(音污)是满怀怒气。叱咤(音诧)是发怒的声息。

〔43〕千人皆废,言他发怒时虽千人在旁也都被镇得不敢动弹。废,不振;瘫痪。

〔44〕任属,倾心委托。

〔45〕匹夫之勇,言一个光杆的勇狠,无当大用的。

〔46〕呕呕,《汉书》作"姁姁"(音吁),噜苏;烦碎。

〔47〕印刓弊,刻好了封给人家的印信,摩弄得印角都磨灭了。忍不能予,舍不得给与应封的人。刓同玩。弊,减损。忍,揩住。予,给付,汲古本讹作"子"。

〔48〕妇人之仁,言只是一味婆子气,不识大体。

〔49〕不居关中而都彭城,讥他放弃形胜之地。

〔50〕有背义帝之约,不履行义帝"先入关中者王之"的成约。以亲爱王,把他亲近信爱的人分封为王。

〔51〕特劫于威,彊耳,不过被他的淫威所胁制,勉彊服从罢了。彊应读上声,勉自抑制之意。

〔52〕反其道,就是要不尚匹夫之勇,不行妇人之仁。

〔53〕何所不诛,有什么地方不可以诛灭呢!何所不服和何所不散,说法完全相同。服是心服,散是打散。但"诛灭"和"打散"是指的敌人方面,"心服"是指的自己方面。

〔54〕三秦王,指当时秦地的三个王,即雍王章邯、塞王司马欣、翟王董翳。已详《项纪》校释〔371〕、〔372〕、〔373〕。当时就把雍、塞、翟三国统括起来称做三秦。

〔55〕阬,蜀本、百衲本、黄本、汲古本都作"坑"。

〔56〕痛入骨髓,参看《刺客列传》校释〔291〕。

〔57〕彊以威王此三人,勉强用兵威来封此三人为王。

〔58〕秋豪无所害,些微也没有侵害它,秋豪参看《项纪》校释〔289〕。

〔59〕刘邦初入关,与秦民约,杀人者死,伤人及盗抵罪。仅举杀人、伤人和盗取三项罢了,故云法三章耳。

〔60〕王秦,王于秦地。

〔61〕传檄而定,犹言行一道文书便可收服的。檄音亦,长尺二寸的木简,古代有宣告或征召的事,书于檄上传发之。

〔62〕晚,迟也。

〔63〕部署,布置。所击,攻击的目标。

〔64〕陈仓,秦所置县,故城在今陕西省宝鸡县东。

〔65〕汉二年丙申岁,当公元前二〇五年。

〔66〕收魏河南,收取故魏地的河南国。时项王封申阳为河南王,汉王东出关,至陕(今河南省陕县),申阳降。

〔67〕与收河南同时,项王所封的韩王郑昌亦降,又渡河虏殷王司马卬。故云韩、殷王皆降。

〔68〕合齐、赵共击楚,参看《项纪》校释〔433〕。

〔69〕京、索之间,已详《项纪》校释〔476〕。

〔70〕卒读如猝,卒不能西,言被牵制着,不能骤然离开荥阳而西向击汉。

〔71〕郄,蜀本讹作"郤"。

〔72〕魏王豹时被项王徙封为西魏王,王河东,都平阳,汉王出关渡河,豹遂降。至是,谒归视亲疾(请假回河东探望他大人的病)。

〔73〕绝河关反汉,断绝黄河的交通,背叛汉王。河关即蒲津关,详后〔75〕。

〔74〕魏豹既叛汉,汉王使郦食其(已见《留侯世家》校释〔69〕)前

往游说他,想使他复归汉。豹说,"汉王慢侮人,骂詈诸侯群臣如奴耳,不忍复见也"。没有听从郦生。故云使郦生说豹不下。

〔75〕盛兵蒲坂,塞临晋,把重兵屯扎在蒲坂,堵塞黄河的渡口临晋关。蒲坂即魏蒲反邑,故城即今山西省永济县西旧蒲州北三十里的虞都镇。临晋关一名蒲关,亦名河关,又名蒲津关,在今山西省永济县西,陕西省朝邑县东的黄河西岸。宋改名大庆关,今仍之。

〔76〕疑兵,参看《留侯世家》校释〔68〕。

〔77〕陈船欲度临晋,排列船只在临晋关,好像要在那里渡河东攻,这就是疑兵。度同渡。

〔78〕伏兵从夏阳以木罂缻渡军,预备着的伏兵却从上游夏阳地方用木桶偷偷地渡河。夏阳即魏少梁,故城在今陕西省韩城县南。木罂缻(音婴缶),木制的盆瓮之类,相当于木桶。不用船而用木桶,正欲保密,不使敌人注意。

〔79〕袭安邑,袭取安邑。出人不意叫袭。安邑,战国魏都,故城在今山西省夏县北。

〔80〕遣张耳与信俱,派张耳同韩信一起去。俱,偕也。

〔81〕北击赵、代,向北攻打赵歇和陈馀。是时陈馀既袭破常山,赶走张耳,迎赵歇自代复为赵王。歇乃立陈馀为代王,号成安君,留相赵;使夏说(音悦)为代相国,守代。事实上赵、代一体,故《汉书·韩信传》便这样说:"信既虏豹,使人请汉王愿益兵三万人,北举赵,东击齐,南绝楚之粮道,与大王会荥阳。汉王与兵三万人,遣张耳与俱。"

〔82〕后九月,那年的闰九月。

〔83〕禽夏说阏与,擒夏说于阏与。禽同擒。阏与音饫预,已见《廉蔺列传》校释〔128〕。

〔84〕井陉(音形),太行八隘之一,即井陉口。参看《廉蔺列传》校释〔291〕。

〔85〕广武君李左车,赵之谋臣。君,百衲本讹作"军"。李,汲古本讹作"季"。

〔86〕喋血,流血。喋音牒。一说喋通蹀,喋血是践踏血泊。

〔87〕千里馈粮……师不宿饱,当时兵家流行的成语。千里馈粮,士有饥色,是说给养线过长,若待千里之外输送军粮来,士卒们必然有挨饿的危险;樵苏后爨,师不宿饱,是说就地掠食也没有把握使人马吃得饱的。馈,送也。采薪叫樵,取草叫苏。爨音窜,炊也。师,兵众。宿饱,经常吃饱,宿,积也。

〔88〕方轨,两车并行。方,并列。

〔89〕成列,排成行列。

〔90〕假,暂时付与。

〔91〕间道,蜀本、百衲本、黄本、汲古本都作"间路"。

〔92〕深沟高垒,掘深护营的沟道,培高兵营的墙垣。

〔93〕坚营,坚守营垒。

〔94〕留意,有采纳实行的意义。

〔95〕儒者犹言书生。此有迂腐不知通变之意。

〔96〕十则围之,倍则战,引《孙子·谋攻篇》文而少变之。言当有十倍于敌人的兵力乃可以包围它,有倍于敌人的兵力乃可以一战。成安君的意思是说己方兵力远过于韩信,完全可以和他正式决战。

〔97〕罢极,疲惫已极。罢读如疲。

〔98〕后有大者,何以加之,以后如有更大于此的敌人,怎能胜它呢!加,胜也。

〔99〕轻来伐我,容易前来伐我。轻,易也。汲古本作"听",则任凭敌人来伐我了,似不如作轻为妥。

〔100〕间视,探听。蜀本"间"讹作"闻"。

〔101〕遂下,径行直下。

〔102〕止舍,停下来扎营。

〔103〕传发,传令军中出发。

〔104〕轻骑,轻装的骑兵。

〔105〕人持一赤帜,每人带着一柄红色的标旗。百衲本"持"上不重出"人"字。帜(编者按:繁体作"幟"),蜀本都讹作"幟"。

〔106〕萆山而望赵军,依山势作掩护,远望赵军的动静。萆同蔽,遮掩。

〔107〕空壁逐我,悉数出来追我,犹言倾巢而出,不留一兵,仅剩一座空垒。

〔108〕若疾入赵壁,拔赵帜立汉赤帜,你们赶快冲入赵营,拔去赵国的旗号,插立汉王的红旗。

〔109〕裨将,副将,犹今部队中的副官。传飧,停驻在那儿,分发一点小食(点心)。飧同餐。

〔110〕今日破赵会食,今天待攻破了赵军乃可正式聚餐。

〔111〕详通佯,蜀本径作"佯"。

〔112〕谓军吏,韩信对执事军官说。

〔113〕便地,形胜利便的地方。

〔114〕前行,先头部队。

〔115〕恐吾至险阻而还,怕我们到了路狭山险的地方就退回来(如果他们阻击我先头部队的话)。

〔116〕背水陈,背水结阵。陈读如阵。下面的"水上军"就指这背水结营的阵地。

〔117〕背水为阵是绝地,陈馀知为兵法所忌,故赵军望见而大笑。

〔118〕平旦,太阳刚露出地面的时候。

〔119〕建大将之旗鼓,打起大将的旗号,带着大将的仪仗鼓吹。

〔120〕鼓行,大吹大擂地前进。

〔121〕详弃鼓旗,使诈把旗号仪仗都丢掉。弃,蜀本、百衲本、汲古本都作"棄"。

〔122〕殊死战,决心拼死作战。殊,决绝。

〔123〕不能得信等,不能捉到韩信、张耳等人。得,擒获。

〔124〕以为汉皆已得赵王将矣,想来汉兵都已把赵王的将领们收服了。得,收降。

〔125〕虽斩之,不能禁,虽斩杀逃兵终不能禁止他们的逃跑。

〔126〕泜水源出河北省元氏县西,东流入槐河。泜音迟。

〔127〕有能生得者购千金,有能活捉李左车的赏千金。购,悬赏。参看《刺客列传》校释〔146〕、〔147〕。其上"毋杀",百衲本讹作"母杀"。

〔128〕东乡坐,令左车面向东坐。当时在堂上接见以东向为尊。参看《陈丞相世家》校释〔153〕。

〔129〕效首虏,献首级和俘虏。效,呈献。蜀本、百衲本、黄本、汲古本都讹作"効"。

〔130〕休毕贺,效首虏完毕后都向韩信称贺。休,完了。毕,皆也。蜀本、百衲本都无"休"字。

〔131〕右倍山陵,前左水泽,右面和背后必须靠近山陵,前面和左面必须临近川泽。倍同背。此盖引《孙子·行军篇》而少变其文。

〔132〕陷之死地而后生,置之亡地而后存,见《孙子·九地篇》。

〔133〕非得素拊循士大夫,未能得到素有训练的将士。素,平素。拊同抚。拊循犹抚慰,此处有训练的意义。士大夫泛指一般人士。

〔134〕驱市人而战之,犹言驱乌合之众使他们向敌作战。

〔135〕使人人自为战承上"非"字言,下当添"不可"二字看。

〔136〕何若犹若何。

〔137〕败军之将……不可以图存,当时流行的成语。

〔138〕败亡之虏,失败了的俘虏。

〔139〕权,计量;策画。

〔140〕百里奚已详《商君列传》校释〔163〕。

〔141〕为禽,当俘虏。

〔142〕信得侍耳,意即为我所擒。因尊重李左车,不欲触伤他,反而说我以此能够遂我奉侍足下的心愿罢了。

〔143〕固问,坚决地请问。

〔144〕委心归计,倾心听从你的计策。

〔145〕智者千虑,必有一失,愚者千虑,必有一得,当时流行的成语,言虽是贤智的人,在千遍考虑中也必有一遍要失算的;虽是愚陋的人,在千遍考虑中也必有一遍会合适的。

〔146〕狂夫之言,圣人择焉,也是流行成语,言虽是狂人的说话,圣人也该分别采择它的。

〔147〕鄗下,鄗城之下。鄗,今河北省高邑县。

〔148〕不终朝,不须经过一个完整的朝晨。这是形容他破赵的快速。

〔149〕农夫莫不……倾耳以待命者,一般农民都停止耕作,且图眼前的吃和穿,侧着耳朵等待兵灾的到来。这是说他威名的震动。辍耕已见《陈涉世家》校释〔5〕。释耒,丢下耕具。褕音蹂,美好。倾耳待命,提心吊胆地等着最后命运的决定。

〔150〕众劳卒罢,民众劳苦,士卒疲乏。罢读如疲。

〔151〕倦弊,劳倦疲敝。

〔152〕顿之燕坚城之下,停顿在燕国的坚守的城垣下面。

〔153〕欲战恐久力不能拔,要想战罢,恐怕日子拖久了,力量不能拔取它。

〔154〕情见势屈,真情暴露了,兵势也就挫减了。

〔155〕旷日粮竭,日子拖长了,粮饷也就短缺了。

〔156〕距境以自彊,拒守边境,使自己壮大。距通拒。

〔157〕燕、齐相持而不下,燕国同齐国都向你坚持不肯降服,并不是说燕、齐之间互相坚持不下。

〔158〕刘、项之权未有所分,刘、项两边的轻重还没有分晓啊。权,秤锤,此处犹言比重。

〔159〕窃以为亦过矣,私下忖度你的初计(北攻燕,东伐齐),也认为这是错误的啊。

〔160〕然则何由,那么走哪条路呢?由,从也;路也。

〔161〕抚其孤,存恤赵国死士的遗孤。

〔162〕飨士大夫,宴请一般人士;醳兵,犒劳兵卒。醉酒叫醳,音释。

〔163〕北首燕路,兵势北向燕国。首,向也。

〔164〕奉咫尺之书犹言送一封信。咫,八寸。咫尺指当时简牍的长度,或八寸或一尺。

〔165〕暴其所长于燕,把自己的长处向燕示威。暴音仆,显示;暴露。

〔166〕喧言者即辩士。

〔167〕先声而后实,犹言先虚后实。声是虚张声势。

〔168〕靡,吓倒;降服。

〔169〕因行定赵城邑,因往来救赵,便把赵国各地的城邑经略安定下来。

〔170〕发兵诣汉,调发赵国各城邑的兵接济汉王。诣音艺,赴也;往也。

〔171〕荥阳已详《项纪》校释〔473〕〔476〕。

〔172〕宛、叶已详《项纪》校释〔497〕。百衲本"宛"讹作"菀"。

〔173〕黥布已详《项纪》校释〔78〕。

〔174〕成皋已详《项纪》校释〔494〕。

〔175〕脩武已详《项纪》校释〔498〕。

〔176〕至,到了脩武。宿传舍,住宿在客馆中。

〔177〕即其卧内上夺其印符,就在韩信、张耳的卧室内收取他们的印信牌符。即,就也。《汉书》信传无"内上"二字。

〔178〕麾,军中宣召用的旌麾。易置之,把诸将的职位变更一下。

〔179〕收赵兵未发者击齐,把赵地尚未遣送到荥阳去的兵卒收集了,交给韩信带去伐齐。

〔180〕未渡平原,尚未东过平原。渡,通过。平原已详《项纪》校释〔440〕。

〔181〕郦食其已详《留侯世家》校释〔69〕。已说下齐,已把齐王田广说服,与汉约和了。说读去声。

〔182〕范阳,秦所置县,本燕地。故城在今河北省定兴县南四十里。蒯通,范阳人,本名彻,因与汉武帝同名,当时的史书便以避讳之故改为"通"。蒯音喟。

〔183〕间使,离间敌人的说客。

〔184〕毋行,百衲本讹作"母行"。

〔185〕郦生一士,郦生不过一介辩士,有轻蔑语气,观下文"反不如一竖儒(卑贱的儒生,参看《留侯世家》校释〔142〕)之功乎"自明。

〔186〕伏轼掉三寸之舌,言郦生乘车入齐,仅靠口辩。轼,车箱前面隆起的横木。伏轼,俯身在轼上,表示敬意。掉有舞弄的意义。

〔187〕然之,以蒯生之言为然。

〔188〕遂渡河,因而发兵渡过当时的黄河(那时的黄河下游是从今山东省北部的运河北流至天津入海的)。

〔189〕已听郦生,已经听从郦生的游说,与汉约和。黄本无"郦"字。

〔190〕即留纵酒,当时就款留郦生,设宴畅饮。

〔191〕罢备汉守御,撤去防备汉兵的卫戍部队。

〔192〕历下,齐邑,今山东省济南市。

〔193〕临菑,齐都,已详《项纪》校释〔403〕。

〔194〕齐王田广既许与汉约和,而韩信进兵袭破齐,以为这是郦生捣的鬼,存心欺骗出卖他。已指齐王自己。

〔195〕亨之,烹杀郦生。亨读作烹。

〔196〕去高密,逃往高密。高密,齐邑,故城在今山东省高密县西南。

〔197〕未合,尚未交战。

〔198〕人或说龙且,有人向龙且进言。不能确指谁,故称"或"。

〔199〕穷战,全力作战。穷,极也;尽也。

〔200〕自居其地战,兵易败散,在自己的家乡作战,兵士们每多瞻顾家室,容易逃散。《孙子·九地篇》说,"诸侯自战其地为散地",即此意。

〔201〕深壁,深沟高垒,坚壁勿战。参看前〔92〕、〔93〕。

〔202〕使其信臣招所亡城,派他的亲信臣子招抚各地丢失的城邑。

〔203〕二千里客居,远居在二千里外的客地。

〔204〕易与耳,容易对付的。参看《项纪》校释〔482〕。

〔205〕不战而降之,承上"可无战而降也"言,意即不战而使韩信降服。

〔206〕战而胜之,齐之半可得,何为止,若一战而胜,那么齐国的地方已得到一半了,为什么要停止不战呢!

〔207〕夹潍水陈,两军夹着潍水的两岸各建阵地。陈读如阵。潍水即山东省的潍河,源出莒县北,东流至诸城县,折向北流,经高密、安丘、潍县、昌南、昌邑五县境,北注于莱州湾。夹潍结阵,当在今高密境。

〔208〕详,蜀本、百衲本、黄本、汲古本都径作"佯"。

〔209〕决壅囊,撤去壅过上流的沙囊,使水冲决而下。

〔210〕大半,蜀本、汲古本都作"太半"。

〔211〕龙且水东军散走,潍水东岸未及渡河的龙且的部队都四散逃走。

〔212〕追北至城阳,追齐王、龙且方面的败兵直到城阳。城阳,已见《项纪》校释〔118〕。

〔213〕皆虏楚卒,尽俘龙且的溃军,且把齐王田广也擒杀了。

〔214〕汉四年戊戌岁,当公元前二〇三年。

〔215〕使人言汉王,韩信使人向汉王上书陈说。

〔216〕南边楚,齐地南面与楚地接境。边,连接;贴近。

〔217〕不为假王以镇之,其势不定,不立一个假王来镇守齐地,在势是不会安定的。假,暂摄的意义,参看《项纪》校释〔187〕。

〔218〕愿为假王便,为便宜起见,愿暂立为齐王。

〔219〕蹑汉王足,已详《陈丞相世家》校释〔87〕。

〔220〕因而立,趁他来请求而立他为王。

〔221〕盱眙亦作盱台,已见《项纪》校释〔20〕。

〔222〕勠力,黄本作"戮力"。

〔223〕侵人之分,侵犯别人的境界。分音汾去声,分野;分限。

〔224〕以,百衲本作"已"。

〔225〕其不知厌足如是甚也,他不知满足,这样的过分。厌通餍。

〔226〕汉王不可必,身居项王掌握中数矣,汉王的为人不可以确信,他抓在项王的掌握中好多次了。必是确信。数是频数,读入声。

〔227〕怜而活之,可怜他而放过他(指鸿门会、鸿沟约等)。

〔228〕得脱,辄倍约,脱身危地,即便背约。辄,每常。

〔229〕终为之所禽矣,到底要被他困辱的。禽,俘获。

〔230〕须臾至今,挨延到现在。须臾,顷刻,此有苟延的意义。

〔231〕次取足下,轮到拿你了。

〔232〕有故,有旧情。

〔233〕叁,古"三"字,通作参。蜀本、百衲本、汲古本、会注本都作"参"。

〔234〕释此时,放过这机会。自必于汉,把自己死心塌地地投托给汉王。

〔235〕为智者固若此乎,作为一个有智谋的人,原来应当这样的么(明明说他不智)。

〔236〕郎中之职,掌更番执戟宿卫诸殿门,故云位不过执戟。

〔237〕画不用,计画不被采用。与下文"言听计用"对照。

〔238〕解衣衣我,推食食我,意即把好衣美食都分给我。衣我的"衣"读去声,食我的"食"音饲,都作动词用。

〔239〕虽死不易,虽死也不变心。易,变更。

〔240〕谢项王,辞谢项王见招的美意。

〔241〕蒯通本燕人,后游于齐,又为齐人。故后文高祖云"是齐辩士也"。

〔242〕以相人说韩信,用相人之术来游说韩信。

〔243〕骨法,骨格;骨相。

〔244〕容色,容貌;气色。

〔245〕决断,犹豫的反面。以上三项,都是相人的术语。

〔246〕以此参之,万不失一,用上面所说的三项来参酌相人,结果是万无一失的。

〔247〕愿少间,意即请稍稍屏退从人,方可得间进言。故韩信便紧接着说"左右去矣"(犹戏剧中常说的"两厢退下")。

〔248〕相君之背,贵乃不可言,说韩信的背相贵至不可限量。暗示着背汉乃得大贵耳。

〔249〕俊雄豪桀建号一呼,领导人物都起来建立名号,呼召起义。

桀同杰（编者按：杰，繁体作"傑"），蜀本、百衲本、黄本、汲古本都作"杰"。一，蜀本、百衲本、汲古本都作"壹"。

〔250〕云合雾集，像云雾那样地聚拢来。

〔251〕鱼鳞襍遝，像鱼鳞那样地密凑在一起。襍是"杂"字的正写。遝音沓，凑合。襍遝，众多貌。

〔252〕熛至风起，像火焰那样地延烧，像风那样地倏起。熛音飘，突发的火。以上三语，都是形容"天下之士"的响应"发难"的声势的。

〔253〕忧在亡秦而已，大家一致的忧虑只在灭亡秦朝罢了。

〔254〕中野，田野之中。

〔255〕不可胜数，举数不完。胜音升，能也；尽也。

〔256〕迫西山而不能进，被阻于成皋以西的山险而不得前进。

〔257〕巩、雒，巩县和洛阳，已详《项纪》校释〔383〕、〔500〕。

〔258〕折北不救，败逃不能自救。折是挫败。北是奔逃。

〔259〕伤成皋，指汉王被项王伏弩射伤胸部事，已详《项纪》。

〔260〕锐气，勇气。

〔261〕内府，库藏。

〔262〕容容，摇摇不定之貌。

〔263〕县于足下，犹言挂在足下（你）的手上。县，悬的本字。

〔264〕叁，蜀本、百衲本、汲古本、会注本都作"参"。

〔265〕彊，蜀本、百衲本、汲古本都作"强"。

〔266〕从燕、赵，胁制燕、赵。此处的从字，有胁制之意。

〔267〕出空虚之地而制其后，自燕、赵南下以制汉王的后方。

〔268〕自齐出兵西向，阻止汉王与项王的战斗，使"肝胆塗地"和"暴骨中野"的惨劫可以减免，故云西乡为百姓请命。

〔269〕风走而响应，言传播之速，好像风那样地驰走，声响那样地应和。

〔270〕割大弱彊,削减强大方面的力量。彊,蜀本、百衲本、汲古本都作"强"。

〔271〕归德于齐,都感谢齐王的德惠。

〔272〕案齐之故,有胶、泗之地,稳守齐国的故壤(原有的疆土),据有胶、泗一带地方(胶是胶河,泗是泗河,拥有这两河的流域,就等于今山东省的东部和南部的大部地方了)。

〔273〕深拱揖让,就是说外示谦虚而内保实力。

〔274〕天与弗取……反受其殃,当时流行的成语。咎是过失。殃是祸患。

〔275〕衣我、食我,与上面〔238〕同。

〔276〕乡利倍义,趋向私利,违背正义。

〔277〕善汉王,与汉王交好。

〔278〕常山王、成安君即张耳、陈馀。

〔279〕刎颈之交,参看《廉蔺列传》校释〔122〕。

〔280〕争张黡、陈泽之事,已见《项纪》校释〔406〕。

〔281〕项婴,项王派往常山国的使臣。窜,逃奔。

〔282〕借兵而东下,指汉王派韩信、张耳引兵击赵、代事。已见前。

〔283〕固于二君之相与,比张耳、陈馀的交情更巩固。

〔284〕事多大于张黡、陈泽,彼此交涉的事情,大多比争张、陈那样的情节还要重大。

〔285〕大夫种、范蠡事已详《范蔡列传》。可参看那篇的校释〔471〕、〔477〕、〔480〕。

〔286〕亨即烹,参看前〔195〕。

〔287〕功盖天下者不赏,功绩到了顶点,就赏无可赏了。

〔288〕西乡以报,西面向汉王报功。

〔289〕略不世出,言举世的大功都不能出韩信之上。

〔290〕欲持是安归乎,要想拿着这样"震主之威"和"不赏之功"归宿到哪里去呢!

〔291〕吾将念之,让我考虑这件事。

〔292〕听者事之候也,听取人家的说话就该辨别事情的征验。候,征兆;影响。

〔293〕计者事之机也,定下计划的时候就已伏下了成败的因素。机,关键;根苗。

〔294〕听过计失而能久安者鲜矣,听话失误、定计失算而能够长久安全的实在是少有的。鲜,少也。

〔295〕听不失一二者,不可乱以言,听话而不会误认轻重(能辨别事情的征验)的人,决不可用巧言来惑乱他。一二犹次第(先后轻重的次第)。

〔296〕计不失本末者,不可纷以辞,设计而不致于不周到的人,决不可用辞令来迷误他。本末犹首尾(事情经过的首尾)。纷犹乱也。

〔297〕随厮养之役者,失万乘之权,甘心守着贱役的,必然失去重权。随,顺从;安心。厮养,析薪(劈柴)养马的人,那时轻视此事,故以为贱役。万乘,指当时的君王。

〔298〕守儋石之禄者,阙卿相之位,恋恋于微禄的,必然不能得到高位。守,留恋。儋同担(编者按:繁体作"擔")。儋和石都是计数谷米的量名。儋石之禄犹言禄米有限。阙同缺,犹失也。

〔299〕知者决之断也,当依王念孙说,作"决者知之断也"。决,疑之反,断是果断,正与下文"疑者事之害也"相对照。

〔300〕审豪氂之小计,专在细微的小利益上精明打算。审,精明。小计,犹言打小算盘。氂同釐,蜀本、汲古本、会注本都径作"釐"。

〔301〕大数,大计画。

〔302〕决弗敢行,临到下决断的时候,竟不敢毅然执行。

〔303〕百事之祸也,总承上面"故知者决之断也……决弗敢行者"说,仍然是申说"疑者事之害也"造句话。

〔304〕猛虎之犹豫,不若蜂虿之致螫,猛虎的游移不前,不如蜂虿的敢于放刺。虿音迈,毒虫,似蝎。致是到达。螫音释,刺也。

〔305〕骐骥之踯躅,不如驽马之安步,良马的盘旋局促,不如劣马的稳步前进。踯躅犹局促。

〔306〕孟贲之狐疑,不如庸夫之必至也,虽勇如孟贲(古代有名勇士)那样的人,若怀疑不肯动手,竟不如庸俗之人的埋头闷干。必至,志在必得地做去。

〔307〕虽有舜、禹之智,吟而不言,不如瘖聋之指麾也,虽有舜、禹那样智慧的人,若光是呻吟而不发言,竟不如哑巴、聋子的会得指挥调度了。瘖是哑巴。麾通挥。

〔308〕此言贵能行之,总承上面"猛虎之犹豫……不如瘖聋之指麾也"说,犹言以上这些话头都是说明事贵能行的。

〔309〕时乎时,汲古本作"时乎时乎"。

〔310〕已详狂为巫,已而装疯遁去,混在巫觋(假托鬼神,为人说祸福,治疾病)中。详,蜀本、百衲本都作"佯"。

〔311〕汉王之困固陵……将兵会垓下,已详《项纪》。固陵、垓下,即见那篇的校释〔549〕、〔557〕。

〔312〕汉五年己亥岁,当公元前二〇二年。那时仍用秦历,以十月为岁首,此云正月,实是那年的第四个月了。

〔313〕下邳已详《项纪》校释〔80〕。

〔314〕至国,迁到楚国的新都,即到了下邳。

〔315〕为德不卒,做好事没有做到底。

〔316〕中尉,掌巡城捕盗的官。

〔317〕锺离眛已见《项纪》校释〔536〕。眛,蜀本、百衲本、黄本、汲

古本都讹作"昧",以下都是这样的。伊庐本春秋时庐戎之国,秦时叫做伊庐,汉置中庐县于此。故城在今湖北省襄阳县西南。

〔318〕是年二月,汉王已即皇帝位,故下诏于楚,令捕送眛。

〔319〕初之国,刚到下邳的时候。行县邑,巡行所属的县邑城池。陈兵出入,出入都严陈兵卫。

〔320〕汉六年庚子岁,当公元前二〇一年。

〔321〕高帝以陈平计……告诸侯会陈:"吾将游云梦。"事已详《陈丞相世家》。陈,已见《陈涉世家》校释〔46〕。云梦,已见《陈丞相世家》校释〔96〕。

〔322〕且至楚,将要到楚国地界。

〔323〕自度无罪,自己以为没有什么得罪的地方。度读入声,揣测。欲谒上,要想亲自去拜见刘邦(时已称帝,故云"上")。恐见禽,又怕被刘邦所擒。

〔324〕见眛计事,往见锺离眛商议此事。

〔325〕自媚于汉,向汉帝讨好。自媚,自动地诌媚他人。

〔326〕狡兔死……谋臣亡,当时流行的成语,就是说的功成见弃。亨同烹,下同。

〔327〕械系,用刑具锁缚。

〔328〕畏恶其能,忌恨他的才能。畏,害怕。恶(音污),憎嫌。

〔329〕常称病不朝从,常常托病,不大参加汉廷的朝会。

〔330〕由此日夜怨望,从此天天因为失望而增加怨恨。蜀本、百衲本、汲古本都无"夜"字。

〔331〕居常鞅鞅,平常在家的时候,老是愁闷不高兴。鞅鞅,失意貌。

〔332〕绛、灌,绛侯周勃和颍阴侯灌婴。等列,同位(同为列侯)。

〔333〕大王乃肯临臣,引为光荣之辞,意谓你这样的大王身份反肯

下顾及我么！临有居高视下的意义。

〔334〕生乃与哙等为伍,与"羞与绛、灌等列"意同。生,自称。伍犹等列。

〔335〕上常从容与信言诸将能不,各有差,汉帝曾从容与韩信谈论诸将的才能,各有不同。常通尝。不读如否。差音次,参差(高低不等)。

〔336〕能将几何,能够带多少兵。将,率领。

〔337〕多多而益善,愈多愈好。

〔338〕何为为我禽,何以被我擒！上为,因由；下为,遭受。

〔339〕善将将,善于驾御将领。上将字与前"能将几何"、"能将十万"、"不能将兵"的将同。

〔340〕天授,参看《留侯世家》校释〔52〕。

〔341〕陈豨,宛朐(亦作宛句,汉所置县,故城在今山东省菏泽县西南)人。从汉高祖破韩王信,定代、又破臧荼,封阳夏侯,监代边兵。豨在边,盛招宾客。赵相周昌言,豨宾客盛,擅兵于外,恐有变。帝召之,豨称病不赴,遂自立为代王,举兵反。帝亲往击,豨败逃,后为樊哙所斩。事迹附见《史记·韩王信卢绾列传》中。拜为钜鹿守,是时汉命豨为钜鹿郡郡守。钜鹿已详《项纪》校释〔144〕。

〔342〕辞于淮阴侯,到韩信那边辞行。

〔343〕挈,拉着；携住。

〔344〕辟同避。与之步于庭,同陈豨在庭院中散步。

〔345〕钜鹿北控燕、代,那时驻有重兵,故云公所居,天下精兵处也。

〔346〕陈豨素得汉帝宠信,故云公,陛下之信幸臣也。

〔347〕畔同叛。

〔348〕从中起,从京中突起,做陈豨的内应。

〔349〕汉十一年乙巳岁,当公元前一九六年。

〔350〕阴使人至豨所，暗中派人到陈豨那边去。所，处所。后面"诈令人从上所来"的所字，与此同。

〔351〕弟举兵，只管起兵好了。弟通第，但也，引申有单管或只要的意义。蜀本作"苐"，黄本、汲古本都作"第"。

〔352〕夜诈诏赦诸官徒奴，乘黑夜中假传诏书，把没入官中的罪人奴隶释放出来。

〔353〕舍人，门客，参看《平原君虞卿列传》校释〔16〕和《廉蔺列传》，校释〔3〕。

〔354〕上变，出首告发。

〔355〕欲召，要想呼召韩信自来。恐其党不就，怕他党羽多，不肯就范。

〔356〕萧相国即萧何，时为汉朝的相国。

〔357〕言豨已得死，宣称陈豨已捉到杀死了。得，擒获。

〔358〕绐信，欺骗韩信。绐参看《项纪》校释〔575〕。

〔359〕彊入贺，勉彊进宫去称贺。彊，蜀本、百衲本都作"强"。

〔360〕长乐锺室，长乐宫中的悬钟之室。锺通钟。

〔361〕乃为儿女子所诈，反被妇人小子所欺。儿女子指吕后和太子盈。

〔362〕夷三族，灭除三族。夷，平除：扫灭。三族有两说：张晏以为父母、兄弟、妻子；如淳以为父族、母族、妻族。总之是古代最野蛮的酷刑。

〔363〕已从豨军来，已经从征伐陈豨的军中归来。至，到达洛阳。

〔364〕且喜且怜之，一边固然为他的被除灭而高兴，一边也可怜他以往的功绩。

〔365〕纲绝而维弛，形容秦朝政权的解体。纲是结网用的主要大绳。维是张挂射的（箭靶子）时用来斜缚在架子上的绳子。纲维连用就

是纪律的意义。绝是断绝。弛是松弛。纲,蜀本、百衲本、汲古本都作"网"(编者按:纲,繁体作"綱";网,繁体作"網")。

〔366〕山东大扰,秦国东部各地大起扰乱。山东,当时专指函谷、崤坂以东地方的通称。参看《陈涉世家》校释〔209〕。

〔367〕乌集,像乌鸦那样地飞集拢来。

〔368〕鹿喻帝位。共逐之,大家都起来追求它。

〔369〕高材疾足者先得焉,本领大而脚又快的人先得到了(喻夺得帝位)。疾,快速。

〔370〕蹠同跖,蜀本、百衲本、汲古本都作"跖"。蹠是古代大盗的名字,古书上就称他为盗跖(或盗蹠)。《战国策·齐策》:"跖之狗吠尧,非贵跖而贱尧也,狗固吠非其主也。"当时有此传说,蒯通乃引此来自己解释。

〔371〕锐精持锋欲为陛下所为者甚众,磨快了刀要想照你这样做的人多着呢。锐精,磨淬精铁使它锋利。

〔372〕又可尽亨之邪,承上"甚众"说,又岂是可以悉数烹杀他们的么!

〔373〕置之,饶恕了他罢!置犹赦舍。

〔374〕释,放也。

〔375〕如,往也。

〔376〕与众异,跟一般人不一样。

〔377〕贫无以葬,然乃行营高敞地,穷到没有法子葬他的母亲,但他反而四出谋求高爽宽敞的葬地。

〔378〕令其旁可置万家,使坟墓的四旁可以安顿得下一万户人家。(用万户来守冢,显然是帝王的排场)。

〔379〕余视其母冢,良然,我看到他母亲的坟墓,的确如此。冢,百衲本讹作"家"。

〔380〕不伐己功,不矜其能,不夸张自己的功劳,不骄傲自己的才能。伐和矜都是骄夸。《老子》说:"不自伐,故有功;不自矜,故长。"这二语便从《老子》引来,所以上面说"假令韩信学道谦让"。

〔381〕庶几哉,于汉家勋可以比周、召、太公之徒,言如果韩信能不矜伐己功,那么他在汉室的功勋差不多可以跟周室的周公、召公、太公等人相比了。庶几,相仿;近似。

〔382〕后世血食,言世世可以受到祭享。古时祭必用牲,故云血食。此与"夷三族"对照,意味着无限的惋惜。

〔383〕不务出此,不着力在谦让。此字指不伐功、不矜能说。

〔384〕天下已集,乃谋畔逆,天下的大势已定,反来谋叛。集,成就;安定。这明明说韩信没有那么笨,反衬刘邦、吕雉的手段毒辣罢了。

季布栾布列传

　　季布者，楚人也。为气任侠，[1]有名于楚。项籍使将兵，数窘汉王。[2]及项羽灭，高祖购求布千金，敢有舍匿，[3]罪及三族。[4]季布匿濮阳周氏。[5]周氏曰："汉购将军急，迹且至臣家，[6]将军能听臣，臣敢献计；即不能，愿先自刭。"[7]季布许之。[8]乃髡钳季布，[9]衣褐衣，[10]置广柳车中，[11]并与其家僮数十人之鲁朱家所卖之。[12]朱家心知是季布，乃买而置之田，[13]诫其子曰："田事听此奴，[14]必与同食！"[15]朱家乃乘轺车之洛阳，[16]见汝阴侯滕公。[17]滕公留朱家饮数日，[18]因谓滕公曰：[19]"季布何大罪，而上求之急也？"滕公曰："布数为项羽窘上，上怨之，故必欲得之。"朱家曰："君视季布何如人也？"曰："贤者也。"朱家曰："臣各为其主用，季布为项籍用，职耳。[20]项氏臣可尽诛邪？今上始得天下，独以己之私怨求一人，何示天下之不广也！[21]且以季布之贤而汉求之急如此，此不北走胡即南走越耳。[22]夫忌壮士以资敌国，[23]此伍子胥所以鞭荆平王之墓也。[24]君何不从容为上言邪！"汝阴侯滕公心知朱家大侠，意季布匿其所，[25]乃许曰："诺。"待间，[26]果言如朱家指。[27]上乃赦季布。当是时，诸公皆多季布能摧刚为柔，[28]朱家亦以

此名闻当世。季布召见,谢,〔29〕上拜为郎中。〔30〕

孝惠时,为中郎将。〔31〕单于尝为书嫚吕后,不逊。〔32〕吕后大怒,召诸将议之。上将军樊哙曰:〔33〕"臣愿得十万众,横行匈奴中。"〔34〕诸将皆阿吕后意,〔35〕曰:"然。"季布曰:"樊哙可斩也。夫高帝将兵四十馀万众,困于平城,〔36〕今哙奈何以十万众横行匈奴中,〔37〕面欺。〔38〕且秦以事于胡,陈胜等起,〔39〕于今创痍未瘳,〔40〕哙又面谀,〔41〕欲摇动天下。"是时殿上皆恐,太后罢朝,遂不复议击匈奴事。

季布为河东守,〔42〕孝文时,人有言其贤者,孝文召,欲以为御史大夫。〔43〕复有言其勇,使酒难近。〔44〕至,〔45〕留邸一月,〔46〕见罢。〔47〕季布因进曰:〔48〕"臣无功窃宠,待罪河东,〔49〕陛下无故召臣,此人必有以臣欺陛下者。〔50〕今臣至,无所受事,罢去,〔51〕此人必有以毁臣者。〔52〕夫陛下以一人之誉而召臣,一人之毁而去臣,臣恐天下有识闻之,有以闚陛下也。"〔53〕上默然惭,〔54〕良久曰:"河东吾股肱郡,〔55〕故特召君耳。"〔56〕布辞之官。〔57〕

楚人曹丘生,〔58〕辩士,数招权顾金钱。〔59〕事贵人赵同等,〔60〕与窦长君善。〔61〕季布闻之,寄书谏窦长君曰:"吾闻曹丘生非长者,〔62〕勿与通!"〔63〕及曹丘生归,〔64〕欲得书请季布。〔65〕窦长君曰:"季将军不说足下,〔66〕足下无往!"〔67〕固请书,〔68〕遂行。使人先发书,〔69〕季布果大怒,待曹丘。〔70〕曹丘至,即揖季布曰:〔71〕"楚人谚曰'得黄金百斤,不如得季布一诺',〔72〕足下何以得此声于梁、楚间哉?〔73〕且仆楚人,足下亦楚人也,仆游扬足下之名于天下,顾不重邪?[74]何足下距仆之深也!"[75]季布迺大说,引入,留数月,为上客,厚送之。[76]季布名所以益闻者,曹丘扬之也。[77]

季布弟季心,气盖关中,[78]遇人恭谨,[79]为任侠,方数千里,士皆争为之死。[80]尝杀人,亡之吴,从袁丝匿。[81]长事袁丝,弟畜灌夫、籍福之属。[82]尝为中司马,[83]中尉郅都不敢不加礼。[84]少年多时时窃籍其名以行。[85]当是时,季心以勇,布以诺,著闻关中。

季布母弟丁公,[86]为楚将。丁公为项羽逐窘高祖彭城西,短兵接,[87]高祖急,顾丁公曰:"两贤岂相厄哉!"[88]于是丁公引兵而还。汉王遂解去。及项王灭,丁公谒见高祖。高祖以丁公徇军中,[89]曰:"丁公为项王臣不忠,使项王失天下者,乃丁公也。"遂斩丁公,曰:"使后世为人臣者无效丁公!"[90]

栾布者,[91]梁人也。始梁王彭越为家人时,[92]尝与布游。穷困,赁佣于齐,为酒人保。[93]数岁,彭越去之巨野中为盗,[94]而布为人所略卖,[95]为奴于燕。为其家主报仇,[96]燕将臧荼举以为都尉。[97]臧荼后为燕王,以布为将。及臧荼反,汉击燕,虏布。梁王彭越闻之,乃言上,请赎布以为梁大夫。[98]

使于齐,[99]未还,汉召彭越,责以谋反,夷三族。已而枭彭越头于雒阳下,[100]诏曰:"有敢收视者,辄捕之。"[101]

布从齐还，奏事彭越头下，[102]祠而哭之。[103]吏捕布以闻。[104]上召布骂曰："若与彭越反邪？[105]吾禁人勿收，若独祠而哭之，与越反明矣！"趣亨之。[106]方提趣汤，[107]布顾曰："愿一言而死。"上曰："何言？"布曰："方上之困于彭城，败荥阳、成皋间，项王所以遂不能西，徒以彭王居梁地，与汉合从苦楚也。[108]当是之时，彭王一顾，[109]与楚则汉破，与汉而楚破。且垓下之会，微彭王，项氏不亡。[110]天下已定，彭王剖符受封，亦欲传之万世。今陛下一征兵于梁，彭王病不行，而陛下疑以为反，反形未见，以苛小案诛灭之，[111]臣恐功臣人人自危也。今彭王已死，臣生不如死，请就亨！"于是上迺释布罪，拜为都尉。

孝文时，为燕相，至将军。布迺称曰：[112]"穷困不能辱身下志，非人也；富贵不能快意，非贤也。"于是尝有德者厚报之，有怨者必以法灭之。吴军反时，以军功封俞侯，[113]复为燕相。燕、齐之间皆为栾布立社，[114]号曰栾公社。景帝中五年薨。[115]子贲嗣，[116]为太常，[117]牺牲不如令，国除。[118]

太史公曰：以项羽之气，而季布以勇显于楚，[119]身屡典军搴旗者数矣，[120]可谓壮士。然至被刑戮，为人奴而不死，何其下也！彼必自负其材，故受辱而不羞，欲有所用其未足也。[121]故终为汉名将。贤者诚重其死，[122]夫婢妾贱人感慨而自杀者，[123]非能勇也，其计画无复之耳。[124]栾布哭

彭越,趣汤如归者,〔125〕彼诚知所处,不自重其死。〔126〕虽往古烈士,何以加哉!〔127〕

〔1〕 为气任侠,好逞意气而以侠义自任。
〔2〕 数窘汉王,屡次困迫刘邦。数读入声。
〔3〕 舍匿犹窝藏。
〔4〕 罪及三族,罪名之重,要连累到夷灭三族。三族,已详《淮阴侯列传》校释〔362〕。
〔5〕 濮阳,已见《刺客列传》校释〔102〕。周氏,姓周的人家。
〔6〕 迹且至臣家,将要搜访到我家了。迹,追查踪迹。
〔7〕 愿先自刭,情愿先在季布面前自杀。
〔8〕 许之,听许周氏的献计。
〔9〕 迺髡钳季布,于是把季布剃去头发,用铁箍束住他的头颈,扮作一个犯罪的囚徒。迺,古乃字,下同。髡钳,秦时刑罚的名色,髡是去发,钳是用铁束颈。
〔10〕 褐衣,粗布的衣服。
〔11〕 置广柳车中,放在有篷盖的大车中。广柳车,当时供运输用的大牛车。一说,广柳车是装棺柩的丧车,不让人家知道,故用丧车来装载。
〔12〕 家僮,私人蓄养的僮奴。之鲁朱家所卖之,送到鲁地朱家那里卖掉他们。朱家,详见后《游侠列传》。
〔13〕 买而置之田,买下来放到田庄上去供耕作。
〔14〕 田事听此奴,种田的事你须听任这新买来的奴。
〔15〕 必与同食,必须跟他同样吃饭,意即不能亏待他。
〔16〕 轺车,驾一马的车辆,即趱路用的轻车。轺音调。
〔17〕 汝阴侯滕公即夏侯婴,已见《项纪》校释〔466〕。

〔18〕留朱家饮数日,留朱家在家,款待了好几天。

〔19〕因谓滕公,朱家乘机向夏侯婴进言。

〔20〕职耳,是他分所应为的。

〔21〕何示天下之不广也,犹言何以不广示天下也,何必要把狭隘的气度显示给天下人呢!也字与上面"求之急也"的也都应读如耶。

〔22〕此不北走胡即南走越耳,这样,不北奔匈奴便南奔南越罢了。此,承上"如此"说。

〔23〕忌壮士以资敌国,言为了忌恨有用的好汉,反而逼他去帮助敌国。

〔24〕伍子胥鞭荆平王,参看《刺客列传》校释〔22〕。荆平王即楚平王。

〔25〕意,猜想。

〔26〕待閒,犹相机,即等待机会。閒,蜀本、汲古本都作"間"。

〔27〕果言如朱家指,果然照朱家的意思向汉高帝进言。指,意旨。

〔28〕诸公,泛指当时一般评论的人。多,推重。摧刚为柔,指季布原是"为气任侠"的刚强人,却能在必要时软化,接受"髡钳为奴"的屈辱。

〔29〕召见,被召接见。谢,谢过;服罪。

〔30〕郎中,参看《淮阴侯列传》校释〔236〕。

〔31〕中郎将,分领当时郎中令所属五官署、左署、右署的诸中郎的,位仅次于将军。

〔32〕嫚,秽亵;侮辱。不逊,不客气,此有粗鲁的意义。

〔33〕樊哙已见《项纪》校释〔310〕。

〔34〕横行匈奴中,言在匈奴界内可以往来无阻。横行,冲破障碍,无所顾忌。

〔35〕阿,附和;随顺。读平声。

〔36〕困于平城,参看《陈丞相世家》校释〔112〕、〔113〕、〔114〕、〔115〕。

〔37〕奈何以十万众横行匈奴中,怎么能够用十万之众便可在匈奴界中横行呢。奈何犹如何。

〔38〕面欺,当面说诳。

〔39〕秦以事于胡,陈胜等起,秦朝因为对匈奴用兵,才引起陈涉等的起义。

〔40〕创痍未瘳,战争的创伤还没医好。瘳音秋,病愈。

〔41〕面谀,当面逢迎。

〔42〕为河东守,为河东郡的郡守。河东郡,今山西省西南部。治安邑,已见《淮阴侯列传》校释〔79〕。

〔43〕御史大夫位上卿,为丞相之副。参看《项纪》校释〔495〕。

〔44〕言其勇,使酒难近,说他有力气而且好发酒性,难以亲近。使酒,因过饮而纵性,就是酗(音许)酒。

〔45〕至,到了京师长安。

〔46〕留邸一月,留在客馆一个月。

〔47〕见罢,被罢去。指未加新的任命。

〔48〕因进曰,因被免职而进见陈说。

〔49〕无功窃宠,待罪河东,自言无功而窃取荣宠,因得在河东郡任郡守。待罪,谦辞,参看《陈丞相世家》校释〔183〕。

〔50〕此人必有以臣欺陛下者,这样无故见召,必有人把我的才能欺骗你的(妄誉)。

〔51〕无所受事,罢去,没有地方受到职事,无故罢免。

〔52〕此人必有以毁臣者,这样无故罢免,必有人在你面前谤毁我的。以上同样用法的两个此字,都是承上语而言,作"如此"解。读时应微顿,不能作"此人"、"那人"那样地连读的。

〔53〕天下有识闻之,有以闚陛下也,天下有见识的人听到你这样地因毁誉而随便进退所用的人,就能窥测你的深浅了。闚同窥。

〔54〕上默然惭,汉文帝一声不响地中心惭愧。百衲本、汲古本都无"然"字。

〔55〕河东靠近当时的畿辅之地,犹人身的股脚和膀臂,故云河东吾股肱郡。股是大腿,肱音轰,臂肘。

〔56〕特,蜀本、百衲本、汲古本都作"时"(编者按:"时"繁体作"時")。特召,特地召问;时召,时常召问。二者都说得通。

〔57〕辞之官,辞别了文帝,回到河东郡守的原任。

〔58〕曹丘生,犹言曹丘先生,是一个姓曹丘的人,史已佚其名。曹丘,氏姓。

〔59〕数招权顾金钱,屡次假借贵人的权势,博取钱财。招权,借重权势,在外招摇。顾与雇通,顾金钱就是受人委托而于中取值。

〔60〕贵人赵同,即当时的宦者赵谈。司马迁父亲名谈,遂因避讳而改作赵同。

〔61〕窦长君,文帝窦后的哥哥,景帝的母舅。

〔62〕非长者,不是老成人。

〔63〕勿与通,不要跟他往来。

〔64〕归,自京师归楚。

〔65〕欲得书请季布,要窦长君给他一封介绍信,求见季布。请,谒见。

〔66〕不说足下,对你不好。说同悦。

〔67〕足下无往,你不要到那边去罢。

〔68〕固请书,坚决请求,终于得到了一封信。

〔69〕使人先发书,派人先把这介绍信送去。

〔70〕待曹丘,等待曹丘生到来,向他发作。

〔71〕揖季布,长揖而见季布。长揖不拜是表示不亢不卑的礼数。

〔72〕谚音彦,流行的谣谚。得黄金百斤,不如得季布一诺,言如能获得季布应允一句话,比黄金百斤还要看得重呢。

〔73〕足下何以得此声于梁、楚间哉,你怎么会在梁、楚一带地方得到这样的名声呢?声是名声。

〔74〕仆游扬足下之名于天下,顾不重邪,吾把你的大名宣扬给天下人知道,难道就没有一点力量么?游扬,正面宣传。顾犹岂。重是力量。

〔75〕何足下距仆之深也,为什么你要这样狠狠地拒绝我呢!距同拒。深,深刻。也读如耶。

〔76〕厚送之,送一份厚礼给曹丘生,打发他动身。

〔77〕季布名所以益闻者,曹丘扬之也,太史公插入的说明语,言季布的名声能够愈加宣传开去乃是曹丘生游扬的力量。

〔78〕气盖关中,勇气的名声压倒关中的一般人。气就是"为气任侠"的气。

〔79〕遇人恭谨,待人谦恭谨饬。

〔80〕为任侠,方数千里,士皆争为之死,为他仗义行侠,周围数千里内的游士都争先恐后地替他出死力。

〔81〕从袁丝匿,躲在袁盎的家里。丝是袁盎的表字。袁盎,楚人,时为吴王相,故季心得逃匿在他家。他跟鼂(晁)错有怨(景帝时,错曾使吏案盎受吴王财物抵罪),及吴、楚七国反,他便劝帝斩错以谢吴。后来他被梁王所杀。《史记》有《袁盎鼂错列传》。

〔82〕长事袁丝,以事长辈礼待袁盎;弟畜灌夫、籍福之属,把灌夫、籍福等人当弟辈来看待。灌夫、籍福详后《魏其武安侯列传》。

〔83〕中司马,中尉所属的司马(佐理之官)。《汉书》正作中尉司马。中尉见下。

〔84〕中尉郅都不敢不加礼。季心的直属长官郅都(郅音质)素有

威名,但对心不敢不加意礼待。中尉,掌巡察京师地面的长官,武帝时改为执金吾。郅都,大阳(汉所置县,故城在今山西省平陆县东北十五里)人,景帝时为中尉,行法不避贵戚,列侯宗室见都,皆侧目而视,号曰苍鹰。后为窦太后所恶,坐法斩之。事详《史记·酷吏列传》。

〔85〕窃籍其名以行,偷偷地利用他的名义来自己行事。籍,假借。

〔86〕丁公名固,薛人,是季布的母舅,故云母弟。此母弟当作母亲的弟弟解,并不是古书中常见的同母弟。

〔87〕短兵接,言近于肉搏,不能使用长兵器。

〔88〕两贤岂相戹哉,两家都是好汉何必自相困辱呢!两贤,指丁固和刘邦自己。戹,蜀本、百衲本、汲古本都作"厄"。

〔89〕以丁公徇军中,把丁公在军营中游街示众。此语之下,黄善夫本、百衲本都无"曰"字。

〔90〕效,效学。

〔91〕栾布者,蜀本、百衲本、黄本、汲古本都提行书。此本与会注本都连书不提行。

〔92〕家人犹言编户之人,就是没有官职的平民。

〔93〕为酒人保,在卖酒人家作雇佣。保,佣役。

〔94〕巨野也作钜野,即大野泽,已见《项纪》校释〔423〕。

〔95〕略卖,被劫掠出卖。

〔96〕家主,买他作奴的主人。

〔97〕臧荼以栾布能为买主报仇是义举,故举(推荐)以为燕园的都尉。

〔98〕赎布以为梁大夫,为栾布赎罪,引以为己国的大夫。

〔99〕使于齐,奉彭越命,出使到齐国去。

〔100〕枭彭越头于雒阳下,把彭越的头挂在洛阳城楼之下。枭音骁,杀人而悬挂其头在木上,叫枭首。

403

〔101〕有敢收视者,辄捕之,有人敢来收殓或者看顾彭越的头颅的,随即逮捕他。辄,立即。

〔102〕奏事彭越头下,在彭越头颅的下面,照常回报。奏事犹回话。

〔103〕祠而哭之,拜祭了彭越的头颅而且痛哭了一场。祠,祭祀。

〔104〕吏捕布以闻,该管的官吏立捕栾布,报知汉帝。

〔105〕若与彭越反邪,你跟彭越一同造反么?若,尔也;汝也。下同。

〔106〕趣亨之,立即下令烹杀栾布。趣读如促。

〔107〕方提趣汤,正在提着栾布走向汤镬的当儿。趣读如趋。

〔108〕遂不能西,一时不得向西进展。徒以彭王居梁地,与汉合从苦楚也,只因彭越据守大梁等处跟汉联合起来牵制楚国罢了。从读如纵。徒,黄善夫本讹作"徙"。

〔109〕一顾,照顾一边。就是偏重在哪一边的意义。

〔110〕微彭王,项氏不亡,没有彭越帮汉,项氏是不会灭亡的。微,无也。

〔111〕反形未见,以苛小案诛灭之,造反的凭证没有抓到,先把苛细的小节目作为案由来杀灭他。

〔112〕称曰,扬言;宣称。

〔113〕吴、楚七国联军反时,栾布击齐有功,封为俞侯。俞亦作鄃,汉所置县,故城在今山东省平原县西南。

〔114〕立社犹后世的建造生祠。当时燕、齐一带受过栾布好处的人,到处为他建祠,祝他长生。

〔115〕景帝中五年丙申岁,当公元前一四五年。

〔116〕嗣,嗣封为俞侯。

〔117〕为太常,贲以列侯兼为太常之官。太常,九卿之一,掌宗庙礼仪。本为秦之奉常,汉改称太常。

〔118〕牺牲不如令,国除,因为祭宗庙时所用的牺牲不合法定的程式,就用这个罪名把他的侯国消除。按《史记·惠景间侯者年表》,俞侯贲除国在武帝元狩六年(当公元前一一七年)。

〔119〕以项羽之气,而季布以勇显于楚,言因项羽尚气任力,故季布得以勇名显扬于楚国。

〔120〕身屡典军搴旗者数矣,亲身覆灭敌军,夺取敌旗好多次了。屡典二字当系"覆"字之讹,覆军正与下文搴旗并举,该是对的。搴,拔取。数读入声。

〔121〕欲有所用其未足也,要想发挥他的还没有舒展出来的抱负。

〔122〕贤者诚重其死,有志节的人的确不愿轻易死去。重,惜也。

〔123〕感慨而自杀,感到一点愤慨因而自杀。徐广说,"慨一作概"。概是节概。那么可以解为感到一点小节过不去因而自杀,也说得通。

〔124〕其计画无复之耳,他的计画没有其他出路耳。之,往也。徐广说,"之一作冀"。冀是希望,更明白。

〔125〕趣汤如归,看得赴汤就死同归去一样。趣读如趋。

〔126〕彼诚知所处,不自重其死,与"贤者诚重其死"对照。言他确实知道他应当怎样处置自己,所以并不爱惜他的生命。此与《廉蔺列传》论赞中所说"非死者难也,处死者难"同一用意,参看那篇的校释〔298〕。

〔127〕虽往古烈士,何以加哉,虽以往的古代勇烈之士,又怎能压倒他的气概呢!加,盖在上面。

405

张释之冯唐列传

　　张廷尉释之者,[1]堵阳人也,[2]字季。有兄仲同居。以訾为骑郎,[3]事孝文帝。十岁不得调,[4]无所知名。释之曰:"久宦减仲之产,不遂。"[5]欲自免归。[6]中郎将袁盎知其贤,[7]惜其去,乃请徙释之补谒者。[8]释之既朝毕,因前言便宜事。[9]文帝曰:"卑之,毋甚高论,令今可施行也。"[10]于是释之言秦、汉之间事,秦所以失而汉所以兴者久之,文帝称善,乃拜释之为谒者仆射。[11]

　　释之从行,登虎圈。[12]上问上林尉诸禽兽簿。[13]十餘问,尉左右视,尽不能对。[14]虎圈啬夫从旁代尉对上所问禽兽簿,甚悉。[15]欲以观其能,口对响应无穷者。[16]文帝曰:"吏不当如是邪!尉无赖。"[17]乃诏释之拜啬夫为上林令。[18]释之久之前曰:"陛下以绛侯周勃何如人也?"[19]上曰:"长者也。"又复问,"东阳侯张相如何如人也?"[20]上复曰:"长者。"释之曰:"夫绛侯、东阳侯称为长者,此两人言事,曾不能出口,[21]岂斅此啬夫谍谍利口捷给哉![22]且秦以任刀笔之吏,[23]吏争以亟疾苛察相高,[24]然其敝徒文具耳,[25]无恻隐之实。[26]以故不闻其过。[27]陵迟而至于二世,[28]天下土崩。[29]今陛下以啬夫口辩而超迁之,[30]臣恐天下随风靡靡，[31]争为口辩而无其实。且下之化上，疾于景响，[32]举错不可不审也。"[33]文帝曰："善。"乃止不拜啬夫。上就车，召释之参乘，[34]徐行问释之秦之敝。[35]具以质言。[36]至宫，上拜释之为公车令。[37]

顷之，太子与梁王共车入朝，[38]不下司马门，[39]于是释之追止太子、梁王，[40]无得入殿门。遂劾不下公门不敬，奏之。[41]薄太后闻之，[42]文帝免冠谢曰："教儿子不谨。"薄太后乃使使承诏赦太子、梁王，[43]然后得入。[44]文帝由是奇释之，拜为中大夫。[45]

顷之，至中郎将。[46]从行至霸陵，[47]居北临厕。[48]是时慎夫人从，[49]上指示慎夫人新丰道，[50]曰："此走邯郸道也。"[51]使慎夫人鼓瑟，上自倚瑟而歌，[52]意惨凄悲怀，[53]顾谓群臣曰："嗟乎！以北山石为椁，用纻絮斮陈，蕠漆其间，岂可动哉！"[54]左右皆曰："善。"释之前进曰："使其中有可欲者，虽锢南山犹有郄；[55]使其中无可欲者，虽无石椁，又何戚焉！"[56]文帝称善。其后拜释之为廷尉。

顷之，上行出中渭桥，[57]有一人从桥下走出，乘舆马惊。[58]于是使骑捕，[59]属之廷尉。[60]释之治问。[61]曰县人来，闻跸，匿桥下。久之，以为行已过，即出，见乘舆车骑，即走耳。[62]廷尉奏当，[63]一人犯跸，当罚金。[64]文帝怒曰："此人亲惊吾马，吾马赖柔和，[65]令他马，固不败伤我乎！[66]而廷尉乃当之罚金！"[67]释之曰："法者天子所与天下公共也。今法如此，而更重之，是法不信于民也。且方其时,上使立诛之则已。[68]今既下廷尉,廷尉,天下之平也。[69]一倾,而天下用法皆为轻重,[70]民安所措其手足?[71]唯陛下察之!"良久,上曰:"廷尉当是也。"[72]

其后有人盗高庙坐前玉环,[73]捕得,文帝怒,下廷尉治。[74]释之案律,盗宗庙服御物者为奏,[75]奏当弃市。[76]上大怒,曰:"人之无道,乃盗先帝庙器,吾属廷尉者,欲致之族,[77]而君以法奏之,非吾所以共承宗庙意也。"[78]释之免冠顿首谢曰:"法如是足也。[79]且罪等,然以逆顺为差。[80]今盗宗庙器而族之,有如万分之一,假令愚民取长陵一抔土,陛下何以加其法乎?"[81]久之,文帝与太后言之,乃许廷尉当。是时,中尉条侯周亚夫与梁相山都侯王恬开见释之持议平,[82]乃结为亲友。张廷尉由此天下称之。

后文帝崩,景帝立,释之恐,称病。[83]欲免去,惧大诛至;欲见谢,则未知何如。[84]用王生计,卒见谢,[85]景帝不过也。[86]王生者,善为黄、老言,[87]处士也。[88]尝召居廷中,三公九卿尽会立,[89]王生老人,曰:"吾韤解。"[90]顾谓张廷尉:"为我结韤!"释之跪而结之。既已,人或谓王生曰:"独奈何廷辱张廷尉,[91]使跪结韤?"王生曰:"吾老且贱,自度终无益于张廷尉,[92]张廷尉方今天下名臣,吾故聊辱廷尉使跪结韤,欲以重之。"[93]诸公闻之,贤王生而重张廷尉。张廷尉事景帝岁馀,为淮南王相,[94]犹尚以前过也。[95]久之,释之卒。其子曰张挚,[96]字长公,官至大夫,免。以不能取容当世,故终身不仕。[97]

冯唐者,[98]其大父赵人。[99]父徙代。汉兴,徙安陵。[100]唐以孝著,为中郎署长,[101]事文帝。文帝辇过,[102]问唐曰:"父老何自为郎?家安在?"[103]唐具以实对。[104]文帝曰:"吾居代时,吾尚食监高袪数为我言赵将李齐之贤,战于钜鹿下。[105]今吾每饭,意未尝不在钜鹿也。[106]父知之乎?"唐对曰:"尚不如廉颇、李牧之为将也。"上曰:"何以?"唐曰:"臣大父在赵时,为官卒将,[107]善李牧。[108]臣父故为代相,[109]善赵将李齐,知其为人也。"上既闻廉颇、李牧为人,良说,[110]而搏髀曰:[111]"嗟乎!吾独不得廉颇、李牧时为吾将,[112]吾岂忧匈奴哉!"唐曰:"主臣![113]陛下虽得廉颇、李牧,弗能用也。"上怒,起入禁中。[114]良久,召唐让曰:[115]"公奈何众辱我,独无间处乎?"[116]唐谢曰:"鄙人不知忌讳。"[117]

当是之时,匈奴新大入朝那,[118]杀北地都尉卬。[119]上以胡寇为意,乃卒复问唐曰:[120]"公何以知吾不能用廉颇、李牧也?"唐对曰:"臣闻上古王者之遣将也,跪而推毂,[121]曰阃以内者,寡人制之;阃以外者,将军制之。[122]军功爵赏,皆决于外,归而奏之。此非虚言也。臣大父言,李牧为赵将居边,军市之租皆自用飨士,赏赐决于外,不从中扰也。[123]委任而责成功,[124]故李牧乃得尽其智能,遣选车千三百乘,彀骑万三千,百金之士十万,[125]是以北逐单于,[126]破东胡,[127]灭澹林,[128]西抑彊秦,[129]南支韩、魏,[130]当是之时,赵几霸。[131]其后会赵王迁立,[132]其母倡也。[133] 王迁立，乃用郭开谗，卒诛李牧，令颜聚代之。[134] 是以兵破士北，[135] 为秦所禽灭。今臣窃闻魏尚为云中守，[136] 其军市租尽以飨士卒，私养钱五日一椎牛，飨宾客军吏舍人，[137] 是以匈奴远避，不近云中之塞。[138] 虏曾一入，[139] 尚率车骑击之，所杀甚众。夫士卒尽家人子，[140] 起田中从军，[141] 安知尺籍伍符！[142] 终日力战，斩首捕虏，[143] 上功莫府，[144] 一言不相应，文吏以法绳之，[145] 其赏不行。而吏奉法必用。[146] 臣愚，以为陛下法太明，赏太轻，罚太重。且云中守魏尚坐上功首虏差六级，[147] 陛下下之吏，[148] 削其爵，罚作之。[149] 由此言之，陛下虽得廉颇、李牧，弗能用也。臣诚愚，触忌讳，死罪！死罪！"文帝说，[150] 是日令冯唐持节赦魏尚，[151] 复以为云中守，而拜唐为车骑都尉，[152] 主中尉及郡国车士。[153]

七年，景帝立，[154] 以唐为楚相，免。武帝立，求贤良，[155] 举冯唐。唐时年九十馀，不能复为官，乃以唐子冯遂为郎。遂字王孙，亦奇士，与余善。[156]

太史公曰：张季之言长者，[157] 守法不阿意；[158] 冯公之论将率，[159] 有味哉！有味哉！[160] 语曰："不知其人视其友。"[161] 二君之所称诵，可著廊庙。[162]《书》曰："不偏不党，王道荡荡；不党不偏，王道便便。"[163] 张季、冯公近之矣。[164]

〔1〕张释之官居廷尉时最为著名,故称张廷尉释之。廷尉,九卿之一,掌刑辟。是当时的最高执法官。

〔2〕堵阳本秦阳城县,汉改堵阳县,故治在今河南省方城县东六里。

〔3〕以訾为骑郎,因身家殷实(当时所谓"訾算"),得选为骑郎。訾通赀。骑郎,郎中令属官,掌守门户,出充车骑。

〔4〕调,升迁。

〔5〕不遂,不能满意。遂犹达也。

〔6〕自免归,自动请求免职归家。

〔7〕中郎将袁盎已见《季布栾布列传》校释〔81〕。时为张释之的长官。

〔8〕徙,迁调。谒者,亦郎中令属官,掌宾赞受事(接待宾客,通报诒事)。

〔9〕因前言便宜事,趁新迁朝见的当儿,上前陈说当前应兴应革的意见。

〔10〕卑之,毋甚高论,令今可施行也,迁就点现状,不可发太高的议论,要使当前可以推行的啊。

〔11〕谒者仆射,谒者之长,当时谒者定额七十八员,别置仆射为之长。射音亦。

〔12〕从行,随从文帝出行。登虎圈,临观上林苑中蓄虎的笼槛。

〔13〕上问上林尉诸禽兽簿,文帝问上林苑的诸尉,苑中所蓄的禽兽登在簿录的究有多少。当时上林苑有令一人,丞八人,尉十二人,尉是实际管理事务的。

〔14〕尽不能对,遍问十二尉,都不能答对。

〔15〕虎圈啬夫,掌管虎圈的小官。甚悉,十分详尽。

〔16〕欲以观其能,口对响应无穷者,要表现他自己的才能,随口回

411

答像回声那样的快,而且有问必答,没有穷尽的。观,显示;表白。

〔17〕无赖,不可靠,意即不能信任。

〔18〕拜啬夫为上林令,叫这虎圈啬夫立升为上林苑的首长。

〔19〕绛侯周勃,已见《陈丞相世家》校释〔59〕。

〔20〕东阳侯张相如,高帝六年为中大夫,以河间守击陈豨力战功,封(见《史记高祖功臣侯年表》)。东阳,秦县,汉为侯国,已见《项纪》校释〔61〕)。文帝时,为太子太傅(见《万石君传》)。

〔21〕曾不能出口,好像不能够脱口而出地说话。曾音层,曾经。曾不当作"何尝"解。

〔22〕敩音效,仿效。谍谍亦作喋喋,多言貌。利口捷给,犹云能言多辩。

〔23〕任刀笔吏,信任刀笔之吏(掌管案牍的书吏。古时记事于竹简之上,有谬误,用刀削去它。笔是记事的工具,刀是削误的工具,本是两物。刀笔连称,有添减从心,舞文弄法的意义。)

〔24〕争以亟疾苛察相高,互相以办事紧急,督过苛刻来争胜。亟是紧急。疾是快速。苛是深刻。察是督责。

〔25〕徒文具耳,徒然具备空洞的文书罢了。敝,流弊。

〔26〕无恻隐之实,毫无体贴人情的实际。恻隐,怜悯痛伤。伤之切叫恻,痛之深叫隐。

〔27〕以故不闻其过,因此缘故,不会觉察到自己的过失。

〔28〕陵迟至于二世,衰颓废弛到了二世的时候。陵迟,衰替;败坏。此有一天坏似一天的意义。

〔29〕土崩,像土岸那样地坍塌,有不可收拾的意义。

〔30〕超迁,越级拔升。

〔31〕随风靡靡,跟着这风气弄得一团糟。靡靡,不振貌。

〔32〕下之化上,疾于景响,下面受到上面的感化,比影子跟着形体,

回响跟着发声还要快。景,影的本字。

〔33〕举错不可不审,赏罚不可不谨慎。举是拔用。错是舍弃。审是踏实。

〔34〕召释之参乘,召释之跟他同车,为他执辔。

〔35〕徐行问释之秦之敝,慢慢地行进,一路上把秦朝所以失败的道理问释之。

〔36〕具以质言,原原本本把知道的以实告之。质,诚也;实也。

〔37〕公车令属卫尉,掌殿、司马门,夜徼(巡逻)宫中。天下上事及四方贡献阙下,凡所征召,皆总领之。见《汉官仪》。

〔38〕太子即汉景帝,名启,文帝长子。元年乙酉,在位十六年(公元前一五六—前一四一年),分前元七年,中元六年,后元三年。《史记》有《孝景帝本纪》。梁王名武,文帝次子,与景帝同母(都是窦后所生)。文帝二年封为代王,三年徙为淮阳王,十年徙为梁王。先后在位三十五年(公元前一七八—前一四四年)。死谥孝。《史记》有《梁孝王世家》。

〔39〕不下司马门,直入司马门,并不下车。当时的禁令,凡出入殿门和司马门的都得下车步行。不如令的,罚金四两。司马门已见《项纪》校释〔209〕。

〔40〕追止太子、梁王,追上前去,禁止他们行进,故下云"无得入殿门"。

〔41〕遂劾不下公门不敬,奏之,便把太子、梁王入司马门不下车的事件参奏上去,以为大不敬。考案罪状叫劾,音核。百衲本讹"刻"。

〔42〕薄太后,吴人,高祖时称薄姬,生文帝。文帝封于代,遂为代王太后。代王即帝位,改号皇太后。事详《史记·外戚世家》。

〔43〕使使承诏赦太子、梁王,派一使者传太后的旨意赦他们的罪。上使是差遣,下使是使者。

〔44〕后,汲古本作"後"。

〔45〕中大夫,郎中令属官,掌论议,后来(武帝时)改为光禄大夫。

〔46〕中郎将已见《季布栾布列传》校释〔31〕。

〔47〕霸陵,汉文帝的陵墓,在芷阳县(秦县)境,因文帝治霸陵于此,遂改霸陵县。霸陵县故治在今陕西省长安县东。陵更在故治的东南。

〔48〕居北临厕,登霸陵之上,亲临北面的边头远望。厕读如侧。

〔49〕慎夫人,文帝宠姬,姓慎氏。

〔50〕指示慎夫人新丰道,指着向新丰去的道路给慎夫人看。新丰本秦之骊邑,汉置新丰县,故治在今陕西省临潼县东。

〔51〕此走邯郸道也,这就是往邯郸去的道路啊。慎夫人,邯郸人,故文帝指告她。走音奏,趋向。

〔52〕倚瑟而歌,和着瑟调而发歌。倚,依合。

〔53〕文帝预登寿陵,中有所感,发而为歌,其意自然惨凄,令人悲怀的。

〔54〕以北山石为椁,用纻絮斮陈,蓩漆其间,岂可动哉,用北山的好石做棺柩外面的石椁,再用丝纻麻絮等物切和,匀排在椁口,然后用漆汁胶合起来,这样的做法,哪能触动到棺柩呢! 椁是柩的外护,俗称套材。斮音灼,斩斫,此有切碎拌和的意义。陈,布列,就是排匀。蓩音如,粘着。蜀本"蓩"讹作"絮"。

〔55〕虽锢南山犹有郄,虽把棺柩封锢在南山的下面还是有隙缝可钻的。锢,铸牢;封闭。郄同隙。蜀本、百衲本、会注本都作"郄"。

〔56〕戚,忧虑。

〔57〕中渭桥跨建在渭水之上。当时跨渭之桥有三所,据《索隐》说,一所在城西北咸阳路,叫西渭桥;一所在城东北高陵道,叫东渭桥;一所在古城之北,即中渭桥。

〔58〕乘舆马惊,皇帝御辇所驾的马受到惊吓。

〔59〕使骑捕，派从驾的骑士捕捉这惊驾的人。

〔60〕属之廷尉，把这人交付廷尉衙门严办。属音烛，交给；委托。

〔61〕治问，查究考问。

〔62〕曰县人来，……即走耳，治问的结果。原来有一个远处县分里的人到长安来，听见警跸（车驾所过，从人预先发出警告，禁止路人通行。跸，止步）的传呼，就躲在桥下。停了好久，以为皇帝已走过去了，便从桥下出来，看见皇帝的仪仗还没过，马上转身逃走罢了。

〔63〕奏当，把应得的罪名回奏文帝。当读去声，谓应处的罪刑，相当于判决书。

〔64〕一人犯跸，当罚金，言此人干犯警跸，应处罚金。当时的律令，"跸先至而犯者，罚金四两"，释之即按照律令定罪。当罚金的当读平声。

〔65〕赖柔和，幸亏驯良不暴躁。

〔66〕令他马，固不败伤我乎，假使换了别匹马，不就要翻车伤我么！

〔67〕廷尉乃当之罚金，廷尉反判他仅仅罚金么！当也该读去声。

〔68〕上使立诛之则已，你派人立刻把他杀掉也就罢了。

〔69〕廷尉，天下之平也，廷尉是最高执法的人，应当公平行法，为天下大小官吏示范。

〔70〕一倾，而天下用法皆为轻重，一有倾侧（失其平），大小官吏的用法都将任意轻重了。

〔71〕民安所措其手足，百姓们还有什么地方可以安顿他们的手和脚呢？（意即为苛法所扰，将无地容身）措，置放。蜀本、百衲本、黄本、汲古本都作"错"。

〔72〕廷尉当是也，廷尉的判案是对的。当也读去声。后面的"乃许廷尉当"，与此意同。

〔73〕盗高庙坐前玉环，偷取高祖庙神坐前供设的玉环。

〔74〕下廷尉治，蜀本、百衲本、汲古本都重出"廷尉"二字。

〔75〕案律，盗宗庙服御物者为奏，依照法律规定，援引盗取宗庙内供用物件的罪名来奏上去。

〔76〕奏当弃市，奏上的罪名是应该死刑。古时刑人于市，表示与众共弃，故云弃市。弃，蜀本、百衲本、汲古本都作"棄"。

〔77〕欲致之族，要把他抵族诛之罪。蜀本、百衲本、汲古本都作"欲致族之"。

〔78〕君以法奏之，非吾所以共承宗庙意也，你依律判断，不是吾所要恭敬承奉宗庙的本意啊。共同恭。

〔79〕法如是足也，依法处断，这样已到最高限度了。

〔80〕且罪等，然以逆顺为差，即使罪名相等的，然也要看顺逆的程度来分别高下轻重的。且，即也。差音次，等第。

〔81〕今盗宗庙器而族之，……陛下何以加其法乎，如今因盗取宗庙器物便族诛他，那么万一有人在长陵（高祖陵墓）上抓取了一把土，（意即盗墓）你又怎样去加重处罚他呢？抔音裒，掬取。

〔82〕周亚夫，绛侯周勃之子，文帝改封于条［编者按：繁体作"條"］（《汉书·地理志》作"脩"。颜师古注，音条。隋改蓚县，字亦作蓨。后称亚夫城。在今河北省景县境），为条侯。王恬开（本名恬启，因避景帝讳，改启为开），以梁相击陈豨功，封山都侯（山都，秦县，汉封恬开为侯国，故城在今湖北省襄阳县西北）。这时，亚夫为中尉（掌巡徼京师，后改执金吾）之官，恬开仍为梁国相，故云中尉条侯周亚夫与梁相山都侯王恬开。

〔83〕释之恐，称病，释之怕从前呵止太子入殿门等事，被新皇帝谴罚，故托病请假。

〔84〕欲免去，惧大诛至；欲见谢，则未知何如，想要辞官离开罢，怕更大更重的罪罚（杀身之祸）会跟着来；想要进见新皇帝当面谢罪罢，又

不知怎么样才好。

〔85〕用王生计,卒见谢。听了王生的说法,终于见了新皇帝,当面谢罪。

〔86〕景帝不过也,这新皇帝并不谴责他。

〔87〕善为黄、老言,善于黄帝、老子之术,即道家之学。参看《陈丞相世家》校释〔202〕。

〔88〕处士,已见《魏公子列传》校释〔133〕。

〔89〕尝召居廷中,三公九卿尽会立,曾经被召参加朝廷的大会,王生得居中坐,三公九卿却都立着。当时汉廷尊黄、老,所以如此。三公,指当时的丞相、太尉、御史大夫。九卿,指当时的奉常、郎中令、卫尉、太仆、廷尉、典客、宗正、治粟内史、少府。

〔90〕韤(袜)亦作韈,足衣。古时上殿廷,必脱去外履,就用韤来行走。解,松脱。

〔91〕独奈何廷辱张廷尉,怎么单单在朝廷之上当众羞辱张廷尉。

〔92〕自度,自己忖度(度读入声)。

〔93〕吾故聊辱廷尉使结韤,欲以重之,吾特地随便委屈他跪下结韤,要以此来抬举他(足见当时王生地位之高)。聊,聊且,有随便不经意的意义。

〔94〕为淮南王相,由廷尉外调为淮南国相,实系降贬。

〔95〕犹尚以前过也,仍然还是因为从前呵止的旧怨。

〔96〕挚音制。

〔97〕以不能取容当世,故终身不仕,因为不能阿附世俗的好尚来求取苟安容身之道,所以免官之后,直到身死没有再做过官。

〔98〕冯唐者,蜀本、百衲本、黄本、汲古本都提行书。此本与会注本都连书不提行。

〔99〕大父即祖父,已见《留侯世家》校释〔3〕。

〔100〕安陵,汉所置县,故治在今陕西省咸阳县东。

〔101〕以孝著,为中郎署长,因孝行著称,举为郎署之长(郎中令辖下的中郎署署长)。

〔102〕輂过,乘輂经过郎署。輂音碾,用人挽行的车辆。后世专用为帝王乘车之称。

〔103〕父老何自为郎,家安在,你怎样来做郎官的?家住在哪里?父老,老者的通称,并不是尊他为父老。下面"父知之乎"的父,与此同义。

〔104〕具以实对,完完全全把家世情形的实况告知他。

〔105〕尚食监,管理膳食的官。高祛的祛,蜀本、汲古本都作"袪"。为我言赵将李齐之贤,战于钜鹿下,对我讲起赵将李齐的好处,尤其在大战钜鹿城下的一段故事(这钜鹿之战,当是指的秦将王离围钜鹿那一役)。

〔106〕每饭,意未尝不在钜鹿也,每进食时,必怀念到高祛所说的李齐大战钜鹿的故事。

〔107〕官卒将,百人之长,即官帅将。卒读如将率之率,通作"帅"。

〔108〕善,交好。

〔109〕故为代相,从前做过代国的国相。

〔110〕良说,很高兴。说读如悦。

〔111〕搏髀,拍着大腿。搏音博,抚拍。髀音陛,股骨;大腿的外侧也叫髀。

〔112〕时,据王念孙说,当读为而。

〔113〕主臣犹言惶恐,已见《陈丞相世家》校释〔181〕。

〔114〕帝王内廷,出入有禁,故称"宫禁"。禁中即宫内。

〔115〕让,谴责;埋怨。

〔116〕众辱,已见《淮阴侯列传》校释〔12〕。独无间处乎,难道没有

适当的机会么？间处,间隙的地方,相当于吴语的"当口"。

〔117〕《周礼·春官》:"小史掌邦国之志,奠系世,辨昭穆,若有事,则诏王之忌讳。……"《注》云:"先王死日为忌,名为讳。"是忌与讳本是两事。后世混而言之,凡事有所避忌而不愿明言的,都叫做"忌讳"了。这里就是混言之的意义。

〔118〕新大入朝那,新近大举侵入朝那。朝那(音昭娜),当时安定郡的属县,故治在今甘肃省平凉县西北。

〔119〕北地都尉卬,姓孙。卬,蜀本、百衲本、黄本、汲古本都作"昂"。北地,当时的郡名,辖地约当今甘肃省东北部和旧宁夏省一带。治马领县,故治在今甘肃省环县东南。都尉,郡守的佐官,掌武职甲卒。本名郡尉,景帝中二年(公元前一四八年)始改都尉。孙卬被杀在文帝十四年(公元前一六六年),此云都尉,当系史官追书之辞。

〔120〕上以胡寇为意,乃卒复问唐,文帝正在忧念匈奴的入寇,于是终于再问冯唐。

〔121〕推毂,屈身推动车轮,表示谦恭自下的至诚。引申有推荐、抬举等意义。毂音谷,车轮的中心部分,乃许多车辐所凑拢的地方。举毂而言,可以概括整个的轮子。

〔122〕阃以内者,寡人制之,阃以外者,将军制之,国门以内的事,我自己决定;国门以外的事,都由你决定。阃,门槛,此指都城外郭门中的阃。

〔123〕不从中扰,不复从中央去打扰(干涉)他。扰,蜀本、汲古本都作"覆"。覆是覆核用途,也通。

〔124〕委任而责成功,把任务专诚委托他,同时责望他完成这任务。

〔125〕选车千三百乘,……百金之士十万,参看《廉蔺列传》校释〔266〕至〔269〕。但彼此数字有差别,或者当时口说相传本有不同的。

〔126〕北逐单于,详《廉蔺列传》所载李牧事。

〔127〕东胡,已见《廉蔺列传》校释〔278〕。

〔128〕澹林即襜褴,已见《廉蔺列传》校释〔277〕。

〔129〕抑,抑制。

〔130〕支,支援。

〔131〕几霸,几乎可以称霸中原了。几,近也。

〔132〕赵王迁已见《廉蔺列传》校释〔290〕。

〔133〕倡,倡伎;《正义》云,乐家之女也。

〔134〕用郭开谗,卒诛李牧,令颜聚代之,详《廉蔺列传》所载李牧事。

〔135〕兵破士北,兵阵破败,士卒逃散。

〔136〕云中,当时郡名,统地约当今山西省西北部和内蒙古自治区西南部一带。治云中县,即今内蒙古自治区托克托县。

〔137〕私养钱五日一椎牛,飨宾客军吏舍人,把自己应得的廪给(俸禄)拿出来,每五日必宰杀一次牛,大飨幕府中的宾客、属下的军吏和门下的舍人等。私养钱,私人应得的生活费,即俸给。椎,击杀。

〔138〕云中之塞,云中郡的边塞。筑城把守叫塞,音赛。边塞就是边城一带的要害之处。

〔139〕虏曾一入,匈奴曾经一度侵入。

〔140〕家人子,老百姓人家的子弟。

〔141〕起田中从军,从耕作中出来当兵。

〔142〕安知尺籍伍符,哪里懂得官中的文书簿册!尺籍,官府往来的文书。伍符,军中编制(五人为伍)的花名册。

〔143〕终日力战,斩首捕虏,一天到晚尽力战斗,或者斩得敌首,或者捉到俘虏。

〔144〕上功莫府,向上级衙门报功。莫府即幕府,参看《廉蔺列传》校释〔250〕。

〔145〕一言不相应,文吏以法绳之,只要所报的事状有一言半语不相合,办案的官吏便援引法规来驳斥他。文吏,熟悉案例的官吏。绳,纠正。

〔146〕吏奉法必用,文吏搬出来的法规,必然获得信用。

〔147〕坐上功首虏差六级,坐罪的缘由,只因报功状上所载的与实际情况比,短了六颗首级。此与上"一言不相应"对照。

〔148〕下之吏,拿下交付刑官审判。

〔149〕罚作之,判了他一年徒刑。一岁刑叫做罚作。

〔150〕说读如悦。

〔151〕持节赦魏尚,传皇帝的旨意,赦魏尚出狱。节,符节,传布命令的信物。持节,凭着符节传达命令。

〔152〕车骑都尉,不见《汉书·百官表》,当系临时所设之官。职掌见下。

〔153〕主中尉及郡国车士,管领中尉官所属(京师地面)和诸郡国所属(各地方政府)的车战之士。

〔154〕匈奴入朝那在文帝十四年(已见前),至景帝立,是十一年。此云七年,实误。

〔155〕武帝名彻,景帝第十子,在位五十四年(公元前一四〇—前八七年)。元年辛丑,改元十一次:建元、元光、元朔、元狩、元鼎、元封各六年,太初、天汉、太始、征和各四年,后元二年。帝王即位改元自此始。帝立后,诏举贤良方正直言极谏之士,故云求贤良。

〔156〕奇士,杰出之人。与余善,太史公自谓跟他交好。

〔157〕言长者,就是论列周勃、张相如的事,已见前。

〔158〕守法不阿意,坚决守法,不随顺时主的意旨。事亦详前。

〔159〕论将率(帅),就是论李牧、魏尚的事,已见前。

〔160〕有味哉,有味哉,重言以赞美之,深深地赞许冯唐论李牧、魏

尚的事有意味,有道理。

〔161〕不知其人视其友,流传的古语,就是说不晓得这人的底细,只要看他所交的朋友。

〔162〕二君之所称诵,可著廊庙,张、冯二君所论述赞美的长者、将帅之事,可以把它记录在政府的档卷里,使大家知所感动的。著,著录;记载。廊庙指朝廷。

〔163〕不偏不党,……王道便便,引《尚书·洪范篇》文,故称《书》曰。今本《尚书》"不"作"无","便"作"平",盖古代所传之本不同。荡荡,宽广貌。便便就是平平。平读如辨,古时也假便字为之。

〔164〕近之矣,赞其近于不偏不党之道。

魏其武安侯列传

　　魏其侯窦婴者,[1]孝文后从兄子也。[2]父世观津人。[3]喜宾客。孝文时,婴为吴相,病免。孝景初即位,为詹事。[4]梁孝王者,[5]孝景弟也,其母窦太后爱之。[6]梁孝王朝,因昆弟燕饮。[7]是时上未立太子,酒酣,从容言曰:"千秋之后传梁王。"太后驩。窦婴引卮酒进上,[8]曰:"天下者,高祖天下,父子相传,此汉之约也,上何以得擅传梁王!"太后由此憎窦婴。窦婴亦薄其官,因病免。[9]太后除窦婴门籍,不得入朝请。[10]孝景三年,[11]吴、楚反,[12]上察宗室诸窦毋如窦婴贤,[13]乃召婴。婴入见,固辞谢病不足任。[14]太后亦惭。于是上曰:"天下方有急,王孙宁可以让邪!"[15]乃拜婴为大将军,赐金千斤。婴乃言袁盎、栾布诸名将贤士在家者进之。[16]所赐金,陈之廊庑下,[17]军吏过,辄令财取为用,[18]金无入家者。[19]窦婴守荥阳,监齐、赵兵。[20]七国兵已尽破,封婴为魏其侯。诸游士宾客争归魏其侯。孝景时,每朝议大事,条侯、魏其侯,诸列侯莫敢与亢礼。[21]

　　孝景四年,[22]立栗太子,[23]使魏其侯为太子傅。[24]孝景七年,[25]栗太子废,魏其数争不能得。[26]魏其谢病屏居蓝田南山之下数月,[27]诸宾客辩士说之莫能来。[28]梁人高遂乃说魏其曰："能富贵将军者，上也；能亲将军者，太后也。今将军傅太子，太子废而不能争。争不能得，又弗能死。自引谢病，[29]拥赵女，屏间处而不朝。[30]相提而论，[31]是自明扬主上之过。[32]有如两宫螫将军，[33]则妻子毋类矣。"[34]魏其侯然之，乃遂起，朝请如故。

桃侯免相，[35]窦太后数言魏其侯。[36]孝景帝曰："太后岂以为臣有爱不相魏其！[37]魏其者，沾沾自喜耳，多易。[38]难以为相，持重。"[39]遂不用，用建陵侯卫绾为丞相。[40]

武安侯田蚡者，[41]孝景后同母弟也，生长陵。[42]魏其已为大将军，后方盛，蚡为诸郎，[43]未贵，往来侍酒魏其，跪起如子姓。[44]及孝景晚节，[45]蚡益贵幸，[46]为太中大夫。[47]蚡辩有口，[48]学槃盂诸书，王太后贤之。[49]孝景崩，即日太子立，称制，[50]所镇抚多有田蚡宾客计筴。[51]蚡弟田胜，皆以太后弟，孝景后三年封蚡为武安侯，胜为周阳侯。[52]

武安侯新欲用事为相，[53]卑下宾客，[54]进名士家居者贵之，[55]欲以倾魏其诸将相。[56]建元元年，[57]丞相绾病免，上议置丞相、太尉。[58]籍福说武安侯曰：[59]"魏其贵久矣，天下士素归之。今将军初兴，未如魏其，即上以将军为丞相，必让魏其。魏其为丞相，将军必为太尉。太尉、丞相尊等耳，又有让贤名。"[60]武安侯乃微言太后风上，[61]于是乃以魏其侯为丞相，武安侯为太尉。籍福贺魏其侯，因吊曰：[62]

"君侯资性喜善疾恶,[63]方今善人誉君侯,故至丞相;然君侯且疾恶,恶人众,亦且毁君侯。君侯能兼容,则幸久;[64]不能,今以毁去矣。"[65]魏其不听。

魏其、武安俱好儒术,[66]推毂赵绾为御史大夫,王臧为郎中令。[67]迎鲁申公,[68]欲设明堂,令列侯就国除关,以礼为服制,以兴太平。[69]举適诸窦宗室毋节行者,除其属籍。[70]时诸外家为列侯,列侯多尚公主,皆不欲就国。以故,毁日至窦太后。[71]太后好黄、老之言,而魏其、武安、赵绾、王臧等务隆推儒术,贬道家言。[72]是以窦太后滋不说魏其等。[73]及建元二年,[74]御史大夫赵绾请无奏事东宫。[75]窦太后大怒,乃罢逐赵绾、王臧等,而免丞相、太尉,以柏至侯许昌为丞相,武疆侯庄青翟为御史大夫。[76]魏其、武安由此以侯家居。武安侯虽不任职,以王太后故,亲幸,数言事多效,天下吏士趋势利者,皆去魏其归武安。武安日益横。[77]

建元六年,[78]窦太后崩,丞相昌、御史大夫青翟坐丧事不办,免。[79]以武安侯蚡为丞相,以大司农韩安国为御史大夫。[80]天下士郡诸侯愈益附武安。[81]

武安者,貌侵,[82]生贵甚。[83]又以为诸侯王多长,上初即位,富于春秋,蚡以肺腑为京师相,非痛折节、以礼诎之,天下不肃。[84]当是时,丞相入奏事,坐语移日,[85]所言皆听。荐人或起家至二千石,[86]权移主上。[87]上乃曰:"君除吏已尽未?吾亦欲除吏。"[88]尝请考工地益宅,[89]上怒曰:"君何不遂取武库!"[90]是后乃退。[91]尝召客饮,坐其兄盖侯南乡,自坐东乡,[92]以为汉相尊,不可以兄故私桡。[93]武安由此滋骄,[94]治宅甲诸第。[95]田园极膏腴,[96]而市买郡县器物相属于道。[97]前堂罗锺鼓,立曲旃;[98]后房妇女以百数。诸侯奉金玉狗马玩好,不可胜数。[99]

　　魏其失窦太后,[100]益疏不用,无势。诸客稍稍自引而怠傲,[101]惟灌将军独不失故。[102]魏其日默默不得志,[103]而独厚遇灌将军。[104]

　　灌将军夫者,[105]颍阴人也。[106]夫父张孟,尝为颍阴侯婴舍人,[107]得幸,因进之至二千石,故蒙灌氏姓为灌孟。[108]吴、楚反时,颍阴侯灌何为将军,[109]属太尉,[110]请灌孟为校尉。[111]夫以千人与父俱。[112]灌孟年老,颍阴侯彊请之,郁郁不得意,故战常陷坚,[113]遂死吴军中。军法,父子俱从军,有死事,得与丧归。[114]灌夫不肯随丧归,奋曰:[115]"愿取吴王若将军头,[116]以报父之仇。"于是灌夫被甲持戟,[117]募军中壮士所善愿从者数十人。[118]及出壁门,莫敢前。独二人及从奴十数骑驰入吴军,[119]至吴将麾下,[120]所杀伤数十人。不得前,复驰还,走入汉壁,皆亡其奴,[121]独与一骑归。夫身中大创十馀,[122]适有万金良药,[123]故得无死。[124]夫创少瘳,[125]又复请将军曰:[126]"吾益知吴壁中曲折,请复往。"将军壮义之,[127]恐亡夫,[128]乃言太尉。[129]太尉乃固止之。吴已破,灌夫以此名闻天下。颍阴侯言之上,[130]上以夫为中郎将。数月,坐法去。[131]后家居长安,长安中诸公莫弗称之。[132]孝景时,至代相。孝景崩,今上初即位,[133]以为淮阳天下交,劲兵处,[134]故徙夫为淮阳太守。[135]建元元年,入为太仆。[136]二年,夫与长乐卫尉窦甫饮,[137]轻重不得。[138]夫醉,搏甫。[139]甫,窦太后昆弟也。上恐太后诛夫,徙为燕相。数岁,坐法去官,家居长安。

灌夫为人刚直使酒,[140]不好面谀。[141]贵戚诸有势在己之右,不欲加礼,必陵之;[142]诸士在己之左,愈贫贱,尤益敬与钧。[143]稠人广众,荐宠下辈。[144]士亦以此多之。[145]夫不喜文学,好任侠,已然诺。[146]诸所与交通,无非豪桀大猾。[147]家累数千万,[148]食客日数十百人。陂池田园,宗族宾客,为权利,横于颍川。[149]颍川儿乃歌之曰:[150]"颍水清,灌氏宁;颍水浊,灌氏族。"[151]灌夫家居虽富,然失势,卿相侍中宾客益衰。[152]及魏其侯失势,亦欲倚灌夫引绳批根生平慕之后弃之者。[153]灌夫亦倚魏其而通列侯宗室为名高。[154]两人相为引重,[155]其游如父子然。[156]相得驩甚,无厌,恨相知晚也。[157]

灌夫有服,过丞相。[158]丞相从容曰:"吾欲与仲孺过魏其侯,会仲孺有服。"[159]灌夫曰:"将军乃肯幸临况魏其侯,[160]夫安敢以服为解![161]请语魏其侯帐具,[162]将军旦日蚤临!"[163]武安许诺。灌夫具语魏其侯如所谓武安侯。[164]魏其与其夫人益市牛酒,[165]夜洒扫,[166]早帐具至旦。[167]平明,令门下候伺。[168]至日中,丞相不来。魏其谓灌夫曰："丞相岂忘之哉?"灌夫不怿,[169]曰:"夫以服请,宜往。"[170]乃驾,[171]自往迎丞相。丞相特前戏许灌夫,殊无意往。及夫至门,丞相尚卧。于是夫入见,曰:"将军昨日幸许过魏其,魏其夫妻治具,自旦至今,未敢尝食。"武安鄂谢曰:[172]"吾昨日醉,忽忘与仲孺言。"乃驾往,又徐行,灌夫愈益怒。及饮酒酣,夫起舞属丞相,[173]丞相不起,夫从坐上语侵之。[174]魏其乃扶灌夫去,谢丞相。丞相卒饮至夜,极驩而去。

丞相尝使籍福请魏其城南田。[175]魏其大望,[176]曰:"老仆虽弃,[177]将军虽贵,宁可以势夺乎!"不许。灌夫闻,怒骂籍福。籍福恶两人有卻,[178]乃谩自好谢丞相曰:[179]"魏其老且死,易忍,且待之!"[180]已而武安闻魏其、灌夫实怒不予田,[181]亦怒曰:"魏其子尝杀人,蚡活之。蚡事魏其,无所不可,何爱数顷田![182]且灌夫何与也![183]吾不敢复求田!"[184]武安由此大怨灌夫、魏其。

元光四年春,[185]丞相言:"灌夫家在颍川,横甚,民苦之。请案!"[186]上曰:"此丞相事,何请!"[187]灌夫亦持丞相阴事,[188]为奸利,受淮南王金与语言。[189]宾客居间,[190]遂止,俱解。[191]夏,丞相取燕王女为夫人,[192]有太后诏,召列侯宗室皆往贺。魏其侯过灌夫,欲与俱。夫谢曰:"夫数以酒失得过丞相,[193]丞相今者又与夫有卻。"[194]魏其曰:"事已解。"强与俱。饮酒酣,武安起为寿,坐皆避席伏。[195]已魏其侯为寿,独故人避席耳,馀半膝席。[196]灌夫不悦。起行酒至武安，[197]武安膝席曰："不能满觞。"[198]夫怒，因嘻笑曰：[199]"将军贵人也，属之！"[200]时武安不肯。行酒次至临汝侯，[201]临汝侯方与程不识耳语，[202]又不避席。夫无所发怒，[203]乃骂临汝侯曰："生平毁程不识不直一钱，今日长者为寿，乃效女儿呫嗫耳语！"[204]武安谓灌夫曰："程、李俱东、西宫卫尉，[205]今众辱程将军，仲孺独不为李将军地乎！"[206]灌夫曰："今日斩头陷匈，何知程、李乎！"[207]坐乃起更衣，稍稍去。[208]魏其侯去，麾灌夫出。[209]武安遂怒曰："此吾骄灌夫罪。"[210]乃令骑留灌夫。[211]灌夫欲出不得。籍福起为谢，案灌夫项令谢。[212]夫愈怒，不肯谢。武安乃麾骑缚夫置传舍，[213]召长史曰：[214]"今日召宗室，有诏。"[215]劾灌夫骂坐不敬，[216]系居室。[217]遂按其前事，[218]遣吏分曹逐捕诸灌氏支属，[219]皆得弃市罪。[220]魏其侯大愧，[221]为资使宾客请，莫能解。[222]武安吏皆为耳目，诸灌氏皆亡匿，夫系，遂不得告言武安阴事。[223]

　　魏其锐身为救灌夫，[224]夫人谏魏其曰："灌将军得罪丞相，与太后家忤，[225]宁可救邪！"魏其侯曰："侯自我得之，自我捐之，[226]无所恨！且终不令灌仲孺独死，婴独生！"[227]乃匿其家，窃出上书。[228]立召入，[229]具言灌夫醉饱事，不足诛。上然之，赐魏其食，曰："东朝廷辩之。"[230]魏其之东朝，[231]盛推灌夫之善，[232]言其醉饱得过，乃丞相以他事诬罪之。[233]武安又盛毁灌夫所为横恣,〔234〕罪逆不道。〔235〕魏其度不可奈何,因言丞相短。〔236〕武安曰:"天下幸而安乐无事,蚡得为肺腑,所好音乐狗马田宅。〔237〕蚡所爱倡优巧匠之属,不如魏其、灌夫日夜招聚天下豪桀壮士与论议,腹诽而心谤,不仰视天而俯画地,辟倪两宫间,幸天下有变,而欲有大功。〔238〕臣乃不知魏其等所为。"〔239〕于是上问朝臣:"两人孰是?"御史大夫韩安国曰:"魏其言,灌夫父死事,身荷戟,〔240〕驰入不测之吴军,身被数十创,名冠三军,此天下壮士,非有大恶,争杯酒,不足引他过以诛也,魏其言是也。丞相亦言,灌夫通奸猾,侵细民,〔241〕家累巨万,横恣颍川,凌轹宗室,〔242〕侵犯骨肉,〔243〕此所谓'枝大于本,胫大于股,不折必披',〔244〕丞相言亦是。唯明主裁之!"〔245〕主爵都尉汲黯是魏其。〔246〕内史郑当时是魏其,后不敢坚对。〔247〕馀皆莫敢对。上怒内史曰:〔248〕"公平生数言魏其、武安长短,今日廷论,〔249〕局趣效辕下驹,〔250〕吾并斩若属矣!"〔251〕即罢起入,〔252〕上食太后。〔253〕太后亦已使人候伺,具以告太后。太后怒,不食,曰:"今我在也,而人皆藉吾弟,〔254〕令我百岁后,皆鱼肉之矣。〔255〕且帝宁能为石人邪!〔256〕此特帝在,即录录,〔257〕设百岁后,是属宁有可信者乎!"〔258〕上谢曰:"俱宗室外家,故廷辩之。不然,此一狱吏所决耳。"〔259〕是时,郎中令石建为上分别言两人事。〔260〕

武安已罢朝,出止车门,〔261〕召韩御史大夫载,〔262〕怒曰:"与长孺共一老秃翁,何为首鼠两端!"〔263〕韩御史良久谓丞相曰："君何不自喜！[264]夫魏其毁君，君当免冠解印绶归，[265]曰臣以肺腑幸得待罪，固非其任，[266]魏其言皆是。如此，上必多君有让，[267]不废君。魏其必内愧，[268]杜门龁舌自杀。[269]今人毁君，君亦毁人，譬如贾竖女子争言，何其无大体也！"[270]武安谢罪曰："争时急，不知出此。"[271]

于是上使御史簿责魏其所言灌夫，[272]颇不雠，[273]欺谩。[274]劾系都司空。[275]孝景时，魏其常受遗诏，[276]曰"事有不便，以便宜论上"。[277]及系灌夫，罪至族。[278]事日急，诸公莫敢复明言于上。魏其乃使昆弟子上书言之，[279]幸得复召见。书奏上，而案尚书大行无遗诏。[280]诏书独藏魏其家，家丞封。[281]乃劾魏其矫先帝诏，[282]罪当弃市。五年十月，[283]悉论灌夫及家属。[284]魏其良久乃闻，[285]闻即恚，[286]病痱，[287]不食欲死。或闻上无意杀魏其，魏其复食，治病，议定不死矣。乃有蜚语，为恶言闻上，[288]故以十二月晦，论弃市渭城。[289]

其春，武安侯病，专呼服谢罪。[290]使巫视鬼者视之，[291]见魏其、灌夫共守欲杀之。[292]竟死。子恬嗣。[293]元朔三年，[294]武安侯坐衣襜褕入宫，不敬。[295]

淮南王安谋反觉，[296]治。[297]王前朝，[298]武安侯为太尉时，迎王至霸上，[299]谓王曰："上未有太子，大王最贤，高祖孙，[300]即宫车晏驾，[301]非大王立，当谁哉！"淮南王大喜，厚遗金财物。[302]上自魏其时，不直武安，特为太后故耳。[303]及闻淮南王金事，[304]上曰："使武安侯在者，族矣!"[305]

太史公曰:魏其、武安皆以外戚重,灌夫用一时决筴而名显。[306]魏其之举以吴、楚,[307]武安之贵在日月之际。[308]然魏其诚不知时变,[309]灌夫无术而不逊,[310]两人相翼,乃成祸乱。[311]武安负贵而好权,[312]杯酒责望,陷彼两贤,[313]呜呼哀哉!迁怒及人,命亦不延。[314]众庶不载,竟被恶言。[315]呜呼哀哉![316]祸所从来矣![317]

〔1〕窦婴字王孙,以军功封于魏其为列侯。魏其,汉所置县,故治在今山东省临沂县南。

〔2〕孝文后即景帝母窦太后,详后。从兄子,即堂姪。

〔3〕父世观津人,自父亲以前世世代代都住在观津。观津,战国时赵邑,汉置为县,故治在今河北省武邑县东南二十五里。

〔4〕詹事,掌管皇后、太子宫中事务的官。

〔5〕梁孝王已见《张释之冯唐列传》校释〔38〕。

〔6〕窦太后初为文帝窦姬,生长公主嫖、景帝及梁王。景帝立为太子,同时进位为皇后。景帝即位,尊为皇太后。爱之,偏爱梁王。

〔7〕梁孝王朝,因昆弟燕饮,梁王到长安朝见太后、景帝后,用家人兄弟之礼与母兄叙饮。朝,入朝觐见。燕饮,叙私亲的宴会,可以略去君臣的仪节的。

〔8〕引卮酒进上,举了一杯酒,献给景帝(此有失言罚酒的意义)。引,举起。卮酒,参看《项纪》校释〔322〕、〔327〕。

〔9〕薄其官,因病免,嫌他的官位小(詹事之官),托病辞免。薄,嫌恶。因,借端。

〔10〕除窦婴门籍,不得入朝请,除去窦婴出入宫门的簿籍(摘去通行证),不许他排入朝请之列。古时诸侯朝见天子,春曰朝,秋曰请。朝请就是以时进见。

〔11〕孝景三年丁亥岁,当公元前一五四年。

〔12〕吴、楚反,指吴王濞、胶西王卬、胶东王雄渠、菑川王贤、济南王辟光、楚王戊、赵王遂等(都是汉宗室)联兵反汉事。是役,吴为主动,楚为大藩,故史称"吴、楚七国"。

〔13〕上察宗室诸窦毋如窦婴贤,景帝要对付七国,遍查宗室和外家窦氏诸人都没有像窦婴那样适当的人。毋通无。

〔14〕固辞谢病不足任,坚决推辞,说自己身体有病,负不起这个责任。

〔15〕王孙宁可以让邪,景帝呼婴之表字说你岂可推让此么!当时呼字,有表示亲昵之意。

〔16〕乃言袁盎、栾布诸名将贤士在家者进之,于是把闲居在家的袁盎等名人荐进给景帝。袁盎、栾布都已详《季布栾布列传》。

〔17〕陈之廊庑下,把所得赐金千斤都摆放在廊下和穿堂之内。廊,堂下周屋,即走廊。庑,门屋,即穿堂或垂花门。

〔18〕辄令财取为用,往往叫他们酌量用度,随便取去。财通裁,裁酌。

〔19〕金无入家者,没有把皇帝赏赐的金子拿回自己内室里去。

〔20〕是时汉廷使太尉周亚夫击吴、楚,栾布击齐,郦寄击赵,窦婴为大将军屯荥阳。荥阳在当时是南北的冲途,东捍吴、楚,北拒齐、赵。吴、楚方面由亚夫独当,齐、赵方面由窦婴遥制,故云守荥阳,监齐、赵兵。

〔21〕条侯、魏其侯,诸列侯莫敢与亢礼,朝廷上大家会议的时候,诸列侯都不敢与周亚夫(即条侯,已见《张释之冯唐列传》校释〔82〕)、窦婴平礼相见的。亢礼,平等相待。

〔22〕孝景四年戊子岁,当公元前一五三年。

〔23〕栗太子,名荣,景帝长子,栗姬所生。后被废,故书母姓为"栗太子"。

〔24〕太子傅,参看《留侯世家》校释〔221〕、〔222〕。

〔25〕孝景七年辛卯岁,当公元前一五〇年。

〔26〕数争不能得,屡次争辩,人家不听他的话。数读入声。

〔27〕屏居,退职闲居。屏音丙,退藏。蓝田南山之下,蓝田县的南山之麓,在当时为朝贵退休游乐的地方。百衲本、汲古本都无"蓝"字。蓝田,秦所置县。故治在今陕西省蓝田县西三十里。

〔28〕说之莫能来,劝他回来,他都不肯。说音税。

〔29〕自引谢病,托病走开。

〔30〕屏闲处而不朝,退闲自逸而不肯入朝。

〔31〕相提而论,互相对照起来看。提犹抵。

〔32〕是自明扬主上之过,这明明是自己要张扬(暴露)主上的过失。

〔33〕有如两宫螫将军,假如两宫动了气要害你。两宫指太后、景帝。螫音释,怒也。毒虫怒,必螫人,借以喻施放毒害。

〔34〕妻子毋类矣,妻子也被诛灭,必然没有遗类了。毋通无,见前〔13〕。百衲本讹作"母"。

〔35〕景帝后元年(戊戌岁,即在位之第十四年,当公元前一四三年),丞相刘舍以日食免。刘舍封桃侯,故云桃侯免相。桃县故城在今河北省冀县西北。

〔36〕数言魏其侯,屡次提及窦婴,欲以为相。

〔37〕岂以为臣有爱不相魏其,难道你以为我有所吝惜而不肯让窦婴为相么!爱,吝惜。

〔38〕沾沾自喜耳,多易,犹言自以为了不得,容易自满。沾沾(音

添),自得之貌。易,轻易。多易,处理事务多很草率轻浮。

〔39〕难以为相,持重,不好让他做丞相,当重任。

〔40〕建陵侯卫绾(音宛),代大陵(赵邑,汉置县,故城在今山西省文水县东北二十五里)人。以军功封侯。《史记·万石张叔列传》附载卫绾事。建陵,汉所置县,故治在今江苏省沭阳县西北。

〔41〕武安侯田蚡者,蜀本、百衲本、黄本、汲古本都提行书。此本与会注本都连书不提行。武安本战国赵邑,汉置县,即今河北省武安县。田蚡以外戚封于武安,故云武安侯田蚡(音汾)。

〔42〕景帝后姓王氏,名娡。父王仲,槐里(即秦废丘,汉改槐里县,故城在今陕西省兴平县东南十里)人。母臧儿(故燕王臧荼孙女),生男信与两女(娡及儿姁)。王仲死,臧儿更嫁长陵(汉因高祖陵墓所在,置长陵县,故城在今陕西省咸阳县东北四十里)田氏,生男蚡、胜。见《史记·外戚世家》。故云孝景后同母弟也,生长陵。

〔43〕诸郎,诸曹郎,即郎中令所属议郎、中郎、侍郎、郎中之类。

〔44〕往来侍酒魏其,跪起如子姓,往来于窦婴之家,侍宴把盏,时跪时起,像子孙一样。子姓,蜀本、百衲本、黄本、汲古本都作"子侄"。此本与《汉书》同,作"子姓"。王引之说:"古谓子孙曰姓,或曰子姓,女子谓昆弟之子为姪,男子则否。当依《汉书》作子姓。"

〔45〕晚节,晚年。

〔46〕益贵幸,更加抬高而且得宠。

〔47〕太中大夫,郎中令属官,掌论议。

〔48〕辩有口,善辩论,有口才。

〔49〕学槃盂诸书,王太后贤之,能传习古文字,王太后更看重他。槃盂诸书,相传为黄帝史官孔甲所作的铭文,书在槃盂等器物上。王太后即景帝后,田蚡的同母姊。那时景帝尚在,不当称"太后",《汉书》作王皇后,该是对的。

〔50〕即日太子立,称制,景帝死的那天,太子彻(即武帝)便立为皇帝,时年十六岁,故王太后临朝称制。称制犹言代天子行事,实际上掌握政权。

〔51〕所镇抚多有田蚡宾客计筴,当时太后初称制,恐有人不服,故多用田蚡宾客的计划,有所镇抚。镇是镇压。抚是安抚。筴同策。

〔52〕孝景后三年庚子岁,当公元前一四一年。其年正月,景帝死,武帝即位,即封田蚡为武安侯,田胜为周阳侯。周阳,汉上郡属县,即今甘肃省正宁县。

〔53〕新欲用事为相,正想当权作丞相。

〔54〕卑下宾客,谦恭自下,延揽宾客。

〔55〕进名士家居者贵之,与前〔16〕所言的同义。

〔56〕欲以倾魏其诸将相,要想利用延揽宾客的声誉来打倒窦婴一派许多居高位的人。倾,倾轧。

〔57〕建元元年辛丑岁,当公元前一四〇年。中国帝王用年号来纪元自此始。武帝改元十一次,这是第一个年号,共六年(公元前一四〇—前一三五年)。

〔58〕议置丞相、太尉,拟议放谁去补丞相、太尉的缺。置,置放。时丞相刚缺出,太尉则景帝七年罢置后,此时议复设,故一并商量安排人选。

〔59〕籍福,当时往来豪门的著名食客。说武安侯,劝田蚡听他的话。说音税。

〔60〕太尉、丞相尊等耳,又有让贤名,太尉同丞相的地位是相等的,你弃了丞相,得了太尉,又多得了让贤的名声。

〔61〕微言太后风上,把籍福教给他的说法向太后微微透露出来,好让她转给武帝听。微言,委宛地说。风,暗示。

〔62〕因吊,顺便警告。吊,贺之反,此有提示防备坏的方面的意义。

〔63〕君侯，列侯之尊称。资性犹性格。喜善疾恶，喜欢好人，厌恶坏人。疾，忌恨。

〔64〕能兼容，则幸久，对坏也能够宽容些，那么可以把相位保持得长久些。幸久，得便宜而延长的意义。

〔65〕不能，今以毁去矣，如果不能兼容的话，马上可以受到人家的毁谤而失掉相位了。

〔66〕儒术，儒家的道理，就是孔子一派的学说。

〔67〕推毂，已见《张释之冯唐列传》校释〔121〕，本为折节谦下之义，后世遂用作"引荐"解。赵绾，代人。王臧，兰陵（本战国楚邑，汉置兰陵县，故治在今山东省峄县东五十里）人。二人都是大儒鲁申公的学生，为有名的儒者。

〔68〕鲁申公名培。赵绾、王臧既为汉廷大官，请天子欲立明堂以朝诸侯，不能就其事，乃言师申公。于是武帝使使迎申公，问以治乱之事。时申公年已八十馀，老，对曰："为治者不在多言，顾力行何如耳。"武帝方好文词，见申公对，默然。然已招致，则以为太中大夫，舍鲁邸（鲁国驻京办事的地方），议明堂事。后赵绾、王臧得罪自杀，申公亦以疾免归鲁，数年卒。事见《史记·儒林列传》。

〔69〕欲设明堂，……以兴太平，都是儒家一套的说法。设明堂是要附会古制，起建明堂以朝诸侯。（明堂之说不一：有的说是明政教之堂，所以朝诸侯；有的说是天子的太庙，所以重祭祀；有的说就是太学里的辟雍。因此在当时屡议不能就事。）令列侯就国除关是要诸侯各归封国，除去稽察诸侯出入的关禁，以示天下一家。以礼为服制是要把当时吉凶的服制都依照礼法来规定它。以为这样一套做法，便可兴起太平之治了。

〔70〕举適诸窦宗室毋节行者，除其属籍，检举窦氏诸亲属中品行不好的人，除去他们的谱名。適同谪，举適就是指摘。毋通无，蜀本讹作"母"。属籍，谱牒；除属籍，在宗谱上削去名字。

〔71〕以故,毁日至窦太后,因列侯、公主不高兴的缘故,谤毁窦婴、田蚡、赵绾、王臧等人的话头每天都有送到窦太后跟前的。窦太后是武帝的祖母,时已尊为太皇太后。

〔72〕务隆推儒术,贬道家言,认真抬尊儒家的道理,低抑道家的学说。务是切实去干。隆推,抬举;提高。贬音窆,褒之反,抑损;屈降。

〔73〕滋不说魏其等,很不喜欢窦婴等好谈儒术的一辈人。滋,深也;益也。说读如悦。

〔74〕建元二年壬寅岁,当公元前一三九年。

〔75〕请无奏事东宫,请武帝不要把政事奏知窦太后。太后所居长乐宫在当时大内的东部,故云东宫,也称东朝。

〔76〕罢逐赵绾、王臧等,太后阴求绾、臧过失,以责武帝,帝乃将二人下狱,皆自杀。免丞相、太尉,同时把窦婴、田蚡的现职也免去,且废太尉官。柏至侯许昌,高祖功臣许温之孙,袭祖封为侯。柏至,《汉书·地理志》缺载,不详何地。武彊侯庄青翟,高祖功臣庄不识之孙,袭祖封为侯。武彊故城在今河北省武强县东北。

〔77〕日益横,一天骄横一天。

〔78〕建元六年丙午岁,当公元前一三五年。

〔79〕坐丧事不办,免,因不能办好窦太后丧事的罪名,免去本职。

〔80〕大司农,本治粟内史,为九卿之一,掌谷货(财政)。景帝后元年,更名大农令。武帝太初元年(公元前一〇四年)才改大司农,此时不当有此称,或后人追书之辞。韩安国字长孺,梁成安(故城在今河南省临汝县东南)人。初事梁孝王为中大夫,吴、楚反,他为梁拒吴兵于东界,由此名显。武帝时由大农令迁御史大夫,后为卫尉。会匈奴大入,他为材官将军,屯渔阳。因败受责,徙屯右北平。竟因忧郁呕血死。《史记》有《韩长孺列传》。

〔81〕天下士郡诸侯愈益附武安,天下士大夫之任事于郡国的(四

方之士)更都趋附田蚡了。蜀本、百衲本、黄本、汲古本郡下都有"国"字。附,黄本作"拊"。

〔82〕貌侵,状貌不扬。侵也作寝,短小,丑陋。

〔83〕生贵甚,出生后便为帝王的外戚,言其尊贵之势特甚。

〔84〕又以为……天下不肃,田蚡这样想:诸侯王年纪大多比他长,新皇帝刚即位,年又幼小,他自己以外戚的地位来做汉相,如果不是用礼法来屈服诸侯王等使他们自己狠狠地敛抑一下,那么他自己的威严是建立不起来的。诸侯王,指汉廷宗室诸王侯和其他的列侯。富于春秋,犹言岁月方长,就是说年纪尚轻。肺腑,喻亲戚关连。京师相,别于当时诸王国相,是汉廷辖治全国的丞相。痛折节,狠狠地自己抑制自己。诎同屈。肃,整肃;敬畏。

〔85〕坐语移日,坐在那里谈话总是好久的。移日,日影移位,表示良久。

〔86〕起家至二千石,从家居之人平地升拔到二千石的级位。起家犹出身。汉禄秩之制凡十五等:一,万石,其俸谷月各三百五十斛;二,中二千石,月各百八十斛;三,二千石,月各百二十斛;四,比二千石,月各百斛;五,千石,月各九十斛;六,比千石,月各八十斛;七,六百石,月各七十斛;八,比六百石,月各六十斛;九,四百石,月各五十斛;十,比四百石,月各四十五斛;十一,三百石,月各四十斛;十二,比三百石,月各三十七斛;十三,二百石,月各三十斛;十四,比二百石,月各二十七斛;十五,一百石,月各十六斛。百石以下尚有斗食(月俸十一斛)、佐史(月俸八斛)两级,不以官禄论。当时的三公秩皆万石,九卿皆中二千石,太子太傅以下至三辅长官(京兆尹、左冯翊、右扶风分掌京畿地方之政)及地方长官(郡国守相)皆二千石。县的长官各依情况而不同:县有人口万户以上的,其官称令,秩千石至六百石;人口不及万户的,其官称长,秩五百石至三百石。此云荐人至二千石,可见京内京外的高官都可以由他荐用了。

〔87〕权移主上，田蚡的权柄竟可以改变皇帝的本意。移，转移；改动。

〔88〕君除吏已尽未，吾亦欲除吏，你委任的官委任完了没有？我也要委任几个官呢。除吏，除去故官换新官，后遂以新授官职叫除授，也可单称除。尽未犹尽否。

〔89〕尝请考工地益宅，曾经请求把考工衙门的馀地划拨给他的私宅。考工，少府所属的考工室，督造器械的官衙。益，增添。

〔90〕君何不遂取武库，你何不就拿了武库去！武库，安放兵器的库房。取武库等于造反，武帝怒田蚡的无厌之求，所以愤愤地说这话。

〔91〕是后乃退，从此以后，稍为敛迹一些。退，缩减。

〔92〕盖侯，王皇后之兄王信，亦即田蚡的同母兄，故云其兄盖侯（盖县故城在今山东省沂水县西北八十里）。坐……南乡，使他向南坐。乡读如向。自坐东乡，自己向东坐。古时坐席，以东乡为尊，田蚡这样做，是自尊自大。

〔93〕不可以兄故私桡，不可因为他是哥哥的缘故而私下屈辱了汉相的尊严。桡，音挠，桡曲；枉屈。

〔94〕由此滋骄，从此更加骄纵。滋，增益。

〔95〕治宅甲诸第，修造自己的住宅胜过一切府第之上。甲，头等，此处作动词用，有盖过、高出诸义。第，第宅。列侯有食邑的，在京师皆有赐宅，宅有甲乙等第，故也称第。次第的第本作弟，故蜀本、百衲本都径作"弟"。

〔96〕田园极膏腴，营谋到的田园都是顶好的肥沃之地。膏是滋膏。腴是肥厚。

〔97〕市买郡县器物相属于道，派到京外各郡各县去采办器具名产的人在道路上是相连不断的。属音烛，连接。

〔98〕罗钟鼓，排列着钟鼓之乐。锺通钟，蜀本、百衲本都径作

"钟"。立曲旃,树立着整幅帛制的曲柄长幡。旃音毡,旌幡,以通帛为之。这些陈设,对当时的制度都是僭越的。

〔99〕诸侯奉金玉狗马玩好,不可胜数,外间各路进献给他的贿赂诸物竟多得数也数不清。胜音升,能也。

〔100〕失窦太后,失去窦太后(时已死去)的庇护。

〔101〕诸客稍稍自引而怠傲,窦婴门下的宾客渐渐地各走各的路,对他也就不免怠惰而傲慢了。引,却也。自引有躲避或告退的意义。

〔102〕独不失故,独有他不改变原来的态度。故是旧情。

〔103〕日默默不得志,每天闷闷不乐。默默,心有所念而口头说不出。

〔104〕厚遇,优待。

〔105〕灌将军夫者,蜀本、百衲本、黄本、汲古本都提行书。此本与会注本都连书不提行。

〔106〕颍阴,汉置县为侯邑,属颍川郡。后魏并入临颍县。东魏复置。北齐并入长社县。明并入许州,即今河南省许昌县。

〔107〕颍阴侯婴即灌婴,已见《陈丞相世家》校释〔59〕。

〔108〕蒙灌氏姓为灌孟,张孟冒姓为灌孟。蒙,冒也。

〔109〕灌何,灌婴之子,袭封为侯。

〔110〕属太尉,隶属太尉周亚夫,将兵击吴。

〔111〕请灌孟为校尉,请上官派灌孟为他的佐理官。请,荐举。校尉,将军左右的分掌兵马的官。

〔112〕夫以千人与父俱,灌夫带一千人跟他的父亲灌孟一起去。俱,偕也。

〔113〕战常陷坚,战时常常冲击敌阵的坚强处。陷,冲入。

〔114〕军法,……得与丧归,当时军中的定例,凡是父子一起从军的,如有伤亡,未死的可以陪同死者遗骸归乡。死事,指战死或因公死

亡。丧,指灵柩。

〔115〕奋曰,兴奋地说。奋,忼慷自勉。

〔116〕若,或也。

〔117〕被读如披。

〔118〕募军中壮士所善愿从者,招集军中素来与他交好的或情愿跟他一起去的壮士们。募,招请。

〔119〕从奴,发配在他部下的军徒(因罪没入官中充军役的人)。

〔120〕麾下,大将旌旗之下,言已逼近中军。

〔121〕皆亡其奴,从奴尽死。

〔122〕身中大创十馀,身上受着大伤十馀处。中读去声,着也。创,伤也。

〔123〕万金良药,名贵的刀疮药。万金喻其高贵,不一定它的价值恰抵万金。

〔124〕无死,不死。无用如不。

〔125〕少瘳,稍稍好些。瘳音秋,病愈。

〔126〕复请将军,重又请命于将军(即颍阴侯灌何)。

〔127〕壮义之,犹壮而义之。言灌何壮(感动)灌夫的有胆,并且以灌夫此举为合于正义。

〔128〕恐亡夫,又怕灌夫因此战死。

〔129〕乃言太尉,于是把这件事告知主将周亚夫。

〔130〕颍阴侯言之上,灌何把灌夫的壮勇行为告知景帝。上指景帝。

〔131〕坐法去,与下面的"坐法去官"同,就是因事丢官。坐法,犯了错误。

〔132〕长安中诸公莫弗称之,京师诸贵人没有不称道灌夫的为人的。

〔133〕今上指武帝。初即位,尚在景帝后三年正月,参看前〔50〕。

〔134〕以为淮阳天下交,劲兵处,武帝以为淮阳是天下交会的所在(中原的中枢)而又是强兵聚集的地方。淮阳,当时淮阳郡治所,即今河南省淮阳县。

〔135〕徙夫为淮阳太守,由代相调任淮阳太守。郡长官本称守,景帝中二年(公元前一四八年)始更名太守。

〔136〕入为太仆,由淮阳太守内调为太仆。太仆,九卿之一,掌舆马之政。

〔137〕长乐卫尉,掌长乐宫宫门屯卫兵的长官,秩与九卿的卫尉同。

〔138〕轻重不得,饮酒的轻重不得其平。

〔139〕搏甫,打了窦甫。搏,击也。

〔140〕刚直,刚强而直爽。使酒,因酒而使气(酒性不好,容易发酒疯)。

〔141〕不好面谀,不喜欢当面恭维。谀,谄媚。

〔142〕贵戚诸有势在己之右,不欲加礼,必陵之,对许多在他自己上面的贵戚有势力的人,不愿意特加礼敬,一定要盖过他们。古代尚右,所以右就是尊高,左就是卑下。陵,高出;胜过。

〔143〕诸士在己之左,愈贫贱,尤益敬与钧,对许多在他自己下面的人士,愈是贫贱的,他就愈加敬重,给他们平等礼待。钧与均同,正与"陵"对照。

〔144〕稠人广众,荐宠下辈,在多人聚会的场合,奖拔后辈,使他们得到光荣。稠音绸,密也。荐宠,推荐;夸奖。

〔145〕士亦以此多之,在他下面的人士也因为他能这样荐拔别人而推重他。多,重也。

〔146〕不喜文学,不爱好当时盛行的辞赋,因而也不亲近文学之士(辞赋的作家)。任侠已见《季布栾布列传》校释〔1〕。已然诺,答应了人

443

家的事,一定办到。

〔147〕诸所与交通,无非豪桀大猾,凡灌夫所与交往的人,无非是那些有名有势的杰出人士或大奸巨猾。交通,往来交游。桀通杰(编者按:繁体作"傑"),蜀本、百衲本、汲古本都径作"杰"。猾,狡黠。大猾,富有计谋的恶霸。

〔148〕家累数千万,积累的家资值数千万金。

〔149〕陂池田园,宗族宾客,为权利,横于颍川,为了垄断水利田地,灌夫的宗族宾客都争权夺利,在颍川一带横行无忌。陂池,蓄水溉田的设备。陂(音碑,与坡同义),是池外的堤障,池是陂内的蓄水。为权利,伸张权势,垄断利益。颍川本秦郡,汉因之,地当今河南省中部和东南大部,在当时为灌夫家乡所在。

〔150〕颍川儿乃歌之,颍川地方乃流行着一种童谣。

〔151〕颍水清,灌氏宁;颍水浊,灌氏族,意即颍水不会常清的,颍水浊了,灌氏就要族灭了。

〔152〕卿相侍中宾客益衰,居高位而有势力的宾客们(卿相侍中之官)愈见疏远而稀少。衰,少也;疏也。

〔153〕倚灌夫引绳批根生平慕之后弃之者,倚靠灌夫去根究清除那班趋附势利的(平素仰慕窦婴而结交,后来又因他失势而丢弃他的)宾客们。引绳,纠举。批根,排除。弃,蜀本、百衲本、汲古本都作"棄"。下同。

〔154〕倚魏其而通列侯宗室为名高,倚靠窦婴的地位因而可以跟那些列侯宗室拉拢往来,抬高自己的声价。

〔155〕相为引重,互相援引,互相借重。

〔156〕其游如父子然,他们两人的交往,简直像父子一样。

〔157〕相得驩甚,无厌,恨相知晚也,彼此投契,很要好,没有一些嫌忌,只恨相识得太晚了。驩同欢。厌,嫌恶;禁忌。

〔158〕灌夫有服,过丞相,灌夫遭兄弟之丧,有服在身,往访丞相田蚡。服,丧服。过,过门拜访。

〔159〕会仲孺有服,恰恰你遭丧有服。仲孺,灌夫的表字。古时有丧服的人是忌参加宴会的。田蚡有意这样说,我要想同你一起过访魏其侯,可惜你恰恰有服啊。会,适也。

〔160〕幸临况魏其侯,宠幸地光顾魏其侯。临况犹光临。

〔161〕安敢以服为解,何敢因有丧服而推辞呢! 为解,托词自己解释。

〔162〕请语魏其侯帐具,请让我告知魏其侯,好叫他有所预备。帐具就是一切陈设用的器具,也称供帐。

〔163〕旦日蚤临,明朝就请早些到来。旦日,明晨。蚤通早。

〔164〕具语魏其侯如所谓武安侯,原原本本告知窦婴,像他对田蚡所说的那几句话。

〔165〕益市牛酒,多买酒食。牛酒,丰盛的(具有太牢的)筵席。

〔166〕夜洒扫,当夜就打扫房屋。

〔167〕早帐具至旦,趁早陈设起来,直到天明。

〔168〕平明,令门下候伺,刚天明,便命门下的执事人等在门外探听伺候。候是打听。伺是准备。

〔169〕不怿,不高兴。怿音亦,悦也。

〔170〕夫以服请,宜往,我不嫌丧服而应他的约的,应该自己前往邀请他。此与前"会有服"和"以服为解"相照应。

〔171〕乃驾,即起身驾车。

〔172〕鄂谢,愕然(装作愣住的样子)谢过。鄂通愕。

〔173〕起舞属丞相,起舞完毕,接请田蚡起舞。盖当时有此仪节。属音烛,委请。

〔174〕从坐上语侵之,在席上的谈话中讽刺田蚡。侵,干犯。

445

〔175〕请魏其城南田,求取窦婴所有在城南的田地。请,求索。

〔176〕大望,大为怨恨。望,怨望。

〔177〕老仆虽弃,我虽见弃不用。老仆,自称谦辞,但此有愤愤自贬的意义。弃,蜀本、百衲本、汲古本都作"棄"。

〔178〕恶两人有郤,怕窦婴和田蚡之间发生嫌隙。恶音污,不乐之意。郤同卻,衅隙;裂缝。蜀本、百衲本、汲古本、会注本都作"郄",下同。

〔179〕谩自好谢丞相,撒了一个谎,用好言去婉谢田蚡。籍福是周旋于窦、田两家之间的食客,所以不乐见两家有隙,特用好言欺骗田蚡。谩,欺蒙;诡诈。

〔180〕老且死,易忍,且待之,年老将死,耐他也不消多少时候,姑且等待着罢!上且字,将要。下且字,姑且。

〔181〕实怒不予田,实际是愤怒而不肯把田给他。与籍福的回话不同。

〔182〕蚡事魏其,无所不可,何爱数顷田,我服事窦婴什么都肯干(指从前跪起侍酒如子孙和营救婴子诸事),为什么他要吝惜这数顷田呢!爱,惜也,参看前〔37〕。

〔183〕且灌夫何与也,况且灌夫何人,为什么他要从中阻挠呢!且,况且。与,干预。也读如耶。

〔184〕吾不敢复求田,愤语,犹云难道我就不敢重提求田的事么!

〔185〕元光四年庚戌岁,当公元前一三一年。元光是武帝第二个年号,共六年(公元前一三四—前一二九年)。元光四年,依梁玉绳考证,当为"二年"。

〔186〕请案,请主上案问其罪。

〔187〕何请,何必请示!

〔188〕亦持丞相阴事,也拿住了田蚡的短处。阴事,不可告人的秘

密。持,汲古本讹作"时"(编者按:繁体作"時")。

〔189〕为奸利,用不正当的手段谋取财利。受淮南王金与语言,收受淮南王的赂赠,泄露不当说的话语。这就是为奸利的具体表现。事详后。

〔190〕宾客居閒,籍福之类的人从中调停。居閒,在双方之间两面劝说。閒,蜀本、汲古本都作"間"。

〔191〕遂止,俱解,双方的争持便停止,所结的怨仇也都暂时得到解决。

〔192〕田蚡娶燕王刘泽子康王嘉之女为妻,故云取燕王女为夫人。取同娶。

〔193〕数以酒失得过丞相,屡次因为酒醉使气而得罪于田蚡。酒失,因醉失礼。得过犹开罪。此指从前强邀过魏其等事。

〔194〕今者又与夫有郄,现在又跟我有仇。此指近日彼此攻讦之事。

〔195〕武安起为寿,坐皆避席伏,主人起立为坐客上寿,坐客都离开自己的坐席,伏在地上,表示不敢当。为寿犹后世的敬酒,参看《项纪》校释〔287〕。

〔196〕独故人避席耳,馀半膝席,只有那些与魏其侯有旧谊的人离席罢了,其馀半数的坐客不过稍稍欠身起避,一膝跪在席上。膝席,在当时较避席为简慢。膝,蜀本讹作"滕"。下同。

〔197〕起行酒至武安,灌夫自起巡酒到主人的面前。行酒,遍巡敬酒。

〔198〕不能满觞,不能喝满杯。觞音商,饮器。

〔199〕嘻笑,强笑。

〔200〕将军贵人也,属之,你是贵人,请喝干。实有嘲笑强劝之意。属,《汉书》作"毕",徐广也说"一作毕"。毕,尽也。

447

〔201〕次至临汝侯，挨次巡酒临到了临汝侯，临汝侯，灌婴之孙灌贤。颍阴侯袭封至灌何之子灌彊而绝，武帝元光二年别封婴孙贤为临汝侯。临汝，即今河南省临汝县西北六十里的临汝镇。

〔202〕方与程不识耳语，刚巧凑着程不识的耳朵在低声说话。程不识，当时为长乐（太后宫）卫尉，也是边疆的名将，事详后《李将军列传》。耳语，附耳密语，俗所谓咬耳朵讲话。

〔203〕无所发怒，没有地方发泄他的愤怒。

〔204〕生平毁程不识不直一钱，今日长者为寿，乃效女儿咕嗫耳语，你平日诽谤程不识，说他不值一文钱，今日长者来行酒，反倒学那女孩儿的样子，咬着耳朵唧唧哝哝地说话了。直同值。灌夫于灌贤为父辈，故自称长者。咕嗫音帖耆，犹唧哝，小语声。

〔205〕程、李俱东西宫卫尉，程不识和李广都是宫府的卫尉。时程为长乐卫尉，李为未央卫尉。长乐宫在未央宫（天子所居）东，故称东宫，未央宫便称西宫。李将军即李广，详后《李将军列传》。

〔206〕仲孺独不为李将军地乎，你独不为李广留些馀地么！

〔207〕今日斩头陷匈，何知程、李乎，今日准备着斩头穿胸，管什么程啊李啊。陷，穿也。匈即胸，蜀本、百衲本、汲古本、会注本都径作"胸"。

〔208〕坐乃起更衣，稍稍去，坐客于是托言更衣，陆续退去。更衣，如厕的别名（古时如厕必更衣）。

〔209〕麾灌夫出，指挥灌夫也退出。麾同挥。

〔210〕此吾骄灌夫罪，这是我宠了他，尽他放肆。因当场这样不欢而散，田蚡便怒而出此。

〔211〕令骑留灌夫，令手下的骑士扣留灌夫。

〔212〕籍福起为谢，案灌夫项令谢，籍福起立，为灌夫谢罪，并且用手按住灌夫的脖子叫他自己也低头谢罪。为，助也。案通按，抑也。

〔213〕缚夫置传舍,把灌夫捆了,看管在客馆里。置,安放,此有看管义。传舍,接待宾客的驿馆。

〔214〕长史,丞相府诸史之长,相当于秘书长。三公府和大将军幕都有此官。

〔215〕有诏,奉有太后的旨意。

〔216〕劾灌夫骂坐不敬,参奏灌夫有意在坐辱骂,轻侮诏命,当照大不敬律处罪。劾,弹劾;奏参。蜀本、百衲本都讹作"刻"。下同。

〔217〕系居室,羁押在居室中。居室,少府所属的官署,后改名为保宫。

〔218〕按其前事,重提旧案,彻查他从前在颍川诸不法事。按通案,蜀本、百衲本、汲古本都作"案"。

〔219〕分曹逐捕诸灌氏支属,分头追拿灌氏的各支族人。曹,班;辈;伍。

〔220〕皆得弃市罪,拿到的灌氏支属人等都处了弃市的罪名。

〔221〕大媿,大大地感到羞惭。媿同愧,惭愧。

〔222〕为资使宾客请,莫能解,为了这事,出资央求宾客讲情,不能获得谅解。解,放松。

〔223〕武安吏皆为耳目,……遂不得告言武安阴事,丞相的属吏既都是田蚡的耳目,灌氏漏网的人当然都得分头逃窜和躲藏,灌夫本身又被羁押着,于是不可能把田蚡的秘密出首上告。

〔224〕锐身,犹挺身,言削除其他一切事务,尽着身体专干这一事件。

〔225〕忤,逆也,犹言作对。

〔226〕捐,丢弃。

〔227〕且终不令灌仲孺独死,婴独生,决不让灌夫独个儿死掉,我窦婴倒独个儿活下去啊!

〔228〕匿其家,窃出上书,瞒着他的家里,偷偷地出去上书给武帝。匿,蒙蔽。

〔229〕立召入,武帝得书,立刻把窦婴召进去,让他诉说。

〔230〕东朝廷辩之,向东朝去当廷辩白罢。东朝即东宫,指当时王太后所居的长乐宫。

〔231〕之东朝,遵武帝的嘱咐,前往长乐宫见太后。之,前往。

〔232〕盛推,极意铺张。推,展开。

〔233〕乃丞相以他事诋罪之,丞相却以别的事端来冤枉灌夫。他蜀本作"佗",下同。

〔234〕盛毁灌夫所为横恣,极意说坏灌夫,说他所作所为骄横而且放肆。恣,放纵。

〔235〕罪逆不道,其罪实为大逆不道。逆,蜀本讹作"逆"。

〔236〕度不可奈何,因言丞相短,料想无可如何了,顺口就举说田蚡的短处。度读入声。

〔237〕天下幸而安乐无事,……所好音乐狗马田宅,幸而天下承平无事,我能够托赖国家的肺腑之亲,居此高位,所爱好的也只音乐狗马田宅而已。肺腑已见前〔84〕。田宅下宜添"而已"二字看。

〔238〕蚡所爱倡优巧匠之属,……而欲有大功,我所喜爱的也只倡优巧匠等人,不及窦婴、灌夫他们日夜招集豪杰壮士,跟他们商量讨论,满肚皮的不如意,不是仰看星象,便是俯首画策,窥伺于两宫之间,冀希天下有变乱,便可乘机建立大功啊。这明明是讽刺他们要造反了。不如,不及,蜀本、百衲本都作"今如"。桀,蜀本作"傑"。腹诽心谤,内怀不平,暗地里诽谤朝政。仰视天谓占候星象。俯画地谓在地上画记号(意指他们谈机密之事,恐耳目多,易泄漏,谈的时候只是在地上画记号)。辟倪同睥睨,邪视;窥探。两宫指王太后与武帝。辟倪两宫间,有窥伺吉凶动静和离间挑拨的意义。幸天下有变,而欲有大功,希望趁着

变难之际可以成就大业。

〔239〕臣乃不知魏其等所为，我倒不明白窦婴他们究竟在那里干些什么。不知，蜀本、汲古本都作"不如"。

〔240〕身荷戟，亲身扛带戈戟。荷，肩担。

〔241〕通奸猾，侵细民，交结豪强，侵侮平民。细，弱小。

〔242〕凌轹、蹧蹋。凌，凌驾；欺压。蜀本、百衲本、汲古本都讹作"凌"。轹音历，车轮所碾践的地方，引申有压倒的意义。

〔243〕骨肉也是指的宗室。

〔244〕枝大于本，……不折必披，当时成语。枝，枝条。本，本干。胫，小腿。股，大腿。不折必披，不折断，必且分裂。披，分析。

〔245〕唯明主裁之，只有请你裁决这事了。

〔246〕主爵都尉本是掌列侯之政的主爵中尉，景帝中六年（公元前一四四年）改为主爵都尉。其后武帝太初元年（公元前一〇四年）更名右扶风，治内史右地，遂为三辅之一的地方长官了。汲黯详后《汲郑列传》，那时他正做主爵都尉（但还没改右扶风，仍掌列侯之政）。是魏其，以窦婴所说的为是。

〔247〕内史，掌治京师地面的长官，景帝二年（公元前一五五年）分置左内史、右内史。其后武帝太初元年更名右内史为京兆尹，左内史为左冯翊（与右扶风合称三辅）。郑当时详后《汲郑列传》，那时他为右内史。后莫敢坚对，先以窦婴所说的为是，后来又不敢坚持他所对答的话。蜀本"坚"下无"对"字。汲古本作"坚封"，该是错的。

〔248〕上怒内史，武帝恨郑当时的不能坚持。

〔249〕廷论，当廷公开辩论。即廷辩。

〔250〕局趣效辕下驹，当时成语，言像驾在车辕下面的马匹，进退不得由己。局趣即局促，被逼不能展足的样子。

〔251〕吾并斩若属矣，吾将把你们一并斩却了。若属，你们，参看

《项纪》校释〔308〕。

〔252〕即罢起入,立刻罢朝起立,进入宫内。

〔253〕上食太后,献食于太后,即侍膳。

〔254〕藉,蹈藉;作践。与上"凌轹"之意同。汲古本作"籍"。

〔255〕鱼肉之,当鱼肉那样随便吞食。参看《项纪》校释〔336〕。

〔256〕宁能为石人邪,岂能像石头人那样长久存在么!言不能不死。

〔257〕此特帝在,即录录,现在皇帝尚在,已这样依循大众的做法。录录,随众附和貌。

〔258〕是属宁有可信者乎,这辈人还有可以信赖得去(靠得住)的么!

〔259〕魏其侯窦婴是景帝的外家兄弟,武安侯田蚡是王太后的同母弟,故云俱宗室外家。犹言都是我们外婆家的人。《汉书》删去"宗室"二字,意虽显豁,反失去亲密之感。不然,此一狱吏所决耳,如果不是我们的外家,像这样的案子,一个断狱的官吏就办得了了。意即何必廷辩呢。

〔260〕郎中令,九卿之一,为诸大夫和郎官之长。武帝太初元年更名光禄勋。石建,石奋之子,以孝谨著称。《史记》有《万石张叔列传》,建事即附见《万石传》中。为上分别言两人事,把窦、田两人的经过情形分别在武帝面前说明了。

〔261〕止车门,宫禁的外门。百官至此,必停车步行始得入。

〔262〕召韩御史大夫载,田蚡既出止车门,呼召韩安国共乘丞相的车子同行。载,乘载。

〔263〕与长孺共一老秃翁,何为首鼠两端,与你(长孺,韩安国的表字)共同对付一个老秃翁(指窦婴,言无官位可以扳援,故云秃翁),为什么游移不定呢!鼠将出穴,必探头左右顾望,故以首鼠两端喻心持两端

的人,盖亦当时流行的成语。

〔264〕何不自喜,何以这样的不自爱重。自喜犹自好。

〔265〕归,辞丞相之职,退归武安封邑去。

〔266〕以肺腑幸得待罪,固非其任,因为亲戚之故,侥幸居此相位,本来是不能胜任的。待罪,参看《陈丞相世家》校释〔183〕。

〔267〕多君有让,看重你有谦让之德。

〔268〕内愧,使他的内心自己惭愧。

〔269〕杜门齰舌自杀,只好关紧了门嚼舌自杀。杜,闭绝。齰音咋,咬嚼。字或作齚,蜀本、百衲本、黄本、汲古本都径作"齚"。

〔270〕何其无大体也,何其不识大体如此!与上"何不自喜"照应。也读如耶。上面"君亦毁人"的人,蜀本、百衲本、汲古本都作"之"。

〔271〕不知出此,没有想到这样做。

〔272〕簿责魏其所言灌夫,按簿籍所载的灌夫罪状责问窦婴。簿责,凭着文簿责问。簿,百衲本、汲古本都讹作"薄"。

〔273〕颇不雠,颇有不相符合的。雠,质对;校核。

〔274〕因所言不对,遂以为窦婴有意欺谩(诳骗)。

〔275〕劾系都司空,以欺谩君上罪参奏,拘囚在都司空的狱中。都司空,宗正属官,主诏狱(特旨交审的案件,后世叫做钦案)。

〔276〕常受遗诏,曾经接受过景帝临死的遗命。常通尝。

〔277〕以便宜论上,可以相机条论上奏。

〔278〕罪至族,灌夫拘囚后,论罪当灭族。

〔279〕使昆弟子上书言之,令姪子上书,说明受有遗诏得"以便宜论上"的事。

〔280〕案尚书大行无遗诏,查档卷中没有先帝临死的遗诏。尚书,内廷所存的档案。天子崩叫大行,后世帝王死后,还没议定谥号之前,统称"大行"。

〔281〕家丞封,以魏其侯家臣的印封此遗诏,故疑其伪造。

〔282〕矫先帝诏,假造景帝的遗诏。

〔283〕五年十月,依梁玉绳考证,当为三年十月。元光三年当公元前一三二年。

〔284〕悉论灌夫及家属,悉数把灌夫和家属都处决了。

〔285〕魏其自身在押,故良久乃闻族诛灌夫事。

〔286〕恚音荟,怨愤。

〔287〕痱音肥,风病,小肿。一说,瘠瘦。

〔288〕蜚语,没有根据的流言。蜚同飞。为恶言闻上,田蚡造作流言,说窦婴诽谤君主,故意使武帝听到它。

〔289〕故以十二月晦,论弃市渭城,故意拣定在那年十二月的末一日把窦婴处决在渭城。当时的制度,常以立春日下诏书宽赦人犯,所以田蚡怕春到遇赦,放松了窦婴,特在十二月底把他处决。渭城即秦时的咸阳。

〔290〕其春,就是那年的春天,那时尚未改历,仍沿秦法,以十月为岁首,故春在当年十二月之后。专呼服谢罪,田蚡得病后老是叫呀嚷呀,讲的都是服罪谢过的话。

〔291〕使巫视鬼者视之,令巫师能看鬼的来看这奇病,究竟何物在作祟(音遂,鬼神作弄的灾祸)。

〔292〕共守欲杀之,一同守住了田蚡,要杀死他。

〔293〕子恬嗣,田蚡的儿子田恬袭封为武安侯。恬,《史记·惠景间侯者表》作"梧"。

〔294〕元朔,武帝第三个年号,元年癸丑岁,共六年(公元前一二八—前一二三年)。三年当公元前一二六年。朔,蜀本讹作"朝"。

〔295〕武安侯指田恬。坐襜褕入宫,不敬,因不穿正式的朝衣入宫,坐不敬罪。襜褕音詹俞,仅仅蔽膝的短衣,像妇女所服的那样。按《惠景间

侯者表》"武安"格不敬下有"国除"字,是那年武安侯国已废除了。

〔296〕淮南王安,高祖少子长之子。长封淮南王,文帝时以罪废徙蜀,中道自杀。安初为阜陵侯,后袭封为淮南王。其为人好书,招致宾客方术之士,作为内书二十一篇,外书甚众。又有中篇八卷,言神仙黄白之事,亦二十馀万言。名《淮南子》(今但存内篇二十一卷,即内书,有汉许慎、高诱两家的注本,高注本最通行,叫做《淮南鸿烈解》)。时武帝方好艺文,很尊重他,赐几杖不朝。其后安有反谋,元狩元年(公元前一二二年),中郎伍被首告。帝下公卿治此狱,使宗正以符节召安。十一月,安自杀。国除,为九江郡。故云淮南王安谋反觉。觉,发觉;破露。《史记》有《淮南衡山列传》。

〔297〕治,穷究党与。下文都是究出的事迹。

〔298〕王前朝,指建元二年(公元前一三九年)淮南王安入朝武帝事。

〔299〕田蚡时为太尉,素与淮南王安交好,故迎王至霸上。霸上已详《项纪》校释〔266〕。

〔300〕高祖孙,高祖之亲孙。《淮南王传》作"大王,亲高皇帝孙"。

〔301〕宫车晏驾指帝崩,参看《范蔡列传》校释〔288〕。

〔302〕厚遗金财物,以金帛财物厚赠田蚡。

〔303〕上自魏其时,不直武安,特为太后故耳,武帝自从魏其侯、灌夫被杀时起,就不以武安侯的行径为然(帝以杀魏其为枉,故不直武安),只因碍于王太后的缘故,不能奈何他罢了。

〔304〕及闻淮南王金事,临到听见淮南王与武安侯勾结赠金等事的时候。

〔305〕使武安侯在者,族矣,假使武安侯还存在的话,一定要灭他的族了!那时田蚡已死多年,故这样说。

〔306〕决筴而名显,言能决策驰入吴军,欲报父仇,因而出名。筴同

策,已见前〔51〕。

〔307〕窦婴的起来,为了镇压吴、楚七国之变,故云魏其之举以吴、楚。

〔308〕日月之际,指武帝初即位和窦太后、王太后当权等机会。

〔309〕不知时变,不明白乘时变化的道理,硬要挽回已经失去的势力。

〔310〕无术而不逊,没有手腕而偏要放恣直干,不肯稍让。

〔311〕两人相翼,乃成祸乱,窦、灌两人互相扛帮,便酿成这场惨祸。翼,助也。

〔312〕负贵而好权,自恃他的地位贵幸而好耍手段。负,依靠。权,机诈。

〔313〕杯酒责望,陷彼两贤,为杯酒细故的怨愤,因而陷害了窦、灌两家。

〔314〕迁怒及人,命亦不延,为恨灌夫而硬拖窦婴,而自己的生命也没有延长多时。怒于甲者移于乙,叫做迁怒。

〔315〕众庶不载,竟被恶言,大家都不以为然,到底受到了恶名声。载与戴通。不戴就是不爱戴他。竟,毕竟,汲古本讹作"音"。被,受也。恶言,指武帝追骂之辞。

〔316〕呜呼哀哉,重言之,表示深恨的意思。

〔317〕祸所从来矣,言祸都从太后起的,蓄积得长久了!

李将军列传

　　李将军广者,陇西成纪人也。[1]其先曰李信,[2]秦时为将逐得燕太子丹者也。[3]故槐里,徙成纪。[4]广家世世受射。[5]孝文帝十四年,[6]匈奴大入萧关,[7]而广以良家子从军击胡,[8]用善骑射,杀首虏多,为汉中郎。[9]广从弟李蔡亦为郎,[10]皆为武骑常侍,[11]秩八百石。[12]尝从行,[13]有所冲陷折关及格猛兽,[14]而文帝曰:"惜乎,子不遇时![15]如令子当高帝时,万户侯岂足道哉!"[16]及孝景初立,广为陇西都尉,[17]徙为骑郎将。[18]吴、楚军时,广为骁骑都尉,[19]从太尉亚夫击吴、楚军,[20]取旗,显功名昌邑下。[21]以梁王授广将军印,还,赏不行。[22]徙为上谷太守,[23]匈奴日以合战。[24]典属国公孙昆邪为上泣曰:[25]"李广才气,天下无双,自负其能,数与虏敌战,恐亡之。"[26]于是乃徙为上郡太守。[27]后广转为边郡太守,徙上郡。[28]尝为陇西、北地、雁门、代郡、云中太守,[29]皆以力战为名。[30]

　　匈奴大入上郡,天子使中贵人从广勒习兵击匈奴。[31]中贵人将骑数十纵,[32]见匈奴三人,与战。三人还射伤中贵人,[33]杀其骑且尽。中贵人走广。[34]广曰:"是必射雕者也。"[35]广乃遂从百骑往驰三人。[36]三人亡马步行,[37]行数十里。广令其骑张左右翼,而广身自射彼三人者,[38]杀其二人,生得一人,果匈奴射雕者也。已缚之上马,[39]望匈奴有数千骑,见广,以为诱骑,皆惊,上山陈。[40]广之百骑皆大恐,欲驰还走。[41]广曰:"吾去大军数十里,今如此以百骑走,匈奴追射我立尽。[42]今我留,[43]匈奴必以我为大军诱之,[44]必不敢击我。"广令诸骑曰:"前!"前未到匈奴陈二里所,止,[45]令曰:"皆下马解鞍!"[46]其骑曰:"虏多且近,即有急,奈何?"[47]广曰:"彼虏以我为走,今皆解鞍以示不走,用坚其意。"[48]于是胡骑遂不敢击。有白马将出护其兵,[49]李广上马与十馀骑犇射杀胡白马将,[50]而复还至其骑中,[51]解鞍,令士皆纵马卧。[52]是时会暮,[53]胡兵终怪之,不敢击。夜半时,胡兵亦以为汉有伏军于旁,欲夜取之,胡皆引兵而去。平旦,李广乃归其大军。大军不知广所之,故弗从。[54]

居久之,孝景崩,武帝立,左右以为广名将也,于是广以上郡太守为未央卫尉,而程不识亦为长乐卫尉。[55]程不识故与李广俱以边太守将军屯。[56]及出击胡,而广行无部伍行陈,[57]就善水草屯,[58]舍止人人自便,[59]不击刀斗以自卫,[60]莫府省约文书籍事,[61]然亦远斥候,[62]未尝遇害。程不识正部曲行伍营陈,[63]击刀斗,士吏治军簿至明,[64]军不得休息,然亦未尝遇害。不识曰:"李广军极简易,然虏卒犯之无以禁也,[65]而其士卒亦佚乐,[66]咸乐为之死。[67]

我军虽烦扰,[68]然房亦不得犯我。"是时汉边郡李广、程不识皆为名将,然匈奴畏李广之略,[69]士卒亦多乐从李广而苦程不识。程不识孝景时以数直谏为太中大夫。[70]为人廉,谨于文法。[71]

后汉以马邑城诱单于,[72]使大军伏马邑旁谷,而广为骁骑将军领属护军将军。[73]是时单于觉之,去,汉军皆无功。[74]其后四岁,广以卫尉为将军,出雁门击匈奴。[75]匈奴兵多,破败广军,生得广。单于素闻广贤,令曰:"得李广必生致之!"[76]胡骑得广,广时伤病,置广两马间,络而盛卧广。[77]行十馀里,广详死,[78]睨其旁有一胡儿骑善马,[79]广暂腾而上胡儿马,[80]因推堕儿,取其弓,鞭马南驰数十里,复得其馀军,因引而入塞。[81]匈奴捕者骑数百追之,广行取胡儿弓,[82]射杀追骑,以故得脱。[83]于是至汉,汉下广吏。[84]吏当广所失亡多,为房所生得,[85]当斩,赎为庶人。[86]

顷之家居数岁。广家与故颖阴侯孙屏野居蓝田南山中射猎。[87]尝夜从一骑出,从人田间饮。[88]还至霸陵亭,[89]霸陵尉醉,呵止广。[90]广骑曰:"故李将军。"[91]尉曰:"今将军尚不得夜行,何乃故也!"[92]止广宿亭下。[93]居无何,匈奴入杀辽西太守,[94]败韩将军,[95]韩将军徙右北平。[96]于是天子乃召拜广为右北平太守。广即请霸陵尉与俱,至军而斩之。广居右北平,匈奴闻之,号曰"汉之飞将军",避之数岁,不敢入右北平。

广出猎,见草中石,以为虎而射之,中石没镞,[97]视之石也。因复更射之,终不能复入石矣。广所居郡闻有虎,尝自射之。[98]及居右北平射虎,虎腾伤广,[99]广亦竟射杀之。

广廉,得赏赐辄分其麾下,[100]饮食与士共之。终广之身,为二千石四十馀年,[101]家无馀财,终不言家产事。广为人长,[102]猨臂,[103]其善射亦天性也。虽其子孙他人学者,莫能及广。[104]广讷口少言,[105]与人居则画地为军陈,射阔狭以饮。[106]专以射为戏,竟死。[107]广之将兵乏绝之处,[108]见水,士卒不尽饮,广不近水;[109]士卒不尽食,广不尝食。[110]宽缓不苛,[111]士以此爱乐为用。[112]其射,见敌急,非在数十步之内,度不中不发,发即应弦而倒。[113]用此,其将兵数困辱,其射猛兽亦为所伤云。[114]

居顷之,石建卒,[115]于是上召广代建为郎中令。元朔六年,[116]广复为后将军,[117]从大将军军,[118]出定襄击匈奴。[119]诸将多中首虏率,以功为侯者,[120]而广军无功。后三岁,[121]广以郎中令将四千骑出右北平,博望侯张骞将万骑与广俱,[122]异道。[123]行可数百里,[124]匈奴左贤王将四万骑围广。[125]广军士皆恐,广乃使其子敢往驰之。[126]敢独与数十骑驰,直贯胡骑,出其左右而还,[127]告广曰:"胡虏易与耳。"[128]军士乃安。广为圜陈外嚮,[129]胡急击之,矢下如雨。汉兵死者过半,汉矢且尽。广乃令士持满毋发,[130]而广身自以大黄射其裨将,[131]杀数人,胡虏益解。[132]会日暮,吏士皆无人色,[133]而广意气自如,〔134〕益治军。军中自是服其勇也。明日,复力战,而博望侯军亦至,匈奴军乃解去。汉军罢,〔135〕弗能追。是时广军几没,罢归。〔136〕汉法,博望侯留迟后期,〔137〕当死,赎为庶人。广军功自如,无赏。〔138〕

初,广之从弟李蔡与广俱事孝文帝。景帝时,蔡积功劳至二千石。孝武帝时,至代相。以元朔五年为轻车将军从大将军击右贤王,〔139〕有功中率,封为乐安侯。〔140〕元狩二年中,〔141〕代公孙弘为丞相。〔142〕蔡为人在下中,〔143〕名声出广下甚远,然广不得爵邑,官不过九卿,〔144〕而蔡为列侯,位至三公。〔145〕诸广之军吏及士卒或取封侯。〔146〕广尝与望气王朔燕语曰:〔147〕"自汉击匈奴而广未尝不在其中,而诸部校尉以下,才能不及中人,〔148〕然以击胡军功取侯者数十人,而广不为后人,〔149〕然无尺寸之功以得封邑者,〔150〕何也?岂吾相不当侯邪?且固命也?"〔151〕朔曰:"将军自念,岂尝有所恨乎?"〔152〕广曰:"吾尝为陇西守,羌尝反,〔153〕吾诱而降,〔154〕降者八百馀人,吾诈而同日杀之。〔155〕至今大恨独此耳。"〔156〕朔曰:"祸莫大于杀已降,此乃将军所以不得侯者也。"〔157〕

后二岁,大将军、骠骑将军大出击匈奴,〔158〕广数自请行。〔159〕天子以为老,弗许;良久乃许之,以为前将军。〔160〕是岁,元狩四年也。〔161〕广既从大将军青击匈奴,既出塞,青捕虏知单于所居,乃自以精兵走之,而令广并于右将军军,〔162〕出东道。〔163〕东道少回远,〔164〕而大军行水草少,其势不屯行。[165]广自请曰："臣部为前将军,今大将军乃徙令臣出东道,且臣结发而与匈奴战,今乃一得当单于,[166]臣愿居前,先死单于。"[167]大将军青亦阴受上诫,[168]以为李广老,数奇,[169]毋令当单于,恐不得所欲。[170]而是时公孙敖新失侯,[171]为中将军从大将军,[172]大将军亦欲使敖与俱当单于,故徙前将军广。[173]广时知之,固自辞于大将军。[174]大将军不听,令长史封书与广之莫府,[175]曰:"急诣部,如书!"[176]广不谢大将军而起行,[177]意甚愠怒而就部,[178]引兵与右将军食其合军出东道。军亡导,或失道,[179]后大将军。[180]大将军与单于接战,单于遁走,弗能得而还。南绝幕,[181]遇前将军、右将军。广已见大将军,还入军。大将军使长史持糒醪遗广,[182]因问广、食其失道状,[183]青欲上书报天子军曲折。[184]广未对,大将军使长史急责广之幕府对簿。[185]广曰:"诸校尉无罪,乃我自失道。吾今自上簿。"[186]至莫府,广谓其麾下曰:"广结发与匈奴大小七十馀战,今幸从大将军出接单于兵,而大将军又徙广部行回远,而又迷失道,岂非天哉!且广年六十馀矣,终不能复对刀笔之吏。"[187]遂引刀自刭。[188]广军士大夫一军皆哭。[189]百姓闻之,知与不知,无老壮皆为垂涕。[190]而右将军独下吏,当死,赎为庶人。

广子三人,曰当户、椒、敢,为郎。[191]天子与韩嫣戏,[192]嫣少不逊,[193]当户击嫣,嫣走。于是天子以为勇。

当户早死，拜椒为代郡太守，[194]皆先广死。[195]当户有遗腹子名陵。[196]广死军时，敢从骠骑将军。广死明年，李蔡以丞相坐侵孝景园壖地，[197]当下吏治，蔡亦自杀，不对狱，[198]国除。李敢以校尉从骠骑将军击胡左贤王，力战，夺左贤王鼓旗，斩首多，赐爵关内侯，[199]食邑二百户，代广为郎中令。顷之，怨大将军青之恨其父，[200]乃击伤大将军，大将军匿讳之。[201]居无何，敢从上雍，[202]至甘泉宫猎。[203]骠骑将军去病与青有亲，[204]射杀敢。去病时方贵幸，上讳云鹿触杀之。[205]居岁馀，去病死。而敢有女为太子中人，[206]爱幸，敢男禹有宠于太子，然好利，李氏陵迟衰微矣。[207]

李陵既壮，[208]选为建章监，[209]监诸骑。善射，爱士卒。天子以为李氏世将，[210]而使将八百骑。尝深入匈奴二千馀里，过居延视地形，[211]无所见虏而还。拜为骑都尉，[212]将丹阳楚人五千人，[213]教射酒泉、张掖以屯卫胡。[214]数岁，天汉二年秋，[215]贰师将军李广利将三万骑击匈奴右贤王于祁连天山，[216]而使陵将其射士步兵五千人出居延北可千馀里，欲以分匈奴兵，毋令专走贰师也。[217]陵既至期还，[218]而单于以兵八万围击陵军。陵军五千人，兵矢既尽，士死者过半，而所杀伤匈奴亦万馀人。且引且战，[219]连斗八日，还未到居延百馀里，匈奴遮狭绝道。[220]陵食乏而救兵不到，虏急击招降陵。[221]陵曰："无面目报陛下。"[222]遂降匈奴。其兵尽没,馀亡散得归汉者四百馀人。单于既得陵,素闻其家声,及战又壮,乃以其女妻陵而贵之。汉闻,族陵母妻子。[223]自是之后,李氏名败,而陇西之士居门下者皆用为耻焉。[224]

　　太史公曰:《传》曰:"其身正,不令而行;其身不正,虽令不从。"[225]其李将军之谓也![226]余睹李将军,悛悛如鄙人,[227]口不能道辞。[228]及死之日,天下知与不知,皆为尽哀。彼其忠实心诚信于士大夫也。[229]谚曰:"桃李不言,下自成蹊。"[230]此言虽小,可以喻大也。[231]

　　〔1〕成纪,汉所置县,故治在今甘肃省秦安县北三十里。初属陇西郡(今甘肃省东部),故云陇西成纪。武帝元鼎三年(公元前一一四年)置天水郡,成纪县改属天水,故《汉书·地理志》载成纪于天水之下。
　　〔2〕其先,李广的祖先。李信已见《刺客列传》。
　　〔3〕逐得,追获。燕太子丹已见《刺客列传》。
　　〔4〕故槐里,徙成纪,原来住在槐里,后来迁到成纪的。槐里即秦废丘,汉改槐里县,参看《项纪》校释〔371〕。
　　〔5〕世世受射,世代都熟习射法。受,学习;传授。
　　〔6〕孝文帝十四年乙亥岁,当公元前一六六年。
　　〔7〕大入,大举侵入。萧关,在今甘肃省环县西北,为当时关中四关之一,参看《项纪》校释〔350〕。
　　〔8〕良家子,家世清白人家的子弟。那时的制度,医、巫、商、贾、百工都不得列入良家的。
　　〔9〕用善骑射,杀首虏多,为汉中郎,因为善骑射,多斩敌首和多虏

获,拔为汉廷的中郎官。用,因为;合于。中郎,郎中令属官,掌守门户,出充车骑,秩比六百石。(参看《魏其武安侯列传》校释〔86〕)

〔10〕从弟,同祖父的弟弟。亦为郎与李广同为郎官。

〔11〕武骑常侍,郎官的加衔。

〔12〕秩八百石,详《魏其武安侯列传》校释〔86〕。凡言禄秩都可参看那一则。

〔13〕尝从行,李广经常随从文帝出行。尝通常。

〔14〕有所冲陷折关及格猛兽,有好多方面表现他的勇力。冲陷折关,冲阵或抵御。格,格斗。

〔15〕子不遇时,你没有碰到机会。

〔16〕如令子当高帝时,万户侯岂足道哉,假使你生在高帝打天下的时候,做个万户侯算不得什么!万户侯,食邑万户的列侯。

〔17〕陇西都尉,即陇西郡尉。郡尉掌佐郡守典武职甲卒,秩比二千石。景帝中二年(公元前一四八年)更名都尉。参看《张冯列传》校释〔119〕。

〔18〕郎官有户、车、骑三将,秩皆比千石,骑郎将,即其中之一。

〔19〕骁骑都尉,率领骁骑的都尉。骁音晓,轻捷。

〔20〕太尉亚夫即周亚夫,已详《张释之冯唐列传》校释〔82〕。

〔21〕昌邑,秦所置县,故城在今山东省金乡县西北四十里。当时为梁国要邑。李广从亚夫击吴、楚,败敌取旗于此城下,故云取旗,显功名昌邑下。

〔22〕李广以汉将私受梁王授他的将军印,故还军后汉廷以为功不抵过,其赏不行。

〔23〕上谷,秦所置郡,约当今河北省西北大部和中部一部分地方。汉时以沮阳县为郡治,故城在今河北省旧怀来县南。

〔24〕匈奴日以合战,匈奴每天来跟李广作战。

〔25〕典属国,处理外族降人的官。公孙,姓;昆邪,名(昆音魂)。为上泣,向景帝哭泣。

〔26〕数与虏敌战,恐亡之,李广屡屡跟匈奴打硬仗,怕阵亡了他。敌战,正面拒敌。

〔27〕上郡已详《项纪》校释〔374〕。

〔28〕后广转为边郡太守,徙上郡,此为插叙语,言他从上谷太守历转沿边诸郡太守,然后乃徙上郡太守。其下"尝为陇西……云中太守"一语即此一系列迁转的实例,故以"尝"字提示它。并不是说做了上郡太守以后乃历转各边郡太守的。

〔29〕陇西已见前。北地已见《张释之冯唐列传》校释〔29〕。雁门已见《廉蔺列传》校释〔248〕。代郡已见《项纪》校释〔388〕。云中已见《张冯列传》校释〔136〕。

〔30〕皆以力战为名,言李广在陇西以至上郡各太守任上都是跟匈奴狠命打仗出名的。

〔31〕天子指景帝。中贵人,亲信的宦官(太监),言居中恃宠而贵,非有德望可说,故其姓名不显。勒习兵,受军事部勒,随军习练。中国历史上用宦官参预军事,大概就是这时候开始的。

〔32〕纵,纵骑赴敌。

〔33〕还射,返身射箭。还读如旋。

〔34〕走广,逃到李广跟前,诉说经过。

〔35〕是必射雕者也,这一定是专射雕鸟的能手。雕,鸷禽,似鹰而大,黑色,一名鹫,亦名鹗(其羽是作箭尾的良材)。飞翔力极强而且十分迅猛,非善于射箭的人不能射中它。

〔36〕乃遂,于是立即。从百骑,带了一百骑做自己的随从。往驰,奔去追赶。驰,追逐。

〔37〕亡马步行,无马而徒步行走。亡通无。

〔38〕身自射彼三人者,亲自向那边步行的三个人射去。

〔39〕缚之上马,把活捉的一人捆了,提放在马上。

〔40〕望,遥望。见广,以为诱骑,那数千骑匈奴兵见到了李广的百骑以为是汉军方面故意诱骗他们上当的疑兵。皆惊,上山陈,都起了戒心,爬上山头布置他们的阵地。陈读如阵。

〔41〕欲驰还走,要想加鞭逃还。驰,驱驰;快奔。

〔42〕追射我立尽,追来射我,我百骑立刻完结。

〔43〕留,停留不走。

〔44〕必以我为大军诱之,必然以为我们是给自己的大军引诱他们上当的。

〔45〕前未到匈奴陈二里所,止,前进到距离匈奴阵地约二里光景,便停止了。

〔46〕皆下马解鞍,一齐下马,把鞍辔都卸了。鞍,百衲本作"鞌"。

〔47〕即有急,奈何,眼前就有急难了,怎么办?

〔48〕用坚其意,我们故意不走,哄得他们越发以为我们要教他们上当。

〔49〕有白马将出护其兵,有一个骑白马的胡将出阵来监护他们的兵队。

〔50〕犇同奔。

〔51〕复还至其骑中,仍与带去的十馀骑还到自己的队伍中。

〔52〕皆纵马卧,大家都把马放了,各自随便躺下。

〔53〕会暮,恰巧天色将晚。

〔54〕大军不知广所之,故弗从,大军本部没有知道李广所往的方向,所以没有能发兵接应。

〔55〕未央卫尉和长乐卫尉,参看《魏其武安侯列传》校释〔137〕、〔205〕。

〔56〕故,旧时;从前。俱以边太守将军屯,都是任边郡太守而兼管军防屯扎诸事的。

〔57〕广行无部伍行陈,李广行军,没有严格的编制和一定的行列。部伍就是部曲,详后〔63〕。行陈,行列和阵势。行音杭。

〔58〕就善水草屯,拣择有好水好草的地方屯扎下来。

〔59〕舍止犹起居。

〔60〕刁斗即刀斗,古无"刁"字,借刀为之,故《索隐》云"刀音貂"。蜀本、百衲本、黄本、汲古本、会注本都径作"刁斗",下同。刁斗,铜锅,可盛一斗量。行军时,昼则炊饭,夜则用为敲击巡更的器具。

〔61〕莫府即幕府,已详《廉蔺列传》校释〔250〕。省约文书籍事,把军中的文书簿籍等事一切简化。省,减省;约,节约。

〔62〕远斥候,在前敌遥远的地方就布置了哨探的尖兵。斥,侦察;料量。候,望视;窥伺。斥候便是侦探敌情的哨兵。

〔63〕正部曲行伍营陈,严肃地约束手下的部队,整顿编制和军规。那时将军领军都有部曲,大将军营五部,部有校尉一人;部下有曲,曲有军候一人;曲下有屯,屯有屯长一人。见刘昭《补汉百官志》(编者按:实为司马彪《续汉书·百官志》,收入今本《后汉书》)。行(音杭)伍营陈(读如阵),军队的编制和军营的规章。

〔64〕治……至明,常常办到天明。

〔65〕卒犯之无以禁也,骤然来犯,也不能奈何他的。卒同猝。禁,钤制;干涉。

〔66〕佚乐,安逸而快乐。佚同逸。

〔67〕咸乐为之死,大家都情愿为他出死力。咸,皆也。乐,乐于;甘愿。

〔68〕烦扰犹忙乱。

〔69〕略,战略;计谋。

〔70〕太中大夫,郎中令属官,掌论议,秩比千石。

〔71〕谨于文法,谨守文书法度,毫不苟且。与前"正部曲"、"治军簿至明"相应。

〔72〕武帝元光二年(公元前一三三年),用马邑(汉所置县,后魏废,其城即今山西省朔县)土豪聂壹之谋,欲诱破单于。阴使壹亡入匈奴,对单于说:"吾能斩马邑令丞,以城降,财物可尽得。"于是单于将十万骑入武州塞(在今山西省朔县西)。故云后汉以马邑城诱单于。

〔73〕骁骑和护军都是当时将军的冠号。冠号的将军不常设,有征伐始命之,后来名目繁多,后世便称之为"杂号将军"。当时李广为骁骑将军,韩安国为护军将军,广受安国节制,故云领属护军将军。

〔74〕是时单于既入,擒得雁门郡的尉史,问知汉兵都藏在近旁山谷中,大惊引还。汉兵追至塞,弗及,乃皆罢兵。故云单于觉之,去,汉军皆无功。

〔75〕其后四岁为元光六年,当公元前一二九年。出雁门,从雁门山北出。雁门山在今山西省代县西北三十五里。

〔76〕得李广必生致之,如捉住李广,必须要活的送到单于那里去。生致,活捉了押送前往。

〔77〕置广两马间,络而盛卧广,把李广躺在绳子结成的络子里,这络子就张在两匹马的中间。

〔78〕详通佯,蜀本、黄本都径作"佯"。

〔79〕睨其旁有一胡儿骑善马,瞥见身旁有一少年胡人骑着一匹好马。睨音倪,斜视。

〔80〕暂腾,忽然跳起来。暂,霎时。

〔81〕入塞,进入雁门。

〔82〕行取胡儿弓,且行且取推堕少年遗下的弓。

〔83〕以故得脱,因此能够逃脱匈奴之手。

〔84〕下广吏,把李广发交执法官审问。

〔85〕当,判决。读去声。参看《张释之冯唐列传》校释〔63〕。

〔86〕当斩的当,该当,读平声。参看《张冯列传》校释〔64〕。赎为庶人,纳金赎免斩刑,削去官位,降为平民。

〔87〕故颍阴侯孙,灌婴之孙,名强。屏野,退职家居,犹云下野。蓝田南山,已详《魏其武安侯列传》校释〔27〕。

〔88〕从人田间饮,跟人家在田间一起饮酒。

〔89〕霸陵亭,守护霸陵的亭驿。霸陵已详《张冯列传》校释〔47〕。

〔90〕霸陵尉醉,呵止广,守霸陵的尉官(本为亭长,当时贴近边障的或守护陵墓的亭,都以县尉主之),喝醉了,便呵斥李广,不让他通过。

〔91〕广骑曰,故李将军,李广的从骑说,这是旧任李将军。

〔92〕今将军尚不得夜行,何乃故也,现任的将军尚且不得犯夜行路,何况是旧任的! 何乃,何况。也读如耶。

〔93〕止广宿亭下,勒令李广停宿在驿亭中。

〔94〕居无何,过了不多久。匈奴入边攻杀辽西太守在元朔元年(公元前一二八年)。辽西,秦所置郡,其境约当今河北省东北角、旧热河省东南一部和辽宁省西部。汉因之,治且虑县,故治在今河北省卢龙县东。

〔95〕韩安国时以卫尉为材官将军(杂号将军之一),屯渔阳(已见《陈涉世家》校释〔11〕),为匈奴所败,掠去千馀人及畜产等。故云败韩将军。

〔96〕武帝怒韩安国之败,使使责让之,益徙而东,使屯于右北平。(在渔阳东北)。故云韩将军徙右北平。蜀本、百衲本、黄本、汲古本"徙"上都有"后"字。安国既远徙,益见疏,忧愧呕血死。故《汉书·李广传》"徙右北平"下有"死"字。会注本因据以补此传,亦加"死"字。但"徙"上无"后"字,与此本同。

〔97〕中石没镞,箭射入石内,把整个箭头都陷进去。没,陷入。镞,箭镞。徐广说,"一作没羽",那么连箭尾的羽毛也陷进去,是整枝的箭都射入石内了(过分强调,不免神话化)。

〔98〕尝自射之,常常亲自射虎。尝通常,蜀本、百衲本、汲古本都径作"常"。

〔99〕虎腾伤广,虎跳起来扑伤了李广。

〔100〕辄分其麾下,每常分给部下的将卒。麾下指自己直属的部队。

〔101〕终广之身,为二千石四十馀年,终李广的一生,做了禄秩二千石那一级的官四十多年。

〔102〕为人长,体格高大。

〔103〕猨臂,说他的左右臂可以自由延伸,像通臂猿(猿的一种,两臂能通过两肩,彼此可以自由伸缩,古有此传说)那样的。故下云"其善射亦天性也",就是说他有这样的天赋本能。猨即猿。

〔104〕虽其子孙他人学者,莫能及广,虽是他的子孙或别人亲向他学习的都不能及他那样的善射。

〔105〕讷口少言,拙于口才,不大说话。难于出口说话叫讷。

〔106〕与人居则画地为军陈,射阔狭以饮,平常与人闲居的时候,每画地作军阵,比射远近为戏,不胜的以罚酒饮之。军陈即军阵,已见前〔40〕、〔57〕、〔63〕。阔狭犹远近或深浅。

〔107〕专以射为戏,竟死,直到他死,经常以比射为戏。竟,终竟。

〔108〕广之将兵乏绝之处,李广带兵逢到饮料粮食缺乏断绝的环境里。

〔109〕见水,士卒不尽饮,广不近水,发见了可饮的水,他的士卒没有都喝到,他是不沾一点水的。

〔110〕士卒不尽食,广不尝食,他的士卒没有都吃到,他是不尝一点

东西的。上食是吃食,下食是食料。以上两语都承"乏绝之处"说。士卒不尽食之上当添"见食"二字看。

〔111〕宽缓不苛,宽松不加苛扰。

〔112〕以此爱乐为用,因此都爱戴李广,乐于听他使用。

〔113〕其射,……发即应弦而倒,他的射法,虽见敌人已很迫近,但不在数十步之内,估计射不着的是不发箭的,要发箭必然是弓弦一响敌人便应声而倒的。

〔114〕用此,其将兵数困辱,其射猛兽亦为所伤云,正因为这样(箭不多发),他领兵出战屡次吃亏受辱,射虎也被虎扑伤了。

〔115〕石建已见《魏其武安侯列传》校释〔260〕。

〔116〕元朔,武帝第三年号,凡六年(公元前一二八—前一二三年)。其六年为戊午岁。朔,蜀本讹作"朝"。

〔117〕后将军位次上卿,当时有前、后、左、右四将军。

〔118〕从大将军军,从属于大将军的军中。汉代将军位比三公的有四:第一,大将军;次,骠骑将军;次,车骑将军;次,卫将军。那时任大将军的是武帝卫后的同母弟卫青。青字仲卿,平阳(已见《项纪》校释〔378〕)人,以出征匈奴著称。《史记》有《卫将军骠骑列传》,与霍去病同载。

〔119〕定襄,汉所置郡,其境约当今山西省右玉县以北包有内蒙古自治区西南部。治成乐县,即今内蒙平地泉行政区的和林格尔县。

〔120〕诸将多中首虏率,以功为侯者,当时从卫青出征的诸将,多因斩首虏获合格,而论功封侯的。率音律,标准;规格。中率就是合格。

〔121〕后三岁,为元狩三年辛酉岁,当公元前一二〇年。元狩,武帝第四年号,共六年(公元前一二二—前一一七年)。据梁玉绳考证,李广与张骞出右北平事,当在元狩二年。

〔122〕张骞,汉中人,武帝初年为郎,应募通西域,历尽艰辛,卒以西

域大宛诸国的情况回报武帝,因此封博望侯(博望,汉所置县,故城在今河南省南阳县东北六十里)。张骞事迹载《史记·大宛列传》中。博,蜀本讹作"博",下同。

〔123〕异道,不同道,分两路抄出。

〔124〕行可数百里,前进约数百里。可,约略。

〔125〕左贤王,匈奴单于手下的统帅。当时匈奴置左、右贤王:左贤王居东方,当汉上谷郡北面迤东一带;右贤王居西方,当汉上郡北面迤西一带。李广、张骞出右北平,恰在左贤王辖境,故左贤王将四万骑围广。

〔126〕往驰之,驰往匈奴围骑中迎敌。

〔127〕直贯胡骑,出其左右而还,一直穿过匈奴的围骑,抄出他们的左右两边,还到自己的阵地。

〔128〕易与耳,轻蔑之辞,参看《项纪》校释〔482〕和《淮阴侯列传》校释〔204〕。

〔129〕圜陈,圆形的阵势。圜乃圆的本字,汲古本即径作"圆"。外嚮,列阵的军士都面向外边,作辐射式抵挡匈奴的围骑。嚮同向。

〔130〕持满毋发,拉满了弓准备着,但不要放箭。毋,百衲本讹作"母"。下同。

〔131〕身自以大黄射其裨将,亲自执着大黄弩射匈奴的偏裨将校。大黄,大号的黄间弩(也作黄肩弩),在当时是最能射远的武器。裨将,协助主将作战的将校,军中统称为偏裨。

〔132〕益解,渐渐松开。益本有渐加之义,故引申为渐。

〔133〕无人色,形容脸色苍白,不像活人的样子。

〔134〕意气自如,神色气概还同平常一样。

〔135〕罢同疲,故下云"弗能追"。

〔136〕几没,近乎全军覆没。罢归,只得罢兵而归。

〔137〕留迟后期,稽缓行期,失却联系。

〔138〕军功自如,无赏,杀敌虽有功,自己的损失也不少,功过相当,所以没有加赏。

〔139〕元朔五年丁巳岁,当公元前一二四年。轻车将军,杂号将军之一。从大将军击右贤王,跟随卫青从西路打匈奴(当他们的右方)。

〔140〕有功中率,有功可以合格(参看前〔120〕),封为乐安侯。乐安,汉所置县,至晋裁去。故城在今山东省博兴县北。

〔141〕元狩二年庚申岁,当公元前一二一年。

〔142〕公孙弘字季,薛人。武帝初为博士,免归。元光中,以文学对策第一复拜博士。元朔中为丞相,以推贤节俭为武帝所信任,封平津侯(平津故城在今河北省盐山县南)。其为人意忌,外宽内深,凡是同他有仇隙的人,表面上他总佯为和善,暗中却想法排挤,主父偃的被杀,董仲舒的被疏远,都是他从中播弄的。元狩二年弘死,李蔡乃代为丞相。《史记》有《平津侯主父列传》,与主父偃同载。

〔143〕为人在下中,其人的行为品格在下等之中。若以当时九品论人的说法,(即上上、上中、上下、中上、中中、中下、下上、下中、下下)那只在第八等。

〔144〕李广没有封侯,当然没有爵位和封邑,故云不得爵邑。官只做到卫尉、郎中令,故云官不过九卿。

〔145〕李蔡既封乐安侯,又为丞相,故云为列侯,位至三公。

〔146〕诸广之军吏及士卒或取封侯,许多李广部下的军吏或士卒往往取得了封侯之赏。

〔147〕王朔,当时有名的天文家,善于占候(候测星象,占卜吉凶。)望气即占候。燕语,私下交谈。燕,私也。

〔148〕诸部校尉以下,即指军吏士卒。才能不及中人,他们的才能都还够不上中等的人物。

〔149〕不为后人,不能算落在人家的后面。

〔150〕尺寸之功,些微的功劳。尺寸言其短少。

〔151〕岂吾相不当侯邪,且固命也,难道吾的骨相不该封侯的么?还是吾的命数早已注定了么?邪读如耶。

〔152〕岂尝有所恨乎,难道心里有什么抱歉的事?恨,缺憾;歉恨。

〔153〕羌尝反,羌族曾起兵反汉。羌音匡,古代西方民族之一,在汉时为陇西一带的少数民族。

〔154〕吾诱而降,吾用计诱骗他们,他们便投降了。

〔155〕吾诈而同日杀之,吾又用计把这八百馀人在一天内杀掉了。

〔156〕至今大恨独此耳,到现在为止,我心里一直抱歉的,就是这件事。

〔157〕杀戮已经投诚的人,在当时认为是罪恶的,故云祸莫大于杀已降。此乃将军所以不得侯者也,这就是你不能得到封侯的报应啊。

〔158〕大将军、骠骑将军大出击匈奴,卫青、霍去病大举出兵攻打匈奴。卫青时为大将军已见前〔118〕。霍去病,卫青姊姊的儿子,初为剽姚校尉,以打匈奴斩捕首虏过当,封冠军侯(冠军只是称号,初无此县名,武帝褒奖去病大功,以南阳穰县的卢阳乡和宛县的临駣聚为冠军侯国)。元狩二年为骠骑将军出陇西。《史记》有《卫将军骠骑列传》,与卫青同载。骠骑将军位比三公,仅次于大将军,亦已详前〔118〕。出击的击(擊),汲古本讹作"系(繫)"。

〔159〕广数自请行,李广屡次自动奏请随军征战。

〔160〕前将军,参看前〔117〕。

〔161〕元狩四年壬戌岁,当公元前一一九年。

〔162〕令广并于右将军军,使李广所部与右将军的军队合并前进。当时的右将军是主爵都尉赵食其(音异基)。

〔163〕出东道,从东路出兵,当匈奴的左方。

〔164〕少回远,稍稍迂回辽远些。

〔165〕大军行水草少,其势不屯行,大军经行的地方水草不多,在势是不能并队行进的。屯行,联结进行。

〔166〕结发而与匈奴战,今乃一得当单于,自幼就同匈奴作战,如今才得到一个机会可以碰到单于的主力。结发指童年初能胜冠的时候。

〔167〕先死单于,当先跟单于拼一死战。

〔168〕阴受上诫,暗中接受武帝的吩咐。

〔169〕数奇,命数单只,不大有好运遇合的。奇音基,偶之反。古时讲命数的有此说,即所谓"孤星照命"。

〔170〕毋令当单于,恐不得所欲,不要让他当单于的正面,怕不会获得所要追求的胜利的。这些都是武帝和卫青主观上的迷信。

〔171〕公孙敖初为骑郎,与卫青友好,曾救青脱难。及青贵,敖亦以护军都尉三次从青击匈奴有功,封合骑侯(合骑非邑名,谓以军合骠骑有功,故取以为封号)。元狩二年,坐将兵击匈奴与骠骑将军期后,畏懦当斩,赎罪。故云新失侯。

〔172〕为中将军从大将军,公孙敖失侯后以校尉从卫青自效。此云中将军,盖书其封侯以前的故官。

〔173〕卫青欲报私恩,故欲使敖与自己俱当单于,可以侥幸得功复侯,因此,徙前将军广并于右将军的军中。

〔174〕固自辞于大将军,坚决向卫青辞免徙并。

〔175〕令长史封书与广之莫府,命自己幕府的长史(参看《魏其武安侯列传》校释〔214〕)下一道文书给李广的幕府。

〔176〕急诣部,如书,赶快到右将军的军部去,照文书所说的办。

〔177〕不谢,不辞别。

〔178〕愠怒,怨愤。就部,到达指定的军部。

〔179〕军亡导,或失道,军中没有向导,往往迷失路途。亡通无。

〔180〕后大将军,落后了跟大将军会师的约期。

〔181〕南绝幕,南还,渡过沙漠。绝,横渡。幕,沙漠。

〔182〕糒醪,酒食。糒,干饭。醪,酒浆。

〔183〕因问广、食其失道状,乘便问讯前将军、右将军(东路军)迷路后期的情况。

〔184〕欲上书报天子军曲折,要把东路军回远失道的委曲详情报告武帝。

〔185〕急责广之幕府对簿,催迫李广的幕府人员前往听审。对簿就是听审受质,参看《魏其武安侯列传》校释〔272〕。本篇前后所言及的幕府都作"莫府",独此处作"幕府"。所校各本都同。

〔186〕吾今自上簿,吾现在亲自去你们的幕府听审。下云"至莫府",就是行到大将军的幕府。上簿,自上供状,听候质对。

〔187〕终不能复对刀笔之吏,到底不能再受刀笔吏的侮辱了。刀笔吏,参看《张冯列传》校释〔23〕。

〔188〕引刀自刭,拔出刀来自刎了。引,抽也。

〔189〕广军士大夫一军皆哭,李广军中的幕客军吏士卒一切人等都哭了。

〔190〕百姓闻之,知与不知,无老壮皆为垂涕,老百姓听到了李广自杀的消息,不论熟识的和不熟识的,不论年老的和年轻的,都为了他而流泪。垂涕,挂眼泪。

〔191〕为郎,说他三个儿子李当户、李椒、李敢都是郎中令属下的郎官。

〔192〕韩嫣(音偃),韩王信的孙儿,弓高侯韩颓当的儿子,汉武帝的弄臣。武帝为胶东王时,就跟韩嫣很亲近。及为太子,益宠幸他。即位后竟常与他同卧同起,官至上大夫。后为太后所赐死。事迹载《史记·佞幸列传》中。天子与韩嫣戏,武帝跟韩嫣调笑戏谑。

〔193〕少不逊,稍稍有些放肆。不逊,失态(不顾体统)。

477

〔194〕代郡太守,汲古本"代"伪讹"伐"。

〔195〕皆先广死,当户和椒都死在李广之前。先,前也。

〔196〕妇人既孕而夫死,及足月子生,叫做遗腹子。

〔197〕坐侵孝景园壖地,因侵占景帝陵园神道外边空隙地带的罪名。壖,馀地,读如软的平声。

〔198〕不对狱,不愿对簿就狱。

〔199〕关内侯下于列侯一等,有侯号,居京畿,无国邑,故名。

〔200〕恨其父,害死他的父亲。恨指怨恨自杀(饮恨而死)。王先谦说:"恨读为很;很,违也。"也可通。

〔201〕匿讳之,隐瞒其事,不使张扬。

〔202〕从上雍,从武帝至雍。雍已详《项纪》校释〔247〕。

〔203〕甘泉宫,本秦之离宫,为汉武帝游猎避暑的地方。

〔204〕霍去病是卫青的外甥,故云骠骑将军去病与青有亲。

〔205〕讳云鹿触杀之,讳言去病杀李敢,而宣称敢是被鹿撞触而死的。

〔206〕中人,没有位号的宫妾。

〔207〕陵迟衰微矣,颓败不振了。陵迟犹陵夷,颓废。衰微,衰弱。

〔208〕李陵既壮,李陵既长成到了壮年。古人以三十岁为壮。

〔209〕建章监,督带建章营羽林骑郎的长官,隶属郎中令。

〔210〕世将,世代带兵。

〔211〕居延即今甘肃省酒泉专区额济纳蒙族自治区的居延海。视地形,视察当地的形势。

〔212〕骑都尉,掌监羽林军,秩比二千石。

〔213〕将丹阳楚人五千人,带领丹阳治下的楚人五千名。丹阳,汉所置郡,其境约当今安徽省皖南大部、江苏省江以南西偏一小部和浙江省西北一小部。治宛陵县,即今安徽省宣城县。

〔214〕教射酒泉、张掖以屯卫胡,把这五千楚人分扎在酒泉、张掖两郡地带教他们练好射术,防备匈奴。酒泉、张掖两郡都是武帝时新置的河西走廊。酒泉郡居西,张掖郡居东,恰当今甘肃省西北中部的狭长地带。酒泉郡治禄福县,后汉改福禄,隋改酒泉,即今甘肃省酒泉县。张掖郡治觻得县(觻音鹿),故城在今甘肃省张掖县西北。屯卫,屯兵防卫。

〔215〕天汉,武帝第八年号,共四年(公元前一〇〇—前九七年)。二年壬午岁,当公元前九九年。

〔216〕贰师将军李广利,武帝李夫人之兄。事迹详《史记·大宛列传》。贰师也是杂号,取副军之义。祁连天山即祁连山,胡人呼天为祁连,展转传译,遂混合音义并称之,并不是说的祁连山与天山两座山。"祁"上黄本无"于"字。

〔217〕毋令专走贰师,不要让匈奴专趋贰师将军的一路。走音奏,趋赴。毋,蜀本、百衲本都讹作"母"。

〔218〕既至期还,既到了约定的日期,带兵南还。

〔219〕且引且战,一边引退,一边作战。

〔220〕遮狭绝道,遮住了砂碛间的狭路,把李陵的归道断绝了。

〔221〕虏急击招降陵,匈奴一边加紧攻击,一边派人招诱李陵,使他投降。

〔222〕李陵势穷路绝,无颜再见武帝,故云无面目报陛下。

〔223〕族陵母妻子,族诛李陵的家,把他的母亲、妻、子都杀了。

〔224〕陇西之士居门下者皆用为耻焉,陇西同乡人士在李陵门下的都因为他降敌而引为耻辱了。以上自"李陵既壮"至此语的一大段,据梁玉绳的考证,都是后人妄续的,断断乎不是太史公的手笔。他这样说:"无论天汉间事《史》(《史记》)所不载,而史公因陵被祸,必不书之。……观赞中(指篇末的论赞)但言李广而无一语及陵,可见。且所续与《汉传》(《汉书·李广苏建列传》所载李陵事)不合。如族陵家在陵

降岁馀之后,匈奴妻陵又在族陵家之后,而此言单于得陵即以女妻之;汉闻其妻匈奴女,族陵母妻子;并误也。且汉之族陵家,因公孙敖误以李绪教单于兵为李陵之故,不关妻单于女。又杭太史(世骏)云:'子长盛推李少卿(陵),以为有国士风,虽败不足诛,彼不死,欲得当以报。可云李氏名败,陇西之士为耻乎! 断非子长笔。'"见《史记志疑》卷三十三。

〔225〕《传》曰"其身正,不令而行;其身不正,虽令不从",出《论语·子路篇》。《论语》为孔子弟子及后人所记,别于孔子删定的《经》,故称《传》(其实经、传之分还是从简册的尺度来定的。凡六寸以上的竹简都称为传〔专〕,所以古书所引的"传",并不限于一部《论语》)。

〔226〕其李将军之谓也,这真是说的李将军啊。就是说他身正,故士卒乐用,不必待命令而后行;同时反衬着那些本身不正的人,虽是三令五申地告戒他的部下,也未必能心悦诚服地照办罢。

〔227〕悛悛如鄙人,诚诚恳恳很像个质朴的乡里人。悛悛同恂恂,诚谨貌。

〔228〕口不能道辞,就是上面所说的"讷口少言"。

〔229〕彼其忠实心诚信于士大夫也,他那忠实的心确已使一般士大夫感动起信了。

〔230〕桃李不言,下自成蹊,说的是桃子跟李子都不会讲话,说自己多么好吃,可是人家自然会去采果子吃,把桃树李树下面的泥地走出一条路来。蹊音奚,田中脚步踏成的小路。

〔231〕此言虽小,可以喻大,这谚语所说的虽只是桃李的寓言,但可比喻李广这样的忠诚老实,口虽不能道辞而能使大家都能感动的。

汲郑列传

汲黯字长孺,濮阳人也。[1]其先有宠于古之卫君。[2]至黯七世,世为卿大夫。黯以父任,孝景时为太子洗马,[3]以庄见惮。[4]孝景帝崩,太子即位,黯为谒者。[5]东越相攻,[6]上使黯往视之,不至。[7]至吴而还,[8]报曰:"越人相攻,固其俗然,[9]不足以辱天子之使。"[10]河内失火,[11]延烧千馀家,上使黯往视之。还报曰:"家人失火,屋比延烧,[12]不足忧也。臣过河南,[13]河南贫人伤水旱万馀家,[14]或父子相食,臣谨以便宜,持节发河南仓粟以振贫民。[15]臣请归节伏矫制之罪。"[16]上贤而释之,迁为荥阳令。[17]黯耻为令,病归田里。[18]上闻,乃召拜为中大夫。[19]以数切谏,不得久留内,[20]迁为东海太守。[21]黯学黄、老之言,[22]治官理民,好清静,择丞史而任之。[23]其治,责大指而已,不苛小。[24]黯多病,卧闺阁内不出。[25]岁馀,东海大治。称之。[26]上闻,召以为主爵都尉,[27]列于九卿。治务在无为而已,[28]弘大体,不拘文法。[29]

黯为人性倨少礼,[30]面折不能容人之过。[31]合己者善待之,不合己者不能忍见。[32]士亦以此不附焉。然好学游侠,[33]任气节,内行脩絜,[34]好直谏,数犯主之颜色,[35]常慕傅柏、袁盎之为人也。[36]善灌夫、郑当时及宗正刘弃。[37]亦以数直谏，不得久居位。

当是时，太后弟武安侯蚡为丞相，中二千石来拜谒，蚡不为礼。[38]然黯见蚡，未尝拜，常揖之。[39]天子方招文学儒者，[40]上曰："吾欲云云。"[41]黯对曰："陛下内多欲而外施仁义，[42]奈何欲效唐、虞之治乎！"上默然，怒，变色而罢朝。公卿皆为黯惧。上退，谓左右曰："甚矣，汲黯之戆也！"[43]群臣或数黯。[44]黯曰："天子置公卿辅弼之臣，宁令从谀承意，陷主于不义乎！[45]且已在其位，纵爱身，奈辱朝廷何！"[46]

黯多病，病且满三月，上尝赐告者数，[47]终不愈。最后病，庄助为请告。[48]上曰："汲黯何如人哉？"助曰："使黯任职居官，无以踰人。[49]然至其辅少主，守城深坚，招之不来，麾之不去，虽自谓贲、育亦不能夺之矣。"[50]上曰："然。古有社稷之臣，至如黯，近之矣。"[51]

大将军青侍中，[52]上踞厕而视之。[53]丞相弘燕见，[54]上或时不冠。[55]至如黯见，上不冠不见也。上尝坐武帐中，[56]黯前奏事，[57]上不冠，望见黯，避帐中，使人可其奏。[58]其见敬礼如此。[59]

张汤方以更定律令为廷尉，[60]黯数质责汤于上前，[61]曰："公为正卿，[62]上不能褒先帝之功业，下不能抑天下之邪心，[63]安国富民，使囹圄空虚，[64]二者无一焉。[65]非苦就行，放析就功，[66]何乃取高皇帝约束纷更之为！[67]公以此无种矣！"[68]黯时与汤论议，汤辩常在文深小苛，[69]黯伉厉守高不能屈。[70]忿发骂曰：[71]"天下谓刀笔吏不可以为公卿，果然。[72]必汤也，令天下重足而立，侧目而视矣。"[73]

是时，汉方征匈奴，招怀四夷。[74]黯务少事，乘上间，常言与胡和亲，无起兵。[75]上方向儒术，尊公孙弘，及事益多，吏民巧弄。[76]上分别文法，汤等数奏决谳以幸。[77]而黯常毁儒，面触弘等徒怀诈饰智以阿人主取容，[78]而刀笔吏专深文巧诋，陷人于罪，使不得反其真，[79]以胜为功。[80]上愈益贵弘、汤。弘、汤深心疾黯，唯天子亦不说也，欲诛之以事。[81]弘为丞相，乃言上曰：[82]"右内史界部中多贵人宗室，[83]难治，非素重臣不能任，[84]请徙黯为右内史。"为右内史数岁，官事不废。

大将军青既益尊，姊为皇后，[85]然黯与亢礼。[86]人或说黯曰："自天子欲群臣下大将军，[87]大将军尊重益贵，君不可以不拜。"黯曰："夫以大将军有揖客，反不重邪！"[88]大将军闻，愈贤黯，数请问国家朝廷所疑，[89]遇黯过于平生。[90]

淮南王谋反，惮黯，曰："好直谏，守节死义，难惑以非。[91]至如说丞相弘，如发蒙振落耳。"[92]

天子既数征匈奴有功，黯之言益不用。

始黯列为九卿，而公孙弘、张汤为小吏。及弘、汤稍益贵，与黯同位，黯又非毁弘、汤等。已而弘至丞相，封为侯；[93]汤至御史大夫；[94]故黯时丞相史皆与黯同列，或尊用过之。[95]黯褊心不能无少望,[96]见上,前言曰:"陛下用群臣如积薪耳,后来者居上。"[97]上默然。有间黯罢,[98]上曰:"人果不可以无学,观黯之言也日益甚。"[99]

居无何,匈奴浑邪王率众来降,[100]汉发车二万乘。[101]县官无钱,从民贳马。[102]民或匿马,马不具。[103]上怒,欲斩长安令。[104]黯曰:"长安令无罪,独斩黯,民乃肯出马。[105]且匈奴畔其主而降汉,汉徐以县次传之,[106]何至令天下骚动,罢獘中国而以事夷狄之人乎!"[107]上默然。及浑邪至,贾人与市者,坐当死者五百馀人。[108]黯请间,见高门,[109]曰:"夫匈奴攻当路塞,[110]绝和亲,中国兴兵诛之,死伤者不可胜计,而费以巨万百数。[111]臣愚,以为陛下得胡人,皆以为奴婢以赐从军死事者家;[112]所虏获,因予之。[113]以谢天下之苦,塞百姓之心。[114]今纵不能,浑邪率数万之众来降,虚府库赏赐,发良民侍养,譬若奉骄子![115]愚民安知,市买长安中物而文吏绳以为阑出财物于边关乎![116]陛下纵不能得匈奴之资以谢天下,又以微文杀无知者五百馀人,[117]是所谓'庇其叶而伤其枝'者也,[118]臣窃为陛下不取也。"上默然。不许曰:"吾久不闻汲黯之言,今又复妄发矣。"[119]后数月,黯坐小法,会赦免官。[120]于是黯隐于田园。

居数年,会更五铢钱,[121]民多盗铸钱,[122]楚地尤甚。上以为淮阳,楚地之郊,[123]乃召拜黯为淮阳太守。黯伏谢不受印,[124]诏数彊予,然后奉诏。[125]诏召见黯,黯为上泣曰:"臣自以为填沟壑,〔126〕不复见陛下,不意陛下复收用之。臣尝有狗马病,〔127〕力不能任郡事,臣愿为中郎,〔128〕出入禁闼,补过拾遗,〔129〕臣之愿也。"上曰:"君薄淮阳邪?吾今召君矣!〔130〕顾淮阳吏民不相得,〔131〕吾徒得君之重,卧而治之。"〔132〕黯既辞行,过大行李息,〔133〕曰:"黯弃居郡,〔134〕不得与朝廷议也。〔135〕然御史大夫张汤智足以拒谏,诈足以饰非,〔136〕务巧佞之语,辩数之辞,〔137〕非肯正为天下言。〔138〕专阿主意,〔139〕主意所不欲,因而毁之;主意所欲,因而誉之。好兴事,〔140〕舞文法,〔141〕内怀诈以御主心,〔142〕外挟贼吏以为威重。〔143〕公列九卿,不早言之,公与之俱受其僇矣!"〔144〕息畏汤,终不敢言。黯居郡如故治,〔145〕淮阳政清。后张汤果败。上闻黯与息言,抵息罪。令黯以诸侯相秩居淮阳,〔146〕七岁而卒。

卒后,上以黯故,官其弟汲仁至九卿,子汲偃至诸侯相。黯姑姊子司马安亦少与黯为太子洗马。〔147〕安文深巧善宦,〔148〕官四至九卿,〔149〕以河南太守卒。〔150〕昆弟以安故,同时至二千石者十人。〔151〕濮阳段宏始事盖侯信,〔152〕信任宏,〔153〕宏亦再至九卿。然卫人仕者皆严惮汲黯出其下。〔154〕

郑当时者字庄,陈人也。〔155〕其先郑君尝为项籍将。〔156〕籍死,已而属汉。高祖令诸故项籍臣名籍,〔157〕郑君独不奉诏。诏尽拜名籍者为大夫,而逐郑君。〔158〕郑君死孝文时。

郑庄以任侠自喜,[159]脱张羽于厄,[160]声闻梁、楚之间。孝景时,为太子舍人。[161]每五日洗沐,[162]常置驿马长安诸郊,[163]存诸故人,[164]请谢宾客,[165]夜以继日,至其明旦,常恐不遍。[166]庄好黄、老之言,其慕长者,如恐不见。[167]年少官薄,[168]然其游知交,皆其大父行,[169]天下有名之士也。武帝立,庄稍迁为鲁中尉、济南太守、江都相,[170]至九卿为右内史。以武安侯、魏其时议,贬秩为詹事,[171]迁为大农令。[172]

庄为太史,[173]诫门下:[174]"客至,无贵贱无留门者。"[175]执宾主之礼,以其贵下人。[176]庄廉,又不治其产业,仰奉赐以给诸公。[177]然其馈遗人,不过算器食。[178]每朝,候上之间说,[179]未尝不言天下之长者。[180]其推毂士及官属丞史,诚有味其言之也,常引以为贤于己。[181]未尝名吏,[182]与官属言,若恐伤之。[183]闻人之善言,进之上,唯恐后。[184]山东士诸公,以此翕然称郑庄。[185]

郑庄使视决河,[186]自请治行五日。[187]上曰:"吾闻郑庄行千里不赍粮,[188]请治行者何也?"然郑庄在朝,尝趋和承意,不敢甚引当否。[189]及晚节,[190]汉征匈奴,招四夷,天下费多,财用益匮。[191]庄任人、宾客为大农僦人,[192]多逋负。[193]司马安为淮阳太守,发其事,[194]庄以此陷罪,[195]赎为庶人。顷之,守长史。[196]上以为老,以庄为汝南太守。[197]数岁,以官卒。[198]

郑庄、汲黯始列为九卿,廉,内行脩絜。[199]此两人中废,[200]家贫,宾客益落。[201]及居郡卒后,家无馀赀财。[202]庄兄弟子孙以庄故,至二千石六七人焉。

太史公曰:夫以汲、郑之贤,有势则宾客十倍,无势则否,[203]况众人乎!下邽翟公有言,[204]始翟公为廷尉,[205]宾客阗门。[206]及废,门外可设雀罗。[207]翟公复为廷尉,宾客欲往,翟公乃大署其门曰:[208]"一死一生,乃知交情。一贫一富,乃知交态。一贵一贱,交情乃见。"[209]汲、郑亦云,悲夫![210]

〔1〕濮阳已见《刺客列传》校释〔102〕。

〔2〕其先,汲黯的祖先。古之卫君,从前卫国的君主。卫在六国时已沦为附庸,故但称卫君,参看《孙子吴起列传》校释〔85〕和《商君列传》校释〔1〕。

〔3〕黯以父任,孝景时为太子洗马,汉景帝时,汲黯因父亲的馀荫为太子洗马之官。汉制:凡职位在二千石以上的官吏,任职满三年的,都得保举自己的同胞兄弟或自己的儿子一人为郎。此项出身资格统称"任子"。任即保举。太子洗马,太子宫中的官属,秩比谒者(六百石),太子出,乘马先驱。洗读如先,《汉书·百官表》径作"先"(注云或作洗),后世沿作洗马。其实并不是洗涤马匹之役。

〔4〕以庄见惮,因为行事严肃,颇为上下所敬惮。庄,端肃;威严。惮,有所顾忌而不敢放肆。见,被也。

〔5〕谒者已见《张释之冯唐列传》校释〔8〕。

〔6〕东越指当时的闽越和瓯越。参看《项纪》校释〔393〕。武帝初,

闽越发兵攻东瓯,东越求救于汉廷,故云相攻。其后汉灭闽越,而徙东越之民于江、淮间,东越之地遂虚。《史记》有《东越列传》。

〔7〕不至,没有到东越地方。

〔8〕至吴而还,仅到了会稽郡界便还去了。当时会稽郡治吴县,又为故吴王濞封地,故概称作吴。

〔9〕固其俗然,本来他们的习俗是这样的。

〔10〕不足以辱天子之使,不配烦劳天子的使者。辱,烦扰;屈辱。

〔11〕河内,汉所置郡,即殷国司马卬故地。参看《项纪》校释〔385〕。

〔12〕家人失火,一般人家不慎而致失火。屋比,房屋毗连。比通毗,紧接;牵连。

〔13〕河南也是汉所置郡,已见《项纪》校释〔381〕。河南郡在河内郡的西南,从长安去河内当先经河南,故云过河南。

〔14〕伤水旱,为水灾、旱灾所创伤。

〔15〕谨以便宜,持节发河南仓粟以振贫民,为权宜起见,已凭着所持的使节把河南郡官仓储积的米粟发放出来,赈济当地的贫民了。节是符节,已见《张冯列传》校释〔151〕。振通赈,救济。

〔16〕请归节伏矫制之罪,请即缴还符节,因假托了皇上的命令,愿受应得的处分。皇帝的命令叫"制",矫制犹矫诏(俗谓假传圣旨)。

〔17〕荥阳令,荥阳县的县令。当时的县制,人口在万户以上的置令;不及万户的置长。参看《魏其武安侯列传》校释〔86〕。荥阳是著名繁剧的大县,故其长官称令。

〔18〕耻为令,以县令伺候上司为耻辱。病归田里,托病退归本乡。

〔19〕中大夫已见《张冯列传》校释〔45〕。

〔20〕以数切谏,不得久留内,因为常常向武帝切直谏奏,所以不得久留在朝内做官。数读入声。

〔21〕迁为东海太守，外调为东海郡的太守。东海郡，汉初就秦郯郡改，其境约当今山东省南部毗连江苏省邳县以东至海滨一带地。治郯县，故治在今山东省郯城县西南三十里（郯音谈）。

〔22〕黄、老之言即道家言，参看《陈丞相世家》校释〔202〕和《魏其武安侯列传》校释〔72〕。

〔23〕择丞史而任之，选择郡丞或能干的书史把郡中的事务都委托他。丞是太守之副。史是掌文书的掾吏。任，信托；委任。

〔24〕其治，责大指而已，不苛小，他的治理郡政，仅仅责望所委任的人完成大纲要目罢了，不去苛求他们那些细碎的小节。指通恉，意图；宗旨。大指就是主要的意图。

〔25〕闺阁，内室。闺，内寝之门。阁本门旁小户，音各，也通作阁。

〔26〕称之，治行出色，大家都称道他。

〔27〕主爵都尉已见《魏其武安侯列传》校释〔246〕。在汉初，以奉常（后改太常）、郎中令、卫尉、太仆、廷尉（后改大理）、典客（后改大行）、宗正、治粟内史（后改大司农）、少府为正九卿，中尉（后改执金吾）、主爵都尉、内史准照九卿待遇。故下云"列于九卿"。

〔28〕治务在无为而已，他的治理右扶风（主爵都尉管辖的地面），只求省事，不去多管。无为，道家的主要精神，就是纯任自然，化于无形，绝不矫揉造作的意义。

〔29〕弘大体，不拘文法，意与"责大指，不苛小"略同。弘有宽大含容的意义。大体，会注本作"大礼"，显然与下面的"性倨少礼"冲突，恐误。不拘文法，不拘执着文书法令等形迹。

〔30〕性倨少礼，秉性倨傲，绝少世俗的礼数。

〔31〕面折不能容人之过，当面指摘人家，不能容忍人家的过失。折是摧折，引申有指摘严斥的意义。

〔32〕合己者善待之，不合己者不能忍见，与自己合得来的，很好地

对待他们；与自己合不来的，连接见他们一面也容忍不了。

〔33〕游侠，好交游任侠，详后《游侠列传》。汲古本"侠"讹作"狭"。

〔34〕内行脩絜，操守整饬而廉洁。絜同洁（潔），汲古本径作"洁"。

〔35〕数犯主之颜色，常常触犯君主的面子。颜色，容颜色采，即世俗所谓"面子"。

〔36〕傅柏，梁人，为孝王将。袁盎已见《季布栾布列传》校释〔81〕。傅、袁两人在当时都因伉直出名，故汲黯常羡慕他们的为人。

〔37〕宗正，九卿之一，掌宗室亲属的政令。刘弃当是汉宗室，《汉书·汲黯传》作刘弃疾，《公卿表》作刘弃，蜀本、百衲本、汲古本"弃"都作"棄"。

〔38〕中二千石来拜谒，蚡不为礼，职位在中二千石以上的官（指九卿）来谒见田蚡，都行拜礼，田蚡却傲不答礼。

〔39〕未尝拜，常揖之，汲黯见田蚡不曾行过拜礼，经常长揖而已。

〔40〕文学儒者指司马相如、庄助等文学之士和赵绾、王臧、董仲舒、公孙弘等儒者。

〔41〕吾欲云云，吾要这样那样。云云犹如此如此。荀悦《汉纪》卷十《孝武皇帝纪一》记此事云："帝问汲黯曰：'吾欲兴政治，法尧、舜，如何？'黯曰：'陛下内多欲而外施仁义，如何欲效尧、舜之治乎！'上大怒。"是云云者即"兴政治，法尧、舜"一语也。

〔42〕内多欲，而外施仁义，内心包蕴着很多的嗜好和欲望，而外面却装作施行仁义的样子。

〔43〕戆同戅，去声，有愚蠢、急直诸义。此处当为急直义，即所谓戆直。戆，蜀本、汲古本都讹作"贛"。

〔44〕群臣或数黯，群臣中偶有一人责怪汲黯的戆直。或，没有确指某一个人。数，数责；埋怨。

〔45〕天子置公卿辅弼之臣,宁令从谀承意,陷主于不义乎,天子置公卿之官就是要求他们匡正救过,岂能一味奉承捧场,使主上堕落到不合正道的地步么！辅弼,帮助;纠正。从谀,一味诌媚,从读如纵。承意,迎合意旨。陷,陷害;堕落。不义,不正当;不合理。百衲本"辅"讹作"䩱","陷"讹作"䧟"。

〔46〕已在其位,纵爱身,奈辱朝廷何,既已位居公卿,即使爱惜自己的身体,怎么可以糟蹋国家的职位啊！纵,即使。爱身,意即贪生恋位,不肯尽职。辱是污辱。朝廷指国家的行政机构。

〔47〕上尝赐告者数,武帝屡次准许他在家养病。告是休假。汉制,职官病满三月当免官,赐告则出自特许,可以不去官而家居养病的。数读入声。

〔48〕庄助为请告,庄助替他请假。庄助,吴人。武帝初立,郡举贤良对策,擢为中大夫,后为会稽太守。淮南王安入朝,厚赂助,私相交议。及安反,相连坐诛。

〔49〕任职居官,无以踰人,当官行事没有什么超过别人的地方。踰,跨过;超越。

〔50〕至其辅少主……虽自谓贲、育亦不能夺之矣,至于论到他辅助年少的主上,却能坚定立场,别人要引诱他或驱迫他都不会动摇,虽有人自以为有贲、育那样的勇力也不可能移夺他的志节的。守城当如《汉书·汲黯传》作"守成","城"字疑后人传写,因下文"深坚"而误。招之不来,呼召不肯来。麾之不去,挥遣不肯去,麾同挥。贲、育,古勇士孟贲、夏育。

〔51〕社稷之臣,与国家共同患难的忠臣,参看《项纪》校释〔181〕。至如黯,近之矣,至于像汲黯那样,近乎是社稷之臣了。

〔52〕大将军青即卫青,已见《李将军列传》校释〔118〕。侍中,入侍宫中。（进宫去奉侍武帝。）

〔53〕上踞厕而视之,武帝正如厕,就踞在厕上召见卫青。一说,厕当作侧(通侧),谓御床的边侧。古时天子见大臣,当从御坐起立,此云踞厕,则仅移坐床侧而已,正是轻视的表现。

〔54〕丞相弘即公孙弘,已见《李将军列传》校释〔142〕。燕见,平常因事进见(燕,私也,别于正式朝会,故云燕见)。

〔55〕上或时不冠,武帝有时不及整冠也就见了。那时不冠见人也是失敬的。

〔56〕当时天子御殿,帐帷四围陈设五兵(矛、戟、钺、楯、弓矢),以示威武而备非常,叫做武帐。

〔57〕前奏事,走上前去面奏公事。

〔58〕使人可其奏,派近侍的人传言,准许他的奏事。可,许可;批准。

〔59〕其见敬礼如此,汲黯的受人敬礼就像这样的。此与前"以庄见惮"相应。

〔60〕张汤,杜人(杜,古杜伯国,秦置杜县。汉因之,后改杜陵。故城在今陕西省长安县东南)。以善治狱(务为深文刻酷),武帝时拜太中大夫,历廷尉,与赵禹更定律令,为帝所宠信。后拜御史大夫,为朱买臣等所陷,自杀。事迹详《史记·酷吏列传》。律令,刑律法令的总称。廷尉,已详《张冯列传》校释〔1〕。

〔61〕数质责汤于上前,常常在武帝面前向张汤责难。质是质问。责是责怪。

〔62〕廷尉是正九卿之一(参看上〔27〕),故云公为正卿。

〔63〕褒,发扬。抑,遏止。

〔64〕安国富民,指发扬先帝之功业。使囹圄空虚,指遏止天下之邪心。囹圄(音灵语),监狱。

〔65〕既不能安国富民,又不能使囹圄空虚,是上不能褒先帝之功

业,下不能抑天下之邪心也,故云二者无一焉。

〔66〕非苦就行,不管事情做错(非),害人家受痛苦(苦),只要逞你的心去干(就行)。放析就功,不管搅得如何混乱(放析),只想成就你的事功。放析,散乱;破坏。

〔67〕何乃取高皇帝约束纷更之为,何以竟敢把高帝的旧章也乱改呢! 约束指前定的律令。纷更之为犹言"为之纷更"。纷是纷乱。更是变更。

〔68〕公以此无种矣,你将因此遗祸给子孙了。无种犹言无遗类,参看《魏其武安侯列传》校释〔34〕。

〔69〕汤辩常在文深小苛,张汤辩论的要点常在文字上故意推究,或在小节上故意苛刻。辩,汲古本作"辨"。

〔70〕黯伉厉守高不能屈,汲黯的持论,直爽严肃而把握原则,以此也不肯为张汤的苛论所屈伏。伉,伉直。厉,峻厉。守高犹言掌握最高原则。不能有不肯相下的意思。

〔71〕忿发,发怒。

〔72〕果然,肯定之辞。参看《项纪》校释〔354〕。

〔73〕必汤也,令天下重足而立,侧目而视矣,一定要照张汤的苛法行开去,将使天下人路也不敢走,眼也不敢看了。重足而立,两脚并拢来站住,形容不敢跨步。重,重叠;复合。读平声,引申有并拢的意义。侧目而视,斜着眼睛偷觑,形容不敢正眼看。

〔74〕是时汉廷为了对付匈奴,派人跟大宛等西域诸国打交道,既而又先后平定了东越、南越、西南夷等地,故云招怀四夷。招是招徕。怀是安定。

〔75〕黯务少事,……无起兵,汲黯专为省事起见,每趁武帝有可以进言的机会,便劝说既与匈奴和亲,无须兴兵征伐。乘,蜀本、百衲本、黄善夫本、汲古阁本都作"承"。

〔76〕吏民巧弄,官吏舞文弄法,百姓取巧规避。

〔77〕上分别文法,汤等数奏决谳以幸,武帝要用法来分别处理这巧弄的吏民,张汤等人便常常兴起大狱,把罪案奏上去迎合他。分别文法,援用新定的律令来分别科罪。谳音孽,判决的罪案。以幸,借此迎合取信。幸,宠任;偏信。

〔78〕面触弘等徒怀诈饰智以阿人主取容,当面戳穿公孙弘等人只会装点门面,随顺君主来求取自己地位的稳固。面触犹面折。已见上〔31〕。徒,一味;只有。怀诈饰智,内挟欺诈,外露智巧。阿,迁就;阿顺。取容,托庇;投靠。

〔79〕刀笔吏指张汤等。深文巧诋,陷人于罪,使不得反其真,歪曲了法律的条文,很巧妙地诋毁人,陷害他们抵罪,使他们不得伸冤(回复他实际的真相)。陷,百衲本讹作"陷"。

〔80〕以胜为功,言公孙弘、张汤等都是求胜于民(敌视人民),自以为功的。

〔81〕弘、汤深心疾黯,唯天子亦不说也,欲诛之以事,公孙弘、张汤心里很恨汲黯,虽武帝也很不高兴,都要想找些事故来陷害他。疾,忌恨。唯用同虽。说读如悦。诛之以事犹以事诛之,借端害他。诛,戮辱;杀害。

〔82〕乃言上,于是向武帝进言。

〔83〕右内史后改京兆尹,为京师地面的长官。参看《魏其武安侯列传》校释〔246〕、〔247〕。界部中,所辖治的地面。

〔84〕非素重臣不能任,不是平素著名的重臣不能胜此重任的。这分明是公孙弘设计陷害的巧饰之辞。

〔85〕是时陈后被废,卫青之姊卫子夫立为后,故云姊为皇后。

〔86〕亢礼也作抗礼,平等相见,只长揖不拜。

〔87〕欲群臣下大将军,要群臣都屈降在卫青之下。

〔88〕夫以大将军有揖客,反不重邪,以大将军之尊而门有长揖之客,这表明他能降贵礼贤,岂不见得他更好么!

〔89〕数请问国家朝廷所疑,常常把国家朝廷的疑难大事来向他请教。

〔90〕遇黯过于平生,看待汲黯超过了平常往来交游的一切人。

〔91〕难惑以非,难用不正当的理由来诱惑他。非,是之反。

〔92〕至如说丞相弘,如发蒙振落耳,至于要游说公孙弘,那真容易得像揭开一个盖儿,摇落几片枯叶罢了。发,揭露;掀开。蒙,罩盖;掩覆。振,摇动;攀援。落,坠落;下跌。

〔93〕公孙弘为相,封平津侯,故云封为侯。

〔94〕御史大夫已见《项纪》校释〔495〕。

〔95〕故黯时丞相史皆与黯同列,或尊用过之,从前汲黯属下的佐贰之官,到这时都升起来跟他居同等的地位,而且竟有人被重用得超过了他。丞相史,《汉书·汲黯传》作"丞史",会注本亦无"相"字,该是对的。

〔96〕褊,褊急。褊心犹言狭窄的心肠(汲黯不能容人之过,故这样说)。不能无少望,不能没有些许不满之意。望,怨恨。

〔97〕陛下用群臣如积薪耳,后来者居上,你用人像堆柴垛那样罢了,后来的都堆在上面了。耳,蜀本讹作"且"。

〔98〕罢,退去。

〔99〕观黯之言也日益甚,体念汲黯的这番话,他的戆而无学,一天天加剧了。观,玩味;体察。那时武帝正心向儒术,尊公孙弘,而汲黯常毁儒,面触弘等,故帝以为黯毁儒无学,因而讥笑他说,人果不可以无学。

〔100〕浑邪王与休屠王(邪音耶,休屠音朽除),都是匈奴右地的名王,屡被霍去病所破,亡失数万人,单于大怒,欲召诛之。浑邪与休屠谋降汉,休屠后悔,浑邪乃于元狩二年(公元前一二一年)秋,袭杀休屠,并其众降于汉。故云率众来降。

〔101〕发车二万乘,征发车辆二万乘前往接运降人。

〔102〕县官无钱,从民贳马,国库没有许多钱供应,只得向民间借马。县官,当时天子的代称,后世亦称官家,引申有公家府库的意义。贳音世,赊贷;借用。

〔103〕民或匿马,马不具,民间偶有把马匹藏起来的,于是预定征调的马匹便不能足数了。不具,不能凑足。具,齐备。

〔104〕长安县是当时内史所属的首县,办差供应,首当其冲,因征发民马不能足数,武帝认为办差不力,故欲斩其令。

〔105〕独斩黯,民乃肯出马,只要把我杀了,民间就能献出马匹的。汲黯那时正做右内史的长官,是长安令的上司,民间不肯出马,他该首先负责,不能嫁祸给属下,所以他这样说。

〔106〕徐以县次传之,由沿路各县慢慢地挨次传送这批匈奴的降众。

〔107〕何至令天下骚动,罢獘中国而以事夷狄之人乎,何至于使全国惊扰,竭尽了自己百姓的力量来伺候这批匈奴的降人呢!罢读如疲。中国指本国的人民。事有伺候奉承的意义。令,汲古本讹作"今"。

〔108〕贾人与市者,坐当死者五百馀人,中国商人与匈奴降人往来买卖的,因为出售违禁品而得到死罪处分的有五百多人。

〔109〕黯请閒,见高门,汲黯请得接见的机会,在未央宫内的高门殿见到武帝。閒,百衲本、汲古本都作"間"。

〔110〕当路塞,当匈奴入侵中国之路的边疆要塞。

〔111〕费以巨万百数,耗费的钱财要好几百个亿。巨万,万万,也作钜万。巨万百数,就是数百个巨万。

〔112〕从军死事者家,服军役而死于战事者的家属。

〔113〕所虏获,因予之,破敌后缴获的财物,也便分给死事者的家属。

〔114〕塞百姓之心,安慰了百姓的心。塞,满也,有安慰满足的意义。

〔115〕今纵不能,……譬若奉骄子,现在即使不能这样做(把俘虏和财物赐给死事者的家属),难道反而亏空了国库的储藏,打发许多好百姓去侍养浑邪带来的数万降人,如同供奉宠儿那样么!虚,亏空;耗竭。

〔116〕愚民安知,市买长安中物而文吏绳以为阑出财物于边关乎,一般百姓哪知什么是禁令,随便买卖一点当地的东西,而执法的官吏就用走私出关的罪名来处分他们么!绳是纠正约束,引申为处分。当时的法律:与胡人通市不得持兵器出关,虽在京城地面买卖也作出关论。没有凭照出入叫阑。阑出财物于边关就是走私偷运。

〔117〕微文,犹言区区的法律条文。

〔118〕庇其叶而伤其枝,当时流行的成语,用来比喻轻重倒置。

〔119〕今又复妄发矣与上"甚矣汲黯之戆也","人果不可以无学,观黯之言也日益甚"诸语相应,都反映出武帝虽敬惮汲黯,终不肯听从他的话。

〔120〕坐小法,会赦免官,犯小法当坐罪,恰逢大赦,仅得到免去右内史本官的处分。

〔121〕中国古代的币制,周、秦之际即已使用铜钱。但铸造的式样和分量的轻重,变迁很多。汉武帝元狩五年(公元前一一八年)因时行的钱太轻,改铸五铢钱(一铢当二十四分之一两)。故云会更五铢钱。汲黯罢官家居在元狩四年(见《汉书·百官公卿表》),此云居数年,当有误。

〔122〕盗铸,私铸。

〔123〕汉初分颍川郡置淮阳国,治陈,即今河南省淮阳县。楚地之郊,谓淮阳地面当故楚国的交通要道。那时郡国并列,国相之职等于郡守,故下面直云"淮阳太守"。

〔124〕伏谢不受印,在家不出,辞谢不肯接受淮阳太守的印信。

〔125〕诏数彊予,然后奉诏,武帝屡次下诏,强制地把印信给汲黯,汲黯不得已只好接受他的命令。彊,蜀本、汲古本都作"强"。

〔126〕填沟壑,谦辞,喻死去,意谓没有葬地,把尸骨填塞在荒沟或坑谷里罢了。填,充塞。壑音郝,坑谷。

〔127〕狗马病亦谦辞,犹言犬马之疾。

〔128〕中郎,郎中令属官,与议郎、郎中之职相同,掌宿卫侍直,守门户,出充车骑。此则泛指近侍之官。

〔129〕出入禁闼,补过拾遗,经常在皇帝的左右,好替皇帝补救过失或提示疏忽的事项。禁闼(音挞),宫廷的门户,出入禁闼便是常在左右的意义。

〔130〕吾今召君矣,吾不久就要召你回来的。今,不久之辞,有马上、立刻等意义。

〔131〕顾淮阳吏民不相得,但因淮阳地方官民不能融洽。顾,但也。

〔132〕吾徒得君之重,卧而治之,吾只要借你平日的威望,你在那边可以舒舒服服躺在床上去治理的。重,威信;德望。

〔133〕大行,九卿之一,本典客改名,掌归义蛮夷,后又改名大鸿胪,其实只是当时的外交官。李息,郁郅(北地郡属县,即今甘肃省庆阳县。郅音窒)人。武帝时三为将军,皆无功,其后常为大行。事迹附见《史记·卫将军骠骑列传》后。

〔134〕弃居郡,被弃降谪到外郡去。弃,蜀本、百衲本、汲古本都作"棄"。

〔135〕不得与朝廷议,不能参加朝廷大事的议论。与音预,参预。

〔136〕智足以拒谏,诈足以饰非,他的智巧很够拒绝人家对他的批评,他的诡计很够掩饰他自己的错误。谏是诤劝;批评。非是过失;错误。

〔137〕务巧佞之语,辩数之辞,专门弄一套对上则软媚取巧,对下则强辩指摘的辞头。佞是谄媚。数是挑剔。

〔138〕非肯正为天下言,不肯主持正义替天下人说话。

〔139〕专阿主意,一味迎合君上的意图。

〔140〕好兴事,喜欢兴风作浪,多生事端。

〔141〕舞文法,搬弄法律条文。

〔142〕内怀诈以御主心,他本身藏着奸诈来迎合上意。内指本身。御,迎也。

〔143〕外挟贼吏以为威重,他周围利用那班贪酷的官吏来抬高自己的尊严。外指身外。挟有借重、利用等意义。百衲本讹作"狭"。

〔144〕公与之俱受其僇矣,你将要跟他同样地受到罪罚了。僇同戮,罪刑。

〔145〕居郡如故治,在淮阳处理政事,仍同从前治理右内史的作风一样。

〔146〕以诸侯相秩居淮阳,在淮阳太守任内支诸侯王相的俸给。当时的制度,诸侯王相秩真二千石,月支俸钱二万;郡守秩二千石,月支俸钱一万六千。汲黯为淮阳太守,支诸侯王相的俸给,是明示优待。

〔147〕姑姊子,姑母的儿子。少与黯为太子洗马,司马安年轻时与汲黯同为太子洗马之官。

〔148〕文深巧善宦,心计工巧,善于做官。宦,仕宦,即做官。

〔149〕官四至九卿,他的官位爬到了九卿四次。

〔150〕以河南太守卒,死在河南太守任上。河南已见前〔13〕。

〔151〕昆弟以安故,同时至二千石者十人,司马安的兄弟们因为他的关系,同时做到二千石级职位的有十个人。

〔152〕段宏之段,蜀本、百衲本都讹作"叚"。盖侯信,武帝王皇后之兄王信,已详《魏其武安侯列传》校释〔92〕。

〔153〕任,保举。

〔154〕卫人仕者皆严惮汲黯出其下,濮阳(原卫国)同乡出来做官的都很敬惧汲黯的为人,不敢冒在他的上面。这与篇首的"以庄见惮"相呼应。

〔155〕陈,淮阳郡治所在的陈县,参看前〔123〕。郑当时者,蜀本、百衲本、黄本、汲古本都提行书。此本与会注本都连书不提行。

〔156〕其先郑君,郑当时的祖先某人。因不知其名,故径称郑君。

〔157〕高祖令诸故项籍臣名籍,汉帝命令这班项氏的旧臣,称及项氏,都要直呼项籍。当时以犯名讳为大不敬。

〔158〕诏尽拜名籍者为大夫,而逐郑君,下诏把那些肯呼项籍名讳的都拜为大夫,而驱逐独不奉诏的郑君。

〔159〕以任侠自喜,喜欢把能够任侠来自豪。任侠已见《季布栾布列传》校释〔1〕。

〔160〕脱张羽于戹,解救张羽于患难之中。脱,解脱;营救。张羽,梁孝王之将。戹同厄,困厄;患难。

〔161〕太子舍人,太子属官,位次最末,在门大夫、庶子、洗马之下。

〔162〕每五日洗沐,当时官吏办公,每五天例得休假。

〔163〕常置驿马长安诸郊,于休假之日常在长安四郊设置马匹,以备传送。驿马,往来传送的快马。

〔164〕存诸故人,存问那些平日交厚的老友。存,慰问;探望。

〔165〕请谢宾客,访候或答谢宾客。请,谒候。谢,答拜。

〔166〕不遍,不周到。

〔167〕其慕长者,如恐不见,郑当时的爱慕前辈,常常汲汲地奔走拜望,好像怕来不及见到他们的样子。

〔168〕他年辈较后,而官位又仅居太子门下的末秩,故云年少官薄,薄犹卑也。

〔169〕然其游知交,皆其大父行,但他所往来交好的知友都是他祖父一辈的人。行音杭,行辈;班列。

〔170〕稍迁,渐渐升迁。鲁中尉,鲁国的中尉。(鲁国,今山东省曲阜县。中尉,掌武职。)济南太守,济南郡的太守。(济南郡治东平陵县,在今山东省济南市东七十五里。)江都相,江都国的国相。(江都国治广陵县,故城在今江苏省扬州市东北。)

〔171〕以武安侯、魏其时议,贬秩为詹事,窦婴、田蚡廷辩时,郑当时初以窦婴为是,后不敢坚对(详《魏其武安侯列传》),武帝降他为詹事。贬秩,降职。詹事,已见《魏其武安侯列传》校释〔4〕。

〔172〕大农令本即九卿之一的治粟内史,掌全国谷货之政。景帝后元年(公元前一四三年)更名大农令。武帝太初元年(公元前一〇四年)又改名大司农。

〔173〕太史,太常的属官,与太乐、太祝、太宰、太卜、太医并列。按"庄为太史"《汉书·郑当时传》作"当时为大吏",是承上文内史、大农令而言,意甚明白。如作太史,与下文当时"以其贵下人"的身份不甚合,张文虎以为"太史疑内史之讹",该是对的。

〔174〕诫门下,警告门下执事的人。

〔175〕客至,无贵贱无留门者,有客到来,无论是贵是贱一概立刻通报,要做到门口没有停留等候的人。

〔176〕执宾主之礼,以其贵下人,不论来宾的贵贱,都恭敬地执行宾主相接的礼节,把自己的高贵地位谦逊自抑。

〔177〕仰奉赐以给诸公,全靠应得的俸给来供应接待宾客。奉同俸。诸公指宾客。指望依靠叫仰给。

〔178〕不过算器食,仅仅几个竹制的食盒而已。

〔179〕每朝,候上之閒说,每遇朝见,总争取机会向君上进言。閒,当儿。百衲本作"間"。

〔180〕未尝不言天下之长者,不曾忘了举荐天下的贤人。

〔181〕其推毂士及官属丞史,诚有味其言之也,常引以为贤于己,他举荐一般人士和他自己的属吏,都那么亲切有味地陈说,常常推重他们的才德,以为都胜过他自己。推毂参看《张释之冯唐列传》校释〔121〕。贤,胜也。

〔182〕未尝名吏,从来不曾直呼属吏的名讳。

〔183〕若恐伤之,好像怕触伤他们似的。

〔184〕闻人之善言,进之上,唯恐后,听到了人家一句好话,马上推荐上去,只怕落后耽误了。

〔185〕山东士诸公,以此翕然称郑庄,东方人士中的长者们因此都毫无异议地称赞郑庄。当时习惯,对年长的人称"公",对年轻的人称"卿"。翕音吸。翕然,和同貌。

〔186〕郑庄使视决河,郑当时奉使视察黄河的决口。

〔187〕自请治行五日,自己申请给假五天,整治行装。

〔188〕行千里不赍粮,言交游广,虽身行千里,也不必自带粮食。赍音剂,携带;装送。

〔189〕趋和承意,不敢甚引当否,随顺迎合,不敢明确地决定是非。趋和犹迎合。引,决也。当否,当与不当;换言之,就是"是"和"非"。

〔190〕晚节,犹言晚年。

〔191〕匮,空虚;耗竭。

〔192〕庄任人、宾客为大农僦人,郑当时所保举的人和他的宾客等有充当大农令辖下的承揽运输之役的。僦音轰,雇佣。僦人,承雇服役的人。任人,指所保举的人。宾客与任人对举,只是交往的熟人,未必都由他保举。

〔193〕逋负,亏欠款项。逋音哺。

〔194〕发其事,举发了这件事(郑当时所保的人拖欠公款)。

〔195〕以此陷罪,因任人、宾客的牵累,也就陷入了罪网。陷,百衲本讹作"陷"。

〔196〕顷之的顷,蜀本讹作"项"。守长史,暂权丞相长史之职。暂时兼管叫"守"。

〔197〕汝南,汉所置郡,治平舆县,故城在今河南省汝南县东南六十里。

〔198〕以官卒犹言卒于官,就是死在汝南太守任上。

〔199〕絜同洁。

〔200〕中废,中经罢官家居。

〔201〕落,衰落。

〔202〕赀,蜀本作"货"。

〔203〕有势、无势的势(编者按:繁体写作"勢"),汲古本都作"埶"。

〔204〕下邽翟公,下邽(音圭)人翟(音宅)某。以失其名,故云翟公。下邽,汉陇西郡属县,故城在今陕西省渭南县东北五十里。有言,有这样几句话(就是下面接着引用的话)。

〔205〕《汉书·百官公卿表》元光五年有"廷尉翟公",是其始为廷尉时。后来复为廷尉在何时则无从查考了。

〔206〕宾客阗门,宾客往来极盛,好像把大门都塞住了。阗音田,充满。

〔207〕门外可设雀罗,大门以外可以张设捕雀的网罗。那么寂静无人往来的光景自可想象得出了。

〔208〕大署其门,在门上用大字题写着。署,书写。

〔209〕一死一生,……交情乃见,用死生、贫富、贵贱对比,显出炎凉世态,为的要使那班崇拜势利的宾客自己惭愧。

〔210〕汲、郑亦云,悲夫,汲黯、郑当时的遭遇,也可用翟公署门的话来同发一叹,能不悲哀么! 夫音扶,表示感叹的语末助词。

503

游侠列传[1]

韩子曰:[2]"儒以文乱法,而侠以武犯禁。"[3]二者皆讥,而学士多称于世云。[4]至如以术取宰相、卿、大夫,[5]辅翼其世主,功名俱著于春秋,[6]固无可言者。[7]及若季次、原宪,闾巷人也,[8]读书怀独行君子之德,[9]义不苟合当世,[10]当世亦笑之。[11]故季次、原宪终身空室蓬户,[12]褐衣疏食不厌。[13]死而已四百馀年,而弟子志之不倦。[14]今游侠,其行虽不轨于正义,[15]然其言必信,其行必果,[16]已诺必诚,[17]不爱其躯,赴士之阸困。[18]既已存亡死生矣,[19]而不矜其能,羞伐其德,[20]盖亦有足多者焉。[21]且缓急,人之所时有也。[22]太史公曰:昔者虞舜窘于井廪,[23]伊尹负于鼎俎,[24]傅说匿于傅险,[25]吕尚困于棘津,[26]夷吾桎梏,[27]百里饭牛,[28]仲尼畏匡,菜色陈、蔡。[29]此皆学士所谓有道仁人也,犹然遭此菑,[30]况以中材而涉乱世之末流乎?[31]其遇害何可胜道哉!鄙人有言曰:[32]"何知仁义,已飨其利者为有德。"[33]故伯夷丑周,饿死首阳山,而文、武不以其故贬王;[34]跖、蹻暴戾,其徒诵义无穷。[35]由此观之,"窃钩者诛,窃国者侯,侯之门,仁义存",[36]非虚言也。今拘学或抱咫尺之义,久孤于世,岂若卑论侪俗,与世沉浮而取荣名哉![37]而布衣之徒,设取予然诺,千里诵义,为死不顾世,此亦有所长,非苟而已也。[38]故士穷窘而得委命,[39]此岂非人之所谓贤豪间者邪![40]诚使乡曲之侠予季次、原宪比权量力,效功于当世,不同日而论矣。[41]要以功见言信,侠客之义又曷可少哉![42]古布衣之侠,靡得而闻已。[43]近世延陵、孟尝、春申、平原、信陵之徒,[44]皆因王者亲属,藉于有土卿相之富厚,[45]招天下贤者,显名诸侯,不可谓不贤者矣。比如顺风而呼,声非加疾,其势激也。[46]至如闾巷之侠,脩行砥名,[47]声施于天下,[48]莫不称贤,是为难耳。然儒、墨皆排摈不载。[49]自秦以前,匹夫之侠,湮灭不见,[50]余甚恨之。以余所闻,汉兴有朱家、田仲、王公、剧孟、郭解之徒,[51]虽时扞当世之文罔,[52]然其私义廉絜退让,有足称者。[53]名不虚立,士不虚附。[54]至如朋党宗彊,[55]比周设财役贫,[56]豪暴侵凌孤弱,[57]恣欲自快,[58]游侠亦丑之。[59]余悲世俗不察其意,而猥以朱家、郭解等令与豪暴之徒同类而共笑之也![60]

鲁朱家者,[61]与高祖同时。鲁人皆以儒教,[62]而朱家用侠闻。[63]所藏活豪士以百数,[64]其馀庸人不可胜言。[65]然终不伐其能歆其德,[66]诸所尝施,唯恐见之。[67]振人不赡,先从贫贱始。[68]家无馀财,衣不完采,[69]食不重味,[70]乘不过軥牛。[71]专趋人之急,甚己之私。[72]既阴脱季布将军之阸,[73]及布尊贵,终身不见也。自关以东,莫不延颈愿交焉。[74]

楚田仲以侠闻，喜剑，父事朱家，自以为行弗及。[75]田仲已死，而雒阳有剧孟。[76]周人以商贾为资，[77]而剧孟以任侠显诸侯。吴、楚反时，条侯为太尉，[78]乘传车，将至河南，[79]得剧孟，[80]喜曰："吴、楚举大事而不求孟，吾知其无能为已矣。"天下骚动，宰相得之若得一敌国云。[81]剧孟行大类朱家，[82]而好博，[83]多少年之戏。[84]然剧孟母死，自远方送丧盖千乘。[85]及剧孟死，家无馀十金之财。而符离人王孟亦以侠称江、淮之间。[86]是时济南瞯氏、陈周庸亦以豪闻，[87]景帝闻之，使使尽诛此属。[88]其后代诸白、梁韩无辟、阳翟薛兄、陕韩孺纷纷复出焉。[89]

郭解，[90]轵人也，[91]字翁伯，善相人者许负外孙也。[92]解父以任侠孝文时诛死。解为人短小精悍，[93]不饮酒。少时阴贼，[94]慨不快意，身所杀甚众。[95]以躯借交报仇，[96]藏命作奸，[97]剽攻不休，[98]及铸钱掘冢，[99]固不可胜数。[100]适有天幸，窘急常得脱若遇赦。[101]及解年长，更折节为俭，[102]以德报怨，[103]厚施而薄望。[104]然其自喜为侠益甚。[105]既已振人之命，不矜其功，其阴贼著于心，卒发于睚眦如故云。[106]而少年慕其行，亦辄为报仇，不使知也。[107]解姊子负解之势，[108]与人饮，使之嚼。[109]非其任，彊必灌之。[110]人怒，拔刀刺杀解姊子，亡去。[111]解姊怒曰："以翁伯之义，人杀吾子，贼不得。"[112]弃其尸于道，弗葬,欲以辱解。[113]解使人微知贼处。[114]贼窘自归,[115]具以实告解。[116]解曰:"公杀之固当,吾儿不直。"[117]遂去其贼,[118]罪其姊子,乃收而葬之。诸公闻之,皆多解之义,[119]益附焉。

解出入,人皆避之。有一人独箕踞视之,[120]解遣人问其名姓。客欲杀之。[121]解曰:"居邑屋至不见敬,是吾德不脩也,[122]彼何罪!"乃阴属尉史曰:[123]"是人,吾所急也,至践更时脱之。"[124]每至践更,数过,吏弗求。[125]怪之,问其故,乃解使脱之。[126]箕踞者乃肉袒谢罪。[127]少年闻之,愈益慕解之行。

雒阳人有相仇者,邑中贤豪居间者以十数,[128]终不听。客乃见郭解。[129]解夜见仇家,仇家曲听解。[130]解乃谓仇家曰:"吾闻雒阳诸公在此间,[131]多不听者。今子幸而听解,解奈何乃从他县夺人邑中贤大夫权乎!"[132]乃夜去,不使人知,曰:"且无用待我!待我去,令雒阳豪居其间,乃听之!"

解执恭敬,[133]不敢乘车入其县廷。[134]之旁郡国,为人请求事,[135]事可出,出之;不可者,各厌其意。[136]然后乃敢尝酒食。[137]诸公以故严重之,[138]争为用。[139]邑中少年及旁近县贤豪,夜半过门,常十馀车,请得解客舍养之。[140]

及徙豪富茂陵也,解家贫不中訾。[141]吏恐,不敢不徙。[142]卫将军为言,[143]"郭解家贫不中徙"。上曰:"布衣权至使将军为言,此其家不贫。"[144]解家遂徙。诸公送者出千馀万。[145]轵人杨季主子为县掾,[146]举徙解。[147]解兄子断杨掾头。[148]由此,杨氏与郭氏为仇。

解入关,关中贤豪知与不知,闻其声,争交驩解。[149]解为人短小,不饮酒,出未尝有骑。[150]已又杀杨季主。[151]杨季主家上书,人又杀之阙下。[152]上闻,乃下吏捕解。[153]解亡,置其母家室夏阳,身至临晋。[154]临晋籍少公素不知解,[155]解冒,因求出关。[156]籍少公已出解,解转入太原,[157]所过辄告主人家。[158]吏逐之,迹至籍少公。[159]少公自杀,口绝。[160]久之,乃得解。[161]穷治所犯,为解所杀,皆在赦前。[162]轵有儒生侍使者坐。[163]客誉郭解,生曰:"郭解专以奸犯公法,何谓贤!"[164]解客闻,杀此生,断其舌。吏以此责解,解实不知杀者。[165]杀者亦竟绝,莫知为谁。[166]吏奏解无罪。[167]御史大夫公孙弘议曰:[168]"解布衣为任侠行权,以睚眦杀人,解虽弗知,此罪甚于解杀之。[169]当大逆无道。"[170]遂族郭解翁伯。[171]

自是之后,为侠者极众,敖而无足数者。[172]然关中长安樊仲子、槐里赵王孙、长陵高公子,[173]西河郭公仲,[174]太原卤公孺,[175]临淮儿长卿,[176]东阳田君孺,[177]虽为侠,而逡逡有退让君子之风。[178]至若北道姚氏、西道诸杜、南道仇景、东道赵他羽公子、南阳赵调之徒,[179]此盗跖居民间者耳,曷足道哉![180]此乃乡者朱家之羞也。[181]

太史公曰：吾视郭解，状貌不及中人，[182]言语不足采者。[183]然天下无贤与不肖，知与不知，皆慕其声，[184]言侠者皆引以为名。[185]谚曰："人貌荣名，岂有既乎！"[186]於戏！惜哉！[187]

〔1〕这是专叙游侠的类传。《太史公自序》："救人于厄（患难），振人不赡（音善，足够。不赡就是缺乏）。仁者有乎？不既（失）信，不倍（背）言，义者有取焉。作《游侠列传》。"那么真正的游侠，必然要具有不失信，不背言，而能救人于患难，助人于穷困的条件，才能当得起"尚义任侠"四个字。假使一味好勇斗狠，恃强行暴，无原则地蛮干，那只是流氓行径，太史公所谓"盗跖居民间者耳"（详后〔180〕），万不能牵混起来，相提并论的。

〔2〕韩子，战国时韩国的公子。喜欢刑名法术之学，与李斯同为荀子的弟子。屡谏韩王，王不能用，乃发愤著书，作《孤愤》、《说难》、《说林》、《内外储说》、《五蠹》等五十馀篇，号曰《韩非子》（今本二十卷，共五十五篇）。秦王见到此书，很爱慕他，便派兵攻打韩国，求取此人。韩乃遣非入秦。李斯、姚贾忌他，在秦王面前诋毁他终不忘韩，必为秦害。秦王便把他下狱治罪。李斯派人送药给他，叫他自杀。秦王后悔，使人赦他，已来不及了。《史记》有《老庄申韩列传》，与老子、庄周、申不害同载一篇。

〔3〕儒以文乱法，而侠以武犯禁，出《韩非子·五蠹篇》。意谓儒生往往因文字口说挠乱国家的法律；而任侠之人又往往因私蓄武器，藏匿亡命，触犯国家的禁令。

〔4〕二者皆讥，而学士多称于世云，儒、侠二者虽同样受到韩非的讥笑，但儒生还是被后世称道的多啊。

〔5〕至如以术取宰相、卿、大夫，至于像那些用手段来猎取卿相的

儒生（指公孙弘、张汤等人）。

〔6〕辅翼其世主，功名俱著于春秋，帮助他的当世之主，使自己的功名（功绩和名望）载在国家的史册上。辅是车的两侧（引申为两轮），翼是鸟的翅膀，喻扶助或回护。春秋泛指国史，并不一定说是《六经》中的《春秋》。

〔7〕固无可言者，本来没有什么可说的。换句话说，就是那些以术取得富贵的儒生，实在不足道。

〔8〕及若季次、原宪，闾巷人也，又像季次、原宪那样的儒生，都是伏处家乡，没有出仕的人。及若犹至如。季次，孔子弟子齐人公皙哀的表字。孔子曰："天下无行，多为家臣，仕于都，唯季次未尝仕。"原宪字子思，鲁人，也是孔子的弟子。孔子卒，原宪亡在草泽中。子贡相卫，结驷连骑，排藜藿，入穷闾，过谢原宪。宪摄敝衣冠见子贡。子贡耻之，曰："夫子病乎？"原宪曰："吾闻之，无财者谓之贫，学道而不能行者谓之病。若宪，贫也；非病也。"子贡惭，不怿而去，终身耻其言之过也。都见《史记·仲尼弟子列传》。闾巷即里衖，与下面的"乡曲"都作民间解。

〔9〕怀独行君子之德，谨守着独善其身的德操。怀，怀抱，有谨守弗失的意义。

〔10〕义不苟合当世，为了正义，不肯同当世不合理的事物随便附和。苟，苟且；马虎。

〔11〕当世亦笑之，当世的人也非笑他们的孤僻。

〔12〕空室蓬户，形容住屋的穷困。蓬户犹甕牖绳枢，参看《陈涉世家》校释〔202〕。

〔13〕褐衣疏食不厌，形容衣食都不周全。褐衣，粗布短衣。疏同蔬。厌同餍，满足。

〔14〕死而已四百余年，而弟子志之不倦，太史公写此时，季次、原宪他们死已四百多年，但他们的徒子徒孙还是纪念他们没有衰歇。志是怀

念。倦是停息。

〔15〕轨,合也。

〔16〕必果,一定做得到。果,成也。

〔17〕已诺必诚,既已答应了,一定实践它。诚,老老实实地做。

〔18〕不爱其躯,赴士之阨困,不惜他的身命来奔走人家的急难。赴,往也,有奔走的意义。阨同阨,蜀本、百衲本、汲古本都径作"阨"。

〔19〕既已存亡死生矣,既已为人奔走出入于死生存亡之间。

〔20〕而不矜其能,羞伐其德,然而绝不夸张他的能力,而且怕人家表扬他的好处。矜是夸大。伐是声张。

〔21〕盖亦有足多者焉,总结"今游侠"以下诸语说,大概游侠之人也自有他的足够使人看重的地方罢。多,重也。

〔22〕且缓急,人之所时有也,况且为难的事情是人人所时常遭遇得到的。且,提起连词。缓急犹尴尬。以下诸例,就是说明"缓急"之事的。

〔23〕舜没有发迹的时候,他的父亲瞽瞍宠信后妻之子象,常常要谋害他。曾叫他涂廪(修补仓廪)、穿井,趁机放火烧廪,推土填井。幸而得脱,没有被害。故云虞舜窘于井廪。

〔24〕相传伊尹耕于有莘之野,蒙耻辱,负鼎俎,和五味以干汤。鼎俎,割烹用的锅子和砧板。

〔25〕傅说(音悦),殷王武丁的贤相。但他没有遇见武丁以前,一向隐居在傅险地方,充当版筑工人。匿,隐藏。傅险即傅岩,在今山西省平陆县东二十五里,一名隐贤社。

〔26〕吕尚即佐周开国的太公望,行年七十,卖食棘津。见《尉缭子》。棘津一名南津,也叫石济津,在今河南省延津县东北,现已湮没。

〔27〕夷吾即齐桓公相管仲。他初事公子纠。公子纠死,曾被齐桓公拘囚过。故云桎梏。桎梏就是关锁手脚的刑具(桎音质,足械。梏音

鹄,手械)。

〔28〕百里饭牛,百里奚未遇秦缪公时曾自鬻为奴,为人饲牛。参看《商君列传》校释〔163〕、〔164〕、〔165〕。饭,饲养。

〔29〕孔子不得志,周游列国,过匡(卫地,在今河南省长垣县西南),匡人以为阳虎,几乎遭害。后过陈、蔡,在途绝粮,面有菜色。故云仲尼畏匡,菜色陈、蔡。

〔30〕菑同灾。

〔31〕况以中材而涉乱世之末流乎,何况中材以下的人而又碰到乱世的最糟时期么!况,汲古本作"况"。涉,经历。末流犹末世、末俗,都是比喻浇薄或黑暗的。

〔32〕鄙人有言曰,犹言俗谚这么说。

〔33〕何知仁义,已飨其利为有德,别管仁义不仁义,只要对自己有利的事物就算是好的。飨,享受。以下两例,都是说明这句俗谚的。

〔34〕伯夷丑周,……文、武不以其故贬王,伯夷认为周室的兴兵灭纣,不过以暴易暴,深以为丑,遂逃往首阳山(在今山西省永济县南,也叫雷首山),情愿饿死,但文王、武王还是照样被人歌颂,并不因为伯夷所丑而贬损了他们的王号。

〔35〕跖、蹻暴戾,其徒诵义无穷,像跖、蹻那样的大盗,凶暴横行,为害必大,但他们的徒党却称赞他们的义气至于没有穷尽呢。跖也作蹠,参看《淮阴侯列传》校释〔370〕。蹻,楚之大盗,与跖齐名。戾音利,乖违;别扭。引申有横行不合正道的意义。诵,称赞。

〔36〕窃钩者诛,窃国者侯,侯之门,仁义存,出《庄子·胠箧篇》。意谓小偷如窃钩(带钩等物)摸金,捉住了便须问罪处刑,假使大盗窃国(如三家分晋、田氏篡齐),反而公然承认他们为诸侯,只要成为诸侯(既成事实),那么所谓仁义也就存在在他的门下了。太史公把这些话引来证实上面所述的俗谚,故下云"非虚言也"。

〔37〕今拘学或抱咫尺之义,……而取荣名哉,如今那些拘谨的学者,往往死守着他们所认取的区区道义,把自己孤立起来,老是让当世的人非笑他(如季次、原宪那样),何如把自己的论调放低些,同一般的说法差不多,跟着世俗进退,因而猎取功名呢(如公孙弘、张汤那样)。咫尺形容短浅,有区区、些少等意义。久孤于世,长久孤立在世俗之外。侪,平也;齐也。侪俗,迁就世俗,不显然闹别扭。与世浮沉,随俗进退。荣名犹功名。

〔38〕而布衣之徒,……非苟而已也,倒是一般的平民,彼此建立信义(慎取予,重然诺),虽相隔千里,为了义气竟赴汤蹈火,不顾当世的非难,他们自有他们的长处,不是乱搞乱来的。而用与乃同。布衣之徒,无官位的平民。设,建立。取,收受。予,给与。

〔39〕穷窘而得委命,无可奈何的当儿得到投靠托命的人。委,托也。

〔40〕闲者,杰出的人材。古时对异常特出的人叫做"间气所锺"。

〔41〕诚使乡曲之侠予季次、原宪比权量力,效功于当世,不同日而论矣,如果使民间任侠的人与季次、原宪那样的人来较量智能,显功名于当世,那就大不相同了。诚,果也。乡曲对闾巷言,犹云穷乡僻壤。予同与。比权量力,比较社会地位的轻重和衡量聪明才能的高下。效,表现。蜀本、百衲本、黄本都作"効"。不同日而论,意即不能相提并论,是有着很大的距离的。

〔42〕要以功见言信,侠客之义又曷可少哉,要是一定责望事情办得到,说话信得过,那么侠客的行义又怎么可以轻视呢!曷,何也。少,轻也。

〔43〕靡得而闻已,没有听到的了。靡,无也;不也;非也。闻,知晓。

〔44〕孟尝以下四公子都养客自豪,有任侠之风。延陵季札时代较远,而又不闻养客,故梁玉绳和张文虎都以为"延陵"二字是衍文,该是

对的。

〔45〕藉于有土卿相之富厚,凭着他们有封土的财富和卿相的地位。藉,凭借;倚靠;假借。厚兼有高的意义。

〔46〕比如顺风而呼,声非加疾,其势激也,言四公子的显名诸侯是有凭借的,好比顺着风向呼喊,声音并没加快,只是风势把它推动远去罢了。比,蜀本作"此"。势（编者按:繁体作"勢"）,蜀本、汲古本都作"埶"。

〔47〕脩行砥名,修练磨砺自己,使名望跟行为相符合。脩,汲古本作"修"。砥,琢磨。

〔48〕声施于天下,名声普及于全国。施,及也。

〔49〕儒、墨皆排摈不载,儒、墨两家都摒弃游侠,不见于他们所流传下来的记载中。排,排斥。摈,抛弃。

〔50〕匹夫之侠,兼间巷之侠和乡曲之侠而言。因为儒、墨都排摈不载,所以湮灭不见。湮音因,埋没。

〔51〕朱家、……郭解之徒都详下。王公即王孟。

〔52〕扞音翰,抵触。文罔即法网。罔同网（编者按:繁体作"網"）。

〔53〕其私义廉洁退让,有足称者,他们的私生活都那么廉洁退让,很值得赞许。絜同洁,蜀本作"洁"（编者按:繁体作"潔"）。

〔54〕名不虚立,士不虚附,游侠的声名,有事实上的根据的;一般人士的依附游侠,也有真实的缘故的。

〔55〕朋党宗彊,结党横行的强宗豪族。换句话说,就是土豪劣绅。

〔56〕比周设财役贫,彼此勾结着,利用钱财来驱遣贫苦的人。阿党营私叫做比周。役,役使;摆布。

〔57〕豪暴侵凌孤弱,逞着自己的豪势暴力,专务侵害欺侮那些势孤力弱的人。凌,凌压;欺凌。蜀本、百衲本、汲古本都讹作"淩"。

〔58〕恣欲自快,纵放私欲,满足自己。恣,放肆;逞横。欲同慾。自

快,只顾自身的快乐。

〔59〕游侠亦丑之,这些无赖行径,真的游侠也认为丑恶而羞愧的。

〔60〕猥以朱家、郭解等令与豪暴之徒同类而共笑之,滥把朱家、郭解等游侠之徒跟那些横行不法的人看作同类而一起非笑他。猥音萎,滥也;杂也。

〔61〕鲁朱家者,蜀本、百衲本、黄本、汲古本都提行书。此本与会注本都连书不提行。

〔62〕鲁人皆以儒教,鲁地的人大家以文儒来设教,一般都是文绉绉的。

〔63〕而朱家用侠闻,但朱家却因为行侠而出名。

〔64〕所藏活豪士以百数,他所包庇存活的有名之士有好几百。藏,窝蔽;藏匿。豪士,有名人物,如季布等。以百数,数以百计。

〔65〕其馀庸人不可胜言,其它受他庇护的那些平常人多得数不清。庸人,平常的人,对豪士而言。庸,常也。胜音申。

〔66〕终不伐其能歆其德,始终不因为有恩于人而夸说他自己的能力,卖弄他自己的德惠。歆音欣,歆动;炫耀。

〔67〕诸所尝施,唯恐见之,只怕再碰见那些受过自己好处的人(怕他们谢自己)。

〔68〕振人不赡,先从贫贱始,救济人家的困乏,先从贫贱的人开始。

〔69〕衣不完采,衣服敝旧,光采都失去了。不完,不周整。

〔70〕食不重味,犹言食无兼味,说他吃的东西很简单,没有两色以上的。重读平声,重复;兼备。

〔71〕乘不过軥牛,乘坐的不过仅能驾用小牛的车辆。軥音遘,軥牛,只能胜任挽动小车的小牛。

〔72〕专趋人之急,甚己之私,专肯奔走人家的急难,胜于干自己的私事。甚,过分;胜过。

〔73〕阴脱季布将军之阨,暗中解脱季布的困厄。已详《季布栾布列传》。阨,蜀本、百衲本、汲古本都作"阸"。

〔74〕延颈愿交,伸长脖子,情愿跟他结交。延,引也;伸也。

〔75〕父事朱家,自以为行弗及,田仲以待父辈的尊礼来服侍朱家,以为自己的行为远弗如他。

〔76〕雒阳已见《项纪》校释〔383〕。剧孟,雒阳人。

〔77〕周人以商贾为资,雒阳(故周地)人多以商贾为业。资,资业;营生。

〔78〕条侯即周亚夫,已详《张冯列传》校释〔82〕。

〔79〕乘传车,将至河南,乘坐驿传的车辆,将到河南郡界。车,《汉书》作"东"。河南已详《项纪》校释〔381〕。

〔80〕得剧孟,把剧孟罗致在帐下。

〔81〕天下骚动,宰相得之若得一敌国云,天下动乱的当儿,宰相得到一个剧孟,好像收降了一个敌国呢。太尉位等亚相,故也把宰相来称呼他。

〔82〕行大类朱家,行为很像朱家。类,似也;同也。

〔83〕好博,喜欢赌博。

〔84〕多少年之戏,大多是年轻人的游戏。

〔85〕自远方送丧盖千乘,从远方来送剧孟母丧的,大概有近千辆的车子。

〔86〕符离已详《陈涉世家》校释〔43〕。王孟,符离人,故下云以侠闻于江、淮之间。

〔87〕济南瞷氏、陈周庸亦以豪闻,济南地方的瞷(音闲)家和淮阳(故陈地)地方的周庸,也都因豪侠出名。

〔88〕使使尽诛此属,派人按查,尽把这一班豪侠杀掉。属,辈也;等也。其中瞷氏就是被酷吏郅都所杀的。

〔89〕代诸白，代郡白家，因不止一人，故云"诸"。梁韩无辟，梁地的韩无辟(辟音避)。阳翟薛兄，阳翟县人薛兄(兄音况，蜀本、百衲本、黄本都径作"况"，汲古本作"況")。陕韩孺，陕县人韩孺(陕，蜀本、百衲本、黄本、汲古本、会注本都作"陕")。纷纷复出焉，陆陆续续地先后在各地出现。

〔90〕郭解，百衲本、黄本、汲古本都提行书。蜀本、会注本与此本都连书不提行。

〔91〕轵，已见《刺客列传》校释〔98〕。

〔92〕善相人者许负外孙也，郭解是许负的外孙(女儿之子)。许负擅长相人之术，曾相薄姬当生天子，相河内守周亚夫当封侯为将相而饿死，都应验。故云善相人者。

〔93〕为人短小精悍，状貌矮小而精明勇健。悍，刚狠。

〔94〕阴贼，忍心毒害。阴，隐忍。贼，残害。

〔95〕慨不快意，身所杀甚众，感到不合意的人，亲自把他们杀害的很多。慨，感慨。身，亲身。

〔96〕以躯借交报仇，拼着身命为朋友报仇。

〔97〕藏命作奸，窝藏亡命之徒，不惜作奸犯科。奸同奸。作奸就是犯法。

〔98〕剽攻不休，劫略之事是常有的。剽音漂去声，劫刺。剽攻就是掠夺。

〔99〕铸钱掘冢，私铸铜钱，掘坟盗棺。

〔100〕固不可胜数，本已举数不清了。

〔101〕窘急常得脱若遇赦，每当追究紧迫的时候常常能够逃脱或者刚刚遇到大赦。若，及也；或也。以上都指他年少的时候说。

〔102〕及解年长，更折节为俭，到他年纪长成了，转变他的行为，很能克制一切，约束自己。更，改变。折节，克制。俭，约束；收敛。

〔103〕以德报怨,用恩惠来报施于己所怨恨的人。

〔104〕厚施而薄望,施与给人家的多,责望人家的少。厚犹多。薄犹少。

〔105〕自喜为侠,本性喜爱行侠。

〔106〕阴贼著于心,卒发于睚眦如故云,心里还是狠毒,往往因睚眦的细故猝然发作呢。卒同猝。睚眦,已见《范蔡列传》校释〔297〕。

〔107〕辄为报仇,不使知也,往往替郭解报仇,不让他本人知道。

〔108〕负解之势,倚仗郭解的声势。负,靠托;依恃。势,百衲本作"埶"。

〔109〕嚼同釂,把酒喝干。

〔110〕非其任,彊必灌之,那人受不了,硬要他灌下去。

〔111〕刺杀解姊子,亡去,那人把郭解的外甥刺死,自己逃走了。刺,蜀本、百衲本都讹作"刾"。

〔112〕贼不得,凶手捉不到。

〔113〕弃其尸于道,弗葬,欲以辱解,把他的尸体抛在街路上,弗收葬,要想借此羞辱郭解,因而激怒他。弃,蜀本、百衲本、汲古本都作"棄"。

〔114〕微知贼处,探听到凶手躲藏的地方。微,侦访;打听。

〔115〕贼窘自归,凶手见逼得紧,便挺身出来,径到郭解那里自首。自归就是归案自首。

〔116〕具以实告解,原原本本把经过的实情告诉给郭解。

〔117〕公杀之固当,吾儿不直,你杀他本来是该当的,实在是吾家的孩子自己理曲。

〔118〕遂去其贼,便把这凶手放走了。遂,百衲本作"逐"。

〔119〕皆多解之义,都敬重郭解的义气(讲道理,辨曲直)。

〔120〕箕踞视之,蹲着直望郭解。箕踞,参看《刺客列传》校

释〔365〕。踞,百衲本作"倨"。

〔121〕客欲杀之,郭解的门客要想把这箕踞的人杀掉。

〔122〕居邑屋至不见敬,是吾德不脩也,住在自己的乡里而至于不被同乡人所敬重,是我的行为一定有不周到的地方了。邑屋犹乡曲。脩,汲古本作"修"。

〔123〕阴属尉史,暗中嘱托县中管役政的官吏。属,读如嘱,请托;关说。尉史,县尉手下的书吏,跟后世管户籍的保甲长相类似。

〔124〕是人,吾所急也,至践更时脱之,此人(指箕踞者)是吾所亲密的,到轮着他当役的时候免掉他。急,重也,有亲切之意。践更,按期轮番服役。

〔125〕数过,吏弗求,屡次经过更番当值,官吏并不唤召那人到班服役。数读入声。

〔126〕怪之,问其故,乃解使脱之,那人奇怪屡次不唤召他,乃查问打听,原来是郭解设法使他豁免的。

〔127〕肉袒,参看《廉蔺列传》校释〔117〕。

〔128〕居间者以十数,从中调解的人有十多起。居间,就是居两造之间调停讲和。参看《魏其武安侯列传》校释〔190〕。以十数,数以十计。

〔129〕客乃见郭解,那边的人于是来求见郭解。客指雒阳地面来的人。

〔130〕曲听解,彼此都勉强听从郭解的话。曲,委屈。不是衷心诚悦而勉强答应叫曲听。

〔131〕在此间,在这里居间调解。

〔132〕今子幸而听解,解奈何乃从他县夺人邑中贤大夫权乎,现在你们赏脸给我而听我,我怎么可以从别县来侵夺这边县里的贤豪们的权柄呢!幸,给面子。贤大夫犹贤豪长者。

〔133〕执恭敬,以恭敬自持。执,执持;谨守。

〔134〕县廷,县衙的公廷。廷,办公的处所。

〔135〕之旁郡国,为人请求事,往本乡以外的各地去替人家营干事情。之,往也。郡国,当时县级以上的地方行政区域,旁郡国,犹后世所称的外府外州。

〔136〕事可出,出之,事情可以办了的,便帮助他办了。不可者,各厌其意,不可办了的,也要使各方都得满意。出,出脱;解决。厌同餍。

〔137〕然后乃敢尝酒食,定要把人家的事情解决或满意了才肯受人家的酒食。

〔138〕以故严重之,因此缘故,都十分敬重他。

〔139〕争为用,争先恐后地情愿替他奔走。为用,供他使用。

〔140〕邑中少年及旁近县贤豪,夜半过门,常十余车,请得解客舍养之,同县的少年们和邻县的贤豪们在半夜时分带着车辆,来过访郭解的,常有十多起,情愿把藏在郭解处的逃亡者转移到自己家里去供养。

〔141〕武帝元朔二年(公元前一二七年),听主父偃的话,把天下的豪族富户都徙居在茂陵地方,要想内实京师,外销奸猾。凡是家财在三百万钱以上的都得徙走。那时郭解的家财并没满三百万,不当在徙居之列。故云及徙豪富茂陵也,解家贫不中訾。及,百衲本讹作"又"。茂陵本槐里县地,武帝于此预营寿陵,始置茂陵邑,宣帝时才改为县。地在今陕西省兴平县东北。訾通赀。不中訾,不满三百万,不够被徙的资格。中读去声,够格。

〔142〕郭解向有豪名,也在被徙的册籍中,因此当地的官吏恐怕隐瞒不了,不敢不把他家也一同徙走。

〔143〕卫将军为言,卫青替郭解说话。

〔144〕布衣权至使将军为言,此其家不贫,一个布衣的权力,竟至于可以使将军来替他讲话,这样看,他的家决不是贫穷的。

〔145〕诸公送者出千馀万,同郭解往来的人送他西徙的共出千馀万钱。

〔146〕县掾,县中的掾属。参看《项纪》校释〔11〕。

〔147〕举徙解,把郭解的名报上去,因而被遣徙走的。

〔148〕解兄子断杨掾头,郭解的姪儿恨杨掾举徙郭解家,因而把他的头砍了去。蜀本缺"解"字。

〔149〕争交驩解,抢在前面跟郭解交好。驩同欢。

〔150〕出未尝有骑,出门不曾有过代步的乘骑。

〔151〕已又杀杨季主,后来又有人把杨季主也杀了。已,蜀本作"久"。

〔152〕人又杀之阙下,郭解那边的人又把杨季主家上书告发的人杀死在宫廷的门前。阙下,宫阙之下。

〔153〕上闻,乃下吏捕解,武帝知道了,下命令给该管的官吏(茂陵的地方官)逮捕郭解。

〔154〕解亡,郭解出外逃走。置其母家室夏阳,身至临晋,把他的母亲和家眷安顿在夏阳,而自己单身逃到临晋。夏阳已详《淮阴侯列传》校释〔78〕。临晋也详那篇的校释〔75〕。

〔155〕籍少公,临晋人。素不知解,与郭解素不相识。知,相知。

〔156〕解冒,因求出关,郭解冒称别人的姓名见到少公,因而求请设法逃出临晋关。

〔157〕转入太原,展转逃入太原境。太原,秦所置郡,地当今山西省中部一带。治太原县,即今太原市。

〔158〕所过辄告主人家,所过的地方,往往把去处告知容留他食宿的人。主人家,招留接待的人家。

〔159〕吏逐之,迹至籍少公,官吏追缉郭解,寻访到籍少公那里。逐,追捕。迹,缉访。

〔160〕少公自杀，口绝，少公为郭解自杀，因而断绝了口风（追捕的线索断绝了）。此与上面"知与不知，争交驩解"相应。

〔161〕久之，乃得解，隔了好久，终于捉到了郭解。得，获得；抓住。

〔162〕穷治所犯，为解所杀，皆在赦前，严究郭解所犯的案件，凡是被他所杀的人，都在大赦以前（赦前犯案，例得赦免）。穷治，严办；根究。

〔163〕轵有儒生侍使者坐，轵县有一儒生陪侍上司派来查问郭解的使者同坐谈话。侍，百衲本作"待"。

〔164〕专以奸犯公法，何谓贤，专行奸恶来触犯国法，怎么还称赞他的好处呢！

〔165〕吏以此责解，解实不知杀者，法官把杀儒生这件事责问他，他实在不知道杀儒生的人。

〔166〕杀者亦竟绝，莫知为谁，杀人的人也终于查不出，没有人知道杀人的究竟是谁。竟，毕竟。绝，线索断绝。

〔167〕根据郭解所犯都在赦前，而杀儒生的人又未获主犯，所以官吏奏报上去，认为郭解无罪。

〔168〕公孙弘已见《李将军列传》校释〔142〕，那时他正为御史大夫。

〔169〕解虽弗知，此罪甚于解杀之，就是说弗知的罪名比亲自杀人还要厉害。那么真是舞文弄法了。

〔170〕当大逆无道，该处大逆无道的罪名。

〔171〕遂族郭解翁伯，于是就照大逆无道处刑，把郭解一家族诛了。翁伯是郭解的表字，此处没有连名带说的必要，梁玉绳以为是衍文，该是对的。

〔172〕敖而无足数者，都是傲慢无礼而够不上称数的。敖同傲。数，称述。

〔173〕长安,当时京兆尹的属县。槐里,右扶风的属县。长陵,左冯翊的属县。三辅之地都在关中,故上面概称关中。樊仲子,《汉书》作"樊中子"。

〔174〕西河,汉所置郡,地当今内蒙古自治区旧鄂尔多斯左翼前旗一带。郭公仲,《汉书》作"郭翁仲"。

〔175〕卤公孺,《汉书》作"鲁公孺"。

〔176〕临淮,汉所置郡,治取虑(已见《陈涉世家》校释〔94〕)。兒长卿,读作倪长卿。兒通倪。

〔177〕东阳,临淮郡属县,参看《项纪》校释〔61〕。田君孺,《汉书》作"陈君孺"。

〔178〕虽为侠,而逡逡有退让君子之风,总括樊仲子、赵王孙、高公子、郭公仲、卤公孺、兒长卿、田君孺诸人说,称他们虽是任侠的人而文绉绉地颇有退让君子的风度。逡逡,《汉书》作"恂恂",形容文雅的样子。

〔179〕北道、西道、南道、东道,都是泛指地望(方向)的,犹言北路、西路……南阳,秦所置郡,治宛,即今河南省南阳市。

〔180〕此盗跖居民间者耳,曷足道哉,总括姚氏、诸杜、仇景、赵他羽公子、赵调之徒说,像他们这样的冒称行侠,实在只是混在民间的盗魁罢了,哪里配称道他们呢!曷,何也。

〔181〕此乃乡者朱家之所羞也,这都是从前朱家那样的人所引为耻辱的。乡同向。乡者,从前;早先;往昔。

〔182〕状貌不及中人,面貌体格不及中等人材。

〔183〕言语不足采者,说话也没有什么可以采取的。

〔184〕皆慕其声,都羡慕他的名声。

〔185〕言侠者皆引以为名,自附于游侠的人都要称引郭解来做个幌子。

〔186〕人貌荣名,岂有既乎,人以荣名为容貌,岂有衰老穷尽的时候

么！意谓一个人以荣名来表现自己，那才可以得到无尽的称誉。貌，表现。既，穷尽。

〔187〕於戏同呜呼。惜哉，叹惜他不能得到善终。

滑稽列传[1]

孔子曰:"六艺于治一也。《礼》以节人,《乐》以发和,《书》以道事,《诗》以达意,《易》以神化,《春秋》以义。"[2]太史公曰:天道恢恢,[3]岂不大哉!谈言微中,亦可以解纷。[4]

淳于髡者,[5]齐之赘婿也。[6]长不满七尺。滑稽多辩,数使诸侯,未尝屈辱。齐威王之时喜隐,[7]好为淫乐长夜之饮,[8]沉湎不治,[9]委政卿大夫。百官荒乱,诸侯并侵,[10]国且危亡,在于旦暮。左右莫敢谏。淳于髡说之以隐曰:[11]"国中有大鸟,止王之庭,三年不蜚又不鸣,[12]王知此鸟何也?"王曰:"此鸟不飞则已,一飞冲天;[13]不鸣则已,一鸣惊人。"于是乃朝诸县令长七十二人,[14]赏一人,诛一人,[15]奋兵而出。诸侯振惊,皆还齐侵地。威行三十六年。语在《田完世家》中。[16]

威王八年,[17]楚大发兵加齐。[18]齐王使淳于髡之赵请救兵,赍金百斤,车马十驷。淳于髡仰天大笑,冠缨索绝。[19]王曰:"先生少之乎?"[20]髡曰:"何敢!"王曰:"笑岂有说乎?"髡曰:"今者臣从东方来,见道傍有禳田者,[21]操一豚蹄,酒一盂,祝曰:'瓯窭满篝。[22]汙邪满车。[23]五谷蕃熟,穰穰满家。'[24]臣见其所持者狭而所欲者奢,[25]故笑之。"于是齐威王乃益赍黄金千溢,[26]白璧十双,车马百驷。髡辞而行,至赵。赵王与之精兵十万,革车千乘。楚闻之,夜引兵而去。威王大说,[27]置酒后宫,召髡赐之酒,问曰:"先生能饮几何而醉?"对曰:"臣饮一斗亦醉,一石亦醉。"[28]威王曰:"先生饮一斗而醉,恶能饮一石哉![29]其说可得闻乎?"髡曰:"赐酒大王之前,执法在傍,御史在后,[30]髡恐惧俯伏而饮,不过一斗径醉矣。[31]若亲有严客,[32]髡韏韝鞠䏶,[33]侍酒于前,时赐馀沥,[34]奉觞上寿,数起,[35]饮不过二斗径醉矣。若朋友交游,久不相见,卒然相覩,[36]欢然道故,[37]私情相语,[38]饮可五六斗径醉矣。[39]若乃州闾之会,[40]男女杂坐,行酒稽留,[41]六博投壶,[42]相引为曹,[43]握手无罚,目眙不禁,[44]前有堕珥,后有遗簪,[45]髡窃乐此,[46]饮可八斗而醉二参。[47]日暮酒阑,[48]合尊促坐,[49]男女同席,履舄交错,[50]杯盘狼籍,[51]堂上烛灭,主人留髡而送客,[52]罗襦襟解,微闻芗泽,[53]当此之时,髡心最欢,能饮一石。故曰酒极则乱,乐极则悲。万事尽然。"言不可极,极之而衰,以讽谏焉。[54]齐王曰:"善。"乃罢长夜之饮,以髡为诸侯主客。[55]宗室置酒,髡尝在侧。[56]

其后百馀年,楚有优孟。[57]优孟,故楚之乐人也。[58]长八尺。多辩,常以谈笑讽谏。楚庄王之时,[59]有所爱马,衣以文绣，[60]置之华屋之下，席以露床，[61]啗以枣脯。[62]马病肥死，使群臣丧之，[63]欲以棺椁大夫礼葬之。[64]左右争之，以为不可。[65]王下令曰："有敢以马谏者，罪至死！"优孟闻之，入殿门，仰天大哭。王惊而问其故。优孟曰："马者王之所爱也，以楚国堂堂之大，何求不得，而以大夫礼葬之，薄。[66]请以人君礼葬之。"王曰："何如？"对曰："臣请以雕玉为棺，文梓为椁，[67]楩、枫、豫章为题凑，[68]发甲卒为穿圹，[69]老弱负土，[70]齐、赵陪位于前，韩、魏翼卫其后，[71]庙食太牢，[72]奉以万户之邑。诸侯闻之，皆知大王贱人而贵马也。"王曰："寡人之过一至此乎！[73]为之奈何？"优孟曰："请为大王六畜葬之。[74]以垄灶为椁，[75]铜历为棺，[76]赍以姜枣，[77]荐以木兰，[78]祭以粮稻，[79]衣以火光，葬之于人腹肠。"[80]于是王乃使以马属太官，[81]无令天下久闻也。

楚相孙叔敖知其贤人也，[82]善待之。病且死，[83]属其子曰：[84]"我死，汝必贫困。若往见优孟，[85]言我孙叔敖之子也。"居数年，其子穷困负薪，[86]逢优孟，与言曰："我，孙叔敖之子也。父且死时，属我贫困往见优孟。"[87]优孟曰："若无远有所之。"[88]即为孙叔敖衣冠，抵掌谈语。[89]岁余，像孙叔敖，楚王及左右不能别也。庄王置酒，优孟前为寿。[90]庄王大惊，以为孙叔敖复生也。欲以为相。优孟曰："请归与妇计之，三日而为相。"[91]庄王许之。三日后，优孟复来。王曰："妇言谓何？"孟曰："妇言慎无为，楚相不足为也。[92]如孙叔敖之为楚相,尽忠为廉以治楚,楚王得以霸。今死,其子无立锥之地,[93]贫困负薪以自饮食。必如孙叔敖,不如自杀。"因歌曰:"山居耕田苦,难以得食。起而为吏,身贪鄙者馀财,不顾耻辱。身死家室富,又恐受赇枉法,为奸触大罪,[94]身死而家灭。贪吏安可为也![95]念为廉吏,奉法守职,竟死不敢为非。廉吏安可为也![96]楚相孙叔敖持廉至死,[97]方今妻子穷困负薪而食,不足为也!"于是庄王谢优孟,乃召孙叔敖子封之寝丘四百户,[98]以奉其祀。[99]后十世不绝。此知可以言时矣。[100]

其后二百馀年,秦有优旃。[101]优旃者,[102]秦倡朱儒也。[103]善为笑言,然合于大道。秦始皇时,置酒而天雨,陛楯者皆沾寒。[104]优旃见而哀之,谓之曰:"汝欲休乎?"[105]陛楯者皆曰:"幸甚!"优旃曰:"我即呼汝,汝疾应曰诺!"[106]居有顷,殿上上寿呼万岁。优旃临槛大呼曰:[107]"陛楯郎。"郎曰:"诺。"优旃曰:"汝虽长,何益!幸雨立。我虽短也,幸休居。"[108]于是始皇使陛楯者得半相代。[109]

始皇尝议欲大苑囿,[110]东至函谷关,西至雍、陈仓。[111]优旃曰:"善。多纵禽兽于其中,寇从东方来,令麋鹿触之足矣。"[112]始皇以故辍止。[113]二世立,又欲漆其城。[114]优旃曰:"善。主上虽无言,臣固将请之。[115]漆城虽于百姓愁费,[116]然佳哉!漆城荡荡,寇来不能上。[117]即欲就之,易为漆耳,顾难为荫室。"[118]于是二世笑之,以其故止。居无何，二世杀死，[119]优旃归汉，数年而卒。

太史公曰：淳于髡仰天大笑，齐威王横行。[120]优孟摇头而歌，[121]负薪者以封。优旃临槛疾呼，陛楯得以半更。[122]岂不亦伟哉！[123]

褚先生曰：[124]臣幸得以经术为郎，[125]而好读外家传语。[126]窃不逊让，[127]复作故事滑稽之语六章，编之于左。[128]可以览观扬意，[129]以示后世好事者读之，[130]以游心骇耳，[131]以附益上方太史公之三章。

武帝时，[132]有所幸倡郭舍人者，[133]发言陈辞虽不合大道，然令人主和说。[134]武帝少时，东武侯母常养帝。[135]帝壮时，[136]号之曰"大乳母"。率一月再朝。[137]朝奏入，[138]有诏使幸臣马游卿以帛五十匹赐乳母，又奉饮糒飧养乳母。[139]乳母上书曰："某所有公田，愿得假倩之。"[140]帝曰："乳母欲得之乎？"以赐乳母。乳母所言，未尝不听。有诏得令乳母乘车行驰道中。[141]当此之时，公卿大臣皆敬重乳母。乳母家子孙奴从者横暴长安中，[142]当道掣顿人车马，[143]夺人衣服。闻于中，不忍致之法。[144]有司请徙乳母家室，处之于边。[145]奏可。[146]乳母当入至前面辞。[147]乳母先见郭舍人，为下泣。[148]舍人曰："即入见辞去，疾步数还顾。"[149]乳母如其言，谢去，疾步数还顾。郭舍人疾言骂之曰：[150]"咄！老女子！[151]何不疾行！陛下已壮矣，宁尚须汝乳而活邪？[152]尚何还顾！"[153]于是人主怜焉悲之，[154]乃下诏止无徙乳母，罚谪谮之者。[155]

武帝时，[156]齐人有东方生名朔，[157]以好古传书，爱经术，多所博观外家之语。[158]朔初入长安，至公车上书，[159]凡用三千奏牍。[160]公车令两人共持举其书，仅然能胜之。[161]人主从上方读之，[162]止，辄乙其处，[163]读之二月乃尽。诏拜以为郎，常在侧侍中。[164]数召至前谈语，人主未尝不说也。时诏赐之食于前。饭已，尽怀其馀肉持去，衣尽汙。[165]数赐缣帛，[166]担揭而去。[167]徒用所赐钱帛，取少妇于长安中好女。[168]率取妇一岁所者即弃去，更取妇。[169]所赐钱财尽索之于女子。[170]人主左右诸郎半呼之"狂人"。[171]人主闻之，曰："令朔在事无为是行者，若等安能及之哉！"[172]朔任其子为郎，又为侍谒者，常持节出使。[173]朔行殿中，郎谓之曰："人皆以先生为狂。"朔曰："如朔等，所谓避世于朝廷间者也。[174]古之人，乃避世于深山中。"时坐席中，酒酣，[175]据地歌曰：[176]"陆沉于俗，[177]避世金马门。宫殿中可以避世全身，何必深山之中，蒿庐之下！"[178]金马门者，宦署门也，[179]门傍有铜马，故谓之曰"金马门"。时会聚宫下博士诸先生与论议，[180]共难之曰：[181]"苏秦、张仪一当万乘之主,〔182〕而都卿相之位,〔183〕泽及后世。今子大夫脩先王之术,〔184〕慕圣人之义,讽诵《诗》、《书》、百家之言,〔185〕不可胜数。著于竹帛,〔186〕自以为海内无双,即可谓博闻辩智矣。〔187〕然悉力尽忠以事圣帝,〔188〕旷日持久积数十年,〔189〕官不过侍郎,位不过执戟,〔190〕意者尚有遗行邪!〔191〕其故何也?"东方生曰:"是固非子之所能备也。〔192〕彼一时也,此一时也,岂可同哉!〔193〕夫张仪、苏秦之时,周室大坏,诸侯不朝,力政争权,相禽以兵,并为十二国,〔194〕未有雌雄,得士者彊,〔195〕失士者亡。故说听行通,身处尊位,泽及后世,子孙长荣。今非然也。〔196〕圣帝在上,德流天下,诸侯宾服,威振四夷,连四海之外以为席,安于覆盂,〔197〕天下平均,合为一家,动发举事,犹如运之掌中。〔198〕贤与不肖,何以异哉!方今以天下之大,士民之众,竭精驰说,并进辐凑者,〔199〕不可胜数。悉力慕义,困于衣食,或失门户。〔200〕使张仪、苏秦与仆并生于今之世,曾不能得掌故,〔201〕安敢望常侍侍郎乎!〔202〕《传》曰:'天下无害菑,〔203〕虽有圣人,无所施其才;上下和同,虽有贤者,无所立功。'〔204〕故曰时异则事异。虽然,安可以不务修身乎!《诗》曰:'鼓锺于宫,声闻于外。'〔205〕'鹤鸣九皋,声闻于天。'〔206〕苟能脩身,何患不荣!太公躬行仁义,七十二年,逢文王,得行其说,封于齐,七百岁而不绝。此士之所以日夜孜孜,〔207〕修学行道,不敢止也。今世之处士,〔208〕时虽不用,崛然独立,块然独处,〔209〕上观许由,下察接舆,策同范蠡,忠合子胥,[210]天下和平,与义相扶,[211]寡偶少徒,固其常也。[212]子何疑于余哉!"于是诸先生默然无以应也。[213]

建章宫后阁重栎中有物出焉,[214]其状似麋。以闻,武帝往临视之。问左右群臣习事通经术者,莫能知。诏东方朔视之。朔曰:"臣知之,愿赐美酒梁饭大飧臣,[215]臣乃言。"诏曰:"可。"已,[216]又曰:"某所有公田鱼池蒲苇数顷,陛下以赐臣,臣朔乃言。"诏曰:"可。"于是朔乃肯言,曰:"所谓驺牙者也。[217]远方当来归义,而驺牙先见。[218]其齿前后若一,齐等无牙,[219]故谓之驺牙。"其后一岁所,匈奴混邪王果将十万众来降汉。[220]乃复赐东方生钱财甚多。至老,朔且死时,谏曰:"《诗》云:'营营青蝇,止于蕃。恺悌君子,无信谗言。谗言罔极,交乱四国。'[221]愿陛下远巧佞,退谗言!"帝曰:"今顾东方朔多善言?"[222]怪之。居无几何,朔果病死。《传》曰:"鸟之将死,其鸣也哀;人之将死,其言也善。"[223]此之谓也。

武帝时,[224]大将军卫青者,卫后兄也,[225]封为长平侯。从军击匈奴,至余吾水上而还,[226]斩首捕虏,有功来归,诏赐金千斤。将军出宫门,齐人东郭先生以方士待诏公车,[227]当道遮卫将军车,[228]拜谒曰:"愿白事!"[229]将军止车,前东郭先生。[230]旁车言曰:[231]"王夫人新得幸于上,[232]家贫。今将军得金千斤,诚以其半赐王夫人之亲，[233]人主闻之必喜。此所谓奇策便计也。"[234]卫将军谢之曰："先生幸告之以便计，请奉教！"于是卫将军乃以五百金为王夫人之亲寿。王夫人以闻武帝。帝曰："大将军不知为此。"问之"安所受计策？"[235]对曰："受之待诏者东郭先生。"诏召东郭先生，拜以为郡都尉。[236]东郭先生久待诏公车，贫困饥寒，衣敝，履不完。[237]行雪中，履有上无下，足尽践地。道中人笑之，东郭先生应之曰："谁能履行雪中，令人视之，其上履也，其履下处乃似人足者乎？"[238]及其拜为二千石，佩青绶出宫门，[239]行谢主人。[240]故所以同官待诏者，等比祖道于都门外。[241]荣华道路，立名当世。[242]此所谓衣褐怀宝者也。[243]当其贫困时，人莫省视。[244]至其贵也，乃争附之。谚曰："相马失之瘦，相士失之贫。"[245]其此之谓邪！

　　王夫人病甚，[246]人主至自往问之，曰："子当为王，欲安所置之？"[247]对曰："愿居洛阳。"人主曰："不可。洛阳有武库、敖仓，当关口，天下咽喉。自先帝以来，传不为置王。[248]然关东国莫大于齐，可以为齐王。"王夫人以手击头，[249]呼"幸甚！"王夫人死，号曰"齐王太后薨"。[250]

　　昔者，[251]齐王使淳于髡献鹄于楚。[252]出邑门，道飞其鹄。[253]徒揭空笼，[254]造诈成辞，[255]往见楚王曰："齐王使臣来献鹄，过于水上，不忍鹄之渴，出而饮之，[256]去我飞亡。[257]吾欲刺腹绞颈而死，[258]恐人之议吾王以鸟兽之故令士自伤杀也。[259]鹄,毛物,多相类者,[260]吾欲买而代之,是不信而欺吾王也。[261]欲赴佗国奔亡,[262]痛吾两主使不通。[263]故来服过,叩头受罪大王!"[264]楚王曰:"善,齐王有信士若此哉!"[265]厚赐之,财倍鹄在也。[266]

武帝时,[267]征北海太守诣行在所。[268]有文学卒史王先生者,[269]自请与太守俱,"吾有益于君"。[270]君许之。诸府掾功曹白云:[271]"王先生嗜酒,多言少实,[272]恐不可与俱。"太守曰:"先生意欲行,不可逆。"遂与俱。行至宫下,待诏宫府门。王先生徒怀钱沽酒,与卫卒仆射饮,[273]日醉,不视其太守。太守入跪拜。[274]王先生谓户郎曰:[275]"幸为我呼吾君至门内遥语。"[276]户郎为呼太守。太守来,望见王先生。王先生曰:"天子即问君何以治北海,令无盗贼,君对曰何哉?"[277]对曰:"选择贤材,各任之以其能,赏异等,罚不肖。"[278]王先生曰:"对如是,是自誉自伐功,[279]不可也。愿君对言,非臣之力,尽陛下神灵威武所变化也。"太守曰:"诺。"召入,至于殿下,有诏问之曰:"何以治北海,令盗贼不起?"叩头对言:"非臣之力,尽陛下神灵威武之所变化也。"武帝大笑,曰:"於呼!安得长者之语而称之![280]安所受之?"对曰:"受之文学卒史。"帝曰:"今安在?"对曰:"在宫府门外。"有诏召拜王先生为水衡丞,[281]以北海太守为水衡都尉。[282]

《传》曰:"美言可以市,尊行可以加人。〔283〕君子相送以言,小人相送以财。"〔284〕

魏文侯时,〔285〕西门豹为邺令。〔286〕豹往到邺,会长老,问之民所疾苦。〔287〕长老曰:"苦为河伯娶妇,以故贫。"〔288〕豹问其故。对曰:"邺三老、廷掾尝岁赋敛百姓,〔289〕收取其钱得数百万,用其二三十万为河伯娶妇,与祝巫共分其馀钱持归。〔290〕当其时,巫行视小家女好者,〔291〕云是当为河伯妇,即娉取。〔292〕洗沐之,为治新缯绮縠衣,〔293〕闲居斋戒;〔294〕为治斋宫河上,张缇绛帷,〔295〕女居其中。为具牛酒饭食,行十馀日。〔296〕共粉饰之,〔297〕如嫁女床席,〔298〕令女居其上,浮之河中。〔299〕始浮,行数十里乃没。〔300〕其人家有好女者,恐大巫祝为河伯取之,以故多持女远逃亡。以故城中益空无人,又困贫。〔301〕所从来久远矣。〔302〕民人俗语曰:〔303〕'即不为河伯娶妇,〔304〕水来漂没,溺其人民'云。"〔305〕西门豹曰:"至为河伯娶妇时,愿三老、巫祝、父老送女河上,幸来告语之,吾亦往送女。"皆曰:"诺。"

至其时,西门豹往会之河上。三老、官属、豪长者、里父老皆会,〔306〕以人民往观之者三二千人。〔307〕其巫,老女子也,已年七十。从弟子女十人所,〔308〕皆衣缯单衣,〔309〕立大巫后。西门豹曰:"呼河伯妇来,视其好丑。"即将女出帷中,来至前。豹视之,顾谓三老、巫祝、父老曰:

"是女子不好,烦大巫妪为入报河伯,〔310〕得更求好女,后日送之。"〔311〕即使吏卒共抱大巫妪投之河中。有顷,曰:"巫妪何久也?〔312〕弟子趣之!"〔313〕复以弟子一人投河中。有顷,曰:"弟子何久也?复使一人趣之!"复投一弟子河中。凡投三弟子。西门豹曰:"巫妪、弟子是女子也,不能白事,〔314〕烦三老为入白之。"〔315〕复投三老河中。西门豹簪笔磬折,〔316〕嚮河立待良久。〔317〕长老、吏傍观者皆惊恐。西门豹顾曰:"巫妪、三老不来还,奈之何?"欲复使廷掾与豪长者一人入趣之。皆叩头,叩头且破,额血流地,色如死灰。西门豹曰:"诺,且留待之须臾!"〔318〕须臾,豹曰:"廷掾起矣!状河伯留客之久,若皆罢去归矣!"〔319〕邺吏民大惊恐,从是以后,不敢复言为河伯娶妇。

  西门豹即发民凿十二渠,〔320〕引河水灌民田,田皆溉。〔321〕当其时,民治渠少烦苦,不欲也。〔322〕豹曰:"民可以乐成,不可与虑始。〔323〕今父老子弟虽患苦我,然百岁后,期令父老子孙思我言。"〔324〕至今皆得水利,民人以给足富。〔325〕十二渠经绝驰道,〔326〕到汉之立,而长吏以为十二渠桥绝驰道,相比近,不可。〔327〕欲合渠水,且至驰道合三渠为一桥。〔328〕邺民人父老不肯听长吏,以为西门君所为也。〔329〕贤君之法式,不可更也。〔330〕长吏终听置之。〔331〕故西门豹为邺令,名闻天下,泽流后世,无绝已时,〔332〕几可谓非贤大夫哉!〔333〕

《传》曰:"子产治郑,民不能欺;〔334〕子贱治单父,民不忍欺;〔335〕西门豹治邺,民不敢欺。"〔336〕三子之才能谁最贤哉?辨治者当能别之。〔337〕

〔1〕这是专叙滑稽人物的类传。《太史公自序》:"不流世俗,不争势利,上下无所凝滞(没有隔阂),人莫之害(人家不能损害他),以道之用(颇能发挥正义的作用),作《滑稽列传》。"滑音骨,流利;滑润。稽,阻碍;留滞。话语流利,正言若反,辩解敏捷,没有阻难,叫做滑稽。所谓"谈言微中,亦可以解纷"(详下〔4〕)。并不是油腔滑调,言不及义,一味引人发笑。

〔2〕六艺于治一也,……《春秋》以义,总括孔子以"六经"设教的意义。六艺即《礼》、《乐》、《书》、《诗》、《易》、《春秋》六经。《礼》以节人,《礼》是用来规范人的生活方式的。《乐》以发和,乐是用来唤起共同欢畅,使大家和谐团结的。《书》以道事,《书》是用来记述前言往行和典章制度的。《诗》以达意,《诗》是用来抒情达意的。《易》以神化,《易》是用奇妙的方法来发现事物的变化的。《春秋》以义,《春秋》是用正义来衡量是非的。六艺之文虽不同,但它们有助于治化之道是殊途同归的,故云于治一也。

〔3〕太史公曰,黄善夫本提行书。恢恢,形容广大无边。

〔4〕谈言微中,亦可以解纷,谈笑之际果能略合于正道,也就可以替人家解除不少纠纷的。微中,有意无意之间说着是处。中读去声。滑稽解纷也是有助于治化的,故与六艺连类言之。

〔5〕淳于髡,蜀本、百衲本、黄本、汲古本都提行书。此本与会注本都连书不提行。淳于,复姓。髡(音坤),名。

〔6〕赘婿,入赘于女家的女婿。赘音缀。

〔7〕齐威王参看《孙子吴起列传》校释〔33〕。喜隐,喜欢说隐语。

537

隐,显之反。隐语犹谜语。

〔8〕淫乐长夜之饮,没有节制地追求快乐,往往通夜喝酒。淫,过分。蜀本、百衲本都讹作"滛"。

〔9〕沉湎不治,陶醉在饮酒之中,不管政事。故下云"委政于卿大夫"。沉湎(音缅),犹言浸在酒中。

〔10〕百官荒乱是内忧,诸侯并侵是外患。故下云"国且危亡,在于旦暮"。

〔11〕说之以隐,用隐语来游说齐威王。说音税。

〔12〕蜚同飞。

〔13〕冲,百衲本、汲古本都作"冲"。

〔14〕那时齐、楚各国都已设县,齐威王时已有七十二县。朝诸县令长七十二人,尽召全国七十二县的长官来见,加以考核。令长参看《魏其武安侯列传》校释〔86〕。

〔15〕赏一人,诛一人,赏即墨大夫,烹阿大夫。当时的县大夫就是后来的令长。

〔16〕《田完世家》即《田敬仲完世家》,在《史记》卷四十六。

〔17〕威王八年(楚肃王十年)当公元前三七一年。蜀本提行书。

〔18〕加齐,侵犯齐境。加,陵压;覆盖。

〔19〕冠缨索绝,形容笑得下颏尽往下沉,把结缚帽子的带子尽都迸断。缨,系冠用的带子。索,尽也。绝,断也。

〔20〕少之乎,嫌它少么?

〔21〕禳田者,祈祷田神的人。禳音攘,本是驱除祸殃的祭典,引申有祝福的意义。蜀本、百衲本、黄本都讹作"穰"。

〔22〕"祝曰"之上蜀本、百衲本都有"而"字。瓯窭,高地。满篝,收获的谷物盛满篝笼。高地硗薄,故只求满篝。

〔23〕汙(音乌)邪,低田。满车,收获的谷物装满车辆。低田肥沃,

故希求满车。

〔24〕五谷蕃熟,穰穰满家,所种的五谷都蕃盛丰熟,收获的东西多到塞满了屋子。熟,蜀本作"孰"。穰穰,众多貌。

〔25〕所持者狭而所欲者奢,拿出去的少而要回的多。狭犹少。奢犹多。

〔26〕溢同镒,百衲本、黄本都径作"镒"。

〔27〕说同悦。

〔28〕"对曰"之上蜀本、汲古本都有"髡"字。斗和石都指饮器容量的。石是斗的十倍。参看《项纪》校释〔322〕。

〔29〕恶音乌,如何;何以。

〔30〕执法、御史都是监视酒政,纠察失仪的。

〔31〕不过一斗径醉矣,没有超过一斗,简直醉了。径,直也。

〔32〕严客,尊客。严,尊严;敬重。

〔33〕帣韝鞠膪,卷着袖子,鞠着身体,奉酒敬客。帣同卷。韝,袖笼。鞠,鞠躬。膪即卺,像半个瓢那样的酒器。百衲本、汲古本都讹作"膑"。

〔34〕馀沥,多下来的残酒。

〔35〕数起,屡次起身酬应。数读入声。

〔36〕卒然同猝然。

〔37〕道故,犹话旧,彼此讲述以往的情事。

〔38〕私情相语,把彼此衷心要说的话,互相倾谈。

〔39〕饮可五六斗径醉矣,可有勉强的意义。

〔40〕若乃州闾之会,至于乡里之间的宴会。若乃犹至于。州闾犹乡里。乡里欢会不比侍君待客,可以稍稍脱略形迹的。

〔41〕行酒稽留,彼此敬酒没有时间的限制。稽留,延长,停留。

〔42〕六博投壶都是赌戏。六博也作六簙,或作陆博,有点像近代的

走棋。投壶,用矢投跃入特制的壶中(形如近代的花瓶,瓶口两旁并列着等大的两口,如环中穿,而没有底的。)有种种花样,比赛胜负。

〔43〕相引为曹,彼此招邀同道,分组打赌。曹,辈也,偶也。

〔44〕眙读如瞪,直视。

〔45〕堕珥,掉在地上的珠镶耳环。堕,坠落,蜀本、百衲本、汲古本都讹作"噇"。遗簪,遗失掉的发簪。珥、簪都是妇人的饰物。

〔46〕窃乐此,心里暗暗地喜欢这样的情景。

〔47〕饮可八斗而醉二参,可以饮到八斗也只醉了二三分。参读如三。

〔48〕日暮酒阑,到靠晚的时候,酒也快完了。阑,尽也。

〔49〕合尊促坐,把残馀的酒并拢来,大家凑坐在一起。尊同樽,酒器。促坐,挤在一块儿坐。

〔50〕履舄交错,男女的鞋子都互相错乱了。履,鞋子。舄音昔,木屐(履下着木叫舄)。古时登堂,必先脱履舄,故酒后失检,往往彼此交错。

〔51〕狼籍,杂乱;残缺。籍,百衲本、黄本、汲古本都作"藉"。

〔52〕留髡而送客,单留住淳于髡而把别的客人都送出去。

〔53〕罗襦(音儒),薄罗的短衣。芗(同香)泽,浓浓的香气。泽,浓厚。

〔54〕言不可极,……以讽谏焉,就用"万事不可趋极端,到了极端便完了"的说法来打动齐威王。讽谏,用委宛曲折的说话来劝诫别人。

〔55〕诸侯主客,接待诸侯宾客的交际官。

〔56〕尝通常。

〔57〕自楚庄王即位至齐威王末年共历二百七十一年。优孟是楚庄王时人,当在淳于髡前二百多年。此云其后百馀年,楚有优孟,显然有误。

〔58〕优孟，故楚之乐人也，优孟是楚国的老伶工。优孟，百衲本、黄本都提行书，汲古本不提行而上空一格，蜀本、会注本和此本都连书不提行。又，"孟"下蜀本、百衲本、黄本、汲古本都有"者"字。故，旧也，有前辈、老宿等意义。乐人犹能歌善舞的艺人。

〔59〕楚庄王，楚国第二十二君，名旅（《史记·楚世家》作侣），为春秋五霸之一，在位二十三年（公元前六一三—前五九一年）。

〔60〕文绣，锦绣。

〔61〕露床，没有帐幔的床。席，衬托它，不让它着地。

〔62〕啗以枣脯，常用枣干饲养它。啗同啖，音淡，食也。脯音甫，干肉。果品亦可制脯。

〔63〕使群臣丧之，令他的臣子们为死马服丧。

〔64〕欲以棺椁大夫礼葬之，要用棺椁盛殓，照大夫那样的体制来葬这死马。椁，棺外的套材。

〔65〕左右争之，以为不可，庄王的左右都起来力争，认为不可以这样做的。百衲本"为"上无"以"字。

〔66〕薄，太嫌薄待。

〔67〕文梓为椁，用细致的梓木做套材。椁同椁。

〔68〕楩、枫、豫章都是有名的好木材。下葬时，用木材累积在棺外，木头都向内，叫做题凑。题，头也。凑，聚也。蜀本作"榛"。

〔69〕穿圹，穿掘墓穴。

〔70〕负土，背土筑坟。

〔71〕齐、赵陪位于前，韩、魏翼卫其后，言以人君礼葬马，故使诸侯使节前来会葬临祭也。陪位，列于从祭之位。翼卫，犹拥护。楚庄王时，韩、魏、赵三国还没有建立，此盖辩士增饰之词，其实只是泛指诸侯罢了。

〔72〕庙食太牢，建立祠庙，用太牢礼来祭飨它。此亦照人君例，故下云"奉以万户之邑"。

〔73〕一至此乎,竟到这样地步么!一犹乃、竟。

〔74〕六畜葬之,当畜生来葬送它。六畜,马、牛、羊、鸡、犬、豕。

〔75〕垄灶为椁,培土为灶:敷设在釜鬲(锅镬)之外,当它做椁。

〔76〕铜历为棺,用大铜镬(釜鬲)安放在灶中,当它做棺。历(编者按:繁体作"歷")即鬲的假借字,鬲是鬲的或体字。

〔77〕赍以姜枣,用姜枣来调味。赍通剂,调配。

〔78〕荐以木兰,用香料来解腥。荐,衬托,也有调配的意义。

〔79〕粮,蜀本、黄本、汲古本都作"粳",百衲本作"梗"。稻,蜀本讹作"稻"。

〔80〕葬之于人腹肠,吃在人们的肚中。承前"大夫礼葬之"、"人君礼葬之"言,所以故意用棺、椁、赍、荐、祭等丧仪的字面,随口打趣。

〔81〕太官,掌膳食的官。也作"大官"(大读如泰),秦、汉都有大官令丞,掌御用膳食等事。属,交付;托办。

〔82〕孙叔敖,楚庄王的贤相,《史记·循吏列传》首先记述他的事迹。知其贤人也,知道优孟是个贤人,不是寻常的乐人。

〔83〕且死,将死;临终。

〔84〕属其子,叮嘱他的儿子。属,丁宁;告诫。

〔85〕若,用同汝。

〔86〕负薪,负贩薪柴。

〔87〕往见,百衲本作"且见"。

〔88〕若无远有所之,你不要远往他处。

〔89〕抵掌谈语,伸手指画,从容谈笑。意即摹仿孙叔敖的声音笑貌、动作态度。

〔90〕优孟前为寿,优孟扮了孙叔敖上前去奉酒上寿。

〔91〕请归与妇计之,三日而为相,请让我回家跟妻子商量这件事,三日后再来就任楚相罢。计,计算;商酌。

〔92〕慎无为,楚相不足为也,千万不要干,楚相是没有什么可干的。慎,警戒之词。

〔93〕无立锥之地,极言赤贫,参看《留侯世家》校释〔115〕。

〔94〕受赇,贪赃。为姦触大罪,干了非法(贪赃枉法)的事,犯了大罪。赇,贿赂;赃物。

〔95〕贪吏安可为也,贪官哪能做呢! 也读如耶。

〔96〕念为廉吏,……廉吏安可为也,想做清官罢,奉公守法,到死也不敢做非法的事(意即终身无馀财,子孙赤贫),清官又哪能做呢! 也亦读如耶。

〔97〕持廉,坚持廉洁的操守。

〔98〕寝丘,楚邑,即今河南省固始县。

〔99〕以奉其祀,即以寝丘封邑供奉孙叔敖的祭祀。

〔100〕知可以言时,其智可以道着时宜。知同智。言时,说得正合时宜。

〔101〕优旃(音毡)从秦始皇时始见称,后更入汉数年方死,是当在优孟之后三百七八十年。此云其后二百馀年,秦有优旃,恐亦有误。

〔102〕优旃者,蜀本、百衲本、黄本都提行书。汲古本不提行而上空一格。此本与会注本都连书不提行。

〔103〕秦倡朱儒也,是秦国的倡优而且是矮个子。倡,乐伎;艺人。朱儒也作侏儒,矮小的人。

〔104〕陛楯者,在殿陛石栏内露立的站班官员。楯音盾,栏槛。沾寒,受凉。

〔105〕汝欲休乎,你们要下班休息么?

〔106〕我即呼汝,汝疾应曰诺,我马上叫你们,你们要很快地答应我。即,立刻。疾,快速。

〔107〕临槛大呼,攀在陛楯上往下大叫。居高望下谓之临。槛即

栏楯。

〔108〕汝虽长,……幸休居,你们虽生得长大,有什么好处呢!只便宜了你们立在露天淋雨。我虽生得矮小,倒便宜在这里休息。幸,沾便宜。

〔109〕得半相代,许他们可以减半值班,更番接替。

〔110〕欲大苑囿,要想扩大纵猎的区域。苑囿本是豢养禽兽的地方,此有划定猎场的意义。

〔111〕函谷关,已见《项纪》校释〔263〕。雍本春秋时秦都,汉置雍县。故治在今陕西省凤翔县南。陈仓,秦所置县,北周时废。故治在今陕西省宝鸡县东。

〔112〕令麋鹿触之足矣,让麋鹿去抵抗东方的来寇足以应付了。麋,大鹿。

〔113〕以故辍止,因为这句反话发生的作用,便停止了扩大猎场之议。辍,停罢。下面"以其故止",意与此同。

〔114〕漆其城,用漆涂饰城墙。漆,蜀本讹作"漆",百衲本讹作"漆"。下都同。

〔115〕主上虽无言,臣固将请之,你虽没有说起,我本来也要请你这样做了。

〔116〕愁费,愁怨靡费。

〔117〕荡荡,漂亮;阔气。寇来不能上,说它光滑得爬也爬不上。

〔118〕即欲就之,易为漆耳,顾难为荫室,即使要做成功它,涂漆倒容易,但是要找一所大房子,把漆过的城墙搁进去,让它阴干,这倒是件难事。凡器物初涂漆汁的时候忌日晒,必须藏在透风而晒不到太阳的地方才能阴干。荫室就是储藏待干的漆器的房子。

〔119〕杀死,被杀身死。

〔120〕横行,形容得志。

〔121〕优孟摇头而歌,一面摇头,一面歌叹。优孟之孟,汲古本误作"头"。摇头,表示拒绝。

〔122〕半更即"半相代"。更,代也。

〔123〕岂不亦伟哉,难道不也都是伟大可颂的么!

〔124〕"褚先生曰"以下的文字,都是褚少孙增补进去的。会注本统把它低一格书,以示区别。这是该当的,今也依它统低一格。褚先生参看《陈涉世家》校释〔145〕。

〔125〕以经术为郎,因通经的资格得为郎中令属下的郎官。汉武帝用董仲舒言,独尊儒术,罢斥百家,通一经的可以补官,所以褚少孙即因此为郎。经术即儒术。

〔126〕而好读外家传语,虽以经术为郎,但仍喜欢浏览史传杂说诸书。正因为当时以六艺为正经,所以把《六经》以外的一切史传杂说都称做外家传语了。

〔127〕窃不逊让,谦词,意谓不自量力就老实不客气干了。逊让,谦逊退让。

〔128〕编之于左,把这滑稽故事六章编排在太史公原著的左方。中国文字的书写是直书左行的,左方就是下首或后边。故下云"以附益上方太史公之三章"。

〔129〕览观扬意,看了可以更扩大些见闻。扬,开张;发扬。意,意志;观念。百衲本"扬"字误作"杨"。

〔130〕好事者,喜爱多事(意即不怕烦)的人。以示好事者读之,承上"窃不逊让"的谦词说的,意谓只能给不怕烦的人看看罢了。

〔131〕游心骇耳,犹言激刺耳目,和畅心怀。

〔132〕武帝时,百衲本提行书,汲古本不提行而上空一格,蜀本、黄本、会注本和此本都连书不提行。

〔133〕所幸倡郭舍人,武帝所宠爱的姓郭的艺人。舍人只是当时对

特种人的称呼,犹后世呼某一职业的人为大夫、郎中,某一职业的人为待诏、博士,不一定确指他们的官位。

〔134〕和说即和悦。

〔135〕东武侯母常养帝,东武侯郭他的母亲曾经乳养过武帝。东武,汉置县,即今山东省诸城县。常通尝。(一说,东武侯母是东武地方侯姓的老母。)

〔136〕年三十岁叫壮。壮时,犹言盛年,泛说长成之后,不一定指三十岁。

〔137〕率一月再朝,大概每月入朝两次。率音律,约计。

〔138〕朝奏入,每一次入朝的通报送进去。

〔139〕有诏……养乳母,必有诏旨赐帛,并备饭食供养乳母。幸臣,亲信的侍臣。饮,酒浆。糒,音备,干饭。飧音孙,熟食。

〔140〕某所有公田,愿得假倩之,某处有公田若干,愿拨借给我使用。倩读千去声。请也。

〔141〕驰道,御道。

〔142〕奴从者,随从的奴仆。横暴长安中,在长安地面横行凶暴。

〔143〕当道掣顿人车马,沿路把人家的车马拦住或牵走。掣,牵扯。顿,拦阻。

〔144〕闻于中,不忍致之法,风声传到了皇帝那里,因为乳母的关系,不忍用法律来制裁他们。中犹言里头,即指大内;内廷。

〔145〕有司请徙乳母家室,处之于边,该管的官吏只得奏请把乳母的一家远徙到边疆去。

〔146〕奏可,奏准。

〔147〕当入至前面见辞,应当亲入内廷,到武帝跟前当面辞行。

〔148〕为下泣,为了被远徙去边,以致落泪。下泣犹垂涕。

〔149〕即入见辞去,疾步数还顾,马上进来面见辞行,快步退出,屡

屡转身来回头望皇帝。还读如旋。顾,回头看。

〔150〕疾言骂之,狠狠地发话骂乳母。疾,恶也。

〔151〕咄,老女子,啐! 你这老婆子! 咄音掇,呵啐之声。

〔152〕宁尚须汝乳而活邪,难道还要候着你喂奶才能活命么? 须,等待。

〔153〕尚何还顾,还有什么放不下,要转身回望呢!

〔154〕怜焉悲之,钩起了前情,不免悲伤起来,便不知不觉地可怜这乳母了。

〔155〕罚谪譖之者,反而把说乳母坏话的人加以处罚。谪音摘,谴责。譖音怎去声,谗言。谪譖就是说坏话。

〔156〕武帝时,蜀本、百衲本、黄本都提行书,汲古本不提行而上空一格,会注本和此本都连书不提行。

〔157〕东方,姓。故称东方生。

〔158〕以好古传书,爱经术,多所博观外家之语,因为他爱好古代的史传和儒生所习的经术,所以很广泛地多看诸子百家的书册。

〔159〕至公车上书,到公车那里去上书给皇帝。公车,掌管殿廷司马门的官署。凡天下上书言事及国家有征召等事都由它总领。因公车(公家的车辆)所凑聚,故以为名。

〔160〕凡用三千奏牍,共用了奏牍三千枚。那时纸张还没有发明,记事或通讯都把字句写在木片或竹片上,叫做简牍。奏牍,上奏言事的简牍。因要说的话多,故累积了三千片。凡是概括之词。

〔161〕令两人共持举其书,仅然能胜之,派两个人来抬他的奏牍,方才拿得起。持举就是扛抬。仅然,恰恰;刚好。胜音申。

〔162〕人主从上方读之,武帝在宫内阅读东方朔的奏牍。上方,宫禁;内廷。

〔163〕止,辄乙其处,看到那里须要停止了,便在那里钩勒一下,以

便再续看下去。乙,作一个划断的记号,并非甲乙的乙。

〔164〕常在侧侍中,经常在内廷承值,靠近武帝的左右。

〔165〕汙同污。汲古本正作"污"。

〔166〕缣帛,绢绸的通称。

〔167〕担揭犹扛抬。担是肩挑。揭是高举。蜀本、汲古本担(编者按:"担"繁体作"擔")都误作"檐"。

〔168〕徒用所赐钱帛,取少妇于长安中好女,专用这些赐来的钱帛娶长安地面年轻的姣好女子为妻。徒,单;独。引申有专义。取同娶。

〔169〕率取妇一岁所者即弃去,更取妇,大多娶过来一年光景便丢弃了,重娶一个。率音律,已详前〔137〕。所犹许,约略之词。弃,蜀本、百衲本、汲古本都作"棄"。

〔170〕尽索之于女子,为了更娶少妇,都把赐来的钱财用个精光。尽,皆也;全也。索,尽也;绝也。参看前〔19〕。

〔171〕半呼之狂人,其中有半数人都呼东方朔做疯子。

〔172〕令朔在事无为是行者,若等安能及之哉,假使东方朔当官行事而没有这等行为的话,你们哪能比得上他呢!意即如果他没有这些行为,你们也不配跟他在一起了。

〔173〕朔任其子为郎,又为侍谒者,常持节出使,东方朔保举他自己的儿子做郎官,又迁为侍中的谒者(参看《张冯列传》校释〔8〕),常常奉命出差。

〔174〕避世犹隐居。

〔175〕酒酣,半醉。

〔176〕据地,爬在地上。

〔177〕陆沉,无水而下沉,喻沦落。

〔178〕蒿庐,蓬门草舍。

〔179〕宦署门,官署的大门。汲古本"宦"作"宫"。

〔180〕博士诸先生,许多在官的学者们。博士,属太常,掌通古今,秩比六百石,员数多至数十人。博,蜀本、百衲本都讹作"博"。

〔181〕共难之,大家都诘难东方朔。难读去声,驳诘;辩难。

〔182〕苏秦、张仪都是战国时纵横派政客的领袖。一当,偶尔碰到。一,偶或。当,值也;遇也。

〔183〕都,居也。

〔184〕子,对人的美称。大夫,官位。子大夫的意义只是一个"你"字。

〔185〕讽诵,熟习。讽读去声,读得熟透,能背出原文来。诵是按着文字的音节朗诵。

〔186〕著于竹帛,著为文章发布出来。古时没有纸张和印刷,竹帛就是用漆写在竹简或缣帛上的书本子。

〔187〕即与则通用。

〔188〕悉力,竭力。圣帝指武帝。

〔189〕旷日持久,一天天空过着,拖得很久。

〔190〕官不过侍郎,位不过执戟,官位仅不过执戟侍从的郎官罢了。侍郎,侍中在侧的郎官,与后世尚书、侍郎的"侍郎"不同。

〔191〕遗行,过失的行为,犹今言缺点。

〔192〕备,犹言备悉,即完全了解。备,全面;详备。

〔193〕岂可同哉,言彼此时代背景不同,不可以相提并论也。

〔194〕禽同擒。并为十二国,仪、秦之时,域内兼并成为鲁、卫、齐、宋、楚、郑、燕、赵、韩、魏、秦、中山十二国。

〔195〕彊,蜀本,百衲本、汲古本都作"强"。

〔196〕今非然也,犹言今则不然。

〔197〕连四海之外以为席,安于覆盂,言四境之外都已宾服,国家的疆土像坐席那样的相连环绕,其势比覆置的盘盂还要安稳。盂的上口

大,下脚小,倒覆转来,便稳定不致倾侧,故以覆盂喻安全。

〔198〕动发举事,犹如运之掌中,凡有所举动行事都容易得像在手掌中搬动一下,用不着特殊的才智,故下云"贤与不肖,何以异哉"。

〔199〕辐凑形容集中,说它像车轮上每根辐子那样都凑合在中心的车毂上面。

〔200〕或失门户,有的竟连进身的门户也摸不到。

〔201〕掌故,掌管故事(管档卷,查事例)的掾史。

〔202〕常侍侍郎,《汉书·东方朔传》不重"侍"字,该是对的。常侍郎,就是经常侍中的郎官(参看前〔190〕)。

〔203〕菑同灾。

〔204〕无所立功,会注本立下有"其"字。凡古书都可泛称为"传",故"天下无害菑"的上面总冒"《传》曰"二字。

〔205〕鼓锺于宫,声闻于外,见《诗·小雅·鱼藻之什·白华》。锺通钟,汲古本径作"钟"。

〔206〕鹤鸣九皋,声闻于天,见《诗·小雅·鸿雁之什·鹤鸣》。原文鸣下有"于"字。九皋,幽深遥远的沼泽。九,形容曲折之多。皋,沼泽。此处连引《诗经》"声闻于外","声闻于天",无非说明身修自然名立,所谓"实至则名归"也。故下云"苟能修身,何患不荣"。

〔207〕孜孜(音咨),无倦无怠貌。

〔208〕处士,家居没有出仕的人。参看《魏公子列传》校释〔133〕。

〔209〕崛然独立,块然独处,都是形容孤介的。崛然,像石头那样矗立着。块然,像泥块那样静止着。

〔210〕上观许由,下察接舆,策同范蠡,忠合子胥,言处士的志节可与许由、接舆、范蠡、伍子胥相比。观、察、同、合都有比迹合踪的意义。许由,尧时贤人,尧让天下给他,他不肯受。接舆,春秋时楚人,以歌感孔子,孔子下车接谈,不顾而去。范蠡已见《范蔡列传》校释〔480〕。子胥

已见《刺客列传》校释〔22〕。

〔211〕与义相扶,意即修身自持。义指修身。扶,持也。

〔212〕寡偶少徒,固其常也,处士的孤立,本来是件很平常的事情。偶,伴侣。徒,徒众。

〔213〕默然无以应,一声不响地没有什么话可以接下去了。

〔214〕建章宫,武帝太初元年(公元前一〇四年)建。重栎,双重栏杆。重读平声。栎音历,栏楯。

〔215〕粱饭,好米饭。粱,百衲本讹作"梁"。大飱臣,丰盛地宴饮我。飱同餐。

〔216〕已,罢也。蜀本、百衲本、汲古本"已"上都有"飱"字。是说吃过之后。

〔217〕驺(音邹)牙,有九牙齐等(形式大小都相同),好像驺骑(骑马的仪仗队)那样的排列着,东方朔以意立名,便随口叫它做驺牙。

〔218〕远方当来归义,而驺牙先见,解释奇兽出现的说辞,言远方当有前来投诚的事,因而驺牙便先出现了。见读如现。

〔219〕齿牙本可通称。但分析言之,齿是臼齿,牙是门牙。此云其齿前后若一,齐等无牙,是说它前后都一样生的是门牙,并无臼齿。故下云"谓之驺牙"。

〔220〕混邪王果将十万众来降汉,详见《汲郑列传》校释〔100〕。混通作浑。

〔221〕营营青蝇……交乱四国,见《诗·小雅·甫田之什·青蝇》。上四句为该篇的第一章,今本《诗经》"蕃"作"樊","恺悌"作"岂弟"。谗言罔极,交乱四国,为该篇第二章的后二句,今本"谗言"作"谗人"。营营,蝇飞之声。蕃同藩,与樊亦通,篱笆。恺悌,慈祥貌。罔极,没有止境。交乱四国,使四方的邻国都会互相捣乱的。蝇能点污黑白,用来比谗人。营营,扰乱烦杂之声,用来比谗言。

〔222〕今顾东方朔多善言,疑讶之辞,犹言现在东方朔反多说正经话么。顾,反也。

〔223〕鸟之将死,……其言也善,见《论语·泰伯篇》。

〔224〕武帝时,蜀本、百衲本、黄本都提行书,汲古本空一格,会注本和此本都连书不提行。

〔225〕卫青是武帝后卫子夫之弟,此云卫后兄也,该是误记的。

〔226〕余吾水在今蒙古人民共和国北境。

〔227〕东郭,姓。以方士待诏公车,以方士征入京师,在公车衙门听候发落。方士,谓有奇方法术的人。战国时燕、齐多方士。后来秦始皇、汉武帝都好神仙求长生,所以那时的方士最为得势。待诏,等待诏旨发落,此处犹言候差。

〔228〕遮,拦住。

〔229〕白事,有事禀告。白,告语。下对上有所陈述叫禀白,互相告述也叫白,故广告叫做告白。

〔230〕前东郭先生,请东郭先生走上前来。前,进也。

〔231〕旁车言,东郭先生靠在卫将军的车旁说话。旁读去声,依傍。

〔232〕王夫人,武帝宠姬,生子闳,后封齐王。新得幸于上,那时她新近得到皇帝的宠爱。

〔233〕诚,如果。亲,双亲;父母。

〔234〕奇策便计,巧妙而且便捷的计策。

〔235〕问之安所受计策,问卫青哪里得来的计策?安所犹何处。

〔236〕郡都尉,某郡的都尉。参看《李将军列传》校释〔17〕。

〔237〕不完,不周全。完,完整。

〔238〕谁能履行雪中,……其履下处乃似人足者乎,东郭先生解嘲之辞,言谁能穿了鞋子在雪中行走,使人家看到上面是鞋子,下面竟像人脚的么?

〔239〕青䋺,郡都尉所佩带的青绶。䋺音娲。

〔240〕行谢主人,走到寄宿的房主人那边辞行。谢,辞谢。

〔241〕故所以同官待诏者,等比祖道于都门外,旧时同他在一起候差的,分班挨次地在都城郊外为他饯行。等比犹排班。祖道,饯行。参看《刺客列传》校释〔317〕。

〔242〕荣华道路,立名当世,言东郭先生一朝成名,荣行赴任。

〔243〕衣褐怀宝,喻外示朴陋,内藏真才。

〔244〕人莫省视,大家不睬他。省视,存问;理睬。

〔245〕相马失之瘦,相士失之贫,言瘦马中尽有良驷,贫士中尽有美材,人多只看外相,忽略内容,所以往往容易漏失。

〔246〕王夫人病甚,百衲本提行书。蜀本、黄本、汲古本、会注本和此本都连书不提行。

〔247〕子当为王,欲安所置之,你的儿子当封王,你要放他在哪里呢?置,安插;寄顿。

〔248〕自先帝以来,传不为置王,自从前代的帝王以来,相传不把洛阳地方封王的。

〔249〕以手击头,病倒在床,不能起谢,用手拍头,表示感动。

〔250〕号曰齐王太后薨,是要显示她的儿子已封为齐王了。

〔251〕昔者,汲古本上空一格。蜀本、百衲本、黄本、会注本和此本都连书不提行。

〔252〕鹄,黄鹄,珍禽之一,故用作献礼。

〔253〕出邑门,道飞其鹄,出都门之后,半路上把那鹄飞走了。

〔254〕徒揭空笼,只托着空的鸟笼。徒,但只。揭,举也。

〔255〕造诈成辞,编造了一套欺骗的话头。

〔256〕出而饮之,把鹄取出笼来让它喝一点水。

〔257〕去我飞亡,离开我,飞逃去了。去,离去。亡,逃亡。

〔258〕刺,蜀本、百衲本都讹作"刾"。

〔259〕恐人之议吾王以鸟兽之故令士自伤杀也,怕人家议论你大王因为鸟兽的细故以致使奉差的人士自己杀伤啊。议,讥议;非笑。

〔260〕鹄,毛物,多相类者,黄鹄本是生羽毛的东西,相像的很多。

〔261〕不信,不老实。

〔262〕佗同他,汲古本径作"他"。

〔263〕痛吾两主使不通,痛心我齐、楚两国大王之间的使节,因此断绝了。

〔264〕故来服过,叩头受罪大王,言既不愿买鹄充代,又不愿逃奔他国,所以前来服罪,向大王叩头领罚。受罪大王意即受罪于大王。受,领受。罪,罪罚。

〔265〕信士,讲究忠信的人。

〔266〕财倍鹄在也,所赐的财物比有鹄奉献还加一倍。

〔267〕武帝时,蜀本、百衲本、黄本都提行书,汲古本不提行而上空一格,会注本和此本都连书不提行。

〔268〕征北海太守诣行在所,召北海郡的太守到皇帝驻跸(驾到暂住)的地方来。北海郡,汉置。治营陵县,故治在今山东省昌乐县东南五十里。皇帝临时驻跸所在叫行在所,简称行在。此事与宣帝时征召渤海太守龚遂事极相类,非武帝时,恐系褚先生的误记。

〔269〕文学卒史,掌文书的掾属。参看《陈涉世家》校释〔77〕。

〔270〕自请与太守俱,吾有益于君,自告奋勇同太守一起到行在所去,而且说吾对你是有好处的。俱,偕同。

〔271〕诸府掾功曹,太守府中的许多掾属。功曹,主选署功劳(记录功劳,考核成绩等事),本称功曹史,也是掾属之一。此处特提功曹,因事关考绩,功曹例当有所禀白的。

〔272〕多言少实,闲话多,实际少,所谓"言过其实"。

〔273〕徒怀钱沽酒,与卫卒仆射饮,只是带些钱在怀里,买些酒来同把守行在所宫门的卫兵头子叙饮。沽,市买。仆射(音夜),长官的通称。

〔274〕入跪拜,入宫拜见。

〔275〕户郎,掌门禁的官,意即卫卒仆射。

〔276〕太守已入内,王先生不能跟随而入,故恳托户郎呼太守至门内遥语。遥语,隔着一段路,彼此交谈。

〔277〕君对曰何哉,你对答些什么呢?

〔278〕对曰……罚不肖,太守拟对之辞,先告王先生。各任之以其能,就贤材能力所及的,各听他们尽展所长。赏异等,赏拔超越寻常的人。罚不肖,处罚不图上进的人。

〔279〕对如是,是自誉自伐功,这样答对,是自己称赞自己,自己夸张自己的功劳了。

〔280〕於呼,即呜呼。是惊讶之声。安得长者之语而称之,哪来的忠厚老实人说话而把它称述出来的呢!是惊讶之语。下面便紧接问语"安所受之?"

〔281〕水衡丞,水衡都尉的副手。详下〔282〕。

〔282〕水衡都尉,掌上林苑,有五丞。武帝元鼎二年(公元前一一五年)才设立的。

〔283〕美言可以市,尊行可以加人,见《老子》六十二章。言美好的言论,人人所喜爱,可以像好东西那样出卖的;高贵的品行,人人所宗仰,自然可以高出众人之上的。

〔284〕君子相送以言,小人相送以财,《晏子春秋》有"君子赠人以言,庶人赠人以财"语,意义略同。上引两语都有出处,所以都用"《传》曰"两字冒在上面。

〔285〕魏文侯时,百衲本、黄本都提行书,汲古本空一格,蜀本、会注

555

本和此本都连书不提行。

〔286〕西门,姓。豹,名。邺本春秋时齐邑,战国时属魏,参看《魏公子列传》校释〔59〕。

〔287〕会长老,问之民所疾苦,召集县内年高而又有名望的人,问他们民间所感到的痛苦是什么。长老犹绅耆。疾苦犹痛苦。

〔288〕苦为河伯娶妇,以故贫,苦的是为了河伯娶妇,因这缘故便弄得民穷财尽。河伯,河神。相传华阴潼乡人冯夷浴于河中溺死,民间迷信,便奉为河神。

〔289〕三老,古代掌教化的乡官。详见《陈涉世家》校释〔49〕。廷掾,县廷的掾吏。尝岁赋敛百姓,常年向百姓征取钱财。尝通常。赋敛,额定收费。

〔290〕祝巫,古代的特种职业,专以服事神鬼,消解灾祸为业。祝是庙祝。巫是女巫。

〔291〕行视,巡视。小家女,贫苦人家的女儿。

〔292〕云是当为河伯妇,即娉取,看到了姣好的小家女,便说这该做河伯的夫人,立刻下聘娶去。娉,定婚。取同娶。

〔293〕洗沐之,洗身沐头,犹言洁治。为治新缯绮縠衣,替她缝制新的丝绢、薄罗的衣裳。绮縠,细致而且轻滑薄软的丝织品。

〔294〕闲居斋戒,使她隔离了家中人,独住下来清心静待。闲居,独住。斋戒参详《廉蔺列传》校释〔35〕。

〔295〕为治斋宫河上,替她在河边上预备着斋居(闲居斋戒)的房子。张缇绛帷,张挂着大红厚绢的帐幔。缇音啼,厚的缯绢。绛音降,大红色。

〔296〕行,经过。

〔297〕共粉饰之,大家来妆饰点缀这嫁娶的场面。

〔298〕如嫁女床席,像出嫁女儿那样的预备床帐枕席之类。

〔299〕令女居其上,浮之河上,让这女孩儿登上这床席,便把它抬到河面上听其自然地流淌着。

〔300〕始浮,行数十里乃没,起初是浮在水面上的,流向下游数十里,它就慢慢地沉入水底里去。

〔301〕又,承上"益"字言。又困贫即益困贫,更见贫困了。

〔302〕所从来久远矣,这样流传下来的风俗,已经很是久远的了。

〔303〕民人俗语,民间相传的口谈。

〔304〕即,假使。

〔305〕溺其人民云,要溺死那些不肯为河伯娶妇的老百姓的。云犹如此说。就是说有这样一句俗语。

〔306〕豪长者就是前所说的"长老"。里父老,被选中女子的同里父老们。汲古本里讹作"异"。

〔307〕以同与,会注本径作"与"。

〔308〕从弟子女十人所,随从的女弟子约有十来个。十人所,犹言十许人。

〔309〕皆衣缯单衣,都穿着绢制的单衣。缯,汲古本讹作"绘"(编者按:繁体作"繪")。

〔310〕烦大巫妪为入报河伯,相烦大巫婆为我进河伯府去回一句话。妪读区去声,老妇的通称。

〔311〕得更求好女,后日送之,让我们重新找一个好的女子,后天再送去。

〔312〕何久也,为什么这样长久呢?也读如耶。

〔313〕趣之,催促她一下。趣读如促。

〔314〕不能白事,犹言不会得传达清楚。白事,参看前〔229〕。

〔315〕为入白之,为我进河伯府去说清楚这句话罢。

〔316〕簪笔磬折,戴着笔,伛着腰,做出至恭极敬的样子。插笔备礼

557

叫簪笔(就是用毛装在五寸长的簪头上,插在冠前。并不是真的用来书写的)。磬折,伛腰鞠躬,像石磬那样的弯折。

〔317〕嚮河立待良久,面对河立着,等待了好久。嚮同向。

〔318〕且留待之须臾,姑且待一忽儿再说。须臾,顷刻。

〔319〕廷掾起矣,……若皆罢去归矣,廷掾们起来罢,看这光景,河伯留客太久了,你们都退下回去罢。状,推测拟状之辞,犹云光景;仿佛。若,尔;汝。

〔320〕发民凿十二渠,征发邺地的百姓开凿水渠十二道。渠,大水沟。

〔321〕田皆溉,民田都得到灌溉的好处。溉音概,灌溉;沾足。

〔322〕民治渠少烦苦,不欲也,教百姓开沟,他们多少是有些烦劳苦痛的,所以不很愿意干。

〔323〕民可以乐成,不可与虑始,参看《商君列传》校释〔43〕。

〔324〕期令父老子孙思我言,必然会使得父老们的子孙思念我今日的说话的。期,必也。上面虽患苦我的苦,汲古本讹作"若"。

〔325〕民人以给足富,百姓因得水利的缘故,家家都能满足而见得富有。

〔326〕经绝驰道,横断御道。

〔327〕相比近,不可,太靠近,不方便。

〔328〕欲合渠水,且至驰道合三渠为一桥,要想把十二渠酌量合并起来(就是减少渠道),而且到了御道旁边要把桥梁也并省若干,每三道渠合建一桥。

〔329〕以为西门君所为也,认为这是西门君所定下来的。所以不肯听从长吏减渠并桥的说法。

〔330〕贤君之法式,不可更也,更进一层说,这是从前贤令君所遗下来的模范,不可以随便更改的。法式,法定的形式,意即模范。更,变革;

改动。

〔331〕终听置之,终于听任邺地父老的意见,把减渠并桥的事情搁下了。置,停搁。

〔332〕无绝已时,没有断绝终了的时候。绝,断绝。已,完了。

〔333〕几可谓非贤大夫哉,岂可说他不是贤大夫么!几通岂。

〔334〕子产治郑,民不能欺,春秋时子产治郑国,百姓畏他的明察,不能够行使欺诈。

〔335〕子贱治单父,民不忍欺,孔子弟子宓不齐(子贱是他的表字)为单父(音善甫,鲁邑,故城在今山东省单县南一里)宰,一任德化,百姓都感他的恩义,不忍心欺骗他。

〔336〕西门豹治邺,民不敢欺,西门豹为邺令,用刑法来推行政令,百姓都怕他的惩罚而不敢公然行使奸欺。

〔337〕辨治者当能别之,能够分析治道的人自然会得区别这三人的才能谁是最贤的。

后 记

王伯祥(一八九〇——一九七五),名钟麒,字伯祥,五十岁后以字行,江苏苏州人。他是文史修养深厚、学术水平卓越的学者,早年曾在商务印书馆、开明书店做编辑,一九五三年应郑振铎之邀,入北京大学文学研究所(该所后来划归中国科学院哲学社会科学部)工作,独立编选的代表性著作有《春秋左传读本》、《史记选》等,后又参加了中国科学院文学研究所(今中国社会科学院文学研究所)主编的《唐诗选》的选注工作,还为中华书局出版的《四库总目提要》做了断句,等等。

王先生选注的《史记选》一九五七年由我社出版,该书选文精当,注释精审,是一部优秀的《史记》选注本,曾多次重印。今应广大读者需求,重新编辑出版。由于该书初版时,古籍选本整理的工作刚刚起步,很多规范还在探索之中,所以,书中有些内容的处理方式,在今天看来显得"不规范"。这次重新编辑,我们没有做大的改动,但有以下几点需要说明:(一)全书统一用简体字排印,但在个别地方仍然保留了繁体字,比如校勘的本字和别字,比如《史记》文本中比较有特点的异体字(有些地方我们加了"编者按"做说明),等等。(二)该书初版中,被注释的词句下加"."号,今统一删去。(三)作者于疑难字注音皆使用同音字标注,但由于当时的读音规范尚没有统一,所以读音注释不免有古音、今音、方音混杂的现象。这种情况比较复杂,除改订个别多音字外,其馀一仍其旧。(四)作者于地理考释特别详尽,注释中涉及现代的地名都按上世纪五十年代当时的政区名称做标注。然而时至今日,政区名称又有了很大变化,情况十分复杂,今仍循其旧。(五)学术研究是一个不断推进的过程,该书出版至今已逾六十年,人们对《史记》的研究取得了丰硕的成果,在个别问题上,作者当年无法定论的问题,我们今天已经有了比较成熟的看法。但是,这涉及学术思想和观点,为了尊重作者,尊重学术史,我们没有擅自改订,而是仍然保持原来的样子。

  以上是我们编辑该书的一些情况,工作中的疏漏一定不少,还请读者鉴谅并不吝指正。

人民文学出版社编辑室
二〇一七年九月